Sergio Bocchini - Pierluigi Cabri - Paolo Masini - Luca Paolini

Nuovo Religione 2.0

Testo per l'insegnamento della religione cattolica nella scuola secondaria di primo grado

Volume unico

EDB scuola
Edizioni Dehoniane Bologna

Nulla osta della Conferenza episcopale italiana
Angelo card. Bagnasco, presidente
Roma, 15 ottobre 2010, prot. n. 741/2010

Imprimatur
✠ Arrigo Miglio
Ivrea, 16 dicembre 2010, prot. n. 60/2010

Questo volume fa parte del PROGETTO EDB SCUOLA.

Pubblicazione conforme alle nuove Indicazioni per l'IRC: Traguardi per lo sviluppo delle Competenze e Obiettivi di Apprendimento dell'insegnamento della religione cattolica nella scuola secondaria di primo grado (DPR 11-2-2010).
Cinque copie di questo testo sono state depositate presso la Segreteria generale della CEI.

Coordinamento editoriale: Pierluigi Cabri

Le Pagine Chiare sono a cura di Marco Bizzarri.
Per le Pagine Chiare è stato utilizzata la font biancoenero® di biancoenero edizioni srl, disegnata da Riccardo Lorusso e Umberto Mischi. La font è gratuita per uso non commerciale. www.biancoeneroedizioni.com.

Redazione e ricerca iconografica: Elena Stagni
Fumetti: Andrea Goroni
I disegni alle pp.: 63 - 65 - 67 - 69 - 71 - 73 - 91 - 93 - 139 - 150
sono di Ombretta Bernardi.

In copertina: foto di Monicaodo, iStockphoto

ISBN 978-88-10-61427-3

Progetto grafico e impaginazione: Tuna bites, Bologna
Coordinamento redazionale: Giorgia Montanari
Coordinamento tecnico: Tonino Commissari
Fotolito: Saetti, Bologna
Stampa: La Tipografica Varese, Varese 2016

presentazione

NUOVO RELIGIONE 2.0 Volume unico è un'ulteriore evoluzione di *Religione 2.0*, che probabilmente già conoscete. Infatti esso unisce alla didattica innovativa per l'insegnamento della religione cattolica (IRC) nella scuola secondaria di primo grado che contraddistingue il progetto alcune interessanti novità. È infatti un **libro «misto» con una parte in cartaceo**, attenta alle varie problematiche religiose ed esistenziali vissute da voi ragazzi, **e una parte multimediale fortemente interattiva con strumenti Web 2.0**, ma aggiunge a queste risorse l'**eBook Plus interattivo**, che propone nuovi e interessanti materiali, anche pensati appositamente per i bisogni educativi speciali (BES). Il testo prevede un lavoro laboratoriale da fare insieme in classe, delle **attività didattiche** che trovate direttamente sul sito **www.edbscuoladigitale.it** o sul CD allegato, materiali da utilizzare con la **LIM** (Lavagna Interattiva Multimediale), tecnologie di ultima generazione come la **Realtà aumentata** e il **QrCode**. Insomma, tanti strumenti del mondo informatico che, se sfruttati in maniera sapiente, possono offrire nuovi modi di partecipare all'IRC. Lo scopo principale di tutto questo è infatti offrirvi un'educazione religiosa sempre più attenta a ciò che avviene attorno a voi (nel Vangelo c'è una bella espressione che invita a saper cogliere i «segni dei tempi»), trovando la giusta misura tra una buona informazione di base e una didattica sempre più valida, attenta anche alle nuove tecnologie.
Ma è chiaro che per noi (gli autori del testo), come anche per i vostri insegnanti, nessuna tecnologia o didattica innovativa può essere più importante delle persone che abbiamo davanti in classe, cioè ognuno di voi, con i vostri sogni, le vostre paure, speranze e gioie. Ecco perché vogliamo che il nostro testo diventi, d'ora in poi, il *vostro* testo di religione, così che l'IRC sia non solo **un'occasione di cultura religiosa, ma anche di confronto e di crescita** per tutti quelli che se ne avvalgono, credenti e non credenti.

Impostato secondo i nuovi «Traguardi e Obiettivi di apprendimento», approvati ufficialmente l'11 febbraio 2010, il testo si propone come volume unico (valido per tutti e tre gli anni della scuola secondaria di primo grado) che affronta numerosi temi legati alla spiritualità, alla nascita e allo sviluppo delle religioni, alla formazione della Bibbia, al messaggio di Gesù, ma anche all'educazione umana e sociale (convivenza civile). Inoltre, sappiate che tutto il materiale proposto, sia la parte cartacea che quella multimediale, viene direttamente dal mondo della scuola, dove è già stato utilizzato e sperimentato con altri ragazzi della vostra età.

1. Uno sguardo generale

RELIGIONE 2.0 è strutturato intorno a 12 Moduli o temi centrali, suddivisi in varie proposte didattiche (Unità di Apprendimento o UA) che sviluppano l'argomento – evidenziato dal titolo – in modo graduale e con un linguaggio adatto alla vostra età. Ogni Modulo è così impostato:

- **PAGINA INIZIALE:** con il **titolo** del Modulo e una grande **foto simbolica**, come spunto di partenza, accompagnata da alcuni messaggi di riflessione (*Twitter*); nella parte più bassa brani di saggezza (*Bacheca*) e la *Nuvola di tag*, una rappresentazione visiva delle etichette (*tag*) o parole chiave usate nel Modulo.
- **PIANO DI LAVORO:** è la struttura dettagliata del Modulo, con la mappa del materiale (**Colpo d'occhio**), i **Traguardi delle competenze** e gli **Obiettivi di apprendimento**, insieme agli insegnamenti da apprendere (**Cosa imparare per la vita**), **suggerimenti** e la parte **riservata all'insegnante**.
- **UNITÀ DI APPRENDIMENTO (UA):** ogni Modulo è strutturato in varie UA, suddivise a loro volta in Unità didattiche o di lavoro. Alcune di queste Unità sono «**artistiche**», caratterizzate dalla presentazione di alcune opere d'arte, correlate ai temi trattati nel Modulo. Queste pagine sono utili anche per un lavoro interdisciplinare.

Il testo prevede delle **RUBRICHE FISSE** che ricorrono spesso nelle varie unità:

- **FOCUS:** un approfondimento su temi considerati importanti;
- **ARCHIVIO:** citazioni della Bibbia, del Magistero ecclesiale o della Tradizione religiosa dei popoli. Nel testo è evidenziato in verde.

- **BACHECA:** frasi di vari autori particolarmente significative.
- **IN EVIDENZA:** frasi di ragazzi o annotazioni riguardanti il mondo giovanile.
- **DOMANDE FREQUENTI:** domande, spesso difficili e poco diplomatiche, che i ragazzi fanno in classe al loro prof. di religione.
- **PAROLE CHIAVE:** la spiegazione di alcune parole considerate rilevanti e, in genere, non riprese dal *Dizionario* che si trova in fondo al testo.
- **RIQUADRO COLORATO:** caratterizza un argomento che si vuole mettere in risalto, uno specchietto cronologico, un testo o una nota significativi.
- **FORUM:** proposte per la discussione e la riflessione in classe.

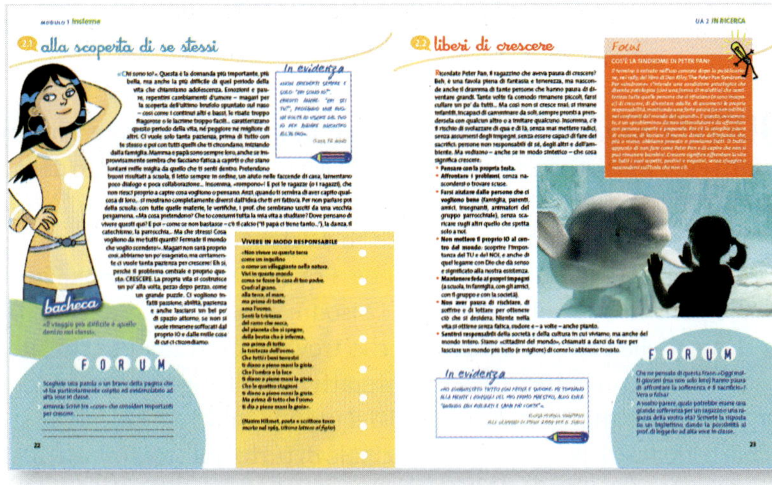

- **CHE NE PENSI?:** una pagina, posta alla fine di ogni Unità di Apprendimento (UA), che ha lo scopo di favorire la riflessione e l'approfondimento personale, ma anche una prima verifica sull'attività svolta in classe.

Al termine di ogni modulo, le **PAGINE FINALI** dedicate alla sintesi, ma soprattutto alla multimedialità, sono così articolate:

- **PAGINECHIARE:** quattro o sei pagine studiate appositamente per gli alunni con bisogni educativi speciali; una sintesi del modulo, con testi evidenziati per facilitare l'individuazione dei concetti-chiave, alcuni esercizi di verifica e una mappa concettuale, il tutto impaginato in modo da favorire la migliore leggibilità, anche grazie all'uso di una font specifica (biancoenero®)
- **MAPPA:** una sintesi generale del Modulo per mezzo di una mappa concettuale.
- **SINTESI.IT:** una breve attività didattica in cui siete invitati a completare la frase con alcune parole chiave da inserire al posto giusto.
- **MEDIALAB: attività interattive multimediali**, una proposta laboratoriale decisamente nuova e stimolante rispetto alla didattica tradizionale con l'aiuto degli strumenti del Web 2.0.

 = pagine di arte, con rimando ad approfondimenti *on-line* e sull'eBook Plus.

2. Le proposte multimediali

Le attività multimediali (**MediaLab**) proposte nel testo sono pensate per essere realizzate in due contesti: **a scuola**, sotto la guida del vostro insegnante, **e a casa**, come elaborazione di attività individuali o di gruppo. Dal punto di vista operativo, esse vanno incontro alle esigenze sia di chi ha la possibilità di connessione alla rete (a scuola o a casa), sia di chi, invece, vuole utilizzarle nell'ambito di una didattica più tradizionale. Proprio per questo **sono state inseriti un CD con tutte le attività cartacee, ma anche attività stampabili da internet (o dal CD), da usare in classe senza alcun supporto tecnologico**.

Le attività proposte sono le seguenti:

1. quelle relative al **Web 2.0**
2. quelle dedicate alla **LIM** (Lavagna Interattiva Multimediale)
3. le **attività pratiche**
4. i **film** con il **QrCode** e la **Realtà Aumentata**. Queste ultime si ritrovano solo in alcuni moduli, in quanto sono strumenti non ancora diffusi e quindi sono stati inseriti a livello sperimentale.

Le attività proposte – che rimandano al sito **www.edbscuoladigitale.it** – richiedono un atteggiamento partecipativo e collaborativo da parte di tutta la classe e sono calibrate per livelli diversi di abilità, anche per quelli di voi che non hanno particolari conoscenze in campo informatico. Ecco una breve spiegazione delle varie attività:

1. **Le attività Web 2.0**: sfruttano le potenzialità della Rete per avvicinare la quotidianità del vostro mondo a quello della scuola e dell'educazione in generale, utilizzando quelle modalità e quei linguaggi a voi piuttosto familiari: mappe, fumetti animati, elaborazioni 3D ecc. Tramite l'utilizzo degli applicativi 2.0, ognuno di voi impara a collaborare con gli insegnanti e con i

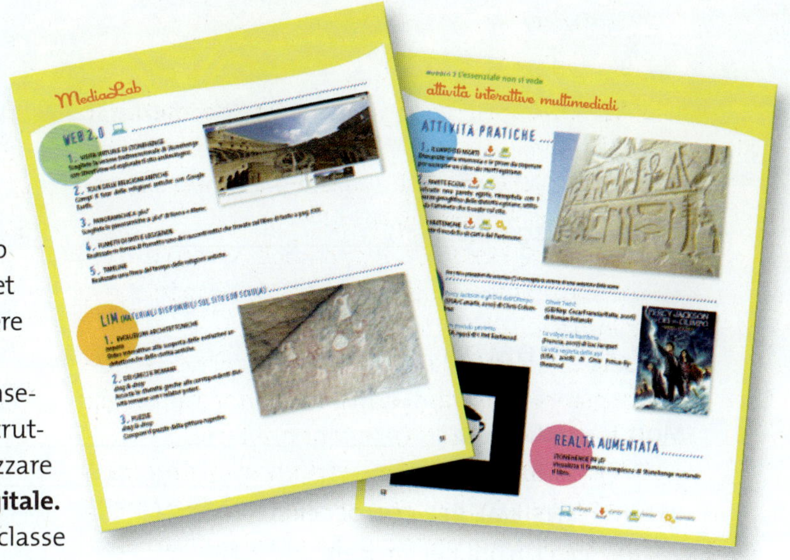

compagni, a sviluppare la creatività e la fantasia, ad acquisire competenze mediali e a imparare un utilizzo consapevole delle risorse della Rete finalizzato a una crescita culturale e umana.

2. **Le attività LIM:** attività che hanno luogo in classe utilizzando la Lavagna Interattiva Multimediale, o scaricabili da internet per il lavoro a casa. Diverse tra loro hanno la possibilità di essere riprese come sintesi e valutazione degli apprendimenti.
3. **Le attività pratiche:** vanno incontro soprattutto a quegli insegnanti che non hanno la possibilità di usufruire di un'infrastruttura informatica a scuola. Si tratta infatti di attività da realizzare su carta che si possono scaricare dal sito **www.edbscuoladigitale.it** e sul CD e, una volta stampate, si possono utilizzare in classe per lo svolgimento delle attività didattiche.
4. **Filmografia:** una lista di film inerenti ai temi trattati, alcuni dei quali vengono approfonditi attraverso:
   a. Il **QrCode** è derivato dal codice a barre (TAG): una volta che viene inquadrato con un cellulare predisposto o con la webcam (oggi integrata in qualsiasi computer), il TAG restituisce alcune informazioni del film come la trama, una breve scheda critica ecc.
   b. Una scheda dedicata sul sito **www.edbscuoladigitale.it** con eventuali *link* di approfondimento e percorsi didattici.
5. **La Realtà Aumentata:** è un semplice ed efficace strumento di visualizzazione che necessita di una webcam e di un *software player* gratuito, disponibile sul sito **www.edbscuoladigitale.it**. Il flusso di accesso è immediato: si accede alla pagina web di riferimento, si attiva la webcam per inquadrare il *marker* (simbolo stampato su carta), e si potranno visualizzare i contenuti proposti (3D, video, suoni, animazioni ecc.).

Arrichisce ulteriormente la proposta l'eBook Plus, scaricabile gratuitamente da www.scuolabook.it e visibile in qualsiasi computer, tablet o web browser.

3. Alcune particolarità del libro

Le caratteristiche principali di **Religione 2.0** possono essere così riassunte:

- È un libro che non nasce «a tavolino», ma **viene direttamente dalle aule di scuola** e dalla lunga esperienza di insegnamento della religione dei suoi autori; molte pagine sono frutto della collaborazione di vostri coetanei.
- Offre, in un linguaggio semplice e adatto ai ragazzi della vostra età, un **confronto culturale ed esistenziale sul fatto religioso, soprattutto cristiano-cattolico**. Noi autori siamo convinti che conoscere e studiare la ricchezza del messaggio religioso è tutt'altro che fare del catechismo, ma è offrire un importante arricchimento culturale e formativo.
- Il testo **sfrutta al meglio le possibilità offerte dalle nuove tecnologie** e propone diversi sussidi multimediali, alcuni decisamente innovativi, ma considerandoli sempre e solo degli «strumenti», che non possono e non devono sostituire la persona, né dell'insegnante né dell'alunno.
- Nel libro viene dato molto spazio all'**educazione al dialogo** (in particolare religioso) e alla **convivenza civile**: questo perché crediamo che sia importante conoscere le proprie radici, ma anche riconoscere e rispettare i valori degli altri.
- I **contenuti** sono presentati in modo **essenziale**, la **grafica è accattivante e originale**; si è privilegiato l'aspetto laboratoriale per dare spazio alla **creatività** e alla **partecipazione di tutti**.
- Infine, l'ultima ma certamente una delle più importanti peculiarità di questo testo multimediale, è che **voi ragazze e ragazzi** che lo utilizzate **siete i veri protagonisti del testo**, potendo interagire con esso *on-line* e lasciare sul sito **www.edbscuoladigitale.it** le vostre impressioni, osservazioni, suggerimenti o domande. L'augurio quindi che facciamo a tutti voi è di metterci testa e cuore perché *Religione 2.0* diventi un vero percorso di crescita umana e spirituale.

Ringraziamenti
Sono molte le persone che sentiamo il dovere di ringraziare per aver collaborato, direttamente o indirettamente, alla realizzazione di questo libro. Farne un elenco sarebbe troppo lungo: ci limitiamo a ricordare le nostre famiglie, i nostri alunni e gli amici delle Edizioni Dehoniane di Bologna.

Gli autori

indice

PLUS

insieme

twitter

CHI VEDE SOLO LA REALTÀ
È MIOPE.

CREDO PERCHÉ SONO
INNAMORATO DELLA VITA.

LA RAGIONE NON SPIEGA
LA COMPLESSITÀ DEL MONDO.

bacheca

«L'ora di religione si rivolge a tutti e non solo ai cattolici». (I VESCOVI ITALIANI)

«Bisogna avere un obiettivo in cui credere e riporre la propria fiducia». (UN EDUCATORE)

«In Dio si scoprono nuovi mari quanto più si naviga». (FRAY LUIS DE LEÓN)

nuvola di tag

piano di lavoro

TRAGUARDI PER LO SVILUPPO DELLE COMPETENZE *(in prospettiva)*

Star bene in classe e vivere positivamente la scelta di avvalersi dell'IRC (= Insegnamento della Religione Cattolica).

OBIETTIVI DI APPRENDIMENTO

- Comprendere la finalità e lo scopo dello stare insieme in classe.
- Vivere la scuola come momento importante non solo per apprendere cose nuove, ma anche per imparare a stare con gli altri.
- Cogliere l'importanza delle finalità dell'IRC, che sono scolastiche e culturali (e non catechistiche), volte alla conoscenza del fatto religioso.

COSA IMPARARE PER LA VITA

- Imparare a lavorare insieme in modo costruttivo e collaborativo, non solo per la scuola ma anche per la vita.
- Creare in classe un gruppo di amici, che conoscono e rispettano le caratteristiche culturali e religiose degli altri.

LE VARIE TAPPE

Il Modulo, nella prima parte, si preoccupa di presentare lo scopo e la finalità dell'ora di religione nella scuola, dedicando però varie pagine all'importanza dello «star bene in classe». Nella seconda, si preoccupa di presentare in modo veloce e sintetico le varie problematiche dell'adolescenza (la ricerca della propria identità, la fatica di crescere, il bisogno di amicizia ecc.), offrendo vari spunti di riflessione e proposte costruttive.

QUALCHE SUGGERIMENTO

Il testo è stato pensato come un laboratorio multimediale, con tante attività, foto e frasi da cui prendere spunto per dibattiti, interventi, riflessioni... Insomma, il libro presuppone un'ora di religione molto dinamica e propositiva. Ma, per far questo, bisogna prima di tutto avere un gruppo classe. Si consiglia, all'inizio dell'anno, di dedicare un bel po' di tempo alla formazione del gruppo classe. Questo tempo è sempre ben speso, anche se può sembrare sottratto al programma.

RISERVATO ALL'INSEGNANTE

Per eventuali suggerimenti e approfondimenti sul tema, per spunti e idee, proposte di lavori sul Web ed esercitazioni con gli alunni si veda *MediaLab - Attività interattive multimediali* nella parte finale del modulo e anche la *Guida per l'insegnante*. Per le verifiche, si veda il *Quaderno operativo digitale* sul CD-rom allegato al testo.

COLPO D'OCCHIO

Pagina introduttiva, piano di lavoro

1. UA: INSIEME PER CONOSCERCI

1.1 Un'ora per crescere
1.2 Scuola: insieme per conoscerci e conoscere
1.3 Chiamati a volare in alto
1.4 Star bene in classe
1.5 Che ne pensi?
1.6 Mi racconto

2. UA: IN RICERCA

2.1 Alla scoperta di se stessi
2.2 Liberi di crescere
2.3 Giù le maschere
2.4 Diventare grandi significa...
2.5 Verso l'«Altro»
2.6 Non da soli
2.7 Che ne pensi?

Completano il Modulo

- *La mappa*
- *Sintesi.it*
- *MediaLab*

1.1 un'ora per crescere

Ciao ragazzi! Faremo insieme un cammino che ci porterà a scoprire l'importanza della religione nella storia dell'uomo, le sue principali manifestazioni storiche (le varie religioni), l'importanza che il cristianesimo – in particolare il cattolicesimo – ha avuto nel nostro paese, in Europa e anche nel mondo. Il messaggio di speranza e di fratellanza universale portato da Gesù e testimoniato dalle varie comunità cristiane lungo i secoli – pur con tutte le contraddizioni e ambiguità proprie degli esseri umani – ha segnato profondamente la storia, l'arte, la vita e la coscienza di milioni di persone. Noi analizzeremo tutto questo, in modo diverso rispetto a come avete svolto religione nella scuola primaria. Ormai, infatti, siete cresciuti ed è giusto approfondire le cose guardandole da vari punti di vista. Può capitare che alcuni dei vostri compagni decidano di (o siano invitati a) non scegliere l'insegnamento della religione cattolica (o IRC, come lo indicheremo d'ora in poi). È giusto, però, tener presente che fare religione a scuola è ben diverso dal fare catechismo, che presuppone una scelta di fede e un cammino all'interno della comunità credente. Noi faremo «cultura religiosa», che significa conoscere – e quindi anche studiare – tutto ciò che ha a che fare con la realtà religiosa nelle sue varie manifestazioni (le credenze, i modi di essere religiosi, soprattutto quelli più vicini a noi, le differenti religioni del mondo...), interrogandoci su ciò che ci propone per crescere come persone e cittadini responsabili (di sé, degli altri, dell'ambiente).
Con queste premesse, il nostro incontro settimanale sarà importante per tutti, tutt'altro che un'ora poco «impegnativa», di chiacchiere o di passatempi! D'altronde, se l'avete scelta, è perché siete convinti dell'importanza di quei «cinque buoni motivi» con cui vogliamo sintetizzare il nostro stare insieme. Permettetemi quindi di congratularmi con voi per aver scelto di fare religione, soprattutto perché in questo modo dimostrate di non aver paura di confrontarvi con una delle realtà più profonde e creative dell'essere umano, com'è la religione. Buon anno scolastico!

Il vostro insegnante di religione

Perché scegliere l'ora di religione (IRC)?

Ecco cinque buoni motivi:
1. Perché è un'ora in cui si fa cultura.
2. Perché ci si confronta e si dialoga con gli altri.
3. Perché si riflette insieme tra amici.
4. Perché aiuta a crescere come persone responsabili.
5. Perché è un'ora in cui ci si sente liberi (e non solo perché è l'unica che può essere scelta!).

Cosa non è l'insegnamento della religione (IRC)?

1. Non è catechismo, che presuppone la fede e un cammino fatto nella comunità ecclesiale.
2. Non è «un'ora di propaganda», né una forma di conversione al cattolicesimo.
3. Non è un'ora di «riposo» o «poco impegnativa», tanto meno di chiacchiere.

FORUM

- Perché l'IRC è diverso dal catechismo fatto in parrocchia?
  Lo scopo del catechismo è ....
  Lo scopo dell'ora di religione è ....
- **ATTIVITÀ:** «Nell'ora di religione si fa cultura». Provate a spiegare questa frase.

1.2 scuola: insieme per conoscerci e conoscere

bacheca

«L'opera del maestro non deve consistere nel riempire un sacco, ma nell'accendere una fiamma». (PLUTARCO, SCRITTORE E FILOSOFO)

In questa frase, che abbiamo voluto mettere all'inizio di questo nostro cammino, c'è tutto quello che per noi autori di questo testo vuol dire «fare scuola», appunto «accendere delle fiamme» e non riempire delle teste di nozioni. Ma se l'opera del maestro è certamente fondamentale, altrettanto importante è il ruolo dell'alunno, della famiglia e della società intera. Non si accenderanno mai delle fiamme senza l'apporto e la collaborazione di queste varie forze che concorrono al «benessere» (star bene) della scuola.

Ecco perché abbiamo voluto mettere la frase di Plutarco all'inizio del nostro percorso dell'ora di religione. Quest'ora settimanale che faremo insieme è «scuola» a tutti gli effetti, e ha bisogno di essere vissuta con la testa e con il cuore, come tutte le cose importanti. Sappiamo bene che ci sono tanti modi di vivere la scuola, e anche l'ora di religione.

Per qualcuno è un impegno serio, da portare avanti con determinazione e diligenza, come tutte le materie; per altri è soprattutto un dovere, un po' come tutta la scuola; per altri un'ora simpatica e non troppo impegnativa... e così via. Noi invece vorremmo che fosse un'ora vissuta con entusiasmo e non solo per dovere; un'occasione scolastica in cui si possono imparare tante cose, ma senza l'angoscia del voto o dell'interrogazione. Insomma, un'ora per diventare «persone», cioè individui capaci di crescere dentro di sé, di rapportarsi con gli altri e con l'ambiente, ma anche di alzare lo sguardo e osservare con attenzione ciò che non si vede subito. In una parola, vorremmo tanto avere a che fare con una classe di persone «intelligenti» (dal latino *intus-legere*), che sappiano «leggere dentro». Ma – come insegna la frase dell'autore de *Il piccolo principe* che troverete in questa pagina – la cosa più importante è «svegliare» nelle persone «la nostalgia del mare»: il resto verrà di conseguenza. Ce la metteremo tutta per farvi venire questa voglia di mare aperto e sconfinato, e sappiamo anche che non sarà difficile. La vita di un ragazzo non può ridursi a una playstation o a un programma televisivo, e nemmeno a dei voti scolastici. E allora apriamo bene gli occhi e puntiamo in alto; siamo chiamati a essere aquile, non dei polli da allevamento!

SE VUOI COSTRUIRE...

«Se vuoi costruire una nave non chiamare la gente che procura il legno, che prepara gli attrezzi necessari, non distribuire compiti, non organizzare il lavoro. Prima invece sveglia negli uomini la nostalgia del mare lontano e sconfinato. Appena si sarà svegliata in loro questa sete, gli uomini si metteranno subito al lavoro per costruire la nave».

(Antoine de Saint-Exupéry, 1900-1944, scrittore)

FORUM

- Cosa fare perché l'ora di religione sia sempre più entusiasmante?
- **ATTIVITÀ:** Scrivi un'idea o un suggerimento per migliorare l'ora ....

....

....

1.3 chiamati a volare in alto

Nella pagina precedente, vi auguravamo di essere delle aquile. Ecco una piccola storia che ha qualcosa da insegnarci in proposito. «Un'antica leggenda racconta che Dio creò lo struzzo, la gallina, l'aquila e tutti gli altri uccelli senza ali; solo in un secondo tempo creò le ali, ma le mise tutte in un angolo e poi disse agli uccelli: "Prendete le ali che più vi aggradano". Lo struzzo disse: "Sono alto e grosso: prenderò un paio di ali robuste ma piccole, che si adattino bene alla mia stazza". La gallina pensò: "Io devo fare le uova, non ho bisogno di un paio di ali grandi; mi creerebbero solo problemi e impaccio". L'aquila invece osservò tutte le ali, guardò il sole e scelse le ali più grandi e belle. Quando tutti ebbero scelto le ali, Dio disse loro: "Adesso volate, perché siete stati creati per questo". Lo struzzo prese la rincorsa ma, nonostante gli sforzi, non riuscì a sollevarsi dal suolo; la gallina tentò, ma ripiombò pesantemente al suolo dopo essersi sollevata di pochi metri; solo l'aquila, grazie alle sue potenti e grandi ali, riuscì in pochi istanti a sollevarsi in alto e a puntare direttamente verso il sole». Ecco, noi dobbiamo essere come l'aquila, che non fa calcoli pensando solo all'estetica (come fa lo struzzo) o a cose molto pratiche (tipo il ragionamento della gallina, che all'apparenza può anche sembrare saggio). Per volare alto abbiamo bisogno di ali forti e robuste, che certamente allo struzzo, molto condizionato dalle mode del momento e ossessionato dal suo fisico, sembreranno una scelta inopportuna e controcorrente; così come sembreranno strane e un po' snob alla finta-saggia gallina, che pensa di vivere solo per «fare le uova». Ma vedere le cose dall'alto non è la stessa cosa che vederle all'altezza del proprio naso.

FORUM

> Condividete la morale di questa favola?

> **ATTIVITÀ:** Rifletti sulla favola e prova a fare un elenco di parole che, secondo te, caratterizzano una vita:
da «struzzo» ....
....
da «gallina» ....
....
da «aquila» ....
....

1.4 star bene in classe

Formare una bella classe, dove si sta bene insieme e si lavora in armonia, non è impresa da poco; ma ci si può riuscire. Occorrono diversi accorgimenti, ma soprattutto la buona volontà da parte di tutti e l'intelligenza di trovare la «giusta distanza», come insegna la favola raccontata dal filosofo tedesco Schopenhauer (1788-1860): una sera d'inverno, due ricci tentano di avvicinarsi per scambiarsi calore, ma avvicinandosi troppo si pungono e non sanno come fare. Dopo vari tentativi andati a vuoto, finalmente trovano la «giusta distanza» in cui, senza farsi male, riescono a darsi reciprocamente calore. È chiara la morale della favola? In una classe, come nella vita, è importante trovare la giusta distanza per vivere insieme agli altri e arricchirsi reciprocamente. In ogni realtà dove più persone devono stare o lavorare insieme, è fondamentale creare una buona squadra, cioè più cervelli che stanno insieme, con capacità e attitudini differenti, in cui ognuno cerca di non pungere l'altro, ma dà il proprio apporto costruttivo. Le squadre vincenti sono proprio quelle in cui c'è un bel clima umano, ognuno cerca di far bene il proprio lavoro e si lavora per lo stesso obiettivo. Così nel calcio, come in Formula Uno o in una bella classe. Se invece comincia a esserci qualcuno che, per paura di essere assorbito dal gruppo e di perdere la propria libertà, si atteggia a mettersi in mostra a scapito degli altri, quasi sempre esagerando e risultando antipatico, si crea una brutta atmosfera. Infatti se ci facciamo prendere dalla voglia di emergere sempre e

Il decalogo di classe

1. Nel gruppo nessuno può dare o portare quello che devi dare o portare tu.
2. Non devi mai aspettare che parlino gli altri al tuo posto.
3. Rifletti prima di parlare; è vietato pensare a voce alta.
4. Accorgiti, con la tua sensibilità, se c'è qualcuno che si trova male o non riesce a esprimere se stesso nel migliore dei modi... Puoi aiutarlo.
5. Non dire mai: «Con quello/a non c'è più nulla da fare! Ho tentato tutto...».
6. Poiché anche tu puoi sbagliare, non ridere o scherzare su quello che dicono gli altri.
7. Non etichettare i tuoi compagni in base ai loro successi o insuccessi scolastici. Tutti, ma proprio tutti, hanno qualcosa da insegnarti.
8. Nessuno è perfetto: ma devi volere che l'altro migliori e, soprattutto, aiutarlo a farlo.
9. Non fa vincere la propria squadra chi tiene il pallone per sé, allo stesso modo non potrai migliorare la tua classe se pensi solo a te stesso, anzi, la renderai peggiore.
10. Sii paziente: ci vuole molto tempo per conoscere un compagno di classe, e una buona classe non si costruisce in un giorno.

comunque su tutti, oppure dal complesso «della pecora nera» (che pensa di non aver niente da dire o portare e che rimane sempre in disparte), allora non ci vuole niente a riversare su tutto il gruppo classe queste nostre paure. Ognuno deve invece portare il proprio contributo, per quello che è o è capace di fare, senza barare. Questo per quanto riguarda l'atteggiamento di fondo. Poi ci sono delle regole (vedi pagina precedente) che è bene conoscere e mettere in pratica, se si vuol vivere in una bella classe.

bacheca

«Il tempo passato a mettersi d'accordo non è mai perso». (Lanza del Vasto, poeta e scrittore)

FORUM

Cosa posso donare alla classe?

ATTIVITÀ: Dividete ciascuno un foglio bianco in due parti e scrivete due qualità che potreste donare alla classe. Tutte le «qualità» saranno scritte alla lavagna e commentate brevemente. Alla fine dell'attività date un nome alla classe e inventatevi un motto.

1.5 che ne pensi?

Tra queste immagini e frasi ce n'è una che esprime la tua idea di religione?

1

«Davanti all'impossibile e all'incomprensibile, chino il capo sulle ginocchia di Dio». (Gandhi, 1869-1948)

2

«Precludere al ragazzo la possibilità di conoscere il messaggio della religione cristiana e delle religioni è impedirgli l'accesso... alla vita e alla storia». (Un genitore)

3

4

5

«Non capisco come si possa passare dinanzi a un albero e non essere felice di vederlo; parlare con un uomo e non essere felice di amarlo. E quante belle cose vi sono a ogni passo: guardate il bimbo, guardate l'aurora di Dio, guardate gli occhi che vi guardano e vi amano». (F. Dostoevskij, 1821-1881)

6

«Tutte le grandi religioni del mondo riconoscono una realtà trascendente, misteriosa ma vicina al cuore dell'uomo. In questo vi è la premessa per una pace universale». (Card. Carlo Maria Martini)

Ho scelto la frase o l'immagine n. ....
Per questi motivi:
....
....
....
....
....
....
....
....

7

1.6 mi racconto

QUESTO SONO IO

La maggior parte dei tuoi compagni non ti conosce, prova a presentarti nel modo che preferisci (scrivendo qualcosa su di te, oppure mostrandoti attraverso un disegno, un'immagine o una cosa a te molto cara...).

INTERVISTA LAMPO AL MIO COMPAGNO DI BANCO

- Cosa apprezzi di più negli altri?

....

- Cosa o chi metti al primo posto?

....

- C'è un personaggio a cui vorresti assomigliare?

....

- La cosa che ti fa arrabbiare di più:

....

- E, invece, quella che ti diverte da matti:

....

- Cosa vorresti cambiare di te?

....

Che ricordo hai dell'ora di religione a scuola?
❑ ottimo ❑ buono ❑ discreto ❑ così così ❑ pessimo

In base a quello che abbiamo detto all'inizio di questo Modulo, prova a scrivere dentro alla sagoma della ragazza o in quella del ragazzo le **«parole più importanti»** della nostra ora di religione.

2.1 alla scoperta di se stessi

«Chi sono io?». Questa è la domanda più importante, più bella, ma anche la più difficile di quel periodo della vita che chiamiamo adolescenza. Emozioni e paure, repentini cambiamenti d'umore – magari per la scoperta dell'ultimo brufolo spuntato sul naso – così come i continui alti e bassi, le risate troppo fragorose o le lacrime troppo facili... caratterizzano questo periodo della vita, né peggiore né migliore di altri. Ci vuole solo tanta pazienza, prima di tutto con te stesso e poi con tutti quelli che ti circondano, iniziando dalla famiglia. Mamma e papà sono sempre loro, anche se improvvisamente sembra che facciano fatica a capirti o che siano lontani mille miglia da quello che ti senti dentro. Pretendono buoni risultati a scuola, il letto sempre in ordine, un aiuto nelle faccende di casa, lamentano poco dialogo e poca collaborazione... Insomma, «rompono»! E poi le ragazze (o i ragazzi), che non riesci proprio a capire cosa vogliono o pensano. Anzi, quando ti sembra di aver capito qualcosa di loro... si mostrano completamente diversi dall'idea che ti eri fatto/a. Per non parlare poi della scuola: con tutte quelle materie, le verifiche, i prof. che sembrano usciti da una vecchia pergamena. «Ma cosa pretendono? Che io consumi tutta la mia vita a studiare? Dove pensano di vivere questi qui? E poi – come se non bastasse – c'è il calcio ("il papà ci tiene tanto..."), la danza, il catechismo, la parrocchia... Ma che stress! Cosa vogliono da me tutti quanti? Fermate il mondo che voglio scendere!». Magari non sarà proprio così, abbiamo un po' esagerato; ma certamente ci vuole tanta pazienza per crescere! Eh sì, perché il problema centrale è proprio questo: CRESCERE. La propria vita si costruisce un po' alla volta, pezzo dopo pezzo, come un grande puzzle. Ci vogliono infatti passione, abilità, pazienza e anche lasciarsi un bel po' di spazio attorno, se non si vuole rimanere soffocati dal proprio IO e dalle mille cose di cui ci circondiamo.

In evidenza

«NON CHIEDERTI SEMPRE E SOLO: "CHI SONO IO?". CHIEDITI ANCHE: "CHI SEI TU?", PROVANDO UNA BUONA VOLTA AD USCIRE DAL TUO IO PER ANDARE INCONTRO ALL'ALTRO».

(LUCA, 12 ANNI)

bacheca

«Il viaggio più difficile è quello dentro noi stessi».

FORUM

> Scegliete una parola o un brano della pagina che vi ha particolarmente colpito ed evidenziatelo ad alta voce in classe.

> **ATTIVITÀ:** Scrivi tre «cose» che consideri importanti per crescere.

....

....

....

VIVERE IN MODO RESPONSABILE

«Non vivere su questa terra
come un inquilino
o come un villeggiante nella natura.
Vivi in questo mondo
come se fosse la casa di tuo padre.
Credi al grano,
alla terra, al mare,
ma prima di tutto
ama l'uomo.
Senti la tristezza
del ramo che secca,
del pianeta che si spegne,
della bestia che è inferma,
ma prima di tutto
la tristezza dell'uomo.
Che tutti i beni terrestri
ti diano a piene mani la gioia.
Che l'ombra e la luce
ti diano a piene mani la gioia.
Che le quattro stagioni
ti diano a piene mani la gioia.
Ma prima di tutto che l'uomo
ti dia a piene mani la gioia».

(Nazim Hikmet, poeta e scrittore turco morto nel 1963, *Ultima lettera al figlio*)

2.2 liberi di crescere

Ricordate Peter Pan, il ragazzino che aveva paura di crescere? Beh, è una favola piena di fantasia e tenerezza, ma nasconde anche il dramma di tante persone che hanno paura di diventare grandi. Tante volte fa comodo rimanere piccoli, farsi cullare un po' da tutti... Ma così non si cresce mai; si rimane infantili, incapaci di camminare da soli, sempre pronti a prendersela con qualcun altro o a imitare qualcuno. Insomma, c'è il rischio di svolazzare di qua e di là, senza mai mettere radici, senza assumersi degli impegni, senza essere capaci di fare dei sacrifici: persone non responsabili di sé, degli altri e dell'ambiente. Ma vediamo – anche se in modo sintetico – che cosa significa crescere:

- **Pensare con la propria testa.**
- **Affrontare i problemi**, senza nascondersi o trovare scuse.
- **Farsi aiutare dalle persone che ci vogliono bene** (famiglia, parenti, amici, insegnanti, animatori del gruppo parrocchiale), senza scaricare sugli altri quello che spetta solo a noi.
- **Non mettere il proprio IO al centro del mondo**: scoprire l'importanza del TU e del NOI, e anche di quel legame con Dio che dà senso e significato alla nostra esistenza.
- **Mantenere fede ai propri impegni** (a scuola, in famiglia, con gli amici, con il gruppo e con la società).
- **Non aver paura di rischiare**, di soffrire e di lottare per ottenere ciò che si desidera. Niente nella vita si ottiene senza fatica, sudore e – a volte – anche pianto.
- **Sentirsi responsabili** della società e della cultura in cui viviamo, ma anche del mondo intero. Siamo «cittadini del mondo», chiamati a darci da fare per lasciare un mondo più bello (e migliore) di come lo abbiamo trovato.

Focus

COS'È LA SINDROME DI PETER PAN?

Il termine è entrato nell'uso comune dopo la pubblicazione, nel 1983, del libro di Dan Kiley, The Peter Pan Syndrome. *Per «sindrome» s'intende una condizione psicologica che diventa patologica (cioè una forma di malattia) che caratterizza tutte quelle persone che si rifiutano (o sono incapaci) di crescere, di diventare adulte, di assumersi le proprie responsabilità, mostrando una forte paura (se non ostilità) nei confronti del mondo dei «grandi». E questo, ovviamente, è un «problemino» da non sottovalutare e da affrontare con persone esperte e preparate. Poi c'è la semplice paura di crescere, di lasciare il mondo dorato dell'infanzia che, più o meno, abbiamo provato o proviamo tutti. Si tratta appunto di non fare come Peter Pan e di capire che non si può rimanere bambini. Crescere significa affrontare la vita in tutti i suoi aspetti, positivi e negativi, senza sfuggire o nascondersi sull'Isola che non c'è.*

In evidenza

«HO CONQUISTATO TUTTO CON FATICA E SUDORE. MI TORNANO ALLA MENTE I CONSIGLI DEL MIO PRIMO MAESTRO, ALDO ENEA: "QUANDO CADI RIALZATI E SARAI PIÙ FORTE"».

(LUISA MORICO, VINCITRICE ALLE OLIMPIADI DI ATENE 2004 PER IL JUDO)

FORUM

- Che ne pensate di questa frase: «Oggi molti giovani (ma non solo loro) hanno paura di affrontare la sofferenza e il sacrificio»? Vera o falsa?
- A vostro parere, quale potrebbe essere una grande sofferenza per un ragazzo o una ragazza della vostra età? Scrivete la risposta su un bigliettino, dando la possibilità al prof. di leggerlo ad alta voce in classe.

2.3 giù le maschere

Ci sono dei ragazzi, sia maschi che femmine, che cambiano maschera in continuazione: a scuola li vedi bravi e buoni, tutti gentili e attenti agli altri, mentre a casa pretendono solo e non fanno niente per dare una mano alla mamma o al papà che ritornano stanchi morti dal lavoro. Per loro tutto è dovuto e la casa è un albergo! Altri, invece, li vedi attenti e servizievoli per non dispiacere agli amici, ma in classe sembrano persone diverse: non puoi chiedere loro un minimo impegno e interesse perché sono lì parcheggiati solo per passare il tempo... Insomma, tante maschere (ma la cosa riguarda purtroppo anche il mondo degli adulti) che la gente continua a indossare perché ha paura di essere semplicemente se stessa. A forza di portare la maschera non si sa più chi si è, e si finisce per adattarsi a tutti e a tutto. Meglio non aver paura di sé e non basarsi sulle apparenze: spesso, ciò che appare a prima vista può ingannarci. Meglio andare all'essenziale, come ci invita a fare il brano del «vecchio indiano».

In evidenza

«SPESSO CREDIAMO DI ESSERE NOI A VIVERE LA NOSTRA VITA, IN REALTÀ NON FACCIAMO ALTRO CHE RITRASMETTERE MITI IMPOSTI DALLA TV E MODELLI PUBBLICITARI».
(SIMONA, 12 ANNI)

bacheca

«La bugia è come una palla di neve; quanto più rotola, tanto più s'ingrossa».
(DETTO POPOLARE)

SOLO QUESTO VOGLIO SAPERE...

«Non mi interessa cosa fai per vivere. Voglio sapere piuttosto per che cosa sospiri e se rischi il tutto per trovare i sogni del tuo cuore. Non mi interessa quanti anni hai, voglio sapere se ancora vuoi rischiare di sembrare uno stupido per l'amore, per i sogni, per l'avventura di essere vivo. (...) Non voglio sapere cosa hai studiato, o con chi o dove. Voglio sapere cosa ti sostiene dentro, quando tutto il resto non l'ha fatto. Voglio sapere se sai stare da solo con te stesso, e se veramente ti piace la compagnia che hai...».

(Scritto da un vecchio nativo della tribù degli Oriah, 1890, fonte internet)

FORUM

- Simona scrive nel diario: «Non facciamo che ritrasmettere miti imposti dalla tv e modelli pubblicitari». Cosa ne pensate?
- Ritenete che ci siano «maschere» più usate di altre? Quali?
- Provate ad aggiungere qualcosa di vostro a ciò che dice il vecchio nativo della tribù degli Oriah. «Voglio sapere se ....».

2.4 diventare grandi significa...

Qualche volta si ha l'impressione che sulla fronte di molte persone vi sia scritto a grosse lettere: «Vietato pensare». Sembra che facciano di tutto per non crescere, per continuare a comportarsi da bambini irresponsabili che danno sempre la colpa a qualcun altro. Le persone che, invece, non hanno paura di crescere e di diventare «grandi» sono quelle che ammettono i propri sbagli. In fondo cosa c'è di più bello che dire: «Sì, ho sbagliato!» e – ovviamente – essere pronti anche ad accettare le conseguenze dei propri errori? Eh sì, perché non basta dire: «Scusa!», bisogna anche saper accettare la giusta punizione e darsi da fare per riparare ai guai combinati. Questo significa avere una personalità, o per lo meno cercare di formarsela. Spesso le cose più difficili sono quelle che sembrano più facili. Non è facile lavorare sul serio su se stessi. Ci vogliono volontà e coraggio, puntando su questi aspetti: ⇨

Sette tecniche per migliorare le relazioni

Le sei parole più importanti: «Riconosco di aver commesso un errore». Le cinque parole più importanti: «Hai fatto un buon lavoro». Le quattro parole più importanti: «Che cosa ne pensi?». Le tre parole più importanti: «Se tu potessi». Le due parole più importanti: «Grazie tante». La parola più importante: «Noi». La parola meno importante: «Io». (Davide Weiss)

- **Conoscere e accettare se stessi:** sembra facile ma non lo è affatto; il rischio è sempre quello di sopravvalutarsi o di sottovalutarsi, e quindi di avere una visione distorta di sé. Conoscere e accettare se stessi vuol dire guardarsi allo specchio e riconoscere – senza false paure – i propri pregi e difetti, ciò che si è capaci o no di fare. Certo, per migliorarsi, non per piangersi addosso! E poi c'è sempre la famiglia, che è fondamentale in questo lavoro di crescita, come anche gli amici. Infatti, l'amico vero è quello che, se stai andando in giro con il naso sporco di cioccolato, te lo dice.
- **Imparare a guardarsi intorno**, cioè **uscire dal proprio io** (a volte enorme) e capire che non si può giudicare tutto e tutti a partire dai propri gusti, idee e aspettative. Il mondo che mi circonda è fatto di persone differenti, anche da un punto di vista culturale e religioso, e il metro di giudizio non può essere il mio naso. Insomma, è importante intuire che bisogna avere un rapporto intelligente e costruttivo con gli altri, compresa la natura e l'ambiente in cui si vive.
- **Mettere alla base della propria vita dei valori importanti su cui costruire il futuro.** Ma cosa sono i valori? Come dice la parola stessa, sono le cose che contano, quelle che hanno «valore» per ciascuno di noi, ma nell'ottica che abbiamo detto sopra: andando al di là del nostro naso e cercando di non rimanere chiusi nel nostro egoismo. Ma attenzione: ci sono anche i falsi valori, quelli che riguardano solo le «cose da possedere» o da «consumare». I valori veri, invece, riguardano il nostro modo di essere e ci aiutano a crescere: sono la lealtà, la sincerità, la tenerezza, la solidarietà e tanti altri ancora.

Questi tre punti possono assomigliare a una facile ricetta, in realtà richiedono un impegno che dura tutta una vita. Ma coraggio, questa in fondo è la disciplina (o materia) più importante di tutte, quella a cui solo la vita saprà dare un voto.

bacheca

«"Essere se stessi" è facile dirlo, ma è la cosa più difficile da fare».
(VIVIANA, 14 ANNI)

FORUM

- Viviana sostiene che «essere se stessi» è facile da dire, ma difficile da realizzare. Quali sono – secondo voi – gli ostacoli più grossi che impediscono di «essere se stessi»?
- Quali sono i «valori importanti» da mettere alla base della propria vita? Provate a farne un primo elenco ....
....
....

2.5 verso l'«Altro»

NON IMPORTA

**L'uomo è irragionevole, illogico, egocentrico:
NON IMPORTA,
AMALO!
Se fai il bene ti attribuiranno secondi fini egoistici:
NON IMPORTA,
FA' IL BENE!
Se realizzi i tuoi obiettivi troverai falsi amici e veri nemici:
NON IMPORTA,
REALIZZALI!
Il bene che fai verrà domani dimenticato:
NON IMPORTA,
FA' IL BENE!
L'onestà e la sincerità ti rendono vulnerabile:
NON IMPORTA,
SII FRANCO E ONESTO!
Quello che per anni hai costruito può essere distrutto in un attimo:
NON IMPORTA,
COSTRUISCI!
Se aiuti la gente se ne risentirà:
NON IMPORTA,
AIUTALA!
Da' al mondo il meglio di te e ti prenderanno a calci:
NON IMPORTA,
DA' IL MEGLIO DI TE!**

(Da una scritta sul muro a Shishu Bhavan – Calcutta, La Casa dei bambini di Madre Teresa)

Dietro le piccole e grandi inquietudini del cuore umano, le variopinte maschere e gli ingenui trucchi con cui molti/e ragazzi/e cercano di camuffare ansie e paure, c'è solo la ricerca un po' affannosa di uno scopo e un senso alla vita. Anche se in genere si fa fatica ad ammetterlo, **l'essere umano non è fatto per rimanere chiuso in se stesso**. Ha bisogno dell'altro, fino a raggiungere quell'Altro con la A maiuscola che il credente chiama «Dio». Ma **la strada sia per trovare noi stessi, gli altri, e anche l'Altro, è solo una: quella dell'amore**. Già san Giovanni, nella sua Prima lettera destinata alle comunità cristiane, afferma che Dio è amore (cf. 1 Giovanni 4,7-10), un concetto ribadito poi in tutta la tradizione, cristiana e non cristiana.

Raoul Follereau (1903-1977), un grande apostolo del XX secolo, così scriveva ai giovani: «La sola verità è amarsi. Amarsi gli uni con gli altri, amarsi tutti. Voi pacificherete gli uomini solamente arricchendo il loro cuore». Che la vita ha valore solo se si è capaci di amare ci viene testimoniato da tantissime persone che vivono accanto a noi. Spesso non ce ne accorgiamo nemmeno, perché viviamo nel rumore e siamo distratti da mille piccole cose... Per ascoltare certe voci ci vuole sempre un po' di silenzio. Provate a farlo ora, leggendo con attenzione le frasi riportate in queste pagine. Sono tutte di personaggi che nella loro vita, seppur in modi e forme diversi, hanno cercato di vivere amando gli altri.

bacheca

«Dove si semina amore, nasce la gioia».
(R. Steiner, pedagogista)

**«La vita è vita soltanto là dove c'è amore!».
(Gandhi, 1869-1948, detto il Mahatma, «grande anima» dell'India, fervente sostenitore della non violenza)**

**«Gli uomini si amano come sono e non come dovrebbero essere. Se le nostre mamme avessero aspettato a volerci bene quando noi fossimo diventati buoni, forse sarebbero morte senza volerci bene».
(don Primo Mazzolari, 1890-1959)**

«Vivi come se dovessi morire domani, ma comportati come se dovessi vivere per sempre». (Dalai Lama)

FORUM

- **«Gli uomini si amano come sono e non come dovrebbero essere»**: grande verità o grande scusa inventata da chi non vuol cambiare se stesso?
- Rileggete *Non importa* di Madre Teresa e sottolineate le parole che più vi piacciono.

2.6 non da soli

Il bisogno di uscire da noi stessi per incontrare gli altri trova una delle sue espressioni più alte nell'amore, e in quella particolare forma d'amore che è l'amicizia. Molte cose sono state scritte sull'amicizia, cominciando dalla Bibbia, che riporta diverse frasi del passato poi divenute proverbiali. È scritto, ad esempio, nel libro del Siracide, uno dei 46 libri dell'Antico Testamento: «Un amico fedele è medicina che dà vita: lo troveranno quelli che temono il Signore. Chi teme il Signore sa scegliere gli amici: come è lui, tali saranno i suoi amici» (6,16-17). Sono parole cariche di secoli di sapienza, ma ancora usate e attuali. Tutti cerchiamo questo tesoro, ma forse non sempre ci ricordiamo che l'amicizia richiede altruismo e generosità. Ecco perché la Bibbia parla di coloro che «temono il Signore». Con questa espressione ci ricorda che non siamo soli e che per vivere bene abbiamo bisogno dell'altro, anche dell'Altro con la A maiuscola che chiamiamo Dio. Per trovare degli amici bisogna prima di tutto uscire da se stessi e mettersi alla ricerca dell'altro con generosità. Altrimenti è vero che «oggi tutti vogliono un amico, ma nessuno si preoccupa di esserlo». Il segreto sta proprio in questo: uscire dalla nostra isola e costruire ponti per metterci in comunicazione con le altre isole.

In evidenza

A FFETTUOSA
M ANO
I NDISPENSABILE
C HE MI SI
O FFRE

(ACROSTICO COMPOSTO DA RAGAZZI DI 1ª MEDIA)

ARCHIVIO

«UN AMICO FEDELE È RIFUGIO SICURO: CHI LO TROVA, TROVA UN TESORO». (BIBBIA, SIRACIDE 6,14)

INDISPENSABILE AMICIZIA

«Gli amici sono il modo di Dio per prendersi cura di noi». (Mencius)

«Tieni un vero amico con entrambe le tue mani». (Lee Incocca)

«Se tutti i miei amici stessero per saltare da un ponte, non salterei con loro, sarei in fondo a prenderli». (Dave Matthews Band)

«Un vero amico è l'unico che cammina dentro quando tutti gli altri camminano fuori. Non camminare davanti a me, potrei non seguirti. Non camminare dietro di me, potrei non guidarti. Cammina di fianco a me e sii mio amico». (Charles Caleb Colton)

«Nessuno ha un amore più grande di questo: dare la vita per i propri amici». (Gesù)

FORUM

- Scrive Carlo: «Non ho il coraggio di affrontare gli altri. Ma più resto per conto mio, più mi sento insicuro... Aspetto, ma non appare nessuno». Che fare se ci si trova nella situazione di Carlo? Provate a dargli un consiglio.
- E per voi che cos'è l'amicizia? Tracciate una prima definizione ....
....
....
....

2.7 che ne pensi?

Prova a rispondere sinceramente a queste domande e poi confronta le tue risposte con quelle del tuo vicino di banco.

1. Quali sono le differenze più vistose che hai notato? ....
....

2. Cosa non piace fare a tutti e due?
....
....

3. Cosa invece sarebbe importante iniziare a fare?
....
....
....

A ME PIACE	Sì	NO
Ascoltare musica		
Praticare sport		
Leggere		
Ballare		
Camminare in montagna (escursioni, gite...)		
Stare con gli amici		
Trovare dei momenti di riflessione e pregare		
Viaggiare		
Provare emozioni forti		
Aiutare in casa		
Cantare		
Chat, sms...		
Non andare a scuola		
Scrivere		
Curare il proprio corpo		
Curare la propria anima		

«Giovani, rimanete voi stessi. Fuggite le facili vigliaccherie dell'anonimato. Ogni essere umano ha un suo destino. Realizzate il vostro, con gli occhi aperti, esigenti e leali. Se vi manca qualcosa è perché non avete guardato abbastanza in alto».
(Raoul Follereau, l'apostolo dei lebbrosi)

Tenendo presente quanto abbiamo detto sulle maschere e sulla paura di essere se stessi, commenta brevemente la frase di R. Follereau. ....
....
....
....
....

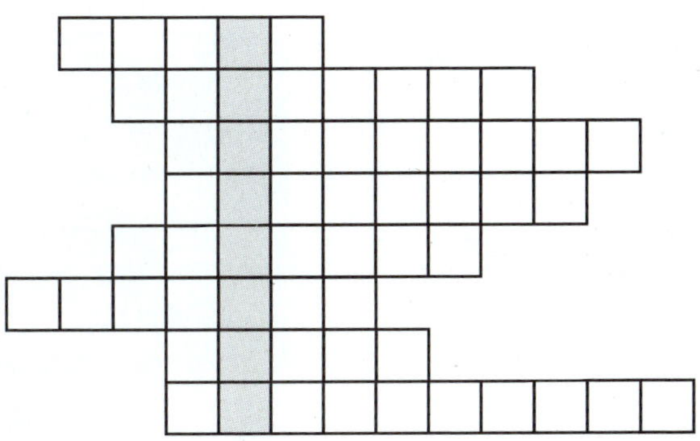

Un piccolo gioco fatto di grandi parole[1]
Inserisci queste parole nello schema e, nella colonna evidenziata, leggerai il nome di una qualità che tutti dovrebbero dimostrare nei confronti degli altri:
amicizia – speranza – stima – amore – ascoltare – credere – confidenza – affetto.

[1] Il gioco è tratto da *L'alfabeto di Ulisse* del Circolo Didattico di Pavone (TO), www.pavonerisorse.it. Per la soluzione del gioco, vedi in fondo al libro, p. 301.

Insieme

• L'ora di religione a scuola

La scuola è il luogo della cultura. La cultura ha tanti aspetti, per questo a scuola si trattano tante discipline: la **religione** fa parte di queste.

L'ora di religione aiuta ad accrescere la **cultura religiosa**: dunque non è un'ora di catechismo, perché il catechismo svolto in parrocchia rientra in un discorso di fede e implica la partecipazione alla vita della Chiesa.

La religione a scuola è aperta a tutti coloro che desiderano ampliare la propria cultura religiosa e hanno voglia di confrontarsi e di crescere.

La religione a scuola, o meglio **IRC** = **insegnamento della religione cattolica**, offre la possibilità di imparare tante cose, senza l'angoscia del voto o dell'interrogazione, ma con l'obiettivo di diventare **persone mature**, capaci di crescere dentro di sé, di confrontarsi con gli altri e di saper capire il mondo intorno a sé.

Diventare cioè persone **intelligenti**, capaci di «guardare dentro le cose» (il termine viene dal latino *intus-legere*, ossia «guardare, leggere dentro»).

L'ora di religione a scuola non è catechismo, ma cultura religiosa.

• Crescere

= **La propria vita si costruisce un po' alla volta**, passo dopo passo, con passione, abilità e pazienza.

Questi sono gli aspetti principali di cosa significa «crescere»:
- Pensare con la propria testa
- Affrontare i problemi, senza nascondersi o trovare scuse
- Farsi aiutare dalle persone che ci sono vicine
- Non mettere il proprio **io** al centro del mondo, ma scoprire anche l'importanza del **tu** e del **noi**

Crescere significa anche riuscire ad affrontare veramente i problemi, facendosi aiutare alle persone che ci sono vicine.

- Mantenere fede ai propri impegni
- Non aver paura di rischiare, lottare e anche soffrire per ottenere ciò che si desidera
- Sentirsi responsabili della società in cui si vive, ma anche del mondo intero

• Insieme agli altri

= Un ragazzo non può crescere da solo, senza gli altri.

L'essere umano non è fatto per rimanere chiuso in se stesso, per rimanere «solo». L'uomo non è un'isola : deve costruire «**ponti**» per unire le isole.

Il bisogno di uscire da noi stessi per incontrare gli altri trova una delle sue espressioni maggiori nell'**amore.** Una delle facce dell'amore è proprio **l'amicizia, molto importante a qualsiasi età. Ma anche l'amicizia è un'arte che s'impara.** Per avere degli amici bisogna prima di tutto uscire da se stessi e mettersi alla ricerca dell'altro con generosità. Il segreto sta proprio in questo: abbandonare la nostra isola e costruire ponti per mettersi in comunicazione con le altre isole.

Nessuno è un'isola: è necessario tenerlo bene in mente anche per stare bene in classe.

• Stare bene in classe

= Formare una bella classe, dove vi sia armonia, non è impresa da poco, ma ci si può riuscire! Occorre **buona volontà** da parte di tutti.

Ognuno deve portare il proprio contributo positivo, come succede in una squadra di calcio. Ognuno deve dare il meglio si sé lavorando insieme per lo stesso obiettivo.

Esercizi

1 Indica con una crocetta se i seguenti atteggiamenti sono positivi oppure negativi per lo «star bene» in classe:

Atteggiamento	Positivo	Negativo
Ridere quando un compagno sbaglia		
Aiutare nei compiti un compagno in difficoltà		
Incoraggiare un compagno quando sbaglia		
Stare sempre per conto proprio		
Prestare oggetti scolastici ai compagni		

2 Indica con una crocetta se le seguenti affermazioni sulla Religione a scuola sono vere oppure false:

Affermazioni	Vero	Falso
La religione a scuola fa crescere la propria cultura		
La religione a scuola e il catechismo sono la stessa cosa		
Nell'ora di religione si può anche chiacchierare e non partecipare		
L'ora di religione può essere un'occasione di dialogo		
L'ora di religione non serve a niente		
L'ora di religione può essere frequentata anche dai non credenti		

3 Inserisci al posto dei puntini le parole giuste scegliendole fra le seguenti:

isola ■ **«stare bene»** ■ **altri** ■ **amicizia** ■ **ponti** ■ **solo**

Un ragazzo non può crescere da ...., ma ha bisogno anche degli ....
Ciascun uomo non è un' ...., ma deve costruire dei .... per andare verso gli altri. Andando verso gli altri si può costruire un rapporto di ...., che può essere importante per formare una buona classe e quindi .... a scuola.

mappa

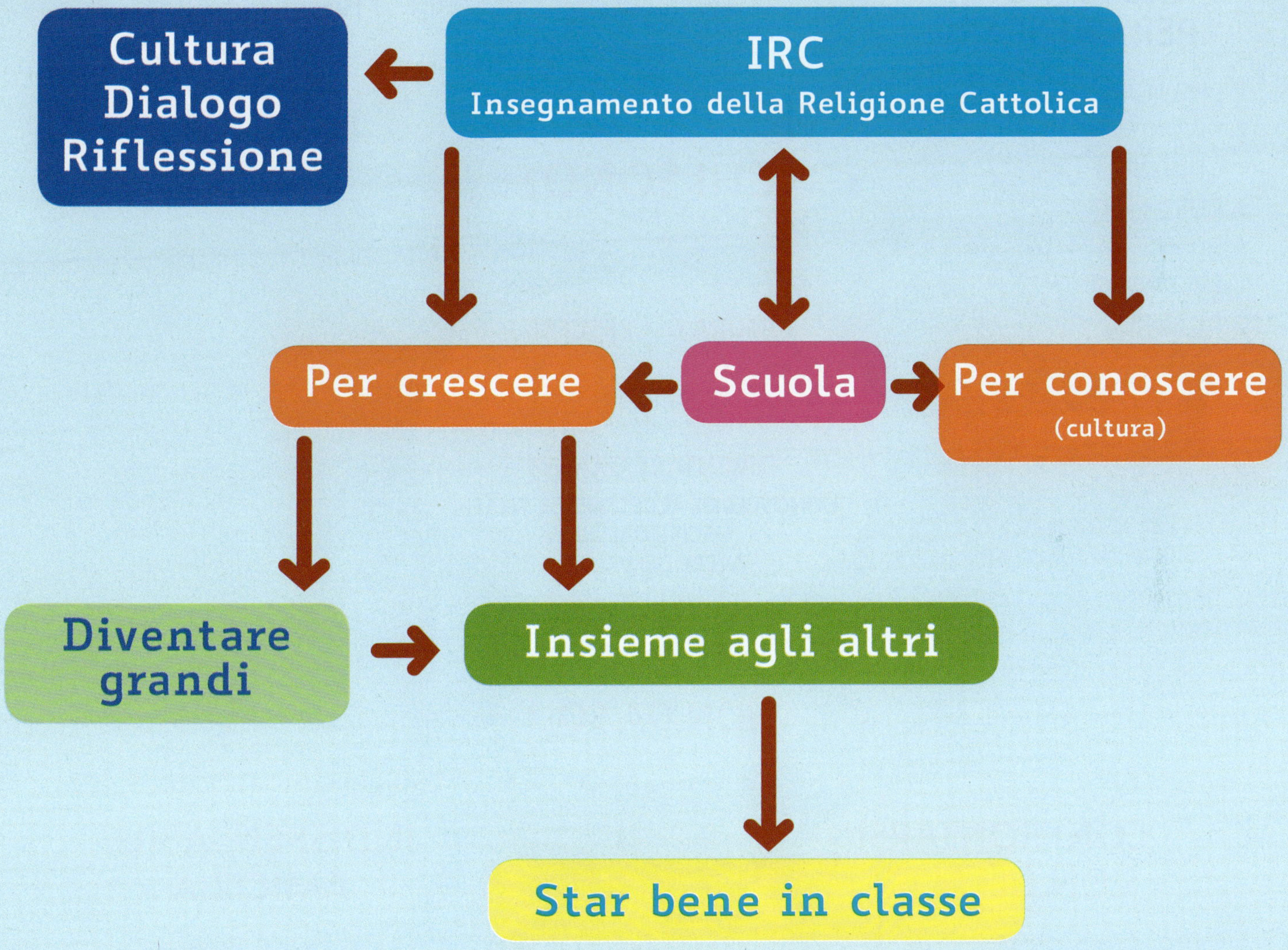
Cultura
Dialogo
Riflessione
IRC
Insegnamento della Religione Cattolica
Per crescere
Scuola
Per conoscere
(cultura)
Diventare grandi
Insieme agli altri
Star bene in classe

insieme

sintesi.it

Inserisci la parola giusta, tra quelle indicate sotto:

Spesso dietro certi atteggiamenti ______________ e indifferenti di molti ragazzi/e c'è la ______________ di affrontare le grandi domande della ______________ che comunque non si possono ______________ . Non bisogna avere paura di ______________ . Ognuno di noi è chiamato a uscire fuori dal guscio del proprio ______________ per aprirsi agli altri nella ______________ e nell'amore.

■ libertà ■ paura ■ vita ■ egoismo ■ superficiali ■ sfuggire ■ crescere

MediaLab

WEB 2.0

1. AVATAR
Create il vostro Avatar con gli elementi a disposizione del programma (occhi, naso, bocca, capelli, abiti ecc).

2. ALBERO GENEALOGICO PERSONALE
Costruite l'albero genealogico della vostra famiglia, inserendo foto (oppure Avatar) e descrizione dei vostri familiari.

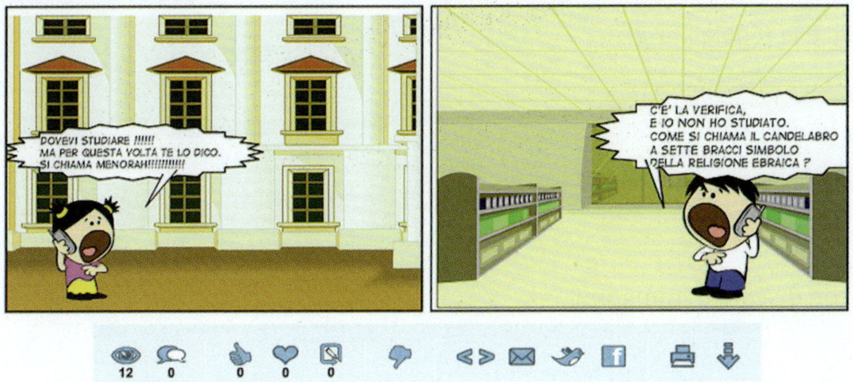

3. FUMETTO
Realizzate il fumetto della storia che trovate a pagina 17 del libro di testo: *L'aquila, lo struzzo e la gallina*.

4. NUVOLA DI TAG
Create la vostra nuvola di tag personalizzata.

LIM (MATERIALI DISPONIBILI SUL SITO WWW.EDBSCUOLADIGITALE.IT)

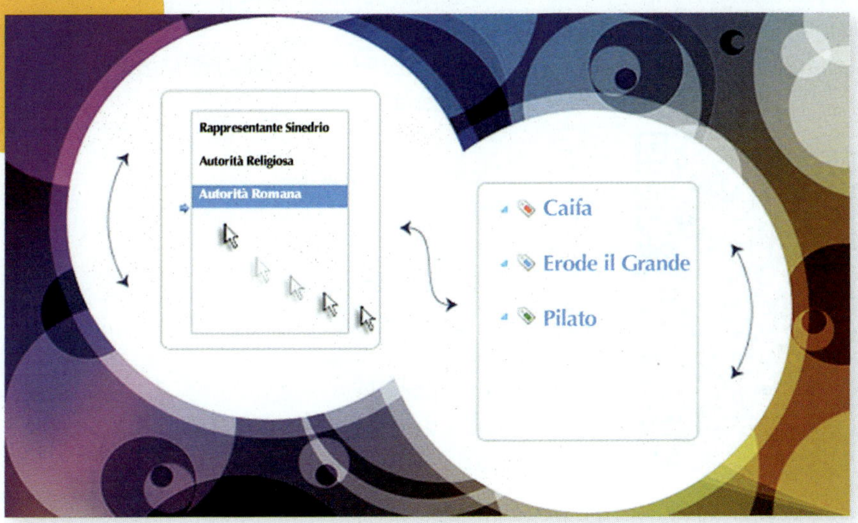

1. RISPONDI
drag & drop
Rispondi alle domande sulla religione.

2. SINTESI DEL MODULO
drag & drop
Collocate le parole che ritenete corrette negli spazi vuoti della frase.

3. SLIDE MILIONARIO
gioca
Rispondete alle domande del famoso gioco «Il Milionario».

attività interattive multimediali

ATTIVITÀ PRATICHE

1. LA TUA PAGINA IN STILE FACEBOOK
Inserite nel fac-simile della pagina di FaceBook i vostri dati personali, la vostra foto/Avatar, e incollatela nella prima pagina del quaderno.

2. IL GIOCO DELL'OCA SULLA RELIGIONE
Realizzate il gioco dell'oca, poi seguite le istruzioni e le regole per arrivare al traguardo.

3. LA VITA È UN FILM
Realizzate la pellicola fotografica della vostra vita.

4. LA PERGAMENA DELL'AMICIZIA
Scrivete una pergamena dell'amicizia arricchita con disegni e immagini.

FILM

Per i film preceduti da asterisco (*) si consiglia la visione di una selezione delle scene

Il bambino con il pigiama a righe
(USA, 2008) di Mark Herman.
Leggi la trama usando il QRcode.

* Quando sei nato non puoi più nasconderti
(Italia/GB/Francia, 2005) di Marco Tullio Giordana

* Io non ho paura
(Italia, 2003) di Gabriele Salvatores

* Il cacciatore di aquiloni
(USA, 2007) di Mark Forster

L'era glaciale
(USA, 2002) di Chris Wedge, Carlos Saldanha

The Mask
(USA, 1994) di Chuck Russell

PLUS disponibile su eBook plus · collegati · scarica · stampa · assembla

l'essenziale non si vede

twitter

NON FERMARTI A CIÒ CHE VEDI,
VAI AL DI LÀ.

GUARDA AL CIELO SE VUOI
CHE I TUOI OCCHI RESTINO BLU.

CIÒ CHE CHIAMIAMO REALTÀ
SI RIDUCE A QUELLO
CHE I SENSI POSSONO PERCEPIRE...
MA NON È TUTTO.

bacheca

«Se hai due pezzi di pane, danne uno ai poveri, vendi l'altro e compra dei fiori per nutrire la tua anima». (TRADIZIONE INDÙ)

«Siamo tutti nati nel fango, ma alcuni di noi guardano alle stelle». (OSCAR WILDE)

«La vita di ognuno è un'attesa. Il presente non basta a nessuno». (DON PRIMO MAZZOLARI)

nuvola di tag

piano di lavoro

TRAGUARDI PER LO SVILUPPO DELLE COMPETENZE *(in prospettiva)*

Essere aperti alla sincera ricerca della verità, intuendo che le cose essenziali sono invisibili agli occhi. Solo le persone che non hanno paura di crescere, osservando ciò che accade fuori e dentro di sé, sapranno cogliere l'invisibile.

OBIETTIVI DI APPRENDIMENTO

- Cogliere nelle domande dell'uomo e in tante sue vicende le tracce dell'esperienza religiosa.
- Comprendere il ruolo e lo scopo della religione nelle sue varie manifestazioni storiche (religioni).
- Individuare gli elementi e i significati dello spazio sacro, ieri e oggi.
- Riconoscere nel cammino dell'uomo verso Dio anche il cammino di Dio verso gli uomini.

COSA IMPARARE PER LA VITA

- Riconoscere il valore della dimensione spirituale e religiosa come parte integrante della cultura di ogni popolo, come anche di ogni persona.
- Educarsi al rispetto di ogni forma di religiosità, seppure in modo critico.

LE VARIE TAPPE

Come nel lontano passato, anche oggi l'uomo solleva le braccia verso il cielo invocando aiuto e protezione. Il Modulo evidenzia come la religione accompagna da sempre il cammino dell'uomo, e continuerà a farlo perché è un bisogno insito nell'uomo.

QUALCHE SUGGERIMENTO

Gli argomenti presentati nel Modulo – pur fondamentali per un testo di religione – non sono poi così facili. Si consiglia, dov'è possibile, di utilizzare al meglio i vari suggerimenti multimediali; di invitare i ragazzi a inserire la parola «Dio» sui principali motori di ricerca e di commentare poi i risultati ottenuti; di confrontare le voci «sacro – fede – religione – religioni» e altri vocaboli affini sul web e sulle enciclopedie disponibili a scuola.

RISERVATO ALL'INSEGNANTE

Per eventuali suggerimenti e approfondimenti sul tema, per spunti e idee, proposte di lavori sul Web ed esercitazioni con gli alunni si veda *MediaLab - Attività interattive multimediali* nella parte finale del modulo e anche la *Guida per l'insegnante*. Per le verifiche, si veda il *Quaderno operativo digitale* sul CD-rom allegato al testo.

COLPO D'OCCHIO

1.1 a che serve...?

La domanda qui a fianco può sembrare impertinente, di quelle fatte per mettere in difficoltà. Ma anche a noi (gli autori del testo) piacciono le domande dirette, che vanno al centro dei problemi; quindi cercheremo di fare altrettanto nella risposta, senza troppi giri di parole. Se voi pensate che nella vita «serva» solo mangiare, giocare, avere una paghetta e persino studiare un po'... allora è bene chiarire subito che la religione non «serve» a molto. Non riempie la pancia, non è una bacchetta magica che può trasformare un ragazzino imbranato in un mago invincibile e nemmeno serve per essere promossi. Se invece pensate che nessuna playstation o programma televisivo, né capo firmato o voto scolastico possano essere paragonati al fascino di scoprire quante cose importanti (ma invisibili) sono accanto a voi, quanto è bello mettersi alla ricerca di ciò che non conosciamo, o alla gioia di stare insieme a degli amici... allora pensiamo che non vi sarà difficile intuire anche a cosa serve la religione.

Insomma, siamo convinti che le cose veramente importanti della vita sono quelle che non si acquistano con i soldi, ma si conquistano gradualmente osservando con attenzione e curiosità, dentro e fuori di noi. «L'essenziale è invisibile agli occhi» – insegna una grande favola che riportiamo in parte (vedi *Focus*). La religione, come tutte le cose importanti, «serve» a spalancarci gli occhi, a porci delle domande, soprattutto a dare un senso alla nostra vita. Vi pare poco? Seguiteci in questo cammino di scoperta e vedrete che – gradualmente – le cose vi sembreranno più chiare; soprattutto, imparerete a dare valore alle cose essenziali.

domande frequenti

«PROF. NON SE LA PRENDA, MA MI CAPITA A VOLTE DI CHIEDERMI: "A CHE SERVE LA RELIGIONE?". BADI, NON L'ORA DI RELIGIONE, CHE MI SEMBRA UN MOMENTO IMPORTANTE PER CONOSCERCI E RIFLETTERE IN CLASSE, MA PROPRIO LA RELIGIONE, CON I SUOI RITI, I PRETI, I SACRAMENTI...».

(ANNA, 13 ANNI)

bacheca

«Un uomo può ignorare di avere un cuore; ma senza cuore, come senza religione, un uomo non può vivere».

(L. Tolstoj, scrittore russo)

Focus

Questo, in parte, il dialogo dedicato all'amicizia tra la volpe e il piccolo principe. È un brano molto bello che varrebbe la pena conoscere tutto.

«In quel momento apparve la volpe. "Buongiono", disse la volpe. "Buongiorno", rispose gentilmente il piccolo principe, voltandosi: ma non vide nessuno. "Sono qui", disse la voce, "sotto al melo...". "Chi sei?", domandò il piccolo principe, "sei molto carina...". "Sono la volpe", disse la volpe. "Vieni a giocare con me", continuò la volpe, "non sono addomesticata". "Ah! Scusa", fece il piccolo principe. (...) "Che cosa vuol dire addomesticare?"(...). "Creare dei legami?". "Certo", disse la volpe. "Tu, fino a ora per me, non sei che un ragazzino uguale a centomila ragazzini. E non ho bisogno di te. E neppure tu hai bisogno di me. Io non sono per te che una volpe uguale a centomila volpi. Ma, se tu mi addomestichi, noi avremo bisogno uno dell'altro. Tu sarai per me unico al mondo, e io sarò per te unica al mondo". (...) "Addio", disse il piccolo principe. "Addio", disse la volpe. "Ecco il mio segreto. È molto semplice: non si vede bene che col cuore. L'essenziale è invisibile agli occhi". "L'essenziale è invisibile agli occhi", ripeté il piccolo principe, per ricordarselo».

(*Il piccolo principe*, Antoine de Saint-Exupéry, 1943)

FORUM

> E per voi cos'è «essenziale»? Provate a fare un breve elenco ....

....

....

> «Non si vede bene che con il cuore», dice la volpe al piccolo principe. Cosa vuol dire?

....

....

1.2 sono confusa...

Giulia ha posto un problema importante: papà e mamma hanno due opinioni divergenti sulla religione. Può capitare, in famiglia come tra amici, che su certe questioni di fondo si possano avere – a volte – pareri discordanti. È una cosa abbastanza normale e non cade di certo il mondo se questo succede! Comunque, visto che Giulia lo chiede espressamente, è giusto rispondere che l'educazione religiosa – come sostiene il papà – è importante. E questo non perché stiamo facendo l'ora di religione, ma perché nella vita è necessario educare un/una ragazzo/a a tutte le dimensioni, compresa quella religiosa. Poi lui/lei magari deciderà di non essere credente (ogni persona è ovviamente libera di fare le proprie scelte), ma intanto una buona educazione religiosa lo/la aiuterà a non considerarsi l'ombelico del mondo, a riflettere su se stesso/a e sulle proprie azioni, a dare il giusto valore alle cose, aiutandolo/a a capire ciò che è essenziale nella vita. Una persona educata così forse non diventerà un credente, ma certamente sarà responsabile di se stessa, degli altri e dell'ambiente in cui vive. E, per quanto riguarda il discorso del «servire» che ripropone di nuovo la mamma di Giulia, come sostenevamo nell'incontro precedente, non è affatto vero che la religione, come tante altre cose importanti nella vita, debba per forza «servire» a qualcosa. In fondo, a che «serve» la musica? E che utilità c'è nel leggere una poesia o nel contemplare un tramonto? Se avete una risposta a queste domande, non è difficile capire a «cosa serve» la religione. È vero che si può vivere – o forse è meglio dire «sopravvivere» – pur non credendo in determinate cose o realtà, ma la qualità della nostra vita non è la stessa. È un po' come non conoscere la musica: manca una parte del mondo. Così è per la religione: credere significa vivere nel mondo di tutti i giorni, ma guardando le cose in modo diverso, con gli occhi stessi di Dio.

domande frequenti

«SÌ, PROF. HO CAPITO CHE LA RELIGIONE "SERVE", PERÒ SONO CONFUSA. MIO PAPÀ SOSTIENE INFATTI CHE LA RELIGIONE È IMPORTANTE, INVECE MIA MADRE AFFERMA CHE NON SERVE A NIENTE. DICE DI CONOSCERE MOLTE PERSONE CHE VANNO SEMPRE IN CHIESA, MA POI SPARLANO DI TUTTI E NON FANNO NIENTE PER GLI ALTRI. E LEI CHE NE PENSA?».

(GIULIA, 12 ANNI)

FORUM

> E voi quale risposta avreste dato alla domanda di Giulia?................................

....

> **ATTIVITÀ:** Dopo aver discusso ed esservi confrontati in gruppo, esprimete la vostra idea di religione con delle frasi o delle immagini da mettere su un cartellone.

LA FEDE AIUTA NELLA VITA

Credere in Dio aiuta a dare un senso alla vita, ad avere un punto di riferimento. Penso che credere in qualcuno che è più grande di te, come gli uomini fin dall'antichità hanno fatto, sia utile per stare meglio, per vivere con meno preoccupazioni e più serenità; aiuta a superare i problemi che si presentano davanti a noi. È un riferimento per spiegare certi avvenimenti, ad esempio sapere cosa c'è dopo la morte.

(L. Zanini, *Adolescenti e la religione e la vita*, EDB, Bologna 2005, pp.14-15)

1.3 in piedi, in cerca del cielo

Che la religione accompagni i pensieri e le azioni dell'uomo fin dai tempi più remoti, non è difficile da dimostrare. Osservate l'immagine qui a fianco: riproduce un'incisione rupestre che si trova in Valcamonica (Capo di Ponte, Brescia) e rappresenta una figura umana di orante davanti a un gruppo di cani, i primi animali addomesticati in questa zona. Secondo gli studiosi, l'incisione risale al periodo neolitico (V-IV millennio a.C.); l'uomo è rappresentato in piedi con le mani alzate. «L'uomo si alzò in piedi (*homo erectus*) – osserva un teologo – perché voleva raggiungere il cielo e toccare la volta stellata. Da allora l'uomo non ha mai smesso di cercare "oltre" se stesso, di trovare un senso in tutto ciò che fa e alla vita stessa in un "qualcosa" o in un "Qualcuno"... Da allora l'uomo ricerca un "altrove" perenne, immutabile, eterno. Come Dio». Fin dall'alba della sua presenza sulla terra, l'essere umano intuisce, osservando il cielo e le profondità del proprio cuore, che c'è qualcosa al di là di ciò che vede con gli occhi o che sperimenta con i sensi. Un «qualcosa» o «Qualcuno» intuito come un «oltre», diverso, misterioso... che le diverse culture chiamano in modo differente, ma considerano sempre più grande di tutto ciò che è umano. Come affermava sant'Agostino, vescovo e importante scrittore cristiano dei primi secoli della Chiesa, l'essere umano non può fare a meno di cercare Dio: «Tu ci hai fatti per te e il nostro cuore è inquieto finché non riposa in te» (*Confessioni* 1,1). È per questo motivo che troviamo le orme del sacro fin dalle origini, ed è sempre per questo «bisogno» che si possono rintracciare segni religiosi in tutte le culture. La religione accompagna da sempre il cammino dell'uomo, e continuerà ad accompagnarlo fino a quando l'ultimo uomo scomparirà dalla faccia della terra.

FORUM

- Dopo aver letto questa pagina, provate a rispondere alla domanda: «C'è qualcosa oltre?».
- **ATTIVITÀ:** Ricercate su internet i graffiti rupestri della Valcamonica http://www.sitiunesco.it/valle-camonica-larte-rupestre.html; per lavori e spunti didattici: http://www.rupestre.net/edu/valcamonica_visite.html; http://www.comune.torino.it/servizi-educativi/rupestre/

bacheca

«Il più grande esploratore di questa terra non fa viaggi più lunghi di colui che scende nel fondo del proprio cuore e si china negli abissi, dove il volto di Dio si specchia tra le stelle». (J. GREEN, SCRITTORE E DRAMMATURGO)

1.4 una presenza più grande di noi

TU HAI TROVATO DIO

«Tre discepoli, dopo dieci anni di missione, tornarono dal loro vecchio maestro: "Io ho scritto tanti libri", disse il primo con una punta d'orgoglio. "Tu hai riempito il mondo di carta", rispose il maestro. "Io ho predicato in migliaia di posti", aggiunse il secondo con fierezza. "Tu hai riempito il mondo di parole", replicò il saggio. E il terzo: "Io ti ho portato questo cuscino perché tu possa appoggiare le tue gambe malate". "Tu, sorrise il maestro, tu hai trovato Dio».

PERCHÉ ESISTO?

«Ognuno è nato per mettere a disposizione le sue capacità e caratteristiche. Non siamo fatti per noi stessi ma per comporre il grande mosaico universale».

(L. Zanini, *Adolescenti e la religione e la vita*, EDB, Bologna 2005, pp. 33, 11)

I segni della religiosità accompagnano il cammino dell'uomo, dalla preistoria ai nostri giorni. Il «bisogno» di religiosità, come altri bisogni dell'uomo (di conoscere, incontrarsi, fare amicizia e amare) sono dentro ognuno di noi, convivono con noi. La religione sta però a dimostrare che la nostra ricerca non può trovare una risposta piena e soddisfacente dentro di noi, ma solo fuori di noi stessi: solo Dio può svelarci completamente il senso e il significato della nostra esistenza. All'uomo, di ieri come di oggi, la religione chiede un atteggiamento di ascolto e il coraggio di accettare ciò che ha da dirgli, come insegna questo racconto.

Un antico racconto olandese

«Si narra che papa Gregorio Magno aveva preso l'iniziativa d'inviare in Inghilterra alcuni monaci benedettini, con il compito di recare a quelle genti il messaggio di Cristo, senza secondi fini di carattere politico. Uno di loro, di nome Paolino, si spinse fin nel lontano Northumberland. Il sovrano del luogo, re Edwino, si dimostrò piuttosto diffidente nei confronti del nuovo messaggio. Dopo qualche incertezza, decise di convocare un'assemblea di saggi. Durante la seduta, si alzò un tale che disse: "O re, immagina questa scena: tu siedi a mensa in compagnia dei tuoi conti e vassalli. È inverno. La sala è ben riscaldata, il camino acceso. Fuori mugghia la tempesta. Neve e pioggia sferzano. A un tratto, un uccellino entra volando nella sala. Si introduce da una porta e, poco dopo, esce fuori da un'altra. Nei pochi momenti durante i quali rimane nella sala, è al riparo dal gelo, ma non appena scompare dalla tua vista, ripiomba nel buio dell'inverno. Secondo me così avviene per la vita umana. Non sappiamo che cosa l'ha preceduta e nemmeno sappiamo che cosa la seguirà: se la nuova dottrina ci offre qualche certezza in proposito, val la pena che l'accogliamo"».

La «buona notizia» che porta la religione – e non solo quella cristiana – è che il «prima» e il «dopo» hanno un nome: Dio, invocato con nomi diversi da tanti popoli. Per tutti coloro che si dichiarano credenti l'uomo non viene dal nulla, né è destinato a finire nel vuoto più totale. **Anche la vita non è frutto del caso, e gli esseri umani non sono «foglie ingiallite destinate solo a essere calpestate».** Ogni persona è dono di Dio ed è chiamata a lasciare tracce ben visibili del suo passaggio sulla terra, nel segno della speranza e dell'amore.

F O R U M

> Qualcuno vi chiede, cogliendovi un po' di sorpresa: «Qual è lo scopo della religione?». Come rispondete?

....
....
....

Parole Chiave

COSA SIGNIFICA «RELIGIONE»?

Due le possibili risposte:

1. La prima fa derivare «religione» dal verbo latino *relegere* = «raccogliere»; la religione come l'insieme di vari elementi (riti, dottrine, tradizioni, e altro ancora).
2. La seconda, che a noi sembra più significativa, da un altro verbo latino, *religare* = «legare insieme».

1.5 il segreto è guardare in alto

Finché si guarda «in basso» non si riuscirà mai a capire molto di quello che sta succedendo intorno a noi. Solo guardando «in alto» è possibile scoprire che le tracce lasciate a terra non sono che l'ombra di qualcosa che si muove nella luce del sole. Insomma, **per scoprire il «mistero» che circonda la nostra vita occorre guardare in alto**. L'uomo da solo non può trovare la risposta a ciò che cerca. La religione ci invita a «guardare oltre» e la fede ci aiuta ad «affidarci» a Dio, che ci viene incontro per farsi conoscere. Questo è il messaggio che la dimensione religiosa, nei molteplici e differenti modi con cui si presenta nel mondo, ci trasmette. Infatti *religio* è un termine latino che ricorda il «legame» che si instaura tra l'uomo e Dio, oppure – come possiamo esprimere in altre parole – quel rapporto profondo tra l'uomo e il mistero, difficile da spiegare con termini umani e che solo la fede può aiutare a capire e conoscere.

Focus

QUANTE SONO LE RELIGIONI?

Le religioni sono il modo con cui gli uomini rappresentano storicamente il loro rapporto con il divino. Esse sono tante, come tante sono le culture dell'uomo. Anche il modo di classificarle cambia molto a seconda dei criteri usati dagli studiosi. Tra le varie classificazioni in uso, ricordiamo le seguenti:

- RELIGIONI DI NATURA *(chiamate anche arcaiche o, erroneamente, «primitive»): sono le religioni dei popoli senza scrittura, spesso basate su una concezione politeista («più dèi») e animista («tutte le cose hanno un'anima»).*
- RELIGIONI DI CULTURA: *legate a un particolare Paese o forma culturale. Sono tali per esempio il taoismo, il confucianesimo, lo shintoismo.*
- RELIGIONI UNIVERSALI: *quelle che si rivolgono a tutti e non sono legate a una particolare cultura. Tra queste, il cristianesimo e l'islam.*

bacheca

Tutti «guardano»,
ma non tutti sanno «osservare»
e «vedere».

Parole Chiave

MITI

Racconti simbolici a carattere religioso, frutto della riflessione di un popolo o di un gruppo sulle grandi questioni della vita. Non sono teorie scientifiche; il loro scopo è stimolare nell'uomo delle risposte. Diciamo che sono un po' come dei ponti gettati tra il cervello e il cuore.

SIMBOLI

Nella vita siamo circondati da simboli (sorrisi, sguardi, gesti di saluto...) e tutti conosciamo la loro importanza. I simboli religiosi aiutano i credenti a comprendere la loro fede in profondità.

RITI

Da un punto di vista religioso sono delle cerimonie, individuali o comunitarie, fatte di parole, azioni e gesti simbolici che hanno lo scopo di mettere in contatto il credente con la divinità e rafforzare la comunità (danze sacre, forme di preghiera, rito dei sacramenti...).

FORUM

> Avete colto la differenza tra «religione», «religioni» e «fede»? Siete in grado di sintetizzare brevemente?

Religione è ....

Religioni sono ....

Fede è ....

1.6 religione non è...

Purtroppo sotto il nome di «religione» si fanno spesso passare cose che con la religione non c'entrano niente. Ci sono in giro un mucchio di sette e di santoni, di imbroglioni e di mitomani che spacciano per religione solo paccottiglia, sfruttando quel bisogno di religiosità e di sacro che – come abbiamo visto – fa parte della natura più profonda dell'uomo. Purtroppo, come in tutte le realtà – anche le più belle e sublimi – c'è sempre il rovescio della medaglia e questo capita anche alla religione. Cialtroni e sfruttatori della credulità popolare sono sempre in agguato, e a loro non interessa certo educare le persone alla vera religiosità. D'altronde, se due italiani su tre credono nell'oroscopo e un numero consistente di persone va con regolarità dai maghi, è facile pensare che, per molti, non ci sia una netta differenza tra magia e religione, tra fede e superstizione.

Ma la religiosità autentica non ha niente a che fare con la magia, né con atteggiamenti superstiziosi o irrazionali. La fede, infatti, non è «irrazionale», cioè opposta alla ragione; il credente sa che la ragione non può dare una spiegazione a tutto, e quindi la supera, ma non va mai contro di essa. Un grande scrittore cattolico inglese, Gilbert K. Chesterton, presenta il prete detective padre Brown (da lui inventato) mentre smaschera un ladro travestito da prete: lo sente dire stupidaggini contro la ragione e così capisce che non ha studiato teologia. Il vero mistero religioso, spiega Chesterton, è formulato con chiarezza nella sua complessità, mette in luce i limiti della ragione ma non va contro di essa; indaga con semplicità e schiettezza tutto ciò che fa parte della realtà umana. Ecco perché la religione non deve essere confusa con la superstizione, né con la facilità a credere a tutto, nemmeno con la magia, con i giochi di chi vuol semplicemente sfruttare i sentimenti più profondi dell'uomo. Si racconta che papa Sisto V (1521-1590), dopo aver avuto il sospetto di un culto superstizioso verso un crocifisso che avrebbe sudato sangue, si recò solennemente davanti a quell'immagine e, dopo essersi inginocchiato, disse: «Come Cristo ti adoro», ma poi, alzatosi, aggiunse: «E come legno ti spezzo», dandogli una bella bastonata che pare portasse alla luce una spugna inzuppata di sangue. Questo non significa che non bisogna credere nei miracoli (il credente sa che possono esserci dei fatti straordinari, riconosciuti dalla Chiesa solo dopo un lungo periodo di studio e osservazioni); ma nemmeno bisogna essere così ingenui da credere a tutto. Il centro del cristianesimo è Cristo; l'impegno che ne deriva consiste nel vivere come lui ci ha insegnato nel Vangelo.

Parole Chiave

SUPERSTIZIONE

Da «super stare», indica ciò che «sta sopra» la ragione: credenze basate su irrazionalità e ignoranza. Per esempio, attribuire un potere sacrale a immagini o oggetti, usati come portafortuna (medagliette, santini...), e altro.

MAGIA

Parole e pratiche che pretendono di padroneggiare forze divine o poteri occulti, per determinare automaticamente un effetto (buono = magia bianca o malefico = magia nera) sulla natura o sulle persone. La fede autentica invece non cerca mai di impossessarsi del divino, ma accetta la volontà di Dio.

FORUM

- Conoscete atteggiamenti superstiziosi o magici presenti tra i giovani? Se sì, come si manifestano?
- Qual è la differenza tra la magia e la fede?
- Vi capita di leggere l'oroscopo? Che ne pensate?

1.7 che ne pensi?

Secondo te è possibile intendere la «religione» come ponte? In che senso?

«Per me la religione è scoprire i segni di Dio che mi circondano», scrive Anna. E per te? ……

Osserva le foto. Cosa hanno a che fare con la religione? Scrivi accanto alle immagini le tue osservazioni. Tra le foto c'è un'«intrusa». Scopri qual è!

STONEHENGE IN 3D

2.1 le prime «orme» religiose

La Cueva de las manos, in Argentina; incisione risalente alla preistoria.

La paleoantropologia (scienza che indaga l'evoluzione dell'uomo attraverso lo studio dei resti fossili degli ominidi) ci dimostra che nelle varie fasi evolutive che segnano il lento cammino dell'essere umano troviamo sempre anche le tracce della religiosità. Queste testimonianze dell'*homo religiosus*, a volte confuse e incerte, altre volte evidenti e chiare a seconda dei vari periodi, possiamo raggrupparle intorno a queste tre voci:

SEPOLTURE: le usanze funerarie già del Paleolitico superiore dimostrano chiaramente la fede nell'esistenza di una vita dopo la morte. Per esempio, a Mentone, nella Francia sud-orientale, sono stati trovati alcuni scheletri rannicchiati, dipinti con ossido di ferro, ornati di collane di conchiglie forate e braccialetti e forniti di strumenti di quarzite e di coltelli di silice. Scheletri scoperti in un'area geografica molto ampia testimoniano che i morti erano sepolti insieme ai loro beni più preziosi, nella convinzione che essi li avrebbero portati con sé nell'altro mondo.

ISCRIZIONI E PITTURE RUPESTRI: molto numerose le testimonianze che ci provengono dalle creazioni artistiche effettuate sulle pareti delle caverne. Le pitture rupestri più famose e più numerose vanno dal 15.000 all'11.000 a.C., periodo a cui risalgono le caverne della Dordogna (Lascaux), dell'Ariège (Niaux, Trois-Frères) e della Spagna (Altamira). Quattro quinti delle figure sono animali, e di questi la maggior parte cavalli e bisonti, gli ungulati delle pianure gelate. La renna compare solo verso la fine, con l'ultima avanzata dei ghiacciai. La grande maggioranza degli studiosi è propensa a credere che gli animali alludano a riti e a forme di magia legati alla caccia. Data l'importanza che essa assumeva in queste società arcaiche, è credibile che le cerimonie che dovevano garantire il felice esito della caccia fossero ritenute centrali.

SIMBOLOGIE: tra le varie simbologie della preistoria che si possono collegare direttamente o indirettamente a forme di religiosità, abbiamo le piccole figure femminili, fabbricate quasi sempre in pietra o osso, che sono state ritrovate in diversi posti in Eurasia. La più famosa è la cosiddetta

Parole Chiave

RELIGIONE

Il termine indica fondamentalmente due cose: il «legame» tra l'uomo e una realtà considerata superiore, e l'insieme di riti, simboli, leggi e tradizioni propri di ogni religione.

RELIGIONI

I vari modi in cui storicamente la religione si manifesta nei vari popoli.

SACRO

Tutto ciò che appartiene alla divinità ed è separato dal «profano», cioè da ciò che si trova «fuori dal tempio».

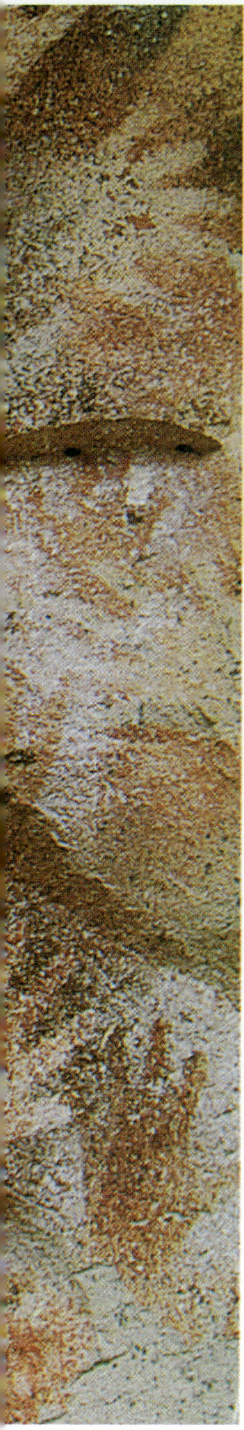

Periodo Neolitico, scena di villaggio. Al centro, in primo piano, uno stregone o un capo-tribù dalla testa piumata domina fra quattro figure di animali. Sullo sfondo, cacciatori inseguono la preda e tendono l'arco.

Venere di Willendorf, ritrovata in Austria. Tutte queste statuette si caratterizzano per avere petto, fianchi e pancia esagerati, mentre poca attenzione è riservata a faccia, braccia e gambe. Con ogni probabilità queste «Veneri» del periodo preistorico dovevano rappresentare divinità della fertilità, della crescita, della fecondità. Sono le prime rappresentazioni reali di quella divinità arcaica conosciuta come «dea madre».

Il più antico santuario

Nel 2006 un gruppo di archeologi norvegesi ha scoperto nello Stato africano del Botswana una caverna dove circa 70.000 anni fa sarebbero stati praticati i più antichi riti religiosi, consistenti nella venerazione di un dio-pitone. Nella caverna, situata sulle colline Tsodile, è stata ritrovata una grande pietra lavorata che raffigurava la testa di un pitone. La scoperta ha davvero dell'eccezionale perché fino a oggi si pensava che le prime cerimonie religiose fossero state organizzate solo 30.000 anni fa dall'*homo sapiens sapiens*, come attestavano i reperti scoperti in Europa. Ma, a quanto sembra, il sentimento religioso si sviluppò molti millenni prima. In questo luogo avvenivano solo riti religiosi, perché non vi è alcun arnese che testimoni una vita domestica nella grotta.

Focus

LA NASCITA DEI RITI FUNERARI

*«Gli uomini di Neanderthal (omìnidi originari dell'Europa centrale e meridionale, considerati una sottospecie dell'*homo sapiens*) costituirono delle società complesse, con forti legami tra i loro membri: per esempio, è stato provato che curavano i feriti. D'altra parte, furono i primi esseri umani che seppellirono i propri defunti. Le sepolture venivano eseguite in fosse protette da lastre di pietra, scavate quasi sempre nelle stesse caverne o anfratti che servivano da abitazione. Queste ancestrali sepolture sono venute alla luce sia in Europa, soprattutto in Francia, sia in Medio Oriente. Per esempio, a Shanidar (Iraq) è stata scoperta una fossa circondata da pietre che conteneva nove scheletri di uomini di Neanderthal, due adulti e sette bambini; questi corpi, a quanto pare, sarebbero stati deposti su un letto di fiori. Quando si parla di abitudini funerarie, non si può escludere che gli uomini di Neanderthal praticassero anche rituali di cannibalismo. Nella Grotta Guattari, nel Lazio, è stato rinvenuto un cranio disposto tra delle pietre, che era stato aperto per estrarre il cervello. Secondo alcuni esperti, si tratterebbe della prova evidente di una pratica rituale; per altri, invece, sarebbero i resti di un uomo di Neanderthal divorato da un carnivoro». (*Storia universale, *vol. 1:* Preistoria e prime civiltà, *La Stampa, Torino 2003)*

FORUM

- Tra le cose riportate in queste pagine cosa ha attirato di più la vostra attenzione?
- **ATTIVITÀ:** Per un approfondimento multimediale su alcuni aspetti della religiosità dell'uomo preistorico si veda il sito di un insegnante di religione delle medie: http://www.claudiopenna.it/

bacheca

«Essere uomo significa essere religioso».
(MIRCEA ELIADE, 1907-1987, STORICO DELLE RELIGIONI)

2.2 le religioni dell'antichità

Dalla religiosità preistorica, ancora confusa e con molti aspetti magici, a mano a mano che il cammino dell'uomo si evolve, emerge anche una religione più chiara e strutturata. Nella storia delle prime antiche civiltà l'aspetto religioso acquista un ruolo predominante, incentrato sul culto dei morti, ma non solo. Sono infatti molte le testimonianze storiche, letterarie e artistiche, come i monumenti, spesso imponenti, che – sfidando il tempo – portano le loro tracce fino a noi. Non ci soffermeremo a lungo sulle religioni del passato – anche perché si studiano già in storia – ma abbiamo pensato di mettere in risalto solo alcuni aspetti particolari, come in un album fotografico. Come spesso accade sfogliando le foto di famiglia, quelle più sbiadite e vecchie – a volte – sono proprio quelle che attirano maggiormente l'attenzione dei giovani, perché racchiudono una storia che si conosce solo in parte e lasciano intuire radici e collegamenti che ci sono familiari. Per le religioni dell'antichità, nate intorno al mar Mediterraneo, quella **mesopotamica**, quella **egizia**, la religione **greca** e quella **romana** abbiamo scelto alcune foto senza fare una vera e propria presentazione.

1. Religione mesopotamica Le prime grandi religioni dell'antichità si sono sviluppate nella zona conosciuta come Mezzaluna fertile. In questo territorio, che va dalla sponda meridionale del mar Mediterraneo fino al Golfo Persico, sorsero imperi potenti che si susseguirono nel controllo del territorio: **sumeri, assiri, babilonesi e persiani**. Tra questi popoli nacquero le prime grandi religioni politeiste, cioè che credevano in più dèi (vedi *Parole chiave* a pag. 46 e il *Dizionario* in fondo al testo).

Divinità: le divinità mesopotamiche erano molto numerose, anche perché ogni città aveva i propri dèi, a cui si aggiungevano le divinità dei vincitori. A capo di tutti vi erano le triadi divine, come quella cosmica, composta da Anu (dio del cielo), Enlil (signore del vento e dell'aria), Ea (dio delle acque del profondo); o quella astrale, composta da Samash (dio del sole e della giustizia), Sin (dio della luna), Ishtar (stella di Venere, la dea dell'amore e della guerra).

Focus

EPOPEA DI GILGAMESH

Gilgamesh è un personaggio della mitologia babilonese che regnò a Uruk, nell'odierno Iraq. Le sue vicende sono narrate nel primo poema epico della storia dell'umanità, denominato Epopea di Gilgamesh, *ritrovato incompleto a Ninive su dodici tavolette. L'opera risale al VII secolo a.C. Gilgamesh, per due terzi divino e per un terzo umano, è un sovrano tirannico che però cambia dopo aver incontrato Enkidu. Tra Gilgamesh ed Enkidu nasce una forte amicizia, anche grazie a molte imprese eroiche compiute insieme. Quando l'amico muore, a seguito di una malattia, Gilgamesh, sconvolto dal dolore, va alla ricerca dell'unico uomo che conosce il segreto dell'immortalità: Utnapishtim, un suo avo sopravvissuto al diluvio. Questo «Noè babilonese» racconta a Gilgamesh del diluvio e dell'erba dell'eterna giovinezza che cresce in fondo al mare. Dopo molte peripezie, l'eroe riesce a prenderla, ma un serpente gliela ruba. Triste, Gilgamesh ritorna verso la città di Uruk, ma il signore degli inferi (Nergal) gli permette di parlare con lo spirito dell'amico, che gli racconta la sua esperienza nell'aldilà. Il poema è incompleto e termina così.*

Luoghi di culto: gli dèi venivano adorati in grandi templi, che erano al centro della vita pubblica e commerciale. Facevano parte del tempio anche i magazzini dove venivano stivati i raccolti che i sacerdoti ridistribuivano alla popolazione. Accanto al tempio vi era la *ziqqurat*, nota anche, secondo le varie traduzioni fonetiche, come *ziggurat*, *ziqqurath*, ***ziggurath***. Consisteva in una torre a piani sovrapposti (o piramide a gradoni), quasi a significare la volontà dell'uomo di avvicinarsi sempre più al cielo. Era composta da cinque o sette piani, corrispondenti ai cinque pianeti o alle sette luci del cielo. Attraverso delle rampe laterali si raggiungeva la sommità, dove c'era la cella del dio e dove i sacerdoti officiavano le cerimonie e scrutavano i corpi celesti per trarne auspici. Pur avendo forti analogie con le piramidi egizie e quelle mesoamericane, le *ziqqurat* furono destinate solo al culto e non a scopi funerari.

2. Religione egizia Per gli egizi, i cui testi religiosi più antichi risalgono al III millennio a.C., il divino – che è individuato in molteplici dèi – è continuamente presente nel mondo e si identifica nella natura, nella società, nella storia.

Ra, il dio del sole, è raffigurato spesso con la testa di falco; altre volte lo vediamo accostato al disco solare: il sole era una delle principali divinità della religiosità egizia.

Osiride era il dio del mondo sotterraneo. La credenza in una vita dopo la morte era molto forte presso gli antichi egizi, così

Stele funeraria di Amenemhet, da Tebe, 2000 a.C. ca., Il Cairo, Museo Egizio.

come la popolarità del dio Osiride: a lui spettava, infatti, il giudizio finale sulla vita del defunto, con la pesatura del cuore (psicostasia). Molte delle sue rappresentazioni si trovano nel Libro dei Morti, conservato al Museo Egizio di Torino: si tratta di un testo scritto su papiro e deposto nella tomba per guidare il defunto nell'aldilà.

I **riti di sepoltura** nell'antica religiosità egizia avevano un ruolo centrale, perché accompagnavano il defunto nell'aldilà. Il rituale funerario era particolarmente ricco e la preparazione e l'addobbo interno della tomba erano molto curati. Al defunto doveva essere garantita una vita dignitosa anche nell'oltretomba, per questo nelle tombe egizie si trovano gioielli, cibarie, profumi e unguenti. L'aldilà era visto come un vero e proprio trasloco e al defunto non doveva mancare niente. Questa forte attenzione all'aldilà spiega anche le **piramidi**, maestose costruzioni con la funzione di tombe per i faraoni e gli alti dignitari della corte.

3. Religione greca La religione greca si caratterizzava per il culto di **molte divinità**: dodici quelle principali che vivevano con il loro capo, Zeus, sulla cima del monte Olimpo, come una grande famiglia allargata e legata da forti vincoli di ⇨

Poseidone, Apollo e Artemide, particolare del fregio orientale del Partenone, 448-438 a.C., Atene, Museo dell'Acropoli.

parentela. Alle divinità olimpiche si aggiunsero molte altre divinità locali, dando vita a quel che in termine tecnico viene chiamato fenomeno del sincretismo, cioè la fusione di vari culti. I greci, pur non avendo alcun termine per designare la religione, né degli uomini incaricati specificamente per il culto (sacerdoti), hanno però dato molta importanza alla religione, soprattutto per la vita della *polis*, o città. Una delle principali forme rituali era il sacrificio: alcuni doni o animali erano offerti alle divinità su altari posti fuori del tempio. L'animale sacrificale per eccellenza era il bue, ma anche capre e maiali erano graditi.
Un altro aspetto caratteristico della religiosità greca era l'oracolo o il responso dato dagli dèi. Nei momenti cruciali, i greci interpellavano un **oracolo**, il più famoso dei quali era quello di Delfi, che richiamava gente da tutta la Grecia.

4. Religione romana La religione romana era centrata soprattutto sugli **atti di culto**, sulle **festività** e sui **sacrifici**: una religiosità più esteriore che spirituale. La finalità principale era, infatti, ottenere il favore degli dèi, senza un vero coinvolgimento emotivo.
I romani fecero proprie la maggior parte delle divinità greche: Giove è il corrispondente del greco Zeus; Venere viene identificata con Afrodite, la dea greca dell'amore, e così per molti altri. Alcune divinità, come lo spirito delle foreste, Fauno, e gli spiriti degli antenati (**Lari e Penati**), sono però di origine locale.
I Lari, «spiriti dei campi» associati agli antenati e ai defunti, avevano la funzione di proteggere la casa e i suoi abitanti, e venivano invocati nelle varie occasioni della vita familiare. I Penati, invece, erano gli spiriti che dovevano tutelare l'economia familiare.
Nella foto qui sotto è rappresentato il dio **Mitra** che uccide il toro (*Tauroctonia*, Londra, British Museum). Nella religiosità romana, dal I sec. a.C. al V d.C., i culti misterici avevano un ruolo importante ed erano legati alla salvezza dell'individuo. Mitra, una divinità sia indù che persiana, è in genere raffigurato nell'atto di sgozzare il toro sacro. Un serpente e un cane sembrano bere dalla ferita del toro, mentre uno scorpione lo attacca da sotto. Il culto di Mitra, piuttosto diffuso a Roma, coincide con l'affermazione del cristianesimo, e spesso le due religioni vengono confuse per via di alcuni aspetti comuni. Per esempio il 25 dicembre, che solo dal IV secolo è la data della nascita di Gesù, era agli inizi la festa della nascita del dio Mitra, legata al solstizio d'inverno.

Parole Chiave

POLITEISMO

Dal greco *poly* (molti) *theói* (dèi): è la credenza in molte divinità.

MONOTEISMO

Dal greco *mónos* (unico) *theòs* (dio): la credenza in un solo dio.

PANTEISMO

Dal greco *pan* (tutto) e *theòs* (dio): concezione che vede dio in tutto, un dio che si identifica con il mondo.

2.3 un Dio intuito e cercato da sempre

ARCHIVIO

«Al Dio, noto o ignoto, proclamo
il mio dolore (...).
O Signore, non respingere
il tuo servo.
Egli giace prostrato nelle paludi;
prendilo per mano!
I peccati che ha commesso,
convertili in grazia!».
(Salmo penitenziale babilonese)

«O Viracocia, Signore dell'universo,
ascoltami dall'altezza del cielo,
dalle profondità del mare,
dove sempre tu abiti:
o creatore del mondo,
autore degli uomini,
Signore dei signori».
(Preghiera incas, Perù)

«Ti saluto! Tutti lo salutino!
Salutate il Signore supremo,
puro e senza inizio, immutabile,
identico d'età in età!».
(Preghiera sikh)

«Il Signore è il mio pastore:
non manco di nulla».
(Bibbia, Salmo 23)

«Nel nome di Dio, misericordioso
e compassionevole».
(Corano, versetto d'inizio)

Come abbiamo visto, fin dall'alba della sua comparsa sulla terra, l'uomo ha intuito la presenza di un essere superiore a lui, fino a invocarlo come creatore e come padre. Insomma, Dio è una realtà che gli uomini percepiscono da sempre; e non è affatto dimostrato – come sostengono quelli che si dichiarano atei – che questo «bisogno» sia stato inventato dall'uomo. È una presenza che supera l'uomo stesso, che possiamo ritrovare nelle società più evolute come in quelle cosiddette primitive, come ci testimoniano le numerose preghiere e invocazioni all'«Essere supremo» presenti nelle varie culture dei popoli.

La pipa sacra dei Sioux

«Con questa pipa sacra andrete sulla terra. Perché la terra è vostra antenata ed è sacra. Ogni passo fatto su di essa dovrebbe essere una preghiera. Il fornello di questa pipa è di pietra rossa; è la terra. Il giovane bisonte inciso nella pietra e che guarda verso il centro, rappresenta i quadrupedi che vivono sulla nostra Madre. Il cannello è di legno, rappresenta tutto quello che cresce sulla terra. E le dodici piume che pendono là dove il cannello penetra nel fornello sono dell'aquila Tacheté, e rappresentano l'aquila e tutti i volatili del cielo. Tutti gli esseri dell'universo sono contenuti nella pipa e fumano con voi per inviare un richiamo a Wakan Tanka, il Grande Spirito. Quando pregate con questa pipa, voi pregate per tutte le cose dell'universo e tutte le cose dell'universo pregano con voi».

(*La religione*, Utet, Torino 2001, vol. 6, pp. 12-13)

Focus

LA FEDE IN UN DIO SUPREMO

Studiosi delle origini dell'uomo hanno dimostrato che la credenza in un essere supremo è già presente in popoli arcaici e non è frutto di una concezione evolutiva (teoria sostenuta da E.B. Tylor), cioè di uno sviluppo graduale da una concezione animistica a una politeistica (più divinità) e, infine, a quella monoteistica (un solo Dio). L'antropologo A. Lang, nel 1898, contraddicendo le tesi di Tylor, affermò che all'origine della religione bisogna riconoscere una vera e propria fede in Dio come essere supremo. Era la prima critica all'evoluzionismo. Altri studiosi confermarono poi con le loro ricerche la validità di questa affermazione. Queste discussioni tra studiosi non devono essere sottovalutate, perché dimostrano che la credenza in un essere supremo, considerato dagli uomini superiore, nasce in qualche modo dall'uomo e non è frutto di un processo culturale.

FORUM

- Abbiamo parlato in generale di un Dio cercato e invocato dai popoli, ma intorno a voi quali sono i segni più evidenti della presenza di Dio?
- Cos'è che nella nostra cultura potrebbe assomigliare al ruolo della pipa sacra dei Sioux?

2.4 testimonianze lungo i secoli

Oltre che cacciatore, agricoltore, fabbro, artista, poeta... l'*homo sapiens* si manifesta anche come *homo religiosus*, proiettato verso un mondo non solo naturale e in costante ricerca di un contatto con la divinità. Non c'è infatti «cultura nella storia, sistema sociale o tradizione d'arte che non rechi visibile o addirittura macroscopica l'impronta di un'ispirazione religiosa. Dalle piramidi dei faraoni e dalla Ziqqurat della Mesopotamia al Partenone, dal Taj Mahal alle basiliche di Roma, dalla cupola di San Pietro a quella di Santa Sofia di Costantinopoli e della moschea di Omar; e poi il tempio-montagna di Borobudur, gli stupa di Pagan nella Birmania, il tempio del Sole a Cuzco e sul Machu Pichu, i templi di Madurai e di Cidambaram nell'India del Sud, i santuari di Nicco e di Ise nel Giappone, le pagode di Lhasa e di Bangkok, il tempio della Porta del cielo a Pechino, come i monasteri di Zagorsk e di Kyoto, sono creazioni dell'anima religiosa dei loro popoli e ne hanno costituito l'ispirazione per intere generazioni» («I perché dell'uomo e le grandi religioni», in *Jesus*). È sufficiente questo elenco di monumenti religiosi del mondo, di epoche e culture differenti, collegate però tra loro dalla comune fede in qualcuno o qualcosa di superiore, per dimostrare l'importanza della dimensione religiosa nella storia dell'umanità. Conoscere questo mondo vuol dire conoscere le nostre radici e la nostra storia. Ecco perché è importante avvicinarci e apprendere non solo la religiosità dell'antichità ma anche quella attuale.

La grande Pagoda rosa posta di fronte all'altare centrale del Tempio dei diecimila Buddha. È il più alto edificio religioso di Hong Kong.

Il Partenone, Atene.

bacheca

«Voi potete trovare una città senza mura, senza legge, senza scuole, senza uso di monete; ma nessuno ha mai visto un popolo senza Dio, senza templi, senza riti religiosi». (PLUTARCO, STORICO GRECO DEL I SECOLO A.C.)

FORUM

> Cosa vi suggeriscono queste immagini?

....

....

> Qual è il monumento religioso più importante della vostra zona?

....

....

Il Taj Mahal (1632-1652), Agra (India).

2.5 che ne pensi?

Alla luce di quanto abbiamo detto nell'Unità, commenta brevemente l'affermazione accanto:

«Ogni religione ha in sé bagliori di luce che non bisogna né disprezzare né spegnere, anche se essi non sono sufficienti a dare all'uomo la chiarezza di cui ha bisogno».
(Paolo VI, il papa che ha portato a termine il concilio Vaticano II, 1962-1965)

Cosa collega queste due foto?

Come definiresti la preghiera?

L'essenziale non si vede

• Religione = Nel corso della storia, l'uomo ha sempre cercato di rispondere alle sue grandi domande sull'esistenza: «Chi siamo ?» – «Da dove veniamo?» – «Dove andiamo?». Non riuscendo a rispondere da solo, l'uomo si è rivolto a ciò che va «**oltre**» la realtà terrena. Per scoprire il **mistero** che circonda la nostra vita, l'uomo deve **guardare in alto**.

In questo l'uomo viene aiutato dalla **religione**, ossia dal rapporto con «qualcuno» di superiore a lui. La parola **religione** esprime infatti il legame dell'uomo con la divinità (Dio, oppure gli dèi) o con una realtà comunque considerata superiore all'uomo (religioni orientali).

Fin dalle origini, l'uomo si è fatto domande sulla sua esistenza e ha intuito la presenza di esseri superiori a lui.

• Bisogno innato nell'uomo = Fin dalla sua comparsa sulla Terra, l'uomo ha intuito la presenza di esseri superiori a lui. Questa presenza è stata oggetto di una continua ricerca da parte dell'uomo (che possiamo in questo senso definire **Homo religiosus**), di cui sono testimonianze le prime espressioni della religiosità:
- incisioni rupestri
- sepolture con oggetti appartenuti al defunto
- simbologie varie (ad esempio, la dea madre)
- megaliti (grandi costruzioni in pietra come i dolmen e i menhir)

• Religioni antiche = Dopo le prime forme di religiosità nella preistoria, man mano che il cammino dell'uomo si evolve, presso i popoli antichi nascono forme di religiosità più strutturate. Ciascun popolo antico aveva una propria religione, normalmente di tipo **politeista** (= con molti dèi; la religione con un solo Dio si dice invece **monoteista**) e con divinità legate alla natura (**religioni naturali**).

La maggior parte delle religioni antiche sono politeiste (cioè credono in molti dèi).

- **Religione mesopotamica** = religione politeista con molte divinità legate alle forze della natura, come il cielo, l'acqua e l'aria. Ogni città mesopotamica aveva divinità proprie.
- **Religione egizia** = religione politeista con molte divinità naturali, in particolare il sole e molti animali sacri. Importanti i riti di sepoltura, con la pratica della mummificazione per mantenere intatto il corpo del defunto e con la costruzione delle piramidi come tombe per i faraoni e per i ricchi.
- **Religione greca** = culto di molte divinità, con a capo Zeus, padre di tutti gli dèi, che avevano gli stessi pregi e difetti degli uomini ma con la caratteristica dell'immortalità. Importanti erano gli **oracoli**, uomini che esprimevano il volere degli dei.
- **Religione romana** = culto di molti dèi, spesso tratto dalle religioni vicine (in particolare greca ed etrusca), con alcune divinità proprie, legate allo Stato ed alla famiglia. Centro della religione romana erano gli atti di culto e le numerose festività, che esprimevano una religiosità più esteriore che spirituale.

• Magia e superstizione = A volte sotto la parola «religione» vengono comprese cose che con la religione non c'entrano per niente, come ad esempio la **magia** e la **superstizione**, forme comuni nei tempi antichi ma presenti in certa misura anche oggi.

- **Magia** = pratiche e formule che pretendono di padroneggiare forze divine ed occulte per avere un certo effetto sulla natura e sulle persone
- **Superstizione** = credenze basate su irrazionalità e ignoranza, ad esempio attribuendo poteri a oggetti (portafortuna, medagliette), numeri (ad esempio il 13), animali (il gatto nero) o altro.

La magia e la superstizione non c'entrano con la religione

Esercizi

1 Leggi la seguente preghiera africana:

Perché non ho ali per volare lassù?
Se una fune robusta discendesse dal cielo,
mi aggrapperei ad essa, mi arrampicherei,
salirei ad abitare lassù.

Cosa esprime questa preghiera riguardo alla religione?
1) La paura dell'uomo nei confronti di Dio.
2) Il rispetto dell'uomo verso Dio.
3) Il legame dell'uomo con Dio.
La risposta che mi sembra più giusta è la n. ....

2 Collega le seguenti parole con la definizione corrispondente.

Parole	**definizioni**
Magia	Credere in molti dèi
Monoteismo	Esprime il legame dell'uomo con Dio
Religione	Formule e riti che cercano di padroneggiare il divino
Superstizione	Fede in un unico Dio
Politeismo	Attribuisce poteri ad oggetti, numeri e altro

3 Indica con una crocetta se le seguenti affermazioni sono vere o false:

Affermazioni	**Vero**	**Falso**
L'uomo si è sempre posto domande sull'esistenza		
Nella preistoria non ci sono segni di religiosità		
La religione esprime il legame fra l'uomo e la divinità		
La religione aiuta l'uomo a rispondere alle sue domande		
Le pitture rupestri servivano solo per abbellire le grotte		
Le religioni antiche erano di solito politeiste		

mappa

Religione

↓

Bisogno innato nell'uomo

↓

Homo religiosus → Sepolture / Pitture rupestri / Simbologie / Megaliti

↓

In tutte le culture dell'antichità

↓

Religioni antiche

l'essenziale non si vede

sintesi.it

Inserisci la parola giusta, tra quelle indicate sotto:

Fin dall'alba della sua presenza sulla ____________ l'essere umano ____________ , osservando il ____________ e le profondità del proprio ____________ , che c'è qualcosa al di là di ciò che vede con gli occhi o che sperimenta con i sensi. Un qualcosa o ____________ intuito come un ____________ diverso, misterioso, riconosciuto come ____________

■ cielo ■ terra ■ qualcuno ■ Dio ■ cuore ■ intuisce ■ «oltre»

MediaLab

WEB 2.0

1. VISITA VIRTUALE DI STONEHENGE
Scegliete la visione tridimensionale di Stonehenge con StreetView ed esplorate il sito archeologico.

2. TOUR DELLE RELIGIONI ANTICHE
Compi il tour delle religioni antiche con Google Earth.

3. PANORAMICHE A 360°
Scegliete le panoramiche a 360° di Roma e Atene.

4. FUMETTI DI MITI E LEGGENDE
Realizzate in forma di fumetto il racconto mitico che trovate sul libro di testo a pag. 44.

5. TIMELINE
Realizzate una linea del tempo delle religioni antiche.

LIM (MATERIALI DISPONIBILI SUL SITO WWW.EDBSCUOLADIGITALE.IT)

1. EVOLUZIONI ARCHITETTONICHE PLUS
impara
Slides interattive alla scoperta delle evoluzioni architettoniche delle civiltà antiche.

2. DÈI GRECI E ROMANI
drag & drop
Associa le divinità greche alle corrispondenti divinità romane con i relativi poteri.

3. PUZZLE
drag & drop
Componi il puzzle della pittura rupestre.

attività interattive multimediali

ATTIVITÀ PRATICHE

1. IL LIBRO DEI MORTI PLUS
Disegnate una mummia e le prove da superare per costruire un *Libro dei morti* egiziano.

2. PARETE EGIZIA PLUS
Costruite una parete egizia, riempitela con i nomi in geroglifico delle divinità egiziane, utilizzando l'alfabeto che trovate sul sito.

3. IL PARTENONE PLUS
Costruite il modello di carta del Partenone.

FILM

Per i film preceduti da asterisco (*) si consiglia la visione di una selezione delle scene

Oliver Twist
(GB/Rep. Ceca/Francia/Italia, 2006) di Roman Polanski

* Un mondo perfetto
(USA, 1993) di Clint Eastwood

Percy Jackson e gli Dei dell'Olimpo
(USA/Canada, 2010) di Chris Columbus

La volpe e la bambina
(Francia, 2007) di Luc Jacquet

La vita segreta delle api
(USA, 2008) di Gina Prince-Bythewood

REALTÀ AUMENTATA

STONEHENGE IN 3D PLUS
Visualizza il famoso complesso di Stonehenge ruotando il libro.

PLUS disponibile su eBook plus · collegati · scarica · stampa · assembla

i tanti colori di Dio

twitter

LE RELIGIONI SONO TANTE VIE PER ARRIVARE A DIO.

NON SI VEDE BENE SE NON HAI IL CORAGGIO DI GUARDARE IN ALTO.

IN OGNI RELIGIONE C'È UN SEME DI VERITÀ.

bacheca

«La religione è un unico albero con molti rami. In quanto rami si può dire che le religioni sono molte ma, in quanto albero, la religione è una sola». (MAHATMA GANDHI)

«Esiste un solo Dio, e non è mai nemico di nessuno». (GURU NANAK)

«Noi siamo uguali, in tanti modi: è stato un solo creatore a renderci tutti umani; condividiamo gli stessi quattro venti e tutti guardiamo lo stesso cielo». (JUAN REYNA)

nuvola di tag

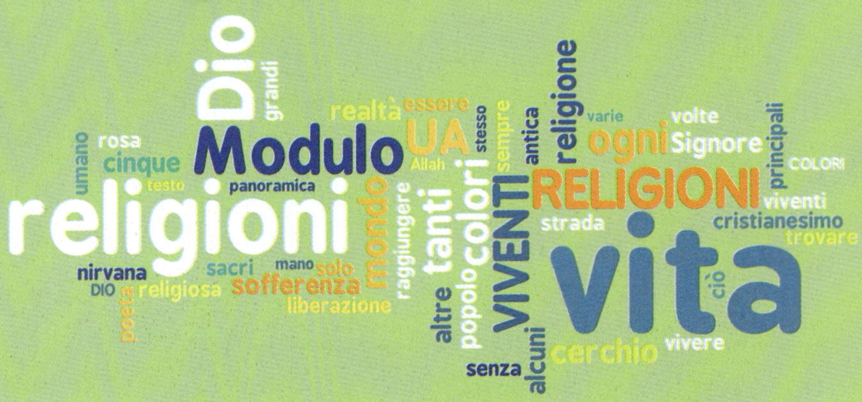

piano di lavoro

TRAGUARDI PER LO SVILUPPO DELLE COMPETENZE *(in prospettiva)*

Acquisire una buona panoramica sulle religioni del mondo, per un primo approfondimento del fenomeno religioso.

OBIETTIVI DI APPRENDIMENTO

- Cogliere nelle domande dell'uomo e in tante sue esperienze le tracce di una ricerca religiosa.
- Riconoscere le principali religioni viventi, sapendole collocare sulla linea del tempo e riconoscendone le caratteristiche più importanti.
- Individuare ciò che accomuna le varie religioni, cogliendo anche ciò che le differenzia dal cristianesimo.

COSA IMPARARE PER LA VITA

- Avvicinarsi alle religioni dei popoli con curiosità e liberi da pregiudizi, riconoscendone l'importanza per la storia, la cultura e la vita dell'uomo.
- Imparare a convivere in classe, rispettando le differenti scelte della vita, anche in materia religiosa.

LE VARIE TAPPE

Partendo da una panoramica generale del mondo delle religioni, il Modulo approfondisce le principali religioni viventi, tracciandone le caratteristiche essenziali (Carta d'identità) e la loro importanza storica e dottrinale.

QUALCHE SUGGERIMENTO

Il Modulo, composto da una sola Unità di Apprendimento (UA), ma piuttosto estesa per l'ampiezza delle informazioni contenute, offre una visione generale e sintetica del mondo delle religioni, pur non approfondendo temi specifici. Se in classe si evidenziano interessi su alcuni aspetti particolari, si consiglia di approfondire in modo autonomo con indagini sul Web, letture e ricerche mirate.

RISERVATO ALL'INSEGNANTE

Per eventuali suggerimenti e approfondimenti sul tema, per spunti e idee, proposte di lavori sul Web ed esercitazioni con gli alunni si veda *MediaLab - Attività interattive multimediali* nella parte finale del modulo e anche la *Guida per l'insegnante*. Per le verifiche, si veda il *Quaderno operativo digitale* sul CD-rom allegato al testo.

COLPO D'OCCHIO

1.1 la mappa delle religioni

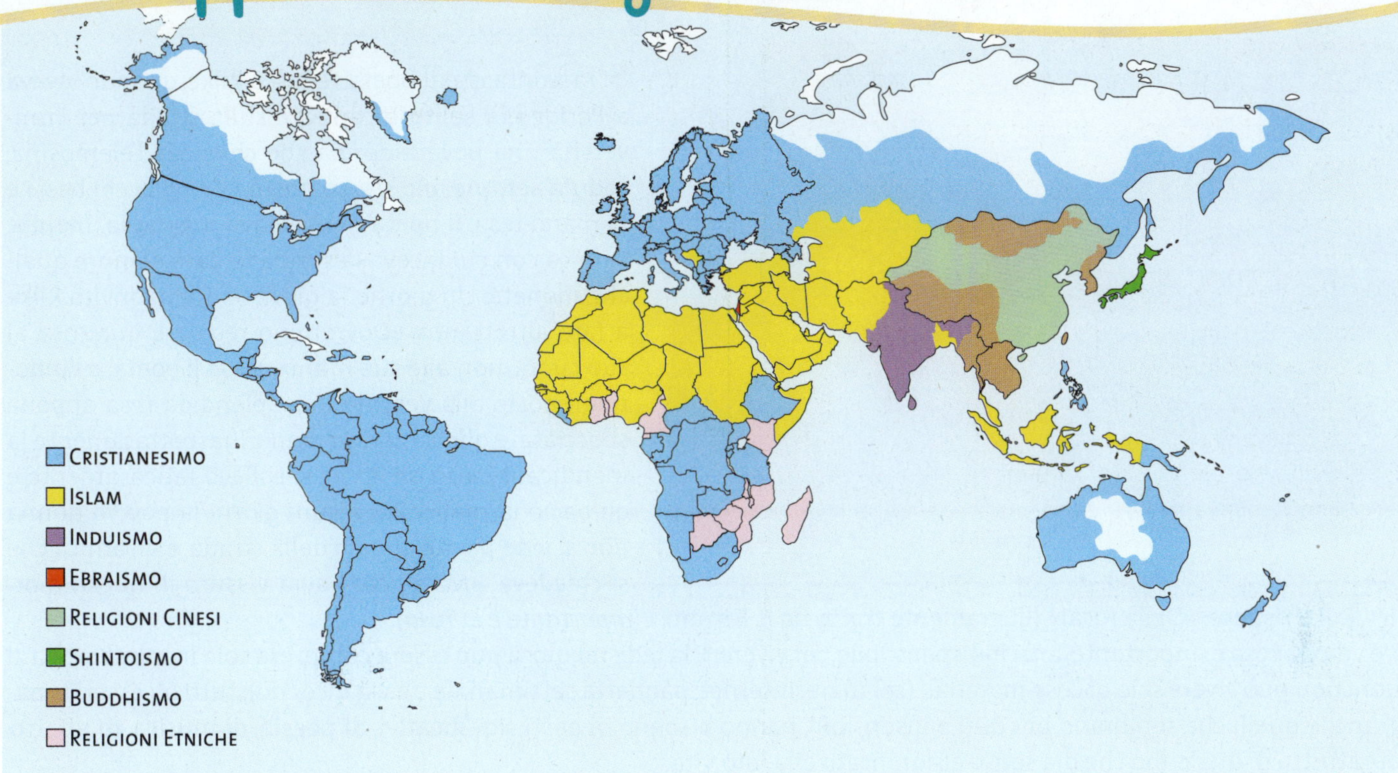

Le religioni del mondo

Cristiani	2.077.000.000
Cattolici	1.098.000.000
Protestanti	352.000.000
Ortodossi	218.000.000
Anglicani	82.000.000
Altri cristiani	327.000.000
Musulmani (83% sunniti, 16% sciiti, 1% altre scuole)	1.266.000.000
Senza religione, agnostici e atei	1.100.000.000
Induisti (70% vaishanaviti, 25% shaiviti, 5% riformisti e neo induisti)	838.000.000
Buddhisti (56% mahayana, 38% hinayana, 6% lamaismo)	373.000.000
Religione tradizionale cinese	373.000.000
Taoisti	2.700.000
Confuciani	6.500.000
Religioni etniche	240.000.000
Nuove religioni e movimenti (New Age ecc.)	120.000.000
Sikh	25.000.000
Ebrei	14.000.000
Bahai	7.000.000
Giainisti	4.500.000
Shintoisti[1]	3.000.000
Zoroastristi-Parsi	2.700.00

[1] La cifra considera solo gli shintoisti ufficiali, quelli iscritti come tali nei vari templi: le cifre non ufficiali sono molto più alte. Inoltre in Giappone c'è la tendenza ad aderire contemporaneamente a più religioni, creando così molta confusione sui dati numerici.

(Data la difficoltà ad avere dati certi, le cifre sono da considerarsi indicative; le fonti di riferimento sono: International Bulletin of Missionary Research, AdnKronos, Agenzia Fides)

FORUM

- Che cosa vi colpisce osservando la mappa delle religioni del mondo?
- Di tutte le religioni presenti nella mappa, qual è quella che conoscete di meno?
- **ATTIVITÀ:** Per lavorare in classe con la mappa delle religioni si consiglia di disegnare su un cartoncino i vari simboli delle religioni e poi di collocarli nelle diverse aree geografiche. In alternativa si possono disegnare (o ritagliare da qualche rivista) i luoghi di culto caratteristici delle varie religioni: una chiesa cristiana (meglio se si riesce a distinguere tra un luogo di culto cattolico, protestante e ortodosso), una moschea, un tempio indù, uno buddhista ecc.

1.2 le grandi religioni viventi

Si racconta che il poeta tedesco Rilke, quando viveva a Parigi, era solito incontrare sulla strada per l'università una povera donna che chiedeva l'elemosina, seduta sempre allo stesso posto, con gli occhi bassi e la mano tesa. Il poeta non le dava mai nulla, mentre l'amica con cui faceva la strada le dava sempre qualche moneta. Un giorno la giovane donna invitò Rilke a fare altrettanto. «Dovremmo regalare qualcosa al suo cuore, non alle sue mani», disse il poeta; e l'indomani portò alla vecchia una splendida rosa appena sbocciata, e gliela mise in mano. Inaspettatamente la mendicante alzò gli occhi, si sollevò faticosamente e gli baciò la mano. Per alcuni giorni la povera donna non si vide più all'angolo della strada, e all'amica che si chiedeva: «Ma di cosa avrà vissuto in questi giorni?», Rilke rispose: «Della rosa!» (liberamente tratto da B. Ferrero, *L'importante è la rosa*).

Sì, è vero, la rosa è importante, anzi indispensabile per vivere. E la fede religiosa può essere compresa solo in quest'ottica. Il cuore non può vivere solo di cose materiali (cellulare, internet, paghetta settimanale... e via dicendo); tutti gli esseri umani, anche quelli che sembrano più duri e insensibili, hanno bisogno di gesti significativi, di poesia, di musica, di affetto, soprattutto di qualcuno che dia senso e significato alla loro vita.

Le religioni – sia quelle più importanti da un punto di vista storico o numerico, come anche quelle legate a realtà più piccole – testimoniano questo «bisogno» dell'essere umano di fare riferimento a qualcosa di più grande di lui. Infatti tutte le esperienze religiose dell'umanità si ritrovano su alcuni punti comuni, che chiamano in causa una realtà invisibile, ma con cui è possibile entrare in contatto (v. *Focus*).

Nelle pagine che seguiranno vi offriamo una conoscenza essenziale delle cinque principali religioni viventi, presentando prima le grandi religioni dell'India e poi quelle monoteiste del Mediterraneo.

bacheca

«Non perseguitare e non deridere mai un tuo simile per la sua religione. Rispetta, invece, ciò in cui lui crede, se vuoi che lui, in cambio, rispetti te».
(TECUMSEH, INDIANI D'AMERICA)

Focus

COSA HANNO IN COMUNE LE RELIGIONI?

Tutte le religioni condividono questi quattro punti fondamentali:

1. *Esiste «Qualcosa» o «Qualcuno» al di fuori dell'uomo che dà senso pieno alla sua vita;*
2. *È possibile – attraverso i riti, i simboli, i miti – entrare in relazione con questa realtà superiore e raggiungere una forma di felicità suprema.*
3. *Pur nella diversità delle formulazioni e delle indicazioni concrete, tutte le religioni testimoniano la possibilità di una via di salvezza o di liberazione definitiva dalla sofferenza, dal male e dalla stessa morte.*
4. *Tutte presuppongono la fedeltà a un'etica, a delle leggi o a dei precetti... a cui attenersi in modo scrupoloso.*

FORUM

> Anche chi bestemmia, disprezza e offende la fede degli altri, come sostiene Tecumseh?

> **ATTIVITÀ:** Dopo aver riletto il breve racconto della mendicante e la rosa, provate a scrivere tre cose essenziali.
1) ....
2) ....
3) ....

1.3 induismo

Con il termine «induismo» si indica in genere una realtà, piuttosto complessa, fatta di religioni e di culture che sono nate nell'India antica e sono tuttora presenti. Questi alcuni tra gli aspetti più caratteristici della religione indù:

- Scopo principale e definitivo del credente è raggiungere la **liberazione** (*moksha*), l'unità con la divinità (*Brahman*), in cui si è finalmente liberi dalle varie rinascite che condizionano la vita umana.
- Secondo l'induismo classico la vita dell'essere umano si suddivide in **quattro stadi**: a. **il periodo degli studi sacri**, che inizia verso i dodici anni e dura, più o meno, per altri dodici; b. **la vita di famiglia**, in cui ci si sposa e si pensa al mantenimento della propria famiglia; c. **la vita nella selva**, quando s'incomincia ad invecchiare e allora ci si ritira nella selva, dedicandosi alla vita eremitica; d. **la vita della perfetta rinuncia**, l'ultimo stadio della vita, quello della perfetta rinuncia al mondo, preparandosi alla morte e alla liberazione (*moksha*). ⇨

L'OM, monosillabo mistico, è per tantissimi indiani un simbolo di grande valore spirituale e oggetto di meditazione. Rappresenta l'unione con la divinità e l'universo.

Una rappresentazione di Vishnu, tempio di Chennakeshava, India.

FORUM

- Quali aspetti dell'induismo colpiscono maggiormente la vostra attenzione?
- Cosa ci insegnano i cinque cerchi? (vedi p. 58)

- **I cinque sacri cerchi**: secondo l'induismo moderno ogni persona è chiamata nella vita a crescere scoprendo gradualmente l'importanza di questi cinque sacri cerchi. 1. Alla nascita l'uomo si trova entro il **primo cerchio** dell'esistenza, quello dell'IO, in cui pensa esclusivamente a se stesso, a prendere senza dare. 2. Crescendo scopre il **secondo cerchio**: il TU, la vita intorno a sé, e impara a dare e ricevere. 3. Il **terzo cerchio** include la comunione con il proprio gruppo, con il popolo e con il resto dell'umanità; significa superare la ristrettezza dell'egoismo. 4. Il **quarto cerchio** circonda il terzo: è la madre terra; vuol dire scoprire la comunità terrestre, in cui tutto è vita. 5. Il **quinto cerchio**, il più esterno, include l'unità con il cosmo. «Quest'ultimo cerchio – afferma il poeta bengalese Tagore – è il senso della vita. Vi arriveremo tutti quando moriremo ed entreremo a far parte della legge stessa della vita, il *Brahman*: la ragione di tutto, la vita stessa».

ARCHIVIO

«La realtà è una, che i dotti chiamano con nomi diversi». (Rig-Veda 1,164,46)

Una ragazza indù in preghiera lungo le rive del Gange, a Benares.

CARTA D'IDENTITÀ

- **Nome:** anche se con la parola «induismo» s'intende la religiosità dell'India, il termine è relativamente recente. Fu introdotto dai musulmani (che invasero l'India intorno al 1000 d.C.) per indicare le persone della valle del fiume Indo non convertite all'islam. Meglio sarebbe usare *Sanatāna Dharma*, o «Eterna legge morale».
- **Origine storica:** non c'è una data precisa, ma con i suoi quattro millenni di vita ha un posto importante nella storia delle credenze religiose dell'umanità.
- **Fondatore:** non c'è un fondatore, come non esiste una struttura religiosa centralizzata o un credo definito.
- **Caratteristiche:** l'induismo, pur essendo la più antica delle principali religioni del mondo, rimane una realtà molto complessa da definire perché, più che una religione in senso stretto, è un modo di vivere e di pensare. Infatti può essere paragonato a un grande fiume che ha raccolto, lungo il suo cammino secolare, filosofie, credenze religiose, pratiche devozionali e molto altro ancora.
- **Libri sacri:** i più antichi sono i Veda («conoscenza»), ma i libri considerati sacri sono molto numerosi.
- **Lingua sacra:** il sanscrito.
- **Credenze principali:** alla base di tutto c'è la fede in una forza o sorgente primordiale (*Brahman*) che si manifesta in milioni di modi, ma soprattutto in una triplice forma: Brahma (creatore), Vishnu (conservatore) e Shiva (distruttore). Altra credenza fondamentale è la *moksha* o «liberazione» dell'anima (*atman*) dalla legge delle rinascite (*samsara*).
- **Principi di vita:** il *dharma* (la «legge morale») regola tutta la vita della società e anche dell'individuo. Dal *dharma* dipende anche il sistema di divisione in caste (abolite per legge, ma che restano nella mentalità della gente).
- **Città santa:** Varanasi (o Benares), la città bagnata dal Gange, il fiume sacro dove si riversano pellegrini da tutta l'India.

Induismo e cristianesimo

Le diversità tra induismo e cristianesimo sono molte, partendo dall'idea stessa di Dio, che nel cristianesimo è una persona e nell'induismo una «forza primordiale». Anche il concetto di rinascita (si nasce più volte finché non si raggiunge la liberazione definitiva) è estraneo al cristianesimo, così come la divisione della società in «caste» (pur abolite nell'India moderna) è contraria alla fratellanza cristiana. Ma nonostante queste e altre profonde differenze, l'induismo rimane uno dei tentativi più profondi di penetrare il mistero divino, in cui si parla di rivelazione, di legge o di valori increati ed eterni, di incarnazioni (*avatara*) delle varie divinità, di vita ascetica e meditazione.

1.4 buddhismo

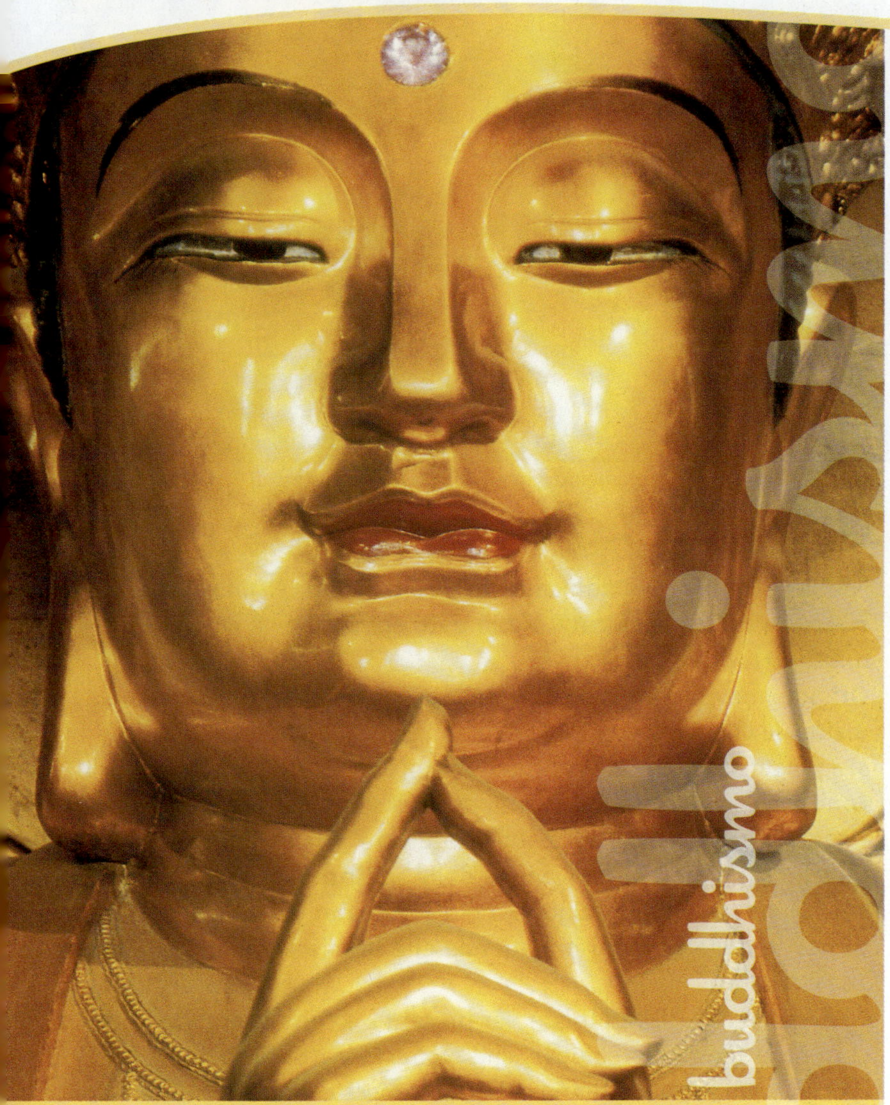

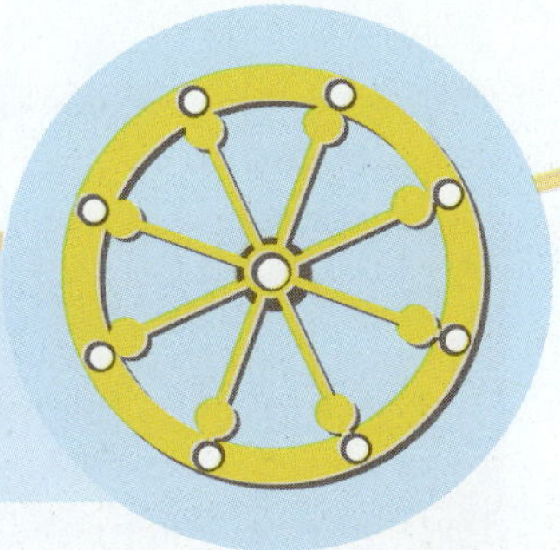

La «ruota della legge», con otto raggi (l'ottuplice sentiero), sintetizza il cammino buddhista per raggiungere il *nirvana*.

Il buddhismo è il primo messaggio a carattere universale dell'umanità. Infatti è anteriore al cristianesimo e come scopo principale si preoccupa di aiutare gli esseri umani a liberarsi da ogni forma di dolore e di sofferenza. Secondo la tradizione, il giovane Siddharta, figlio di una famiglia principesca del Nord dell'India, profondamente turbato dall'incontro occasionale con la vecchiaia, l'agonia e la morte, si ripropone di trovare una soluzione allo stato miserevole in cui si trova l'essere umano a causa del dolore, della sofferenza e della precarietà della vita. Abbandonata quindi la vita agiata, si fa discepolo di vari maestri spirituali dell'epoca, senza tuttavia trovare delle risposte soddisfacenti. In un estremo tentativo prende la decisione di rimanere seduto in meditazione determinato a trovare una via che lo conduca alla non sofferenza (o *nirvana*). Così, dopo una lunga notte di meditazione, Siddharta diviene il Buddha («l'Illuminato»), sintetizzando la sua scoperta nell'«ottuplice sentiero»: la via che conduce alla liberazione definitiva, le otto tappe che – se segui-

Il Grande Buddha del tempio di Longhua, a Shangai, in Cina.

ARCHIVIO

«NON COMPIERE ALCUNA SPECIE DI MALE, DARSI ALLE BUONE AZIONI, PURIFICARSI LA MENTE, QUESTO È L'INSEGNAMENTO DEL BUDDHA». (DHAMMAPADA 183)

BUDDHISMO E CRISTIANESIMO

Molti sono gli **aspetti etici** che il buddhismo e il cristianesimo hanno **in comune**, per esempio l'amore e la profonda compassione verso tutte le creature; inoltre l'importanza data alla meditazione, alla disciplina interiore, alla vita monacale e a tanti altri aspetti. Ma anche le **diversità** sono evidenti: la più vistosa è che, secondo il buddhismo, l'uomo può «salvarsi», cioè raggiungere la liberazione, con le proprie forze, senza l'aiuto della divinità. Il cristianesimo, al contrario, nasce come religione rivelata, in cui è Dio stesso, con la sua grazia, che viene incontro all'uomo e lo salva per mezzo di Gesù.

bacheca

«Bisogna vivere come le corde di uno strumento intonato: né troppo tesi né troppo allentati».
(J. KORNFIELD, BUDDHISMO CONTEMPORANEO)

FORUM

- Avete colto la differenza profonda tra il buddhismo e il cristianesimo? Provate a sintetizzarla.

....

....

- Quali aspetti del buddhismo vi incuriosiscono di più?

Focus

LE QUATTRO VIRTÙ BUDDHISTE

1. ***Metta**, amorevolezza: consiste nell'amare e rispettare tutti gli esseri.*
2. ***Karuna**, compassione: solidarietà con tutti gli esseri; il mezzo più efficace per liberarsi della sofferenza è dedicarsi ad allontanarla dagli altri.*
3. ***Mudita**, gioia partecipe: trovare la propria gioia in quella degli altri; un mezzo efficace per dimenticare se stessi.*
4. ***Upekkha**, equità d'animo: consiste nel non operare distinzioni fra gli esseri e nel trattarli con la medesima benevolenza e generosità.*

Un momento di preghiera in un monastero di Bangkok.

te fedelmente e dopo una lunga pratica meditativa – conducono alla «non sofferenza», all'uscita definitiva dal ciclo delle rinascite e da ogni forma di sofferenza (*nirvana*).

La risposta data dal Buddha al «come vivere» è quella di indicare agli altri esseri la strada per raggiungere la pace e la felicità suprema, superando ogni forma di desiderio negativo e di ignoranza. Ciascun essere umano, con le sue forze e capacità (senza alcun aiuto divino), potrà raggiungere la liberazione. Ma ciò richiede un lavoro costante su se stessi, determinazione, impegno nel rispettare i principi di vita (vedi *Precetti* e *Virtù buddhiste*), predicati dallo stesso Buddha.

PRECETTI DEI LAICI

(uomini e donne che vivono normalmente)

1. Non fare violenza ad esseri viventi (nemmeno a se stessi).
2. Non rubare.
3. Non avere condotta sessuale scorretta.
4. Non mentire.
5. Non prendere sostanze che alterino la mente.

I 10 PRECETTI DEI NOVIZI

(coloro che vivono in monastero, ma non sono ordinati)

Oltre a rispettare i primi cinque, i novizi devono:

6. Digiunare nel pomeriggio.
7. Astenersi da danze e divertimenti.
8. Astenersi da ornamenti e profumi.
9. Evitare alti seggi e onori.
10. Non toccare denaro.

I PRECETTI DEI MONACI

(che hanno ricevuto l'ordinazione monacale)

I monaci, oltre a questi dieci precetti, devono rispettare 227 regole, mentre le monache 500.

CARTA D'IDENTITÀ

- **Nome:** il termine «buddhismo» deriva dalla radice sanscrita *budh*, «svegliarsi», da cui il titolo dato al Buddha, il «Risvegliato» o l'«Illuminato».
- **Origine:** movimento di riforma della religiosità e cultura tradizionale che nasce nel Nord dell'India, verso il VI sec. a.C., e si è poi diffuso in molte zone dell'Oriente.
- **Fondatore:** Gautama Siddharta, detto il Buddha, un personaggio storico vissuto probabilmente tra il 563 e il 483 a.C. Ciò che sappiamo di lui ci viene dalle scritture del buddhismo Theravada (che risalgono a circa 400 anni dopo la sua morte) e dalle numerose leggende che hanno abbellito la sua vita.
- **Caratteristiche:** il buddhismo si presenta come un grande cammino filosofico-religioso, che contesta parte della religiosità tradizionale indiana, rifiuta il concetto di casta e offre a tutti gli uomini di raggiungere la salvezza o *nirvana*. Si considera una religione perché fa appello anche a principi e valori che sono trascendenti, non solo umani.
- **Libri sacri:** i *Tripitaka* (= tre canestri), dal nome delle tre ceste (*pitaka*) che dividevano i libri in base ai contenuti: libri sulla disciplina, sui discorsi, sulla dottrina.
- **Credenze principali:** il buddhismo non si pone il problema dell'esistenza o meno di un dio o della creazione, ma si preoccupa di prospettare ad ogni uomo la via per la liberazione dal dolore e dalla sofferenza. L'ottuplice sentiero indica gli otto gradini da percorrere per raggiungere il *nirvana*.
- **Principi di vita:** la morale buddhista, tra le più alte di quelle elaborate dall'uomo, si basa sulla compassione, la benevolenza, il rispetto e l'equanimità verso ogni essere vivente.
- **Città sante:** non esiste una vera e propria città santa, ma sono mete di pellegrinaggio Bodh Gaya (nel Bihar), il luogo dell'illuminazione, e il Parco delle Gazzelle a Benares, dove il Buddha tenne la prima predica.

1.5 ebraismo

L'ebraismo è la più antica delle tre grandi religioni monoteiste del Mediterraneo; le altre due sono il cristianesimo e l'islam. Una delle parole chiave che caratterizza questa antica religione, che ha alle spalle circa 40 secoli di vita, è ***shemah***, «ascolta». Così parla il Signore, al popolo ebraico per mezzo di Mosè: «Ascolta: Io sono il Signore: niente e nessuno può essere adorato al mio posto». L'ascolto e la fedeltà a D-o (useremo questo stratagemma per rispetto del popolo ebraico che non pronuncia mai il nome santo del Signore), osservando scrupolosamente tutti i suoi precetti, è il nucleo centrale dell'ebraismo. Questa «alleanza» (o patto) viene sancita tra D-o e il popolo d'Israele, e ogni credente la fa propria, facendola diventare una scelta libera e responsabile. Nella cerimonia che segna il passaggio alla maturità religiosa (bar mitzwah)[1] ogni ebreo rinnova questa alleanza fatta dai propri padri e se ne fa carico in prima persona. Tutto il resto, l'osservanza dei precetti (a volte anche

La *menorah*, il candelabro a sette bracci, ricorda quelli che originariamente stavano nel tempio di Gerusalemme. Il braccio centrale indica il sabato, gli altri sei i giorni della creazione.

Un momento della cerimonia del *bar mitzwah*.

La stella di Davide sulla vetrata di una porta a Gerusalemme.

bacheca

«Lo scopo del nostro passaggio sulla terra è preparare il mondo futuro».
(Rabbi Na'ham di Breslev, maestro ebraico)

[1] Un po' approssimativamente, rimanda a quello che, nel cattolicesimo, è il sacramento della cresima.

Dove corri?

Il Rabbi di Berditchev vide un uomo che si affrettava per la strada senza guardare né a destra né a sinistra: «Perché corri così?», gli chiese. «Vado dietro a ciò che mi dà da vivere», rispose l'uomo. «E come sai – continuò il Rabbi – che ciò che ti dà da vivere corre davanti a te e che tu debba dargli la caccia? Forse è alle tue spalle e tu devi soltanto fermarti per incontrarlo. Mentre tu fuggi davanti ad esso».

CARTA D'IDENTITÀ

- **Nome:** l'etimologia del termine «ebreo» è incerta, forse da *Eber*, discendente di Sem (Genesi 10, 21-25).
- **Origine:** è la prima religione monoteista documentata storicamente, sviluppatasi prima dell'anno 1000 a.C., all'interno delle popolazioni cananee, oppure secondo altri studiosi tra i popoli stranieri sfruttati nell'antico Egitto.
- **Fondatore:** più che di un fondatore si può parlare di un «capostipite» perché l'unico fondatore riconosciuto è D-o. Secondo il racconto biblico, il Signore ordinò al patriarca Abramo di lasciare la propria terra per andare verso la «terra promessa» (Canaan). Storicamente siamo verso il 1800 a.C. Ad Abramo seguiranno altri patriarchi, tra cui Mosè, che guiderà il popolo dalla servitù dell'Egitto verso la libertà (esodo, 1250 circa a.C.), e a cui sarà affidata la **Torah** o Legge.
- **Caratteristiche:** l'ebraismo è una delle religioni più importanti dell'umanità, non tanto per il numero dei fedeli, quanto per l'incidenza culturale e religiosa che ha avuto nel mondo.
- **Libri sacri:** la **Bibbia** («i libri»), suddivisa in tre parti: *Torah* (i primi 5 libri); i *Profeti* e gli *Scritti*. Altro libro importante è il Talmud che raccoglie tutta la sapienza e la tradizione ebraica.
- **Credenze principali:** alla base di tutto c'è la fede in D-o creatore, unico e eterno; l'obbligo di servire e rispettare la sua Legge, rivelata al profeta Mosè e codificata nella Torah.
- **Principi di vita:** sono sintetizzati nelle dieci Parole (Decalogo o dieci Comandamenti) e nelle 613 regole (*mizwot*) che l'ebreo praticante deve osservare. Molte di queste regole riguardano l'alimentazione: il cibo deve essere puro (*kasher*).
- **Città santa:** Gerusalemme (Sion), dove c'era il Tempio di Salomone.

piccoli e apparentemente senza senso), diventa una conseguenza di questa scelta di fedeltà al Signore, alla sua legge (torah), al suo popolo. Chi cammina nella fedeltà al Signore, è scritto molte volte nella Bibbia, non si perde per le strade della vita; ma deve saper scegliere: «Io ho posto davanti a voi la vita e la morte, la benedizione e la maledizione, scegli la vita» (Deuteronomio 30,15).

ARCHIVIO

«Ascolta (shemah) Israele: il Signore è il nostro Dio, il Signore è uno solo. Tu amerai il Signore tuo Dio con tutto il cuore, con tutta l'anima e con tutte le forze. Questi precetti che oggi ti do, ti stiano fissi nel cuore; li ripeterai ai tuoi figli, ne parlerai quando sarai seduto in casa tua, quando camminerai per via, quando ti coricherai e quando ti alzerai. Te li legherai alla mano come un segno, ti saranno come un pendaglio tra gli occhi e li scriverai sugli stipiti della tua casa e sulle porte». (Deuteronomio 6,4-9)

A Gerusalemme, il Muro del Pianto.

FORUM

> Qual è la risposta data dall'ebraismo al «come vivere»? Sintetizzatela brevemente in una parola ....

....

> Sottolineate le parole o i concetti che non vi sono chiari e chiedete all'insegnante di approfondire.

1.6 cristianesimo

La croce, simbolo della crocifissione di Gesù, sintetizza anche il messaggio cristiano: il braccio verticale è l'amore verso Dio e il braccio orizzontale l'amore verso tutti gli uomini.

M.I. Rupnik, *La crocifissione. Cristo con i martiri canadesi* (part.), Roma, Chiesa della Nostra Signora e Martiri Canadesi.

Presentiamo il cristianesimo subito dopo l'ebraismo perché l'origine storica del messaggio predicato da Gesù e dai suoi primi discepoli è proprio nella cultura e nella religiosità ebraica, anche se poi si distaccherà sempre più da essa.

In questa unità daremo solo alcuni dati essenziali della religione cristiana, come ab- ⇨

bacheca

«Hai visto tuo fratello? Hai visto Dio».

(Detto attribuito a Gesù, citato dai padri della Chiesa)

biamo fatto per le altre tradizioni religiose, anche perché avremo modo più volte di approfondire la figura e il messaggio di Gesù in altre pagine del testo.

ARCHIVIO

«Perciò io vi dico: non preoccupatevi per la vostra vita, di quello che mangerete o berrete, né per il vostro corpo, di quello che indosserete; la vita non vale forse più del cibo e il corpo più del vestito? [26]Guardate gli uccelli del cielo: non séminano e non mietono, né raccolgono nei granai; eppure il Padre vostro celeste li nutre. Non valete forse più di loro? [27]E chi di voi, per quanto si preoccupi, può allungare anche di poco la propria vita? (...) Non preoccupatevi dunque del domani, perché il domani si preoccuperà di se stesso. A ciascun giorno basta la sua pena». (Mt 6,25-26.34)

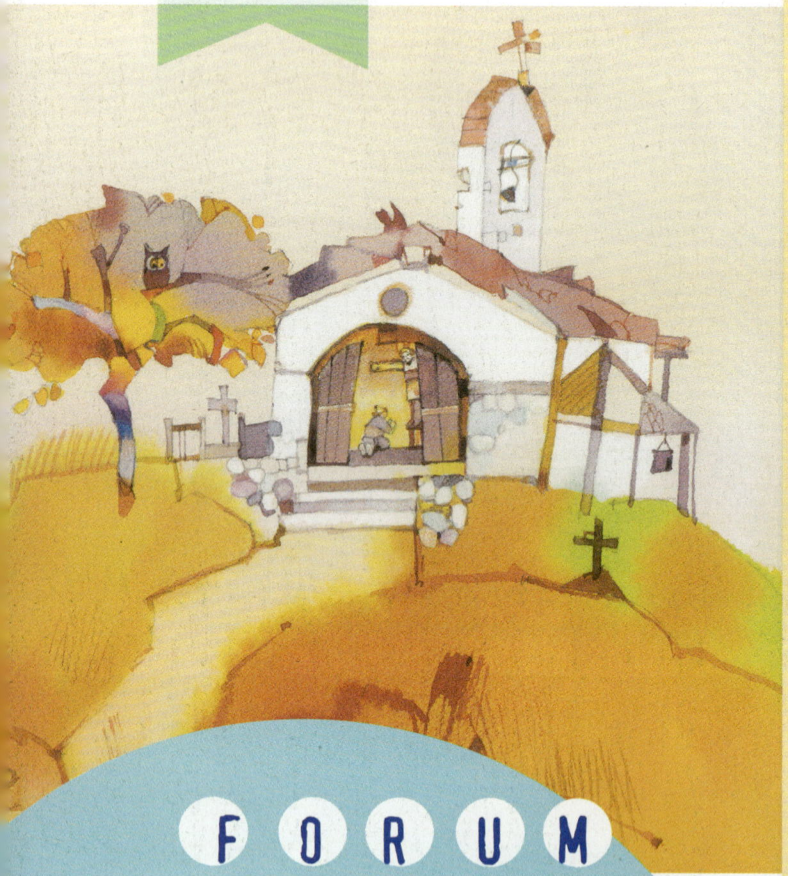

CARTA D'IDENTITÀ

- **Nome:** il termine «cristianesimo» deriva dal titolo di Cristo (Messia) attribuito a Gesù di Nazaret; invece la parola «cristiani» fu usata per la prima volta ad Antiochia per definire i credenti in Cristo.
- **Origine:** storicamente il cristianesimo è una religione monoteista, a carattere universale, nata nel I sec. nel Nord della Palestina, fondata sull'insegnamento di Gesù di Nazaret, riconosciuto dalle prime comunità cristiane come il Messia atteso dal popolo d'Israele e come Signore (Dio).
- **Fondatore:** Gesù di Nazaret (dal nome di una cittadina nel Nord della Galilea dove ha vissuto la maggior parte della sua vita) verso i 30 anni iniziò a predicare per circa 3 anni la «buona notizia» (vangelo) del regno di Dio, invitando i suoi ascoltatori alla conversione del cuore e all'amore nei confronti di Dio e dei fratelli. Sotto Ponzio Pilato, governatore di Roma, fu messo in croce; ma il giorno dopo il sabato (chiamato poi «domenica», cioè «il giorno del Signore») apparve risorto, dapprima a delle donne e poi a tutti i suoi discepoli.
- **Caratteristiche:** la sintesi del cristianesimo è nel simbolo della croce: un patibolo di morte, diventato albero di vita e di speranza. Il braccio verticale indica l'amore verso Dio e quello orizzontale l'amore verso tutti gli uomini. Dio stesso si manifesta in Cristo come comunità d'amore (Trinità), chiedendo ai suoi seguaci di impegnarsi per creare un mondo di giustizia di pace, pur sapendo che la perfezione non si realizzerà su questa terra.
- **Libri sacri:** fondamentale è la Bibbia, formata dall'Antico e dal Nuovo Testamento.
- **Credenze principali:** tutti coloro che si proclamano cristiani professano la fede in Gesù Cristo e nella Trinità (Dio unico che si manifesta come Padre, Figlio e Spirito Santo). Tutte le comunità hanno nei Vangeli e negli altri libri del Nuovo Testamento il loro punto di riferimento costante. Fin dai primi secoli, le comunità cristiane hanno sintetizzato nel Credo (o Simbolo) i principi fondamentali della fede.
- **Principi di vita:** i dieci Comandamenti (Decalogo), ma sintetizzati da Gesù nell'unico comandamento dell'amore di Dio e del prossimo, iniziando dai più poveri e umili.
- **Città sante:** Gerusalemme, dove è morto e risorto Gesù, ma anche Roma, riconosciuta dai cattolici come la sede di Pietro, l'apostolo messo da Cristo a capo della Chiesa, la comunità dei credenti.

FORUM

> Pur nell'essenzialità della presentazione, qual è secondo voi la caratteristica principale del cristianesimo? ....

> **ATTIVITÀ:** Si propone di leggere dei brani completi del Discorso della montagna riportati da Matteo (Mt 6,25-34), confrontandoli con quelli di Luca (Lc 12,22-31).

1.7 islam

Ultima grande religione, sempre e solo in ordine cronologico, è l'islam, con la sua fede totale e assoluta in Dio (*Allah*, in arabo). «Islam», infatti, significa «sottomesso» ad Allah, che ha manifestato la sua volontà attraverso il profeta **Muhammad** (Maometto). Questa rivelazione di Dio è raccolta nel **Corano**, il libro sacro, e nella **Sunna**, la tradizione autentica dei detti o atti del Profeta.

«Vivere», secondo la concezione islamica, significa professare una fede forte nel Dio «creatore» di tutto, legislatore e giudice, ma anche compassionevole verso chi si pente. Alla fine della vita ogni persona riceverà un premio (paradiso) o un castigo (inferno), in base alle proprie azioni. I **cinque «pilastri»** sintetizzano ciò che ogni buon musulmano deve fare per raggiungere la salvezza finale (paradiso):

1. Professare nella vita di tutti i giorni che «non c'è Dio all'infuori di Allah, e Maometto è il suo profeta».
2. Pregare cinque volte al giorno, così da indicare, anche visivamente, di essere «sottomessi» a Dio.
3. Digiunare per valorizzare la realtà spirituale; il digiuno più noto e praticato è quello del mese di Ramadan.
4. L'obbligo dell'elemosina legale per riequilibrare le ingiustizie sociali all'interno della comunità (*umma*).
5. Infine il pellegrinaggio a La Mecca, vissuto come momento forte nella vita spirituale del singolo e della comunità.

La mezza luna, o *hilal*, è il simbolo universale dell'islam, ricorda un evento miracoloso descritto nel Corano (sura 54,1) e il calendario lunare che regola la vita dei credenti.

Maometto e Abu Bakr nella grotta, miniatura turca del XVII secolo.

CARTA D'IDENTITÀ

- **Nome:** il termine «islàm» – l'accento va sulla «à» – deriva dall'arabo *al-islam*, «abbandono» o «sottomissione» a Dio.
- **Origine:** l'islam è una religione monoteista, originaria della cittadina de La Mecca (Penisola Araba), nata in seguito alla predicazione di Maometto (VII secolo d.C.), considerato dai musulmani l'ultimo dei grandi profeti biblici, compreso Gesù.
- **Fondatore:** più che fondatore il Profeta **Muhammad** (Maometto) è l'inviato e il portavoce di Allah. Originario de La Mecca, si dedicò al commercio e verso i quarant'anni cominciò a ricevere la rivelazione del Corano, promuovendo il culto del Dio unico (Allah) a La Mecca. Quando morì, nel 632 d.C., Abu-Bakr divenne il primo califfo («successore» del Profeta). Con lui iniziò la grande diffusione dell'islam.
- **Caratteristiche:** la religione islamica si distingue per una fede forte e assoluta nell'unico Dio (Allah) che abbraccia tutti gli aspetti dell'esistenza. Infatti l'islam è insieme religione, sistema sociale e vita quotidiana.
- **Libro sacro:** il Corano, la raccolta delle rivelazioni fatte da Dio a Maometto per mezzo dell'angelo Gabriele. È suddiviso in 114 **sure** o capitoli.
- **Credenze principali:** tutto è centrato su Allah, il Dio unico creatore e giudice, misericordioso e compassionevole. Il credo è sintetizzato nelle «formule di fede» e nei «cinque pilastri», che sono: la professione di fede, la preghiera rituale, l'elemosina, il digiuno e il pellegrinaggio.
- **Principi di vita:** tutte le azioni che compie un musulmano sono considerate religiose e vengono classificate in cinque categorie: obbligatorie, meritorie, indifferenti, riprovevoli, vietate.
- **Città sante: La Mecca**, meta del grande pellegrinaggio alla Ka'ba, il santuario che contiene la «pietra nera»; **Medina**, la «città del Profeta»; **Gerusalemme**, con la moschea di Omar.

bacheca

«Diverse strade portano a Dio, io ho scelto la strada della danza e della musica». (RUMI, UN GRANDE MISTICO ISLAMICO DEL XIII SEC. D.C., FONDATORE DEI DERVISCI DANZANTI)

Un gruppo di fedeli musulmani in preghiera davanti alla porta della Ka'ba.

FORUM

> Qual è la risposta dell'islam al «come vivere»?...

....

> Per approfondire i 5 pilastri si veda: http://www.arab.it/pilastri.html e http://www.allaboutturkey.com/ita/5pillar.htm

ARCHIVIO

«ADORATE DUNQUE IDDIO E NON ASSOCIATEGLI COSA ALCUNA, E AI GENITORI FATE DEL BENE, E AI PARENTI E AGLI ORFANI E AI POVERI E AL VICINO CHE V'È PARENTE E AL VICINO CHE V'È ESTRANEO E AL COMPAGNO DI VIAGGIO E AL VIANDANTE E ALLO SCHIAVO, PERCHÉ DIO NON AMA CHI È SUPERBO E VANITOSO». (CORANO 4,36)

1.8 che ne pensi?

Sai attribuire a ognuno di questi simboli la religione di appartenenza?

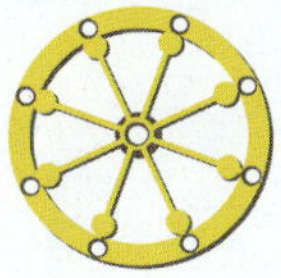

1. .... 2. .... 3. .... 4. .... 5. ....

Ricordi i principali libri sacri delle cinque grandi religioni?

Induismo	**Buddhismo**	**Ebraismo**	**Islam**	**Cristianesimo**

«Il primo sentimento,
quando ci avviciniamo a un altro popolo,
a un'altra cultura, a un'altra religione
si deve manifestare nel fatto
che ci leviamo le scarpe;
perché il luogo a cui ci avviciniamo
è santo.
Altrimenti potrebbe accadere
che noi disturbiamo i sogni delicati
di altri uomini, o – peggio ancora –
che noi dimentichiamo
che Dio lì ci ha preceduti».
(J. V. Taylor, 1914-2001, scrittore inglese)

Commenta brevemente questo pensiero:
....
....
....
....
....
....
....
....

I tanti colori di Dio

• La mappa delle religioni

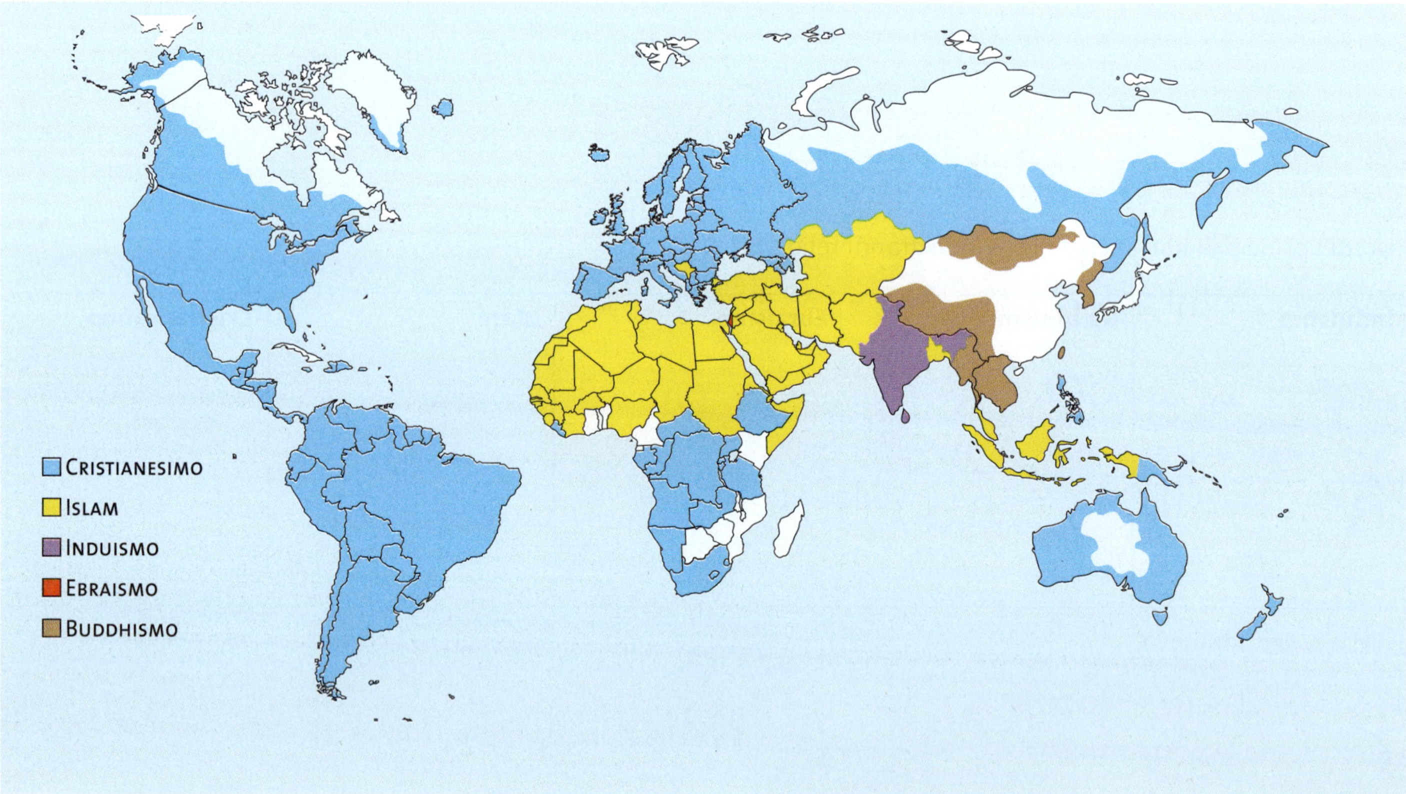

Le religioni testimoniano il bisogno dell'uomo di fare riferimento a «qualcuno» (o «qualcosa») di superiore a lui.

Tutte, in modo diverso, aiutano l'uomo a rispondere alle sue grandi domande.

Vediamo qualche notizia sulle principali religioni oggi esistenti: induismo – buddhismo (religioni dell'Oriente); ebraismo – cristianesimo – islam (religioni monoteiste).

• **Induismo** = Con questa parola si indica una **realtà piuttosto complessa**, fatta di credenze e culture nate nell'India antica a partire dal 1500 a.C. e tuttora presenti.

Libri sacri = i più antichi sono i Veda

Lingua sacra = il Sanscrito

Città santa = Benares, bagnata dal Gange, il fiume sacro

Credenze principali = esiste un Principio Assoluto, il **Brahman**, che si manifesta in molti modi, in particolare in tre forme di divinità : Brahma – Vishnu – Shiva.

Il principio individuale (*atman*) tende a liberarsi dal ciclo delle rinascite (*samsara*) e a raggiungere il Brahman.

Il *dharma* (legge morale) regola tutta la vita sociale e quella del singolo individuo. Chi segue il proprio *dharma* può liberarsi dal ciclo delle rinascite e raggiungere il Brahman.

Sotto il nome di «induismo» si raccoglie una realtà complessa di religioni e culture originarie dell'India.

• **Buddhismo** = **Cammino filosofico-religioso, rivolto a tutti gli uomini.** Scopo principale è aiutare l'uomo a liberarsi da ogni forma di dolore e di sofferenza.

Fondatore = Siddharta Gautama, giovane principe vissuto intorno al 6° sec. a.C., che abbandonò la sua vita agiata per dedicarsi alla meditazione. Una notte ebbe l'illuminazione sulla via da seguire per raggiungere uno stato di non sofferenza (nirvana); per questo fu detto il «**Buddha**» (= «l'illuminato»).

Libri sacri = i Tripitaka (=«i tre canestri»), dal nome delle tre ceste che dividevano i libri in base ai contenuti : disciplina – discorsi – dottrina.

Credenze principali = ogni uomo deve liberarsi dal dolore e dalla sofferenza attraverso l'«ottuplice sentiero» per raggiungere il *nirvana* («non sofferenza», felicità).

La morale buddhista si basa sul **rispetto e amore compassionevole verso ogni essere vivente.**

Il buddhismo è un cammino filosofico-religioso rivolto a tutti gli uomini per aiutarli a liberarsi dal dolore e dalla sofferenza.

• Ebraismo = È la più antica religione monoteista storicamente documentata, nata intorno al 1800 a.C. nell'antica terra di Canaan (l'attuale Palestina).

Fondatore = gli ebrei credono che l'unico D-o (lo scriviamo così perché non pronunciano il suo nome) si sia rivelato ad **Abramo**, il padre (o patriarca) della religione ebraica.

Libri sacri = la **Bibbia**, suddivisa in **Legge** (Torah), **Profeti** e **Scritti**. Altro testo importante per gli ebrei è il Talmud.

Credenze principali = punto principale è la **fede nel D-o creatore, unico ed eterno**, che si è rivelato al popolo attraverso Abramo e i suoi successori. Ogni ebreo deve essere fedele a D-o e alla sua Legge (Torah), sintetizzata nel **Decalogo** (le Dieci Parole o Comandamenti), dati a Mosè sul Monte Sinai. Mosè è colui che liberò gli ebrei dall'oppressione egiziana.

Città santa = Gerusalemme, dove si trovava il Tempio.

> **L'ebraismo è la più antica religione monoteista storicamente documentata.**

• Cristianesimo = È la religione monoteista che ha attualmente il maggior numero di fedeli nel mondo; prende il nome da «**Cristo**» (= il «Messia», l'«Unto» del Signore), l'appellativo attribuito al fondatore Gesù.

Fondatore = Gesù Cristo, vissuto circa 2000 anni fa in Palestina. Dopo circa 30 anni trascorsi a Nazaret, iniziò a predicare la «buona notizia», o vangelo, che Dio è Padre di tutti e ama ogni persona. La sua predicazione durò solo tre anni, quando venne ucciso sulla croce, durante il governo di Ponzio Pilato. Secondo l'annuncio dato dai suoi seguaci, gli apostoli e i discepoli (ossia la Chiesa), Gesù è però **risorto** dai morti. Sulla fede nella risurrezione di Gesù si basa tutto il cristianesimo.

Libro sacro = la **Bibbia**, suddivisa in Antico e Nuovo Testamento

Credenze principali = fede in Gesù Cristo, ossia Dio che si è fatto uomo ed è morto e risorto per la salvezza dell'uomo. Il messaggio di Gesù predica **l'amore e la fraternità** fra tutti gli uomini.

Città sante = Gerusalemme, dove è morto e risorto Gesù, e Roma, dove risiede il papa, successore di Pietro.

> **I cristiani professano la fede in Cristo, appellativo attribuito al loro fondatore, Gesù.**

• **Islam** = In ordine cronologico è la terza grande religione monoteista, nata nel 7° sec. d.C. in seguito alla predicazione di **Muhammad.** «Islam» significa «**sottomissione**» all'unico Dio (Allah).

L'islam professa la totale sottomissione ad Allah, l'unico Dio.

Fondatore = il profeta Muhammad (= Maometto), inviato e portavoce di Allah.

Libro sacro = il **Corano**, che contiene la rivelazione di Allah a Maometto

Credenze principali = fede forte ed assoluta nell'unico Dio Allah, che abbraccia tutta l'esistenza. L'islam è insieme religione, sistema sociale e vita quotidiana. Nell'islam vi sono 5 precetti fondamentali: la professione di fede in Allah, il digiuno nel mese di Ramadan, l'elemosina, la preghiera 5 volte al giorno, il pellegrinaggio a La Mecca.

Città sante = Medina (la città del Profeta), La Mecca, Gerusalemme.

Esercizi

1 Indica con una crocetta se le seguenti affermazioni sono vere oppure false:

Affermazioni	Vero	Falso
L'induismo è una realtà complessa		
l'islam è la religione più antica		
Il buddhismo è stato fondato dal principe Siddharta		
Il libro sacro del Cristianesimo è la Bibbia		
La religione ebraica crede in molti dèi		
Il fiume sacro per l'induismo è il Gange		
Il libro sacro dell'islam è il Corano		
Punto centrale del cristianesimo è la fede in Gesù Cristo		
La Mecca è la città santa per il buddhismo		

2 Inserisci le parole giuste al posto dei puntini scegliendole fra le seguenti:

■ **santo** ■ **qualcuno** ■ **domande** ■ **religioni** ■ **Dio**

Nel mondo esistono tanti popoli e tante culture, per questo vi sono anche tante .... differenti. Le religioni testimoniano il bisogno dell'uomo di fare riferimento a .... di superiore a lui. Tutte le religioni hanno importanza perché in ciascuna c'è qualcosa di «vero» e di .... Le religioni aiutano l'uomo nella ricerca di .... ed aiutano l'uomo a rispondere alle sue grandi ....

3 Metti nel giusto ordine cronologico, dalla più antica alla più recente secondo la loro data d'inizio, le cinque grandi religioni:
A. Cristianesimo; B. Buddismo; C. Ebraismo; D. Islam; E. Induismo.
L'ordine giusto è (trascrivi le lettere): ....

mappa

Tanti popoli e tante culture

↓

Tante religioni

↓

Aiutano l'uomo nella ricerca di Dio o realtà superiore

↓

Ciascuna religione ha qualcosa di «vero» e di «santo»

↓

Le principali religioni viventi

↓ Religioni orientali (induismo, buddhismo)

↓ Religioni monoteiste (ebraismo, cristianesimo, islam)

i tanti colori di Dio

sintesi.it

Inserisci la parola giusta, tra quelle indicate sotto:

Le religioni sono testimoni dell'______________, di una realtà che supera l'esperienza ______________, ma viva e presente nel mondo. Sia la storia ______________ che quella contemporanea ci testimoniano l'importanza che la ______________ assume nella vita dei popoli. Le grandi religioni ______________ aiutano l'uomo a trovare risposte significative per la propria vita e a vivere ______________ se stessi, gli altri e il mondo.

■ umana ■ invisibile ■ antica ■ religiosità ■ rispettando ■ viventi

MediaLab

WEB 2.0

1. LIBRI SACRI 2.0
Sfogliate gli antichi libri dei testi sacri.

2. MAPPA CONCETTUALE
Create una mappa concettuale interattiva con gli elementi essenziali di ogni religione.

3. PANORAMICHE A 360°
Esplorate i luoghi sacri delle religioni a 360°.

4. CALENDARIO DELLE RELIGIONI
Realizzate un calendario delle principali festività delle religioni.

5. VIRTUAL TOUR DEI LUOGHI SACRI DELLE RELIGIONI
Alla scoperta dei luoghi sacri delle religioni con Google Earth.

6. CREA IL TUO SUPEREROE RELIGIOSO
Costruite il fumetto di un supereroe per ogni religione.

LIM (MATERIALI DISPONIBILI SUL SITO WWW.EDBSCUOLADIGITALE.IT)

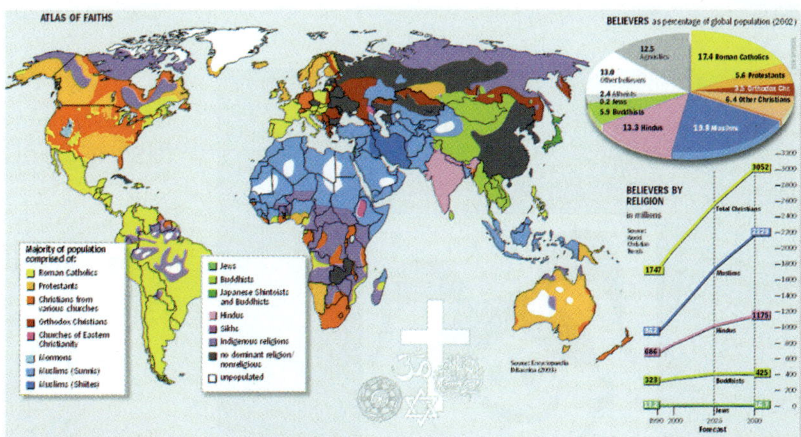

1. MAPPA DA COLORARE
colora
Colorate le diverse aree del mondo a seconda della religione prevalente.

2. MAPPA DELLE RELIGIONI INTERATTIVA
esplora
Esplorate la mappa delle religioni con lo zoom per scoprire la percentuale delle religioni prevalenti in ogni Paese.

3. SCHEDA RIASSUNTIVA SULLE RELIGIONI PLUS
drag & drop
Collocate l'elemento giusto al posto giusto nella tabella delle religioni.

attività interattive multimediali

ATTIVITÀ PRATICHE

1. MODELLO DI CARTA
Costruite il modellino di carta di una pagoda.

2. MAPPA DA COLORARE PLUS
Colorate la mappa delle religioni.

3. MANDALA PLUS
Colorate i mandala con la vostra fantasia e appendeteli a una parete della classe.

4. MEMORY DELLE RELIGIONI PLUS
Giocate con il memory delle religioni, seguite le istruzioni e buon divertimento!

FILM

Per i film preceduti da asterisco (*) si consiglia la visione di una selezione delle scene

Vai e vivrai
(Francia/Israele, 2005) di Radu Mihaileanu

Water
(Canada/India, 2005) di Deepa Mehta

* Lezioni di volo
(Italia, 2006) di Francesca Archibugi

Una estranea tra noi
(USA, 1992) di Luc Jacquet

Piccolo Buddha
(Italia, 1993) di Bernardo Bertolucci

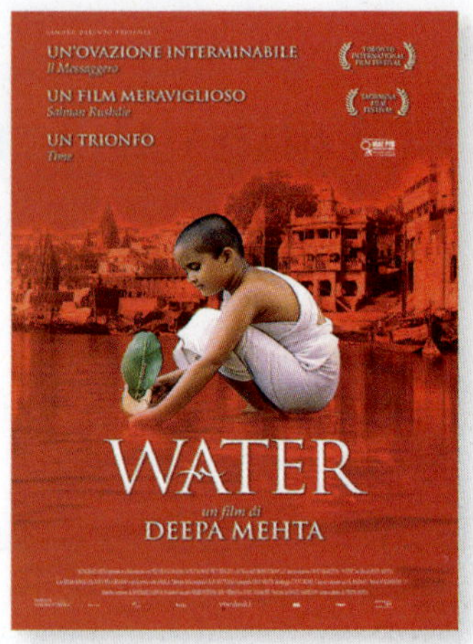

REALTÀ AUMENTATA PLUS

TEMPIO INDU IN 3D
Visualizza un tempio indu, ruotando il libro.

PLUS disponibile su eBook plus · collegati · scarica · stampa · assembla

perché conoscere la Bibbia?

twitter

C'È POCO DA VANTARTI SE DICI CHE NON CONOSCI NIENTE DELLA BIBBIA... NON CI SI VANTA DELL'IGNORANZA.

PERCHÉ STUDIARE A SCUOLA TANTE OPERE ANTICHE, E NON LA BIBBIA?

LA BIBBIA APPARTIENE A TUTTI, NON SOLO AI CREDENTI.

bacheca

«Una lampada su un sentiero buio, la pioggia che scende dal cielo su un terreno arido e stepposo, una spada che penetra nella carne: è con questi tre simboli che la Bibbia ci presenta la parola di Dio». (CARD. GIANFRANCO RAVASI)

«La Bibbia è il grande Codice dell'Occidente». (WILLIAM BLAKE)

«Per me la Bibbia, come per tutti i pittori dell'Occidente, è stata l'alfabeto colorato in cui ho intinto i miei pennelli». (MARC CHAGALL)

nuvola di tag

piano di lavoro

TRAGUARDI PER LO SVILUPPO DELLE COMPETENZE *(in prospettiva)*

Avere una buona informazione generale sulla Bibbia, libro sacro della tradizione ebraico-cristiana, considerato dai credenti la «parola di Dio», punto di riferimento di tutta la loro vita.

OBIETTIVI DI APPRENDIMENTO

- Saper adoperare la Bibbia come documento storico-culturale e riconoscere la sua importanza all'interno della Chiesa.
- Conoscere l'impostazione generale della Bibbia, le sue principali caratteristiche e suddivisioni.
- Individuare i testi biblici che hanno ispirato le principali produzioni artistiche (letterarie, musicali, pittoriche...) italiane e europee.

COSA IMPARARE PER LA VITA

- Riconoscere che la Bibbia è un libro che ha un valore culturale e che ha ispirato molte opere d'arte; è quindi un libro importante per tutti, credenti e non credenti.

LE VARIE TAPPE

Dopo una breve introduzione sull'importanza di una buona conoscenza della Bibbia, anche per chi non si considera credente, presenteremo a grandi linee il libro sacro della tradizione ebraica e cristiana, soffermandoci nella 2ª Unità su alcuni aspetti più tecnici, curiosità linguistiche e un primo approfondimento.

QUALCHE SUGGERIMENTO

Una breve introduzione generale alla Bibbia ci sembra essenziale, ma niente vieta che prima ci sia un approccio diretto: per esempio, portando subito in classe delle Bibbie da sfogliare, oppure recandosi nel laboratorio informatico della scuola (ovviamente dove c'è) per un impatto non tradizionale con il testo biblico; per maggiori dettagli si vedano le proposte *MediaLab*, poi si può passare al testo e seguire le varie lezioni.

RISERVATO ALL'INSEGNANTE

Per eventuali suggerimenti e approfondimenti sul tema, per spunti e idee, proposte di lavori sul Web ed esercitazioni con gli alunni si veda *MediaLab - Attività interattive multimediali* nella parte finale del modulo e anche la *Guida per l'insegnante*. Per le verifiche, si veda il *Quaderno operativo digitale* sul CD-rom allegato al testo.

COLPO D'OCCHIO

Pagina introduttiva, piano di lavoro

1. UA: UN LIBRO CHE APPARTIENE A TUTTI

1.1 Cos'è la Bibbia?
1.2 Un libro importante per tutti
1.3 Non uno, ma tanti libri
1.4 Una vera biblioteca
1.5 I libri sacri delle altre religioni
1.6 Che ne pensi?

2. UA: VISTA DA VICINO

2.1 Zoom sulla Bibbia
2.2 Quando e come fu scritta?
2.3 In che lingua è stata scritta?
2.4 Nella Bibbia è tutto vero?
2.5 Una pagina miniata
2.6 Che ne pensi?

Completano il Modulo

- *La mappa*
- *Sintesi.it*
- *MediaLab*

1.1 cos'è la Bibbia?

Molte volte avrete sentito dire che è importante conoscere la Bibbia, che è il libro più stampato al mondo, che è considerato di grande interesse da credenti e non credenti... e via di questo passo. Forse avrete trovato anche un po' eccessiva tutta questa insistenza su un libro che è comunque antico (il brano più recente risale a circa 1900 anni fa!). Ma allora perché parlarne ancora? La risposta è semplice: è l'unico modo che abbiamo per conoscere direttamente Dio. Sì, perché la Bibbia – almeno nell'ottica del credente – è il «racconto di Dio», il modo che lui ha scelto per farsi conoscere dagli uomini. È chiaro, allora, che essa diventa importante non solo per i credenti, ma anche per tutti quelli che vogliono sapere qualcosa su Dio e sui valori trasmessi in Occidente per mezzo del libro sacro ebraico-cristiano. **Ma che cos'è la Bibbia?** È un insieme di libri che nascono e si sviluppano originariamente nella cultura e tradizione religiosa ebraica, e poi anche in quella cristiana. La parte ebraica viene chiamata dai cristiani *Antico Testamento* (o anche *Bibbia ebraica* o *Primo Testamento*), mentre i libri che riguardano il cristianesimo vanno sotto il nome di *Nuovo Testamento* (detto anche *Bibbia cristiana* o *Secondo Testamento*).

La Bibbia nel suo insieme testimonia la fede e le vicende storiche del popolo ebraico e delle prime comunità cristiane.

Possiamo quindi dire – sintetizzando – che la Bibbia è il racconto, dapprima orale e poi fissato in letteratura, di un'esperienza religiosa secolare e unica, vissuta tra il popolo d'Israele e Dio e poi, con Gesù, aperta e condivisa con tutta l'umanità. Questa lunga tradizione, che è alla base della Bibbia, richiede un approccio non superficiale e una preparazione culturale che non si può improvvisare. Per i credenti non si tratta solo di un patrimonio culturale e religioso, ma della storia della salvezza, dell'incontro tra Dio e l'umanità.

Focus

LIBRO SACRO PER EBREI E CRISTIANI

Ebrei e cristiani (cattolici, protestanti, ortodossi) due miliardi circa di persone – considerano la Bibbia la rivelazione di Dio e hanno quindi in comune il libro sacro. Ma occorre tener presente che la parola «Bibbia» non fa parte del vocabolario ebraico. La raccolta dei Sacri Testi è indicata dagli ebrei con il termine ***TaNaK*** *(le tre parti in cui si suddivide la Bibbia ebraica, vedi a p. 77); mentre per i cristiani il patto speciale (o Alleanza) che Dio ha fatto con il popolo d'Israele continua in Gesù, riconosciuto come Messia e Signore. Per ebrei e cristiani ciò che è scritto nella Bibbia è parola di Dio e quindi occorre avvicinarsi a questo libro con gli «occhiali della fede», guardando a tutto ciò che accade come dono di Dio, anche quando è difficile da capire. La Bibbia non può quindi essere letta solo come un testo di letteratura o storia umana, e tanto meno come un libro scientifico; essa è soprattutto un libro della fede.*

Parole Chiave

RIVELAZIONE

Dal latino, alla lettera significa «togliere il velo»; il termine indica l'iniziativa stessa di Dio di «svelare» il suo mistero, attraverso la creazione, la storia del popolo ebraico e poi, tramite Cristo, a tutta l'umanità. La Bibbia racchiude la rivelazione di Dio.

Questo il nome di Dio: JHWH

Il tetragramma (le 4 lettere sacre) JHWH, che indica il nome di Dio (dalla radice semitica *hwh*, «essere»), non viene pronunciato dagli ebrei, nemmeno quando leggono il testo biblico. Ad esso sostituiscono le parole *Adonaj* («Signore») oppure *Shem* («nome»). Originariamente il testo ebraico della Bibbia conteneva solo le consonanti; i segni per indicare la pronuncia delle vocali furono introdotti tardivamente. Poiché, però, il nome divino si leggeva Adonaj, alle consonanti JHWH furono apposte le vocali di quella parola. Da qui viene la lettura erronea Jehowah o Geova. Gli studiosi ritengono che la pronuncia originaria fosse Jahweh, e il senso da dare al nome potrebbe essere «Colui che fa essere le schiere», cioè il Creatore, il Dio supremo.

(Cf. G. Ravasi, *La Bibbia per la famiglia*, San Paolo, Cinisello Balsamo [MI] 1993, vol. 1, p. 207)

FORUM

- Avete mai preso in mano e sfogliato una Bibbia?
- Se sì, cosa avete letto e che impressione ne avete ricavato?

1.2 un libro importante per tutti

Forse qualcuno di voi penserà: «Ma la Bibbia è un libro vecchio, scritto da tantissimo tempo... Che c'entra con la mia vita?». Chi ha detto che ciò che è «vecchio» non serve? L'amore, l'amicizia, la ricerca di un senso, chiederci il perché delle cose che viviamo... sono valori «vecchi», ma sempre veri e attuali. La Bibbia è certamente un messaggio collocato nella storia e in un contesto culturale, ma va anche ben al di là di questo. È un libro – composto da tanti libri diversi – dal quale si può imparare a conoscere meglio la vita e il suo significato, soprattutto si può fare una conoscenza diretta con l'autore stesso della vita. Ecco dunque, in breve, **perché è importante conoscere la Bibbia**, sia per i credenti che per quelli che non si dichiarano tali:

- **Per comprendere l'origine e lo sviluppo delle tre grandi religioni monoteiste** del Mediterraneo: ebraismo, cristianesimo e islam.
- **Per conoscere le radici della nostra società e della nostra cultura**, che provengono non solo dalla civiltà greco-romana, ma anche da quella ebraico-cristiana.
- **Perché avere una buona conoscenza della Bibbia ci arricchisce**; senza di essa il *Giudizio universale* di Michelangelo diventa, ad esempio, incomprensibile, come gran parte dell'arte, della letteratura e della musica.
- **Perché ci fa incontrare personaggi di primo piano** (Abramo, Mosè, Paolo di Tarso ecc.) che ci testimoniamo una fedeltà e un amore molto grandi verso Dio e verso gli uomini.

Focus

LA BIBBIA NEL LINGUAGGIO QUOTIDIANO

Sono tante le espressioni italiane che derivano direttamente dalla Bibbia. Vediamone alcune:

- ASPETTARE LA MANNA DAL CIELO = *aspettare che i problemi si risolvano da soli, come per miracolo. Si riferisce al brano dell'Esodo (cf. Esodo 16,15ss).*
- PIÙ VECCHIO DI MATUSALEMME *(o anche «matusa») = chi è molto avanti negli anni. Matusalemme è un personaggio che secondo la simbologia della Bibbia visse fino a 969 anni (cf. Genesi 5,21-27).*
- È UNA BABELE = *grande disordine e confusione. Allude alla confusione delle lingue con cui Dio punì gli uomini che, a Babele,volevano costruire una torre alta fino al cielo (cf. Genesi 11,1-9).*
- PREDICARE NEL DESERTO = *detto di chi si sforza di annunciare qualcosa anche se nessuno l'ascolta, come Giovanni il Battista, «Voce di uno che grida nel deserto» (cf. Matteo 3,3).*

FORUM

- Tra i vari punti presentati sull'importanza di conoscere la Bibbia, quali vi sembrano i più convincenti?
- Conoscete altre espressioni di derivazione biblica che si usano nel linguaggio quotidiano?

1.3 non uno, ma tanti libri

La parola **BIBBIA** deriva dal greco *ta Biblia* (che significa «i libri»), ma furono gli antichi autori cristiani che iniziarono a chiamare così la raccolta delle sacre Scritture ebraiche, suddividendola in due grandi parti: Antico Testamento (AT) e Nuovo Testamento (NT). Come la maggior parte delle opere antiche, anche la Bibbia ha alle spalle una «tradizione orale» (racconto a viva voce) che – solo in un secondo tempo – venne fissata per iscritto. Il periodo in cui la Bibbia fu scritta copre un arco che va dal 1000 a.C. alla fine del I secolo d.C. Questo significa che i libri che compongono la Bibbia sono arrivati a noi dopo un lungo e complesso processo, come d'altronde è avvenuto per gli antichi racconti della tradizione mesopotamica, che per certi aspetti assomigliano molto ad alcuni racconti della Genesi. Per esempio, la figura di Noè, salvato dal diluvio, ricorda quella del sumero Ziusudra e l'Utnapistim del racconto babilonese (*Epopea di Gilgà-*

Focus

GENERI LETTERARI

Dal punto di vista letterario, la Bibbia si esprime attraverso varie forme o generi letterari: il racconto, la poesia, l'epistola ecc. Alcuni di questi generi sono comuni a tutte le letterature, altri sono caratteristici della Bibbia, per esempio il genere profetico e quello apocalittico.

- GENERE STORICO: *racconto dettagliato delle varie vicende narrate, sempre nell'ottica che Dio opera nella storia. Es.: Samuele, Re, Atti degli apostoli.*
- GENERE GIURIDICO: *costituito da principi di vita (Decalogo), norme sociali e civili. Es.: Levitico, Deuteronomio.*
- GENERE PROFETICO: *tipico della predicazione dei profeti, con ammonizioni, oracoli; ricco di simbolismi da decifrare secondo la volontà di Dio. Es.: Isaia, Geremia, Amos.*
- GENERE POETICO: *usa il linguaggio della poesia, ricco di simboli e immagini. Es.: Salmi, Cantico dei cantici.*
- GENERE SAPIENZIALE: *molto diffuso nella Bibbia, usa farsi domande e riflettere sulla vita e sulla storia. Es.: Sapienza, Proverbi, Giobbe.*
- GENERE APOCALITTICO: *fatto di visioni, sogni, azioni simboliche, spesso difficili da interpretare. Es.: Daniele, Apocalisse.*
- GENERE EPISTOLARE: *stile della lettera, con un mittente e un destinatario; più informale di altri generi. Es.: Lettere di Paolo.*
- GENERE PARABOLA: *racconto inventato ma preso dalla vita ordinaria, si conclude con una domanda che coinvolge gli ascoltatori; molto usato da Gesù. Es.: la parabola del Buon samaritano.*

LA BIBBIA IN CIFRE

La Bibbia cristiano-cattolica è composta da 73 libri, di cui 46 dell'Antico Testamento (AT) e 27 del Nuovo Testamento (NT), con un numero complessivo di 30.442 versetti. La Bibbia contiene gli scritti di oltre 30 autori diversi, vissuti in un arco di 1500 anni.

Pieter Bruegel il Vecchio, *La torre di Babele*, 1563, Vienna, Kunsthistorisches Museum.

mesh). Il lungo processo di composizione dei libri che fanno parte della Bibbia spiega anche le diversità e le contraddizioni che troviamo in alcuni racconti (per esempio, vi sono due racconti della creazione: uno della tradizione cosiddetta sacerdotale [Genesi 1,1-26–2,1-3] e un altro di quella jahvista [Genesi 2,4b-17] che sono confluite nello stesso resoconto scritto). Anche dal punto di vista redazionale, essendo tanti i libri che compongono la Bibbia e diverse le epoche storiche a cui si riferiscono, **non esiste un solo autore né un unico coordinatore umano di tutta l'opera, ma esistono tanti autori diversi, con stili e generi letterari differenti.** Alcuni libri sono attribuiti ad autori molto conosciuti, ma solo per garantirne la presenza nel canone (l'elenco ufficiale dei libri) o dare loro maggior prestigio e importanza, come il Pentateuco, che venne attribuito tutto a Mosè, o il Cantico dei cantici, a Salomone.

EVENTI STORICI

3000 a.C. ca.: invenzione della scrittura
1500 a.C. ca.: invenzione dell'alfabeto fenicio
1000 a.C. ca.: primi scritti biblici
1020-922 a.C. ca.: i primi re biblici (Saul, Davide, Salomone)
722-628 a.C.: impero assiro
604-539 a.C.: impero babilonese
587-333 a.C.: esilio del popolo ebraico
539-333 a.C.: impero persiano
333-63 a.C.: impero greco
175-135 a.C.: rivolta dei maccabei
63 a.C. in poi: impero romano
37-4 a.C.: Erode il Grande
6 a.C.-30 d.C. ca.: GESÙ, IL CRISTO
30 d.C. in poi: diffusione della CHIESA.

FORUM

> Ognuno di voi provi a sintetizzare in poche righe cos'è la Bibbia ....
....
....

> Dei vari «generi letterari» esposti, quali vi sembrano ancora in uso nella nostra cultura?

1.4 una vera biblioteca

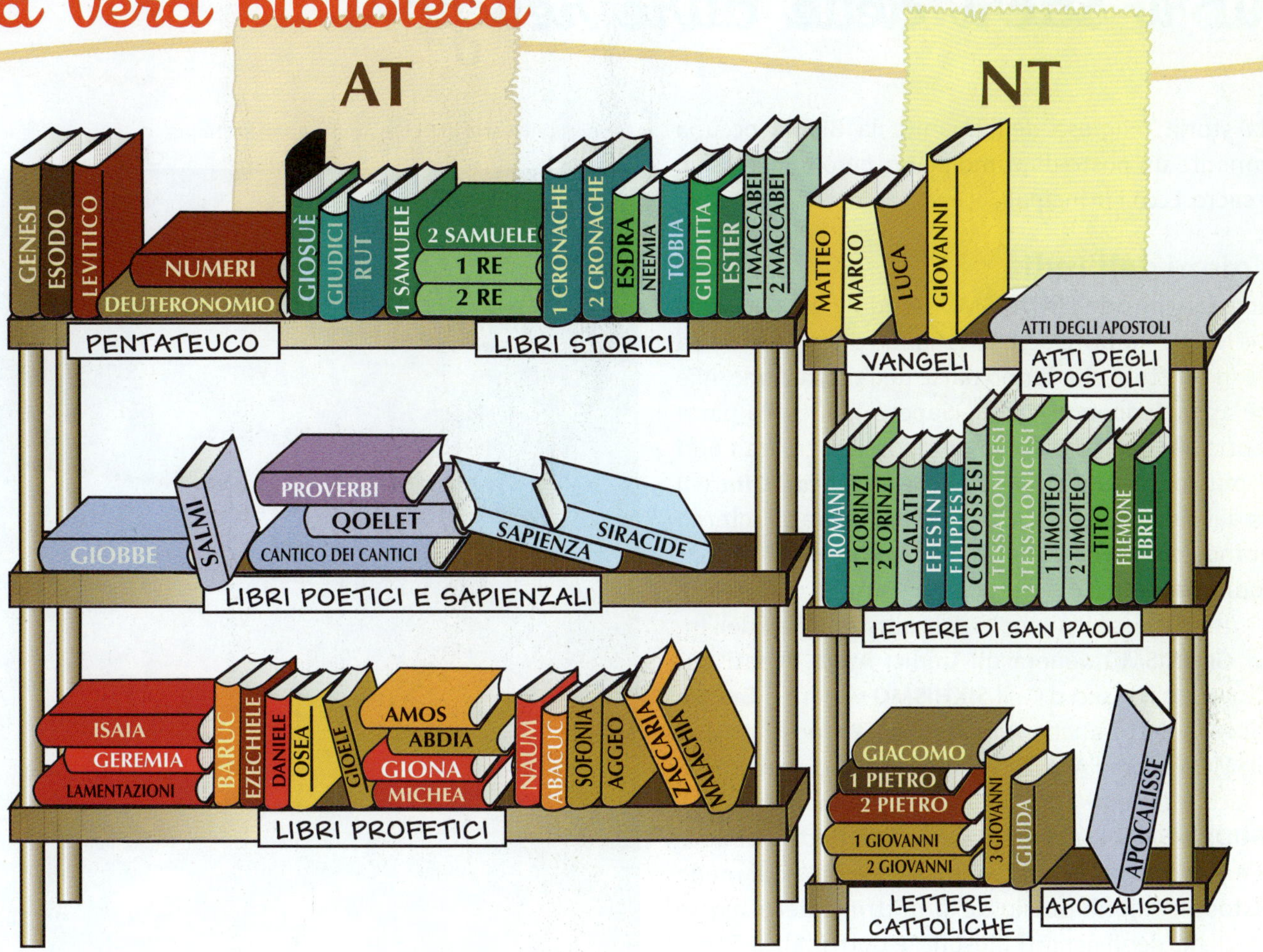

La Bibbia ebraica comprende 24 libri,[1] tutti scritti in ebraico con alcune piccole parti in aramaico, che formano l'insieme delle Scritture ispirate, o canone, ed è suddivisa in tre grandi parti:

1. **La Legge** (in ebraico *Torah*), che raggruppa i primi cinque libri, chiamati in greco Pentateuco.
2. **I Profeti** (in ebraico *Nebi'im*).
3. **Gli Scritti** (in ebraico *Ketubi'im*, oppure *Agiografi*). Gli ebrei usano vari nomi per indicare la Bibbia. Il principale è **TaNaK**, un acronimo formato con le iniziali di *Torah*, *Nebi'im* e *Ketubi'im*.

La **Bibbia cristiana** (vedi disegno qui sopra) è costituita da due parti: l'**Antico Testamento** (o Primo Testamento), composto da 46 libri (perché sono compresi più libri rispetto a quelli riconosciuti dagli ebrei, i cosiddetti «Deuterocanonici»[2]), e il **Nuovo Testamento** (o Secondo Testamento) con 27 libri. Sul numero dei libri vi sono alcune diversità tra le varie Chiese cristiane.

[1] I 24 libri del canone ebraico corrispondono ai 39 libri del canone greco (dato che i libri di Samuele, Re, Cronache, Esdra-Neemia e i dodici Profeti minori contavano ognuno come un solo libro nella lista ebraica). Per canone greco si intende la Bibbia ebraica tradotta in greco dai Settanta (LXX), verso il 285-246 a.C., e che era in uso al tempo di Gesù e della comunità cristiana primitiva.

[2] I libri Deuterocanonici, dal greco *deuteros*, «secondo», sono i libri che sono stati aggiunti all'elenco ufficiale (o canone) in un secondo tempo. Sono: Tobia, Giuditta, Sapienza, Ecclesiastico o Siracide, Maccabei (Primo e Secondo), Baruc e Lettera di Geremia.

FORUM

> Quanti sono i libri dell'Antico Testamento che conoscete (o almeno siete a conoscenza di episodi in essi contenuti)? Provate a scriverne alcuni.

1. ....
2. ....
3. ....
4. ....

1.5 i libri sacri delle altre religioni

Nella storia religiosa dell'umanità la Bibbia occupa certamente un posto di primo piano, però non è il solo libro sacro. Ecco i principali:

Religioni dell'India

Le sacre scritture dell'**INDUISMO** si suddividono in scritture «rivelate» (libri, cioè, che vengono direttamente da Dio) e in scritture che fanno parte della tradizione. Alle prime appartengono i **Veda** («Sapere»), di cui la parte più antica fu composta nel 1500-1200 a.C. ca. Tra i libri sacri più conosciuti, ricordiamo la ***Bhagavad-Gita*** («Il canto del beato») del 200 d.C. ca., che si trova all'interno del grande poema epico del *Mahàbhàrata* (composto da centodiecimila strofe, sette volte più ampio dell'*Iliade* e dell'*Odissea* messe insieme). Tra le altre religioni dell'India, il **GIAINISMO** venera gli undici **Anga**, fissati per iscritto verso il V sec. d.C.; il **SIKHISMO** venera il **Granth** («Il Libro»), detto anche *Adi Granth* («Primo Libro»); il **PARSISMO** venera l'**Avesta** («Conoscenza»), che risale al III-IV secolo d.C. ed è arrivato a noi in forma incompleta. Nel **BUDDHISMO** «Tutto ciò che è stato detto dal Buddha» è raccolto nei **Tripitaka** («Tre canestri», dal modo di custodire i libri): quello della dottrina, delle regole monastiche, degli aspetti filosofici e dottrinali. Il Canone buddhista completo comprende circa 100 volumi.

Religioni cinesi

I libri sacri del **TAOISMO** sono il **Daodejing** (o Tao-te-ching), «La via e il suo potere», una breve opera in 81 capitoli attribuita al fondatore Lao Tzu (o Lao-Tze), ma che è stata scritta più tardi. Per il **CONFUCIANESIMO** gli scritti più importanti sono i **Cinque classici**, attribuiti a Confucio ma probabilmente di epoca più tarda.

La chiesa rupestre di Debre Abuna Aron, in Etiopia.

F O R U M

- Eravate già a conoscenza di qualcuno dei libri sacri citati nella pagina? Se sì, quali?

- **ATTIVITÀ:** Si suggerisce di approfondire l'argomento con ricerche (personali o di gruppo) on line. Si veda http://it.wikipedia.org/wiki/Testi_sacri

Focus

LE «RELIGIONI DEL LIBRO»

Ebraismo, cristianesimo e islam, le tre grandi religioni monoteiste del Mediterraneo, sono chiamate anche le «religioni del Libro» per l'importanza che il libro sacro assume in esse. Pur con notevoli differenze tra loro, tutti e tre i monoteismi riconoscono la Bibbia come base comune della loro fede. Ebrei e cristiani condividono la prima parte della Bibbia (Antico Testamento), a cui i cristiani aggiungono il messaggio di Gesù (Nuovo Testamento). I musulmani hanno un loro libro, il Corano, considerato l'espressione massima della rivelazione di Dio ma in continuità con la rivelazione contenuta nelle sacre Scritture ebraiche e cristiane («Gente del Libro»).

1.6 che ne pensi?

CONOSCI LA BIBBIA? Rispondi alle domande evidenziando la risposta giusta e scoprirai la tua preparazione biblica.

1. Quanti sono i libri della Bibbia?	43	27	73
2. Cos'è il Giordano?	un monte	un fiume	un lago
3. Ezechiele è	un personaggio dei fumetti	un profeta	un re
4. L'Apocalisse è	una catastrofe	un libro	un avvenimento
5. Noè	liberò gli ebrei dalla servitù dell'Egitto	è quello dell'arca	è un profeta
6. Giacobbe è	un apostolo	il fratello di Esaù	un filosofo
7. Ester è	una regina	una località	una schiava
8. Emmaus è	un personaggio	un amico di Gesù	una località
9. «Decalogo» significa	catalogo di libri	un periodo storico	i 10 comandamenti
10. «Vangelo» significa	«È nato Gesù»	«Buona notizia»	«Alleluja»

Controlla in fondo al volume (p. 301) le risposte esatte: sono state ____________________

Hai totalizzato 1 punto per ogni risposta esatta. Leggi qui sotto il profilo in cui rientri.

- Se hai realizzato 10 punti, la tua conoscenza è **ottima**.
- Se hai realizzato da 9 a 8 punti, la tua conoscenza è **distinta**.
- Se hai realizzato da 7 a 6 punti, la tua conoscenza è **buona**.
- Se hai realizzato da 5 a 4 punti, la tua conoscenza è **sufficiente**.
- Se hai realizzato meno di 4 punti, la tua conoscenza è **insufficiente**, ma puoi sempre migliorare.

Qual è il libro sacro degli ebrei?

....

Qual è il libro sacro del cristianesimo?

....

Qual è il libro sacro dell'islam?

....

Ricordi il nome di qualche libro sacro di questa religione indiana?

....

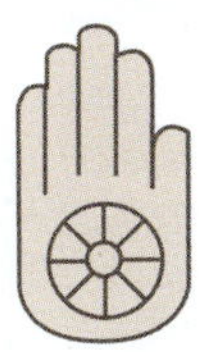

Questo è il simbolo del giainismo; ricordi il nome dei libri sacri di questa religione indiana?

....

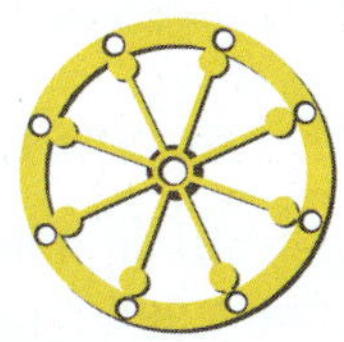

Ricordi il nome generale che raggruppa i vari libri sacri del buddhismo?

....

2.1 zoom sulla Bibbia

In questa unità cercheremo di osservare la Bibbia da vicino, per conoscerne meglio alcuni aspetti.
Nelle pagine precedenti, abbiamo visto che la Bibbia è un insieme di libri, scritti in epoche diverse, da molti autori, in stili e generi letterari spesso molto distanti tra loro e soprattutto da noi. Certamente non è un libro che si può leggere da cima a fondo, come se fosse un romanzo; e tanto meno può essere considerato un libro scientifico, da contrapporre alle ultime scoperte fatte dall'uomo. Basta osservare un disegno che rappresenta la concezione biblica del cosmo per intuire che ciò che è scritto nella Bibbia non può essere contrapposto alle varie teorie scientifiche. La terra per i popoli antichi è piatta, appoggiata a quattro colonne e circondata dalle acque; è al centro di tutto e il sole le ruota intorno.

Focus

MEMO (DA NON DIMENTICARE!)

- *La Bibbia è un* ***libro sacro****, che ci racconta il mistero di Dio e come questo mistero si è manifestato (rivelazione) nella storia degli uomini. Essa, tuttavia, non ha pretese scientifiche o di altro tipo, ed è anche sbagliato pensare che possa dare risposte a tutto.*
- *È un* ***libro da meditare e su cui riflettere****, che può aiutare a dare un senso alla nostra vita. Alcune domande a cui la Bibbia dà una risposta religiosa (Chi siamo? Qual è la nostra origine? Perché esiste il male? Dov'è Dio?) non hanno età e sono domande di senso che l'uomo si pone da sempre.*
- *È un libro che fa parte della letteratura mondiale, di* ***grande sapienza umana*** *e che non appartiene soltanto ai credenti, ma a tutta l'umanità.*

COME SI CITA LA BIBBIA?

Nelle edizioni moderne della Bibbia, ogni libro è diviso in capitoli e ogni capitolo è suddiviso in versetti. I libri biblici vengono in genere citati in modo abbreviato, con delle sigle (vedi la tabella nella pagina successiva). Esempio: Es 3,1-6: versetti da 1 a 6, capitolo 3, Esodo (libro). Se invece è scritto in questo modo: Es 3,1.6, significa che si devono leggere solo i versetti 1 e 6, e non tutti, come quando c'è il trattino. A volte può essere scritto anche così: Gv 1,1ss, indica il Vangelo di Giovanni, capitolo 1, versetti 1 e seguenti.

Antico Testamento

PENTATEUCO

Genesi	Gen
Esodo	Es
Levitico	Lv
Numeri	Nm
Deuteronomio	Dt

LIBRI STORICI

Giosuè	Gs
Giudici	Gdc
Rut	Rt
1 Samuele	1Sam
2 Samuele	2Sam
1 Re	1Re
2 Re	2Re
1 Cronache	1Cr
2 Cronache	2Cr
Esdra	Esd
Neemia	Ne
Tobia	Tb
Giuditta	Gdt
Ester	Est
1 Maccabei	1Mac
2 Maccabei	2Mac

LIBRI POETICI E SAPIENZIALI

Giobbe	Gb
Salmi	Sal
Proverbi	Pr
Qoèlet	Qo
Cantico dei cantici	Ct
Sapienza	Sap
Siracide	Sir

LIBRI PROFETICI

Isaia	Is
Geremia	Ger
Lamentazioni	Lam
Baruc	Bar
Ezechiele	Ez
Daniele	Dn
Osea	Os
Gioele	Gl
Amos	Am
Abdia	Abd
Giona	Gn
Michea	Mi
Naum	Na
Abacuc	Ab
Sofonia	Sof
Aggeo	Ag
Zaccaria	Zc
Malachia	Mal

Nuovo Testamento

Vangelo di Matteo	Mt
Vangelo di Marco	Mc
Vangelo di Luca	Lc
Vangelo di Giovanni	Gv
Atti degli apostoli	At

LETTERE DI PAOLO

Romani	Rm
1 Corinti	1Cor
2 Corinti	2Cor
Galati	Gal
Efesini	Ef
Filippesi	Fil
Colossesi	Col
1 Tessalonicesi	1Ts
2 Tessalonicesi	2Ts
1 Timoteo	1Tm
2 Timoteo	2Tm
Tito	Tt
Filemone	Fil
Ebrei	Eb

LETTERE CATTOLICHE

Giacomo	Gc
1 Pietro	1Pt
2 Pietro	2Pt
1 Giovanni	1Gv
2 Giovanni	2Gv
3 Giovanni	3Gv
Giuda	Gd
Apocalisse	Ap

Questa concezione la ritroviamo in tutte le pagine della Bibbia; pensare, quindi, che sia un libro che non sbaglia mai, anche quando parla di geografia e di astronomia, è un grosso equivoco che ha pesato a lungo sulla storia della Chiesa e nei rapporti tra scienza e fede. Per questo è importante guardare al libro sacro della tradizione ebraica e cristiana in modo corretto, pensandolo prima di tutto come un libro letto all'interno di una comunità di fede, ma anche come un documento storico e letterario che deve essere compreso con intelligenza e capacità critica.

FORUM

- Cosa vuol dire «avvicinarsi alla Bibbia con intelligenza e senso critico»?
- Perché la Bibbia non ha pretese scientifiche?
- **ATTIVITÀ:** Portare in classe la Bibbia per imparare ad utilizzarla.

2.2 quando e come fu scritta?

Non sappiamo con precisione quando furono messi per iscritto i primi racconti biblici, tramandati di generazione in generazione. Probabilmente la redazione dei primi risale a circa 3000 anni fa, sotto il regno del grande Salomone. I materiali usati per scrivere i testi erano all'epoca dei lunghi fogli arrotolati, ottenuti in genere dal papiro.
Il **papiro** è una pianta che anticamente cresceva nelle zone paludose del Nilo. Per poter essere usata come materiale su cui scrivere, doveva essere sottoposta a un particolare processo di preparazione. Innanzitutto, si scortecciava il fusto in modo da liberare il midollo, che veniva tagliato a strisce per il lungo. Poi si sovrapponevano un certo numero di strisce, accostate in senso verticale, a un'altra serie di strisce accostate in senso orizzontale. Il telaio così ottenuto veniva bagnato e pressato. Il risultato era un foglio di papiro su cui si scriveva con penne ricavate da una canna. L'inchiostro era costituito da vari ingredienti, tra cui anche il nerofumo. Diversi fogli di papiro incollati l'uno di seguito all'altro formavano un **rotolo**. Il **codice** è l'invenzione cristiana per maneggiare gli scritti con maggior facilità. I fogli venivano messi uno sopra l'altro e cuciti al centro (doppio foglio) o su uno dei bordi. Possediamo codici di papiro che contengono testi dell'Antico o del Nuovo Testamento e che risalgono al II e al III secolo d.C. Il passaggio dal rotolo al codice è dovuto anche alla costituzione del canone, la raccolta ufficiale dei testi della sacra Scrittura; l'uso dei rotoli non permetteva, infatti, di riunire i diversi scritti biblici in un'unica raccolta.
La **pergamena**, invece, si faceva con una pelle di animale (agnello, pecora o capra) che, dopo essere stata macerata con della calce, veniva seccata e levigata, fino a essere utilizzabile come materiale per scrivere. La pergamena deve il suo nome alla città di Pergamo – città della Misia, in Asia Minore – dov'è stata elaborata questa tecnica nel II secolo a.C. Verso la metà del IV secolo d.C. ha sostituito il papiro.

bacheca

«Quando Dio diede a Mosè la Legge, sotto forma di dieci Comandamenti, essa fu incisa nella pietra perché rimanesse per sempre, come facciamo ancora oggi per le iscrizioni sulle lapidi e sui monumenti».

Focus

I ROTOLI DI QUMRAN

Nel 1947 furono ritrovati per caso degli antichi rotoli di papiro e altro materiale presso una grotta di Qumran, una località del Mar Morto, nell'attuale Israele. Altre dieci grotte furono scoperte in seguito, portando alla luce la biblioteca di un'antica comunità ebraica (gli esseni), tra cui importanti rotoli dell'Antico Testamento. I manoscritti ritrovati sono databili tra il III secolo a.C. e il I secolo d.C. e, per quanto riguarda i brani dell'Antico Testamento, essi ci dimostrano che i testi biblici sono arrivati fino a noi sostanzialmente fedeli rispetto agli scritti originali.

Il sito archeologico di Qumran.

FORUM

- Perché quella di Qumran è stata un'importante scoperta archeologica?
- **ATTIVITÀ:** Per approfondire il discorso sui rotoli del Mar Morto, si possono consultare i seguenti siti:
http://www.fabrianoedintorni.it/misteri/qumran/index.html http://www.christianismus.it/modules.php?name=News&file=article&sid=3
www.bibbiaonline.it/sito/allqumran.html

2.3 in che lingua è stata scritta?

Le lingue della Bibbia sono tre: l'**ebraico**, l'**aramaico** e il **greco**. L'**ebraico** è la lingua degli ebrei della Palestina, di cui le prime documentazioni risalgono al X sec. a.C. Quasi tutto l'Antico Testamento (AT) è scritto in ebraico.
L'alfabeto ebraico è composto da 22 consonanti (o 23 perché la penultima consiste in realtà in due lettere: *sin* e *shin*), ma all'inizio non aveva il suono vocalico, che veniva aggiunto dai lettori. Per fissare la giusta pronuncia delle parole, tra il VII e il X secolo d.C., alcuni saggi detti masoreti aggiunsero le vocali sotto forma di puntini sopra e sotto le consonanti.

L'aramaico, lingua della regione siro-arabica, nel VII secolo a.C. divenne la lingua internazionale della diplomazia e del commercio, sostituendo gradualmente l'ebraico come lingua parlata. In aramaico furono scritte piccole parti dell'AT: alcuni capitoli di Daniele (dal 2 al 7), alcuni capitoli di Esdra (dal 4 al 6 e parti del 7). Gesù parlava con molta probabilità in aramaico e i Vangeli riportano diverse parole in questa lingua.

Il greco sostituisce l'aramaico, nel ruolo di lingua ufficiale, dopo le conquiste di Alessandro Magno (331 a.C.); questa lingua è molto importante soprattutto per il Nuovo Testamento (NT), perché tutti i libri sono stati scritti in greco. Tuttavia il **greco biblico** non è quello classico, ma un greco semplificato che serviva come «lingua comune» (*koinè*) per gli scambi commerciali e culturali nel Mediterraneo. Oltre agli scritti del Nuovo Testamento, ci sono pervenuti in greco biblico alcuni libri della Bibbia ebraica detti Deuterocanonici. Tra questi figurano i libri della Sapienza, il Siracide, 2 Maccabei, alcuni brani di Ester e di Daniele.

Focus

TRADUZIONI DELLA BIBBIA

La Bibbia è stata tradotta (completa o in parte) in 2.508 lingue. I dati sono forniti dall'Alleanza Biblica Universale (che riunisce 150 Società Bibliche nazionali) e altre organizzazioni che si occupano di traduzioni bibliche continuano a fare progressi significativi, dando così la possibilità a sempre più persone di leggere il testo biblico nella propria lingua. La Bibbia è certamente il libro più diffuso e tradotto al mondo, anche se mancano ancora circa 4.000 lingue, spesso di piccolissime etnie. (Dati del 2009, Alleanza Biblica)

ALFABETI

EBRAICO				GRECO			
א	Alef	מ	Mem	α	alpha	ξ	xi
ב	Beth	נ	Nun	β	beta	ο	omicron
ג	Ghimel	ס	Samekh	γ	gamma	π	pi
ד	Daleth	ע	ʿAyin	δ	delta	ρ	rho
ה	He	פ	Pe	ε	epsilon	σ ς	sigma
ו	Wāw	צ	Ṣade	ζ	zeta	τ	tau
ז	Zayin	ק	Qof	η	eta	υ	upsilon
ח	Ḥeth	ר	Resh	θ	theta	φ	phi
ט	Ṭeth	שׂ	Sin	ι	iota	χ	chi
י	Yodh	שׁ	Shin	κ	kappa	ψ	psi
כ	Kaf	ת	Taw	λ	lambda	ω	omega
ל	Lamed			μ	mu		
				ν	nu		

FORUM

- La parola «Amen» è molto conosciuta. A quale lingua appartiene?
- Conoscete delle parole aramaiche, la lingua usata al tempo di Gesù? Leggete, ad esempio, il Vangelo di Marco 5,41.

2.4 nella Bibbia è tutto vero?

La domanda di Luca ci permette di fare una premessa importante prima di entrare più da vicino nella Bibbia. Per i credenti, il libro della tradizione ebraico-cristiana non è solo un testo di valore culturale, ma è soprattutto un «libro sacro», in quanto è Dio stesso che comunica con il suo popolo, servendosi di autori da lui «ispirati». Con questo termine s'intende che Dio, pur essendo l'ispiratore autorevole di ciò che è scritto nella sacra Scrittura, si serve delle capacità e dell'autonomia dei singoli autori umani. I libri della Bibbia sono infatti redatti da uomini che parlano e scrivono nella lingua di un popolo, inseriti pienamente nel loro ambiente culturale e storico, e quindi non c'è da meravigliarsi se nella Bibbia troviamo cose che per la nostra mentalità sono superate o addirittura errate da un punto di vista scientifico (per esempio è chiaro per noi che la terra non è piatta e che non è al centro di tutto l'universo). I redattori dei vari libri biblici – precisano gli studiosi della Bibbia – «scrivono ciò che Dio rivela loro, ma lo fanno soltanto dopo averlo compreso ed elaborato con la propria intelligenza, la propria fantasia e la propria sensibilità umana, servendosi delle forme espressive della cultura e dell'epoca in cui vivono. L'azione ispiratrice di Dio non li esenta dallo sforzo umano e non elimina

domande frequenti

«HO LETTO DA QUALCHE PARTE CHE IL VERO AUTORE DELLA BIBBIA È DIO, E QUINDI TUTTO CIÒ CHE È SCRITTO NEL LIBRO SACRO È VERO E NON PUÒ ESSERE MESSO IN DUBBIO. MA NELLA BIBBIA CI SONO ANCHE COSE SCIENTIFICAMENTE ERRATE E TANTE AZIONI NEGATIVE (VIOLENZE, GUERRE, PECCATI...). IN CHE SENSO CIÒ CHE È SCRITTO NELLA BIBBIA È "VERO"?».

(LUCA)

Focus

BIBBIA E PAGINE DIFFICILI

Non dobbiamo stupirci se nella Bibbia scopriamo delle concezioni di carattere scientifico superate, o anche pagine di atti violenti, presentati come ordini di Dio o come castighi inflitti. Nella Bibbia, insieme a tante pagine belle e significative, ci sono anche episodi di violenza, guerre e vendette sanguinarie, c'è la «legge del taglione» («occhio per occhio e dente per dente»), forme di crudeltà e di intolleranza... Ma occorre guardare alla Bibbia come un «cammino di salvezza»: una storia condotta da Dio che ingloba tutto ciò che di bene e di male creano gli uomini. Alla fine sarà il bene a prevalere. In secondo luogo, è sbagliato guardare ai testi antichi con la nostra mentalità moderna. Bisogna sempre fare uno sforzo interpretativo che tenga presente il contesto in cui le pagine sono nate, i generi letterari impiegati, i condizionamenti che hanno inciso sui diversi autori. Chi legge deve avere la sapienza (cervello più cuore, secondo la Bibbia) di distinguere ciò che è importante da ciò che è marginale; soprattutto occorre non perdere di vista il filo rosso della rivelazione di Dio separandolo dall'involucro che la contiene.

Il serpente tenta Eva, Vienna, Biblioteca nazionale.

certi limiti che si riscontrano anche negli autori non ispirati: imperfezioni grammaticali, difficoltà di espressione, insufficiente padronanza della lingua, accettazione delle idee del tempo a proposito della vita umana, della natura e della configurazione dell'universo (idee che agli occhi della scienza attuale risultano erronee)» (*Bibbia per la formazione cristiana*, EDB, Bologna 1993, p. 2140). **Non dobbiamo quindi confondere l'ispirazione con una specie di certificato di verità assoluta su tutto ciò che è scritto nella Bibbia. L'autorevolezza e la verità di cui si parla si riferiscono soprattutto agli aspetti di fede**: a quella capacità di guardare a tutto ciò che accade alle persone e al mondo come voluto da un'entità superiore che chiamiamo «Dio». Chi ha fede sostiene che l'uomo non è sulla terra «per caso», ma «per dono» di Dio, ed è chiamato a vivere la propria vita amando Dio e i fratelli: è questa la verità della Bibbia.

Illustrazione sulla creazione della terra.

ARCHIVIO

BIBBIA E ISPIRAZIONE

QUESTA LA DOTTRINA UFFICIALE DELLA CHIESA CATTOLICA SULL'ISPIRAZIONE. «DIO HA ISPIRATO GLI AUTORI UMANI DEI LIBRI SACRI. PER LA COMPOSIZIONE DEI LIBRI SACRI, DIO SCELSE DEGLI UOMINI, DI CUI SI SERVÌ NEL PIENO POSSESSO DELLE LORO FACOLTÀ E CAPACITÀ, AFFINCHÉ, AGENDO EGLI STESSO IN ESSI E PER LORO MEZZO, SCRIVESSERO COME VERI AUTORI TUTTE E SOLTANTO QUELLE COSE CHE EGLI VOLEVA. I LIBRI ISPIRATI INSEGNANO LA VERITÀ. POICHÉ TUTTO CIÒ CHE GLI AUTORI ISPIRATI, O AGIOGRAFI, ASSERISCONO, È DA RITENERSI ASSERITO DALLO SPIRITO SANTO, SI DEVE DICHIARARE, PER CONSEGUENZA, CHE I LIBRI DELLA SCRITTURA INSEGNANO FERMAMENTE, FEDELMENTE E SENZA ERRORE LA VERITÀ CHE DIO PER LA NOSTRA SALVEZZA VOLLE FOSSE CONSEGNATA NELLE SACRE LETTERE». (*CATECHISMO DELLA CHIESA CATTOLICA*, NN. 106-107)

FORUM

- Rileggendo quanto abbiamo detto in questa Unità, cosa si intende per «ispirazione» della Bibbia?
- Qual è il «filo rosso» che collega tutta la Bibbia?

2.5 una pagina miniata

La **miniatura** prende il nome dal colore rosso (*minium*) che viene utilizzato per scrivere le lettere iniziali di un codice. Questo termine però indica soprattutto la decorazione fatta intorno a queste lettere che spesso vengono riempite da immagini (abitate) o da racconti (istoriate).

Le miniature si ritrovano in molti codici che hanno varie funzioni e vari nomi. Quella che osservate a fianco è presa dal **messale di Reims**, famoso proprio per le tante e ricche immagini. Il manoscritto racchiude anche 18 miniature a piena pagina che ornano il *Credo* di Jean de Joinville (1224-1274), esempio notevole di miniatura francese della fine del XIII secolo.

Lettera iniziale I miniata, 1250-1270, Biblioteca comunale, Trento, ms. 2868, c. 15.

Messale di Reims, Breviarium romanum, Reims (Francia), tra il 1285 e il 1297.

FORUM

› Provate a cercare l'iniziale miniata del vostro nome in questi siti: www.italiamedievale.org/sito_acim/contributi/codici.html; www.themorgan.org/collections.

2.6 che ne pensi?

Sai dire che cosa rappresenta l'affresco e a quale episodio biblico si riferisce?

....
....
....
....
....
....
....
....

Un tuo compagno ti dice: «Tanto conoscere la Bibbia non serve a niente». Cosa rispondi?

....
....
....
....
....
....
....
....

Qual è la parabola evangelica che ha ispirato il dipinto? Prova a raccontarla.

....
....
....
....
....
....
....
....

Che cosa hai imparato compilando questa pagina?

....
....

Perché conoscere la Bibbia?

- **Bibbia** = È il **libro sacro** dell'ebraismo e del cristianesimo, che contiene tutta l'esperienza religiosa di queste due grandi religioni.

La parola «**bibbia**» deriva dalla parola greca che significa «i libri». Infatti la Bibbia è **un insieme di libri**.

Per i cristiani la Bibbia è suddivisa in due parti: **Antico Testamento** (i libri scritti prima di Cristo) e **Nuovo Testamento** (i libri dopo Cristo); mentre gli ebrei la chiamano **TANAK**, suddivisa in tre parti come le iniziali della parola: 1. **T**orah (=Legge) 2. **N**ebiim (=Profeti) 3. **K**etubim (=Scritti). I libri della TANAK (che corrispondono in parte all'Antico Testamento) sono quelli scritti solo in ebraico.

La Bibbia è in realtà un insieme di libri, che contiene l'esperienza religiosa sia dell'ebraismo che del cristianesimo.

- **Parola di Dio scritta dall'uomo** = Prima di essere messa per iscritto, la Bibbia è stata trasmessa oralmente, cioè il popolo ebraico ha raccontato, di padre in figlio, le vicende della sua storia e del suo rapporto con Dio. Poi queste vicende sono state messe per iscritto, a partire dal 1000 a.C. circa.

Essendo composta da tanti libri, scritti in epoche e da autori diversi, ogni scrittore nel comporre la Bibbia ha conservato il suo stile, il suo modo caratteristico di scrivere. Questi vari modi si chiamano **generi letterari**. Quando si legge un brano della Bibbia occorre sapere a quale genere letterario appartiene (può essere un racconto storico, un testo simbolico, una cronaca, una poesia ecc.).

Ma il vero Autore (con la A maiuscola!) della Bibbia è **Dio stesso**, che ha **ispirato** (parola che deriva dal latino e che significa «soffiare») **gli scrittori sacri** (che vengono definiti **agiografi**). Quindi si può dire che la Bibbia è «**parola di Dio scritta dagli uomini**».

Il vero autore della Bibbia è Dio stesso, anche se è stata scritta da uomini.

• Le lingue in cui è scritta la Bibbia = Sono tre: **ebraico – aramaico – greco.**

Ebraico = quasi tutti i libri dell'Antico Testamento sono scritti in questa lingua.

Aramaico = in questa antica lingua sono scritte alcune parti dell'Antico Testamento.

Greco = era la lingua ufficiale dell'epoca; tutto il Nuovo Testamento è scritto in greco, e anche alcuni libri dell'Antico Testamento che gli ebrei non includono nella loro Bibbia.

• Libro importante per tutti = La Bibbia è il libro sacro per ebrei e cristiani, ma è anche un libro importante dal punto di vista culturale. Infatti è il libro più tradotto in tutto il mondo.

Molte espressioni della lingua comune traggono spunto da vicende narrate nella Bibbia (ad esempio quando si dice «aspettare la manna dal cielo» significa che si aspetta che i problemi si risolvano da soli, senza darsi da fare).

La Bibbia è anche un libro importante dal punto di vista culturale.

• Libro importante per tutti = **Le verità presenti nella Bibbia riguardano soprattutto le verità di fede.**

Dal punto di vista storico-scientifico invece la Bibbia può contenere anche inesattezze perché esprime le conoscenze esistenti all'epoca in cui è stata scritta (ad esempio l'idea che la terra fosse piatta, mentre oggi sappiamo che non è così).

Le verità della Bibbia riguardano soprattutto le verità di fede.

Schema della Bibbia cristiana (totale = 73 libri)	
Antico Testamento (46 libri) *Rivelazione di Dio nella storia del popolo ebraico prima della nascita di Gesù*	**Nuovo Testamento** (27 libri) *Vita di Gesù e delle prime comunità cristiane*
Pentateuco (5 libri)	Vangeli (4 libri)
Libri storici (16)	Atti degli apostoli (1)
Libri sapienziali e poetici (7)	Lettere di san Paolo e altri apostoli (21)
Libri profetici (18)	Apocalisse di san Giovanni (1)

Esercizi

1 Indica se le seguenti affermazioni sulla Bibbia sono vere oppure false:

Affermazione	Vero	Falso
La Bibbia è stata prima scritta e poi raccontata		
La Bibbia ebraica e quella cristiana sono uguali.		
Gli scrittori della Bibbia vengono definiti «agiografi».		
L'Autore della Bibbia è Dio, che ha ispirato gli scrittori sacri.		
La Bibbia ebraica contiene anche il Nuovo Testamento.		
La stesura dell'intera Bibbia si è svolta nel corso di diversi secoli.		
Il Nuovo Testamento è scritto in lingua greca.		

2 Collega alle seguenti parole le definizioni corrispondenti:

Parole	Definizioni
Bibbia	Gli scrittori sacri
Ispirazione	I diversi modi di scrivere un testo
Agiografi	Libro sacro degli ebrei e dei cristiani
Generi letterari	Antica lingua ebraica
Aramaico	Azione di Dio che spinge gli agiografi a scrivere

3 Con l'aiuto dell'insegnante collega le seguenti espressioni tratte dalla Bibbia con il significato corrispondente:

Espressione della Bibbia	Significato
«Una Babele»	Persona molto avanti negli anni
«Aspettare la manna dal cielo»	Quando uno parla e nessuno lo ascolta
«È un matusa»	Grande confusione
«Predicare nel deserto»	Aspettare che i problemi si risolvano da soli

mappa

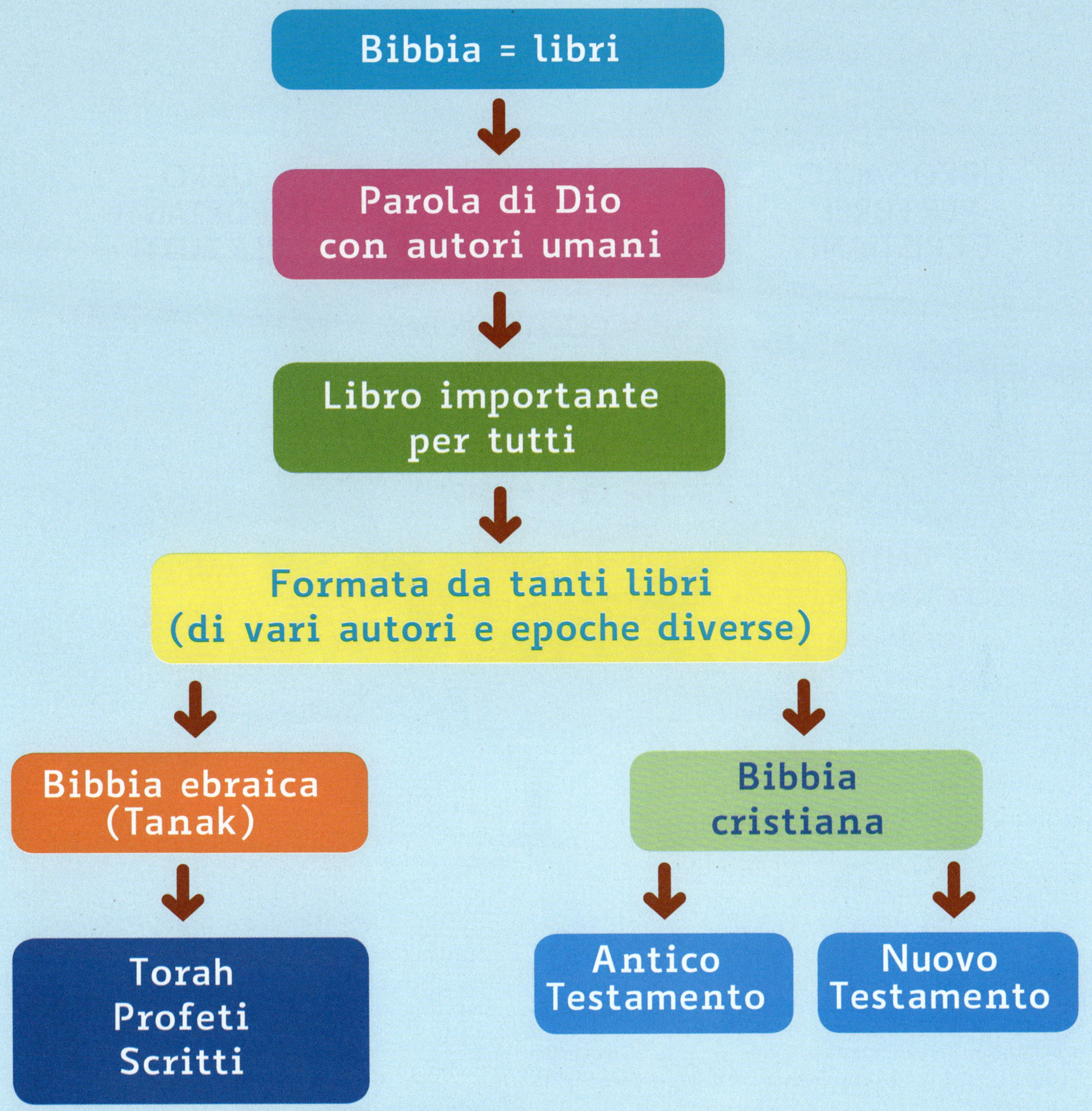
Bibbia = libri
Parola di Dio con autori umani
Libro importante per tutti
Formata da tanti libri (di vari autori e epoche diverse)
Bibbia ebraica (Tanak)
Bibbia cristiana
Torah
Profeti
Scritti
Antico Testamento
Nuovo Testamento

perché conoscere la Bibbia?

sintesi.it

Inserisci la parola giusta, tra quelle indicate sotto:

La Bibbia è un libro composto da tanti______________(per la precisione______________) che ci testimoniano la fede e le vicende______________del popolo ebraico e delle prime comunità ______________; il racconto di un'esperienza unica vissuta tra il popolo d'______________e Dio e poi, attraverso______________, con tutta l'umanità.

■ storiche ■ Gesù Cristo ■ cristiane ■ Israele ■ libri ■ 73

MediaLab

WEB 2.0

1. TWITTER BIBLICI
Realizzate il twitter di un personaggio della Bibbia.

2. MAPPA CONCETTUALE
Create una mappa concettuale dei libri della Bibbia.

3. TIMELINE DEI LIBRI DELLA BIBBIA
Realizzate una linea del tempo con le date di composizione dei libri biblici.

4. NUVOLA DI TAG DI BRANI BIBLICI
Realizzate una nuvola di tag colorata, a partire da un libro o da un capitolo della Bibbia.

5. SCORRERE IL ROTOLO DI ISAIA
Esplorate l'antico rotolo manoscritto, scorrendolo e zoomando sui particolari.

LIM (MATERIALI DISPONIBILI SUL SITO WWW.EDBSCUOLADIGITALE.IT)

1. CODICE MINIATO DA COLORARE
colora
Colorate le diverse aree del codice miniato a piacere.

2. I GENERI LETTERARI DELLA BIBBIA PLUS
drag & drop
Collocate l'elemento giusto al posto giusto nella tabella dei generi letterari della Bibbia.

3. LETTURA DI UN CODICE MINIATO
guarda
Lettura di un codice miniato medievale, con la funzione «lente di ingrandimento».

attività interattive multimediali

ATTIVITÀ PRATICHE

1. GIOCA CON L'ALFABETO EBRAICO PLUS
Divertitevi a scrivere i nomi dei personaggi biblici o i vostri, in lingua ebraica.

2. CODICE MINIATO DA COLORARE PLUS
Colorate il disegno del codice miniato con la vostra fantasia.

3. IL PUZZLE DELLA BIBBIA PLUS
Giocate con il puzzle di un'immagine biblica.

FILM

Per i film preceduti da asterisco (*) si consiglia la visione di una selezione delle scene

Indiana Jones e i predatori dell'arca perduta
(USA, 1981) di Steven Spielberg.
Leggi la trama usando il QRcode.

* Codice Genesi
(USA, 2010) di Albert Hughes, Allen Hughes

Segnali dal futuro
(USA/GB, 2009) di Alex Proyas

Terra Sancta
(Italia, 2007) di Sergio Marzocchi, Fabrizio Palaferri

Le Crociate
(USA/Spagna/GB, 2005) di Ridley Scott

PLUS disponibile su eBook plus · collegati · scarica · stampa · assembla

twitter

come avvicinarci alla Bibbia?

La Bibbia è il più antico e tradotto best seller di tutti i tempi.

«Bibbia» non è solo passato, ma anche presente e futuro.

Conoscere la Bibbia vuol dire riconoscere una delle radici importanti dell'Occidente: quella ebraico-cristiana.

bacheca

«La Bibbia è un libro antico, semplice e modesto; un libro che appare senza pretesa e quotidiano come il sole che ci riscalda, come il pane che ci nutre». (Enrico Heine)

«La Bibbia cristiana è un libro unitario che ha la chiave di volta in Gesù. Un libro ove si impara la fraternità tra le Chiese e le religioni». (Alfio Filippi)

«La Bibbia è una casa nella quale siamo invitati, non come ospiti o conoscenti, ma come familiari». (Annamaria Corallo)

nuvola di tag

piano di lavoro

TRAGUARDI PER LO SVILUPPO DELLE COMPETENZE *(in prospettiva)*

Avvicinarsi al libro sacro della tradizione religiosa ebraico-cristiana senza pregiudizi e superficialità e conoscere la Bibbia dal di dentro, cogliendo l'importanza sia religiosa che culturale per l'Occidente, è il traguardo che vogliamo raggiungere con questo Modulo, ma soprattutto alla fine del triennio della secondaria di primo grado.

OBIETTIVI DI APPRENDIMENTO

- Cogliere l'importanza che la Bibbia ha per il nostro Occidente, basato su due radici: quella greco-romana, ma anche quella ebraico-cristiana (a cui la scuola è meno attenta).
- Riconoscere che la Bibbia non è solo un documento storico-culturale, ma anche la base della fede ebraico-cristiana.
- La Bibbia è per i cristiani la parola di Dio, in quanto è riconosciuta come la storia della salvezza tra Dio e il popolo ebraico in un primo tempo, e poi, con Gesù e la Chiesa, di tutta l'umanità.

COSA IMPARARE PER LA VITA

Riconoscere che la Bibbia è il grande «Codice dell'Occidente», fonte di ispirazione non solo per la fede, ma anche per gran parte del nostro patrimonio artistico e culturale.

LE VARIE TAPPE

Dopo aver introdotto la storia della salvezza, così come viene presentata nella Bibbia (sia nell'Antico che nel Nuovo Testamento), nella seconda Unità saranno affrontate alcune delle domande o obiezioni che i giovani fanno più frequentemente sul libro sacro della tradizione ebraico-cristiana.

QUALCHE SUGGERIMENTO

La Bibbia non è certo un libro facile da avvicinare. Si può tuttavia proporre la lettura di alcuni testi, scelti con cura, sia dell'Antico che del Nuovo Testamento, cogliendone lo stile, il messaggio e l'attualità nel vivere quotidiano. Occorre aiutare i ragazzi a capire che la Bibbia va letta con intelligenza critica e con sapienza, senza trascurare il patrimonio di commenti della Tradizione e della Chiesa. È dal testo biblico che scaturiscono le grandi domande della vita, alle quali la Bibbia stessa dà risposta.

RISERVATO ALL'INSEGNANTE

Per eventuali suggerimenti e approfondimenti sul tema, per spunti e idee, proposte di lavori sul Web ed esercitazioni con gli alunni si veda *MediaLab - Attività interattive multimediali* nella parte finale del modulo e anche la *Guida per l'insegnante*. Per le verifiche, si veda il *Quaderno operativo digitale* sul CD-rom allegato al testo.

COLPO D'OCCHIO

1.1 Bibbia, Dio in cerca dell'uomo

Caratteristica delle religioni rivelate è che Dio stesso si mette alla ricerca dell'uomo. La Bibbia è il racconto di questa iniziativa divina, che va sotto il nome di «storia della salvezza».

Questo non significa comunque che nella tradizione ebraico-cristiana l'uomo sia solo un servo impaurito, privo di ogni iniziativa. La libertà, di cui Dio ha fatto dono all'uomo, non è formale o fittizia. L'uomo può dire di NO a Dio, come anche rifiutare o trasgredire i suoi comandamenti, compresi quelli che riguardano i fratelli. Comprendere la realtà umana come una «storia della salvezza» vuol dire credere che non siamo guidati da forze malvagie e negative e che ognuno di noi – ovviamente per chi lo vorrà, nel rispetto totale della propria libertà – c'è la possibilità di raggiungere la salvezza. Ma Dio non prende per i capelli nessuno, né obbliga alcuno.

Oltre il muro

Don Piero Gallo, un sacerdote di Torino, molto attento alla gente che vive ai margini (emarginati) della società, spiega la «storia della salvezza» facendo questo esempio: nelle celle i prigionieri usano spesso l'alfabeto Morse (fatto di colpi, di pause, di punti e linee) per comunicare tra loro. Non si vedono ma, interpretando suoni e silenzi, riescono a comunicare oltre il muro che li separa; anzi, paradossalmente, ciò che li divide diventa anche ciò che li unisce. «Così è per Dio – conclude il sacerdote –, ogni separazione è un legame». Anche per il credente non è sempre facile sentire la presenza ⇨

Focus

COS'È LA «STORIA DELLA SALVEZZA»?

Secondo la fede cristiana, la «storia della salvezza» è la storia dell'amore onnipotente e sapiente di Dio, che inizia con la creazione del mondo, continua con l'alleanza (o patto speciale) fatta con il popolo ebraico e culmina in Gesù, il Figlio di Dio nato da Maria, morto e risorto per la salvezza di tutti gli uomini. Questa storia d'amore e di salvezza è raccontata nella Bibbia. Ma se Dio è il regista della storia, all'uomo è affidato un ruolo di grande responsabilità, sia nella salvaguardia del creato che nel benessere generale della vita nel mondo.

di Dio o cogliere i segni che ci uniscono a lui. C'è un muro che ci divide; ma basta un po' di silenzio e attenzione per intuire che l'Invisibile ha aperto dei «fori» per rendersi visibile. Senza abbattere il muro, Dio ha comunicato dapprima per mezzo dei profeti e di uomini comuni. Poi, quando i tempi sono stati maturi, ha mandato suo figlio Gesù. Egli si presentò tendendo una mano ai più umili e peccatori, mostrando il volto misericordioso e compassionevole di Dio. Coloro che lo riconobbero si resero subito conto che egli era l'immagine visibile del Dio invisibile. Ma l'incontro diretto, sia ieri che oggi, non dissiperà mai tutti i dubbi circa la sua identità. Egli è la luce, ma le persone preferiscono spesso le tenebre; a coloro che lo accolgono però dà la possibilità di diventare figli, cioè di stare con lui al di là del muro.

La creazione dell'uomo, vetrata, Duomo di Milano.

ARCHIVIO

«DIO, CHE MOLTE VOLTE E IN DIVERSI MODI NEI TEMPI ANTICHI AVEVA PARLATO AI PADRI PER MEZZO DEI PROFETI, ULTIMAMENTE, IN QUESTI GIORNI, HA PARLATO A NOI PER MEZZO DEL FIGLIO, CHE HA STABILITO EREDE DI TUTTE LE COSE E MEDIANTE IL QUALE HA FATTO ANCHE IL MONDO». (EB 1,1-2)

FORUM

- **SUGGERIMENTI DIDATTICI:** L'argomento non è facilissimo; si consiglia di riprendere il brano della Lettera agli Ebrei e di commentarlo insieme, con l'aiuto dell'insegnante.
- Scrivere alla lavagna le parole «salvezza da...» e invitare a completare la frase.

1.2 l'Antico Testamento

Secondo la suddivisione della Bibbia fatta dai cristiani, l'Antico Testamento è la prima parte del libro sacro e comprende la **Bibbia ebraica** più altri libri considerati dall'ebraismo non canonici. In tutto sono 46 i libri che fanno parte dell'elenco ufficiale (o canone) della Bibbia cristiano-cattolica.
I primi **cinque libri** della Bibbia, sia per i cristiani che per gli ebrei, hanno un posto di rilievo perché descrivono le origini e l'inizio della storia della salvezza. In essi sono contenute le norme e le leggi per regolare la vita sociale e i rapporti con Dio, che trovano nel Decalogo – tuttora punto di riferimento per ambedue le religioni – la sintesi condivisa anche al di fuori del contesto religioso.
Dal punto di vista del contenuto, la parte iniziale della Bibbia è stata suddivisa in cinque libri, ma in realtà formava un unico grande libro. Infatti, anticamente, si usava scrivere su rotoli di papiro o su pelli di animali, cucite insieme in lunghe strisce e poi arrotolate: ovviamente un unico rotolo sarebbe stato troppo ingombrante e così si è pensato di suddividere il materiale in cinque parti. I rotoli furono chiamati in greco **Pentateuco**, che significa «libro dei cinque rotoli», in ebraico **Torah** (ossia «Legge» o «istruzione divina»), che la tradizione attribuisce a Mosè. I cristiani nominano tutti i libri della sacra Scrittura secondo l'edizione latina della Bibbia, chiamata *Vulgata*, che per il titolo si basa sul loro contenuto, mentre gli ebrei identificano i libri dalle prime parole con cui iniziano: per esempio *Bereshit*, «In principio», sta per Genesi.
Soffermiamoci ora sui contenuti dei primi libri della Bibbia.

Modellino che ricostruisce l'antica Gerusalemme; sulla destra, il Tempio.

Focus

COME SI SONO FORMATI I LIBRI DELL'AT?

La formazione dei libri dell'AT è un processo lungo, avvenuto in epoche diverse, con aggiustamenti e fusioni varie. Possiamo individuare tre fasi:
1. *Durante il **regno di Salomone** (X secolo a. C.) vennero messe per iscritto le prime storie che riguardavano il popolo d'Israele.*
2. *Poi, durante il **regno di Giosia**, re di Giuda (VII secolo a.C.), che accolse i profughi del Regno del Nord, fu ritrovato «Il libro della Legge» (2Re 22,8).*
3. *Infine, durante il **periodo di Esdra e Neemia** (V secolo a.C.), si fece la redazione definitiva dei primi cinque libri della Bibbia e anche degli altri fino ad allora conosciuti.*

Bassorilievo che raffigura il saccheggio del Tempio di Gerusalemme da parte dell'esercito di Tito nel 70 d.C., Roma, Arco di Tito.

1. **Genesi** (in greco «nascita», «origine»): racconta la creazione del mondo, la storia dei primi uomini, gli inizi del popolo ebraico e dei suoi patriarchi: Abramo, Isacco e Giacobbe.

2. **Esodo** («uscita»): descrive la storia dei discendenti di Giacobbe in Egitto, e quella di Mosè, scelto da Dio per guidare gli israeliti verso la libertà.

3. **Levitico**, dal nome della tribù di Levi alla quale appartenevano i sacerdoti incaricati del culto. Il libro tratta soprattutto delle norme riguardanti il culto e i sacrifici, ma contiene anche regole di comportamento che sono diventate importanti per tutta la comunità umana: «Siate santi, perché io, il Signore, Dio vostro, sono santo» e «Non coverai nel tuo cuore odio contro il tuo fratello... ma amerai il tuo prossimo come te stesso» (19,2.17-18).

I LIBRI DELL'AT

L'elenco (o canone) della Bibbia cristiano-cattolica comprende 46 libri ritenuti ispirati:

- **Pentateuco** o libri della Legge (Torah, per la Bibbia ebraica): **Genesi**, **Esodo**, **Levitico**, **Numeri** e **Deuteronomio**.
- **Libri storici**: sono chiamati così per il loro carattere narrativo. Sono 16 e raccontano i momenti significativi della storia d'Israele. Tra loro i libri di **Giosuè** e **Giudici**, i due libri di **Samuele**, i due dei **Re**, i due delle **Cronache** e altri ancora.
- **Scritti sapienziali**: sette libri, tra cui **Giobbe**, **Proverbi**, **Salmi**, **Cantico dei cantici**.
- **Libri profetici**: 18 libri che raccolgono i messaggi trasmessi dai profeti, suddivisi in maggiori (6) e minori (12).

4. **Numeri**, intitolato così perché si fa riferimento due volte a un censimento degli israeliti: il primo precede la partenza dal monte Sinai (cc. 1-4), il secondo si compie prima di entrare nella terra di Canaan (c. 26).

5. **Deuteronomio** («seconda legge»): questo libro attribuisce a Mosè una sorta di seconda legislazione che avrebbe promulgato prima dell'ingresso nella terra promessa. Molte leggi corrispondono a quelle degli altri libri; è invece nuova la prescrizione di offrire il sacrificio a Dio solo in un luogo ben preciso: nel Tempio di Gerusalemme (c. 12).

FORUM

> **ATTIVITÀ:** Portare in classe alcune Bibbie e esercitarsi a usarle trovando i vari libri citati.

> Trovare alcune delle citazioni, come Lv 19,2.17-18 e 2Re 22,8.

1.3 il Nuovo Testamento

Cristo in trono con i quattro evangelisti, Barcellona, Museu Nacional d'Art de Catalunya.

Il Nuovo Testamento è tutto dedicato al messaggio di Gesù, così come viene raccontato dai quattro Vangeli e dalle varie lettere e testimonianze delle comunità cristiane delle origini.

Si è soliti suddividerlo in **quattro parti**, ma la parola chiave del Nuovo Testamento è «vangelo», che in greco significa «buona notizia»: è il lieto annunzio portato da Gesù di una vita completamente nuova in Dio («Convertitevi e credete al vangelo»), liberi anche dalla paura della morte.

Vangeli

Nella **prima parte**, questa «buona notizia» viene testimoniata e documentata da quattro diversi Vangeli: quelli di **Marco**, **Matteo**, **Luca** e **Giovanni**. Il Vangelo più antico è quello di Marco, che è anche il primo a usare il termine «vangelo»: «Questo è l'inizio del vangelo, il lieto messaggio di Gesù, che è il Cristo, il Figlio di Dio» (cf. Mc 1,1).

Ogni Vangelo presenta la vita e le opere di Gesù da un'angolazione particolare. Quello di **Marco** è tutto basato sul racconto della passione e morte di Gesù. **Matteo** inserisce nel suo racconto molti dettagli sulla vita di Gesù, dà risalto al «discorso della montagna», è attento al lettore ebraico, ricordando sovente che in Gesù si è realizzato ciò che avevano preannunciato gli antichi profeti d'Israele. **Luca** tiene presente la storiografia dell'epoca e, per sua stessa ammissione, racconta «per ordine» e senza lacune (cf. Lc 1,1-4; At 1,1) la novità del messaggio di Gesù e la vita delle prime comunità. Per lui Gesù non è solo l'adempimento della storia della salvezza presentata nell'Antico Testamento, ma il centro della storia del mondo.

L'autore del quarto Vangelo non è nominato, ma fin dai primissimi tempi esso è stato attribuito a **Giovanni**, l'apostolo prediletto di Gesù e uno dei suoi primi seguaci. Questo Vangelo è il più originale dei quattro, cioè non ha con gli altri tre quelle somiglianze per cui sono stati chiamati «Vangeli sinottici». Giovanni narra di fatti che non troviamo negli altri evangelisti e riporta importanti discorsi di Gesù, come quelli con i suoi discepoli prima della passione (cc. 14-17).

Atti degli apostoli

Dopo i Vangeli, la **seconda parte** del Nuovo Testamento è costituita da un solo libro, gli **Atti degli apostoli**, che narra la storia della Chiesa primitiva, dall'ascensione di Gesù al cielo fino alla prigionia dell'apostolo Paolo a Roma. Questo importante scritto, che ci fa conoscere direttamente la vita delle prime comunità cristiane, è attribuito all'evangelista Luca.

Gli Atti documentano la diffusione del messaggio cristiano che, da Gerusalemme e dalla Giudea, passando per la Samaria, la Siria, l'Asia Minore e la Grecia, giunge fino a Roma, il centro del mondo di allora.

Lettere

La **terza parte** contiene 21 lettere, scritte da diversi apostoli a varie comunità cristiane. La maggior parte di esse (14 lettere) sono scritte da Paolo e sono ordinate secondo la loro lunghezza. Apre la serie la **Lettera ai Romani**, uno dei più importanti scritti del Nuovo Testamento per il suo forte contenuto teologico; seguono la **Prima** e la **Seconda ai Corinzi** e poi quella ai **Galati**. Queste lettere, per i contenuti e l'importanza dottrinale, sono dette «lettere maggiori». Tra le altre lettere di Paolo: la **Prima ai Tessalonicesi**, che è il più antico scritto di tutto il Nuovo Testamento; la **Seconda ai Tessalonicesi**; le «lettere della prigionia» (perché probabilmente Paolo era già in carcere): agli **Efesini**, ai **Filippesi** e ai **Colossesi**, e la breve lettera a **Filemone**. Tre lettere sono infine indirizzate a stretti collaboratori di Paolo: due a **Timoteo** e una a **Tito**.

Miniaturista spagnolo, *Il settimo angelo dell'Apocalisse proclama il regno di Dio*, 1180 ca, New York, Metropolitan Museum.

Alla raccolta delle lettere paoline fa seguito la lettera agli **Ebrei**, il cui autore, sconosciuto, fa confronti e riferimenti con testi e temi biblici della tradizione ebraica.

Le altre sette lettere del Nuovo Testamento – la Lettera di **Giacomo**, le due di **Pietro**, le tre di **Giovanni** e quella di **Giuda** –, non rivolgendosi a una comunità in particolare, vengono denominate solo in base al mittente. Sono anche dette «lettere cattoliche», dal greco *katholikos*, ossia «universale». Tra queste di particolare rilievo la Lettera di Giacomo, che richiama a una fede concreta e autentica (cf. 2,14-17). Le tre lettere attribuite a Giovanni sono notevolmente simili tra loro per il contenuto e la lingua. Richiamano i contenuti del quarto Vangelo.

I LIBRI DEL NT

L'elenco (o canone) del Nuovo Testamento comprende 27 libri:

1. **Quattro Vangeli**: Marco, Matteo, Luca, Giovanni.
2. **Atti degli apostoli**: la storia della comunità cristiana delle origini, attribuito all'evangelista Luca.
3. **Lettere**: in tutto sono 21 lettere, in gran parte dell'apostolo Paolo.
4. **Apocalisse**: un libro attribuito all'apostolo Giovanni, ricco di immagini e di simboli difficili da interpretare, ispirato al genere apocalittico. Lo scopo del libro è di incoraggiare i cristiani a perseverare nella fede, perché Cristo ritornerà nella gloria.

CRONOLOGIA DEI LIBRI

40-50 d.C.	1-2 Tessalonicesi
50 d.C.	1-2 Corinzi, Filippesi, Romani, Galati, Giacomo
60 d.C.	1 Pietro, Colossesi, Efesini, Filemone, Tito, Vangelo di Marco
70 d.C.	1-2 Timoteo, Ebrei
80 d.C.	Vangelo di Matteo, Vangelo di Luca, Atti degli apostoli, Giuda, 2 Pietro
90 d.C.	Vangelo di Giovanni
100 d.C.	1-2-3 Giovanni Apocalisse

FORUM

- **SUGGERIMENTI DIDATTICI:** Far vedere, sfogliando la Bibbia in classe, la parte che occupa il Nuovo Testamento.
- Cercare i vari versetti citati nell'Unità.
- L'Apocalisse, in genere, attira particolarmente l'attenzione dei ragazzi. Scegliere dei brani dal film *San Giovanni. L'Apocalisse*, di R. Mertes (Italia 2002), e analizzarli insieme.

Apocalisse

La **quarta parte** del Nuovo Testamento è costituita dal libro dell'**Apocalisse**, uno scritto attribuito all'evangelista Giovanni, ma molto diverso dagli altri libri del NT per stile, genere letterario, contenuti. Fa parte della letteratura religiosa giudaica, detta apocalittica, quindi è un libro ricco di simboli e di visioni di difficile interpretazione. Si apre con sette lettere scritte dall'apostolo Giovanni ad altrettante Chiese dell'Asia Minore, e continua con una serie di visioni drammatiche che si riferiscono alla fine del mondo. Ma il libro termina con una grande speranza: dopo tante difficoltà e sofferenze, Cristo si manifesterà nella sua gloria e tutte le lacrime saranno asciugate (cf. Ap 21,1-4).

1.4 origine dei Vangeli

COME SONO NATI I VANGELI

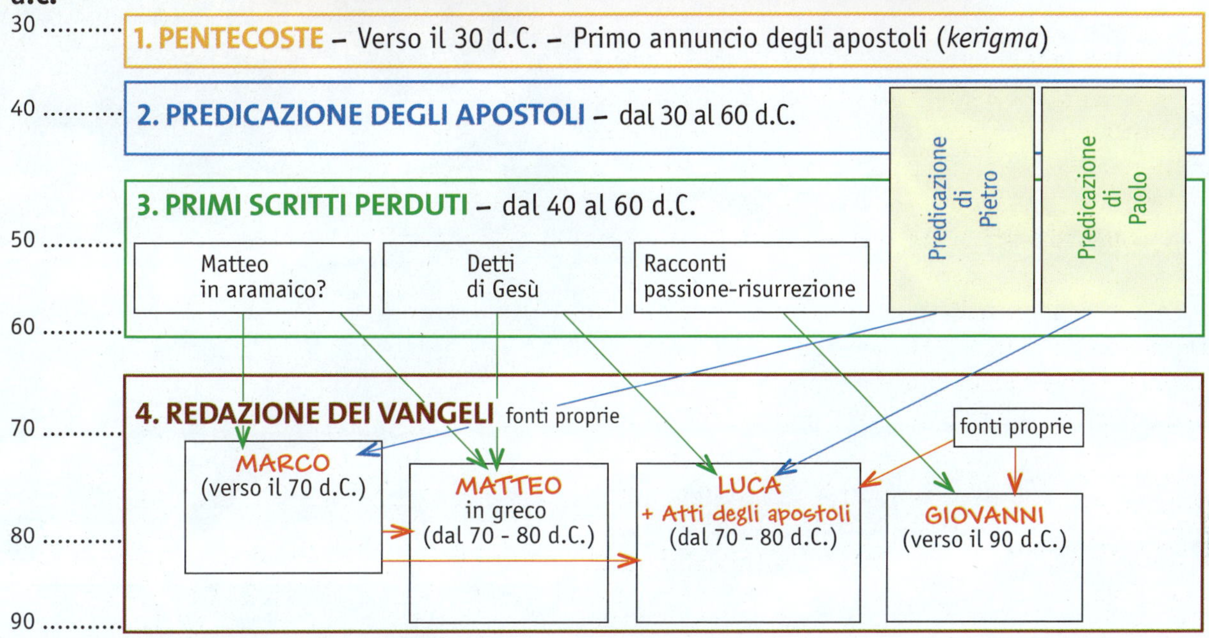

Nella redazione dei loro scritti, gli evangelisti si sono basati prima di tutto sulle testimonianze di coloro che avevano conosciuto direttamente Gesù (apostoli, discepoli, persone che avevano assistito ai miracoli e ai discorsi); poi, su alcune fonti scritte preesistenti, come:

- **antichi racconti** della passione, morte e risurrezione di Gesù;
- **formule catechistiche**, come questa riportata da san Paolo: «A voi infatti ho trasmesso, anzitutto, quello che anch'io ho ricevuto, cioè che Cristo morì per i nostri peccati secondo le Scritture e che fu sepolto e che è risorto il terzo giorno secondo le Scritture e che apparve a Cefa e quindi ai Dodici» (1Cor 15,3-5);
- **raccolte dei «detti di Gesù»** (*loghia*): frasi o massime importanti attribuite a Gesù;
- **raccolte dei vari miracoli** operati da Gesù.

Focus

PERCHÉ CI SONO DEI VANGELI CHIAMATI «APOCRIFI»?

*Nelle prime comunità cristiane circolavano liberamente anche altri Vangeli, oltre ai quattro (Marco, Matteo, Luca, Giovanni) che conosciamo anche noi. Ma, con la diffusione del cristianesimo, si sentì anche la necessità di avere un elenco ufficiale dei libri da usare nelle comunità. I criteri usati dalla Chiesa sono sempre stati questi: 1. **paternità apostolica**: il libro doveva essere attribuibile all'insegnamento o alla diretta scrittura degli apostoli o dei loro più stretti compagni; 2. **uso liturgico**: doveva essere letto pubblicamente nei riti liturgici delle prime comunità cristiane; 3. **ortodossia**: doveva rispettare le verità dogmatiche di fede (unità e Trinità di Dio, Gesù Cristo vero Dio e vero uomo...) e quindi non contenere eresie. Gli apocrifi (dal greco, «scritti nascosti») sono tutti quei libri che vennero esclusi dall'elenco del canone non perché considerati pericolosi o necessariamente eretici, ma perché non rientravano nei criteri citati e quindi non potevano essere letti in pubblico. Tra i Vangeli apocrifi più conosciuti:* il Protovangelo di Giacomo *e* il Vangelo di Tommaso*, citato spesso in romanzi a sfondo religioso.*

FORUM

- Approfondire il discorso sui Vangeli apocrifi per sfatare alcuni luoghi comuni ed errori su di essi. Per una prima informazione si veda il sito: http://it.wikipedia.org/wiki/Vangeli_apocrifi. Per l'approfondimento: http://www.christianismus.it/modules.php?name=News&new_topic=8
- **ATTIVITÀ:** Si consiglia di lavorare sulla mappa della formazione dei Vangeli, mettendo in risalto i vari concetti espressi.

1.5 la storia della salvezza

Michelangelo, *Creazione di Adamo*, 1508-1512, particolare della volta della Cappella Sistina, Città del Vaticano, Roma.

Nell'atto creativo di Dio esplode un gesto d'amore gratuito, orientato al bene e alla salvezza della creatura che Dio ha voluto simile a sé.
Fin da subito vi è una stretta relazione tra Creatore e creatura: Dio si rivela all'uomo e l'uomo (inteso come l'umanità tutta intera, di tutti i tempi e di tutti i luoghi) è libero di aderire al progetto di Dio. Tra Dio e l'uomo rimane però lo spazio del sacro e del mistero. Attraverso un susseguirsi di eventi, apparentemente slegati tra di loro, vediamo che nel libro della Bibbia viene raccontato ciò che realizza la storia della salvezza. Un progetto sempre in movimento, che ha una sua coerenza e continuità verso la pienezza in Cristo.

Michelangelo, *Giudizio Universale*, particolare, 1536-1541, Cappella Sistina, Città del Vaticano, Roma.

FORUM

> Prova a osservare l'opera di Michelangelo, puntando lo sguardo su alcuni particolari, e poi discutine con i tuoi compagni.

1.6 che ne pensi?

Nella Bibbia c'è un filo rosso che collega tutti i libri ed è il termine «rivelazione». Sai dire, con parole tue, cosa significa?

....
....
....

«O Signore, nostro Dio,
quanto è mirabile il tuo nome su tutta la terra!
Voglio innalzare sopra i cieli la tua magnificenza».

Così esclama l'autore del Salmo 8.
E a te cosa viene in mente di fronte alla bellezza del creato?

....
....
....

Questi sono alcuni dei libri della Bibbia che devi collocare nella colonna giusta:
Levitico, Atti degli apostoli, Lettera di Giuda, Salmi, Apocalisse, Vangelo di Marco, Deuteronomio, Proverbi, Lettera ai Romani, Samuele

Antico Testamento	Nuovo Testamento

2.1 si può essere scienziati e credenti?

La domanda del titolo è stata fatta da un ragazzo un po' più grande di voi al premio Nobel Rita Levi Montalcini, che così ha risposto: «Non c'è competizione né contraddizione tra scienza e fede. La fede è un dono: è una fortuna avere fede, ma non si può imporre. Le due realtà possono convivere perfettamente» (Liceo Gramsci, Ivrea [TO], 10 aprile 2001). Certo, in passato non sono mancati scontri e contrapposizioni, ma oggi ci sono le basi per un rapporto diverso tra scienza e religione. La prima è sempre più attenta a non dare risposte definitive di fronte al mistero dell'uomo e dell'universo; la seconda è più cauta nel non invadere campi che non le appartengono, rispettando la natura propria dell'uomo creato a immagine di Dio. **Scienza e religione sono due modi diversi di guardare al mistero che ci circonda: perché dovrebbero essere in contrasto tra di loro?** Anzi, se entrano in conflitto c'è qualcosa che non funziona in ambedue. Il vero scienziato è sempre in ricerca e sa che la conoscenza umana è inesauribile. Per questo Louis Pasteur (1822-1895), grande chimico e biologo francese, scopritore di importanti vaccini, aveva affermato: «Poca scienza allontana da Dio, molta scienza riconduce a Lui», nel senso che chi sa molto, sa anche quante sono le cose che non conosce e quindi è aperto al mistero. Chi invece sa poco, ma è convinto di sapere tutto, non ammette misteri. Poca scienza allontana da Dio in quanto è accompagnata da molta arroganza e presunzione. Ma la stessa cosa si può dire della fede: chi ha poca fede è diffidente nei confronti della scienza, mentre chi ha molta fede vede in essa un modo per indagare il Mistero divino e non ha paura del dialogo e della collaborazione.

bacheca

«L'uomo deve avere delle ragioni per vivere e per morire e non è la scienza a potergliele dare».
(François Jacob, scienziato ateo)

Focus

SCIENZA E FEDE NON FANNO A PUGNI

«Il mio primo auspicio è una crescente armonizzazione tra scienza e religione. Il mistero non è più rifiutato dalla scienza. Al contrario, proprio lei ci fa comprendere l'immensità del mistero che ci circonda. La scienza rinuncia sempre di più a dire l'ultima parola e ad esaurire l'insondabile profondità dell'uomo e dell'universo. Il campo delle sue ricerche resta tuttavia immenso; da trecento anni a questa parte le sue scoperte hanno capovolto la nostra vita quotidiana e impongono il rispetto. Scienza e religione costituiscono dunque le due grandi aperture sul mistero che ci circonda. Perché dovrebbero farsi concorrenza? Perché il cammino della scienza non dovrebbe essere il primo passo verso la preghiera?».
(J. Delumeau, Il fatto religioso, SEI, Torino 1997, p. 809)

FORUM

> Per voi si può essere dei buoni credenti e dei bravi scienziati? Oppure le due cose si escludono a vicenda?

2.2 chi crede rinuncia alla ragione?

Si racconta che in occasione di un pranzo di gala il cardinale tedesco Michael von Faulhaber (1869-1952) venne a trovarsi accanto al celebre Albert Einstein (1879-1955). A un certo punto, durante la conversazione, lo scienziato si rivolse all'uomo di Chiesa: «Cosa direbbe, eminenza, se noi matematici con un procedimento inconfutabile dimostrassimo che Dio non esiste?». E il cardinale: «Con pazienza aspetterei il momento in cui scoprirete il vostro errore».

Certo, è solo uno scambio di battute tra persone spiritose e acute, ma chi si mette veramente alla «ricerca», non importa se si proclama credente o meno, trova sempre un punto di dialogo. **I veri credenti, come i veri scienziati, sanno che la realtà è più complessa di ciò che appare** a prima vista e che non c'è solo una strada per esplorare il mistero; soprattutto non sono mai arroganti o presuntuosi.

Le incomprensioni tra la scienza e la fede, invece, nascono perché spesso da ambo le parti non c'è uno spirito di autentica ricerca, né un vero dialogo.

Quando si accetta che l'essere umano non è solo ragione, come ci ha insegnato Blaise Pascal, filosofo e matematico (1623-1662), allora è facile ammettere che si può essere un ottimo scienziato e anche un ottimo credente. Chi ha una buona formazione religiosa (che non deve essere confusa con le abitudini né tanto meno con forme superstiziose) si accorge che le due forme di conoscenza, quella «geometrica» o «razionale» ottenuta dalla scienza, e quella più intima e radicale della fede, non solo non si escludono, ma sono complementari e si integrano a vicenda.

bacheca

«L'ultimo passo della ragione sta nel riconoscere che c'è un'infinità di cose che la superano».
(Blaise Pascal, Pensiero 267)

Focus

NON TUTTO È RAGIONE

Spesso sui credenti ci sono molti pregiudizi. Uno è quello di pensare che chi crede rinunci alla ragione. Il vero credente cerca di non cadere in due eccessi: escludere la ragione o ammettere solo la ragione. Così lo scrittore francese Eric-Emmanuel Schmitt, riprendendo questo concetto, commenta: «Ho letto i testi più costruttivi e distruttivi sul cristianesimo: Nietzsche e i Padri della Chiesa. La religione cristiana fa appello alla fede ma anche alla ragione. ***Non tutto nell'uomo è ragione****: i valori morali, l'esperienza amorosa e artistica non riguardano solo la ragione».* (Avvenire, *25 luglio 2008, p. 26*)

FORUM

> **ATTIVITÀ:** Provate a scrivere alla lavagna alcune di quell'«infinità di cose» che a vostro parere «superano la ragione».

2.3 Bibbia e scienza sono contrapposte?

Mettere in contrapposizione Bibbia e scienza è sempre sbagliato, anche se – purtroppo – in certi periodi storici è stato fatto. Già Galileo Galilei, pur essendo stato lui stesso la vittima più illustre di questo contrasto, aveva intuito una grande verità che aveva espresso nella frase: «L'intenzione dello Spirito Santo essere d'insegnarci come si vadia al cielo, e non come vadia il cielo» (*Lettera a madama Cristina di Lorena*, 1615). Lo scienziato intendeva dire che scopo della scienza è quello di spiegare «come è fatto il cielo», mentre quello della Bibbia è di indicare agli uomini la via «per giungere al cielo». Questa distinzione è tuttora valida. Non ci si può basare sulla Bibbia per sostenere questa o quella teoria scientifica sull'origine del mondo, né chiedere alla scienza che faccia dei discorsi teologici. «La Scrittura non ha come intento – spiegava sempre il credente Galileo ai suoi accusatori ecclesiastici – di darci degli insegnamenti circa la natura fisico-naturale del mondo, bensì di farci conoscere quelle verità riguardanti la salvezza che superano ogni umana comprensione e che sono perciò oggetto di fede» (*Lettera a don Castelli*). Bibbia e scienza non sono perciò da considerarsi antagoniste, hanno i loro rispettivi campi di ricerca ben distinti e – per certi aspetti – complementari.

domande frequenti

A VOLTE, ANCHE A SCUOLA, MI VENGONO IN MENTE CERTE DOMANDE CHE MI METTONO UN PO' IN CRISI. MI CHIEDO: «MA A CHI DOBBIAMO CREDERE: ALLA SCIENZA O ALLA BIBBIA?».

(GIULIA, 13 ANNI)

Focus

A CHI CREDERE?

Da quando Darwin ha avanzato la sua ipotesi sull'evoluzione degli esseri viventi si è scatenata una lotta tra scienziati e teologi, tra semplici credenti e atei sull'interpretazione da dare alle prime pagine della Bibbia che parlano di creazione. Dopo più di un secolo di scontri durissimi, oggi le posizioni sono più chiare. La teoria dell'evoluzione è ormai accettata dalla Chiesa «purché si affermi che l'uomo non è prodotto dal caso», come aveva sentenziato Giovanni Paolo II all'Accademia delle scienze nel 1996. Il credente può sostenere che per evolversi il mondo deve pur essere stato creato, in questo modo il conflitto è solo apparente.

Tra scienziati ed esperti di Bibbia i contrasti non sono più così forti; gli scienziati non sono gli avversari della fede e i biblisti hanno capito che i testi sacri occorre leggerli nel loro contesto letterario, storico e culturale. Insomma, ognuno riconosce e rispetta il proprio campo di ricerca. Gli equivoci nascono, come sostiene l'antropologo Fiorenzo Facchini, quando «si vuol far dire alla scienza quello che la scienza non può», perché è fuori del suo campo; «o si vuol ricavare dalla Bibbia quello che non vuole dire, perché essa contiene un messaggio religioso, non scientifico».

FORUM

> **ATTIVITÀ:** Nella Bibbia ci sono due racconti molto diversi tra loro della creazione: il primo in Gen 1,1–2,4a e il secondo in Gen 2,4b-15. Con l'aiuto dell'insegnante leggete i due racconti e poi metteteli a confronto. Vedrete che le diversità sono molte.

2.4 creazione o evoluzione?

domande frequenti

«IL MIO PARROCO SOSTIENE CHE LA TEORIA DELL'EVOLUZIONE PUÒ ESSERE ACCETTATA DAL CREDENTE. MA COME PUÒ UN CREDENTE ACCETTARE L'IMMAGINE DI UN UOMO CHE DERIVA DALLA SCIMMIA, PIUTTOSTO CHE CREATO DIRETTAMENTE DA DIO, COME SOSTIENE LA BIBBIA?».

(GIUSEPPE, 13 ANNI)

L'immagine dell'uomo proveniente dalla scimmia costituisce quasi una sintesi e un'esemplificazione della complessa teoria dell'evoluzione. Essa suscita pareri opposti, frutto più di reazioni approssimative che di un'attenta analisi dei dati scientifici. Poiché questi sono del resto disponibili solo agli esperti, un po' di modestia e di cautela nel parlare di questi problemi non guastano mai.

Per rispondere alla domanda di Giuseppe, dobbiamo affrontare diversi argomenti che non sono proprio facilissimi e che richiederanno una partecipazione attenta e attiva da parte vostra.

Il concetto di evoluzione sostiene l'idea dell'autorganizzazione degli esseri viventi che, attraverso un progressivo sviluppo, ha determinato il passaggio da forme di vita semplici ad altre sempre più complesse; e tutto questo grazie al principio della selezione naturale.

L'evoluzionismo si è affermato soprattutto per merito del naturalista inglese **Charles Darwin** (1809-1882), che nel 1859 pubblicò il risultato dei suoi studi nell'opera *L'origine delle specie*. La reazione nell'ambiente ecclesiastico fu piuttosto scettica e contraria perché la teoria sembrava porre in discussione l'origine della vita, così come è narrata nei primi capitoli della Genesi, cioè attraverso la creazione da parte di Dio di tutto quanto esiste nell'universo, dalle forme di vita più elementari a quelle più complesse. Al rifiuto delle varie Chiese cristiane della teoria dell'evoluzione contribuiva anche un certo atteggiamento di alcuni autori che intendevano servirsi della scoperta con l'intento esplicito di teorizzare l'ateismo.

Le prime aperture teologiche si hanno con la rilettura critica dei racconti biblici, nella convinzione, ormai evidente (nonostante alcune resistenze di carattere fondamentalista), che essi non intendono fornirci informazioni scientifiche, se non altro per la distanza che li separa dai fatti narrati. Sul piano del magistero, si segnalano le importanti ammissioni di ⇨

Focus

NO AL «CREAZIONISMO»

*«Il creazionismo – ha ricordato don Giuseppe Tanzella Nitti, astronomo e docente di teologia alla Pontificia Università della Santa Croce – non c'entra con la creazione, ma neanche il neo-creazionismo; il principio di creazione dice soltanto che **questo universo ha in Dio la sua causa**, non può essere causa di se stesso, perché accidentale, limitato, soggetto al tempo: deve avere un suo fondamento in qualcosa che lo supera e trascende».* (Avvenire, *7 novembre 2007, p. 30*)

Pio XII nell'*Humani generis* (1950) e l'accettazione, da parte del concilio Vaticano II, constatando che «il genere umano passa da una concezione piuttosto statica dell'ordine a una concezione più dinamica ed evolutiva; ciò favorisce il sorgere di un formidabile complesso di nuovi problemi, che stimola ad analisi e a sintesi nuove» (*Gaudium et spes* 5).
Oggi si ritiene che **non ci sia inconciliabilità fra le posizioni della fede e quelle della scienza, purché ciascuna rimanga nel proprio ambito di competenza senza invadere quello dell'altro**. La fede non può pretendere di coprire tutti gli ambiti della conoscenza, così come le scienze che studiano l'evoluzione non possono invadere il campo teologico, pretendendo di avere una risposta a tutte le domande. Ad esempio: cosa c'era prima del *big bang*? Perché c'è l'essere e non il nulla? Cosa impedisce di credere che la stessa evoluzione non sia avvenuta in seguito a una precisa disposizione divina? È vero, infatti, che essa procede per cause naturali, però queste possono a loro volta essere previste e volute da un'intelligenza trascendente. È ciò che sostiene il catechismo cristiano, rifiutando anche la teoria del creazionismo.

Parole Chiave

CREAZIONISMO

È la dottrina che sostiene che il mondo e l'essere umano sono stati creati direttamente da Dio, rifiutando la teoria evoluzionista. L'interpretazione troppo letterale della Bibbia rende questa teoria semplicistica e acritica, anche per i credenti.

DARWINISMO

È la teoria secondo cui le specie viventi si evolvono attraverso la lotta per la vita (o selezione naturale), l'adattamento all'ambiente e l'ereditarietà dei caratteri acquisiti.

FORUM

- Perché il creazionismo – secondo il sacerdote astronomo – non c'entra con la creazione?
- Si approfondisca il concetto di creazionismo partendo dal significato della parola (v. anche *Dizionario* in fondo al testo).

2.5 che ne pensi?

«La vera scienza avvicina, non allontana, il mistero».
(Richard Feynman, premio Nobel per la Fisica 1965)

Dio toglie una costola ad Adamo per creare la donna,
mosaico, Venezia, Basilica di San Marco.

Con parole tue commenta brevemente questa frase:

....
....
....
....
....

«Nella Bibbia ci sono due racconti della creazione del mondo, tra loro differenti. Nel primo (Gen 1,1–2,4) Dio crea il mondo in sei giorni e l'uomo alla fine. Nell'altro (Gen 2, 4b–15) Dio crea il mondo in un solo giorno e l'uomo prima di tutto».

La presenza nel primo libro della Bibbia di due racconti sull'origine del mondo cosa prova?

....
....
....
....
....

Un tuo compagno ti dice: *«Ma la Bibbia è una favola! Come si può credere che Dio abbia creato il mondo in sei giorni?».*

Tenendo presente tutto quello che abbiamo detto, prova ad abbozzare una risposta.

....
....
....
....
....

Come avvicinarci alla Bibbia?

• Rivelazione

= Ciò che collega i tre monoteismi (ebraismo, cristianesimo e islam) è il concetto di «rivelazione»: tutti e tre credono che Dio stesso si è rivelato (ha «tolto il velo»), mostrandosi agli uomini, attraverso i profeti e gli avvenimenti di tutti i giorni.

Queste parole e questi fatti fanno parte della «**storia della salvezza**» e sono narrati nella **Bibbia**: possiamo quindi dire che la Bibbia è il racconto scritto di come è avvenuta la rivelazione di Dio che è intervenuto nella storia per salvare l'uomo.

In un primo tempo Dio ha comunicato con l'uomo per mezzo del popolo ebraico e dei **profeti**, poi al momento da lui giudicato opportuno ha mandato il suo Figlio Gesù.

Le parole e i fatti che costituiscono la «rivelazione» sono narrati nella Bibbia

Suddivisione della Bibbia cristiana:
• 1) Antico Testamento

I cristiani dividono la Bibbia in Antico e Nuovo Testamento, ma ci sono delle diversità sul numero dei libri. Per i **cattolici** l'Antico Testamento comprende 46 libri che si possono suddividere in 4 gruppi:

- Pentateuco (5 libri)
- Libri Storici (16)
- Libri Sapienziali e Poetici (7)
- Libri Profetici (18)

I primi 5 libri, che compongono il Pentateuco, hanno un'importanza particolare sia per gli ebrei che per i cristiani, perché descrivono le origini della storia dell'uomo e l'inizio della storia della salvezza. In essi sono inoltre contenute le norme e le leggi per regolare la vita sociale e il rapporto con Dio.

L'Antico Testamento comprende 46 libri. I primi 5, detti Pentateuco, sono particolarmente importanti.

Questi primi 5 libri sono: 1) Genesi; 2) Esodo; 3) Levitico; 4) Numeri; 5) Deuteronomio.

• 2) Nuovo Testamento

Contiene i 4 Vangeli e gli scritti riguardanti la prima comunità cristiana. In tutto 27 libri, che si possono così suddividere :

- Vangeli (4 libri)
- Atti degli Apostoli (1)
- Lettere (21)
- Apocalisse (1)

VANGELO = deriva da un parola greca che significa «**buona notizia**».

Questa buona notizia è Gesù stesso: la sua nascita, vita, morte e, soprattutto, la sua risurrezione. Il Vangelo è stato trasmesso in un primo tempo oralmente dagli apostoli; successivamente è stato messo per iscritto, nel I secolo d.C. ,dai 4 evangelisti: Matteo – Marco – Luca – Giovanni.

ATTI DEGLI APOSTOLI = un libro che narra la storia della Chiesa delle origini, attribuito all'evangelista **Luca**.

LETTERE = 21 scritti, per la maggior parte opera di san Paolo (13 lettere) e di altri apostoli (Giacomo – Pietro – Giuda – Giovanni). Di una lettera, quella agli Ebrei, non si conosce l'autore.

APOCALISSE = è l'ultimo libro della Bibbia, attribuito all'evangelista Giovanni. Presenta in modo simbolico la lotta fra il bene e il male, con la vittoria finale di Dio.

Il Nuovo Testamento comprende 27 libri, tra cui i 4 Vangeli: che raccontano la nascita, vita, morte e risurrezione di Gesù.

• Scienza e Bibbia: si può essere scienziati e credenti?

C'è un apparente contrasto fra scienza e fede. In realtà, scienza e religione sono due modi diversi di guardare il mondo, ciascuno con le proprie caratteristiche, quindi non possono essere in contrasto. Ciascuna di esse **ha ragione nel proprio ambito**. L'importante è che l'una non invada il campo dell'altra. Anzi, scienza e religione **insieme** possono aiutare l'uomo a rispondere alle sue grandi domande. Infatti queste due discipline possono essere **complementari** (ossia aiutarsi a vicenda).

Scienza e Bibbia non devono entrare in contrasto tra loro: sono due modi diversi di conoscenza.

Esercizi

1 Inserisci le parole giuste al posto dei puntini scegliendole fra le seguenti:

■ **Gesù** ■ **parole** ■ **Bibbia** ■ **rivelazione** ■ **fatti**

La .... è la manifestazione di Dio nella storia per mezzo di .... e .... strettamente legati fra loro. La rivelazione si è compiuta definitivamente con la venuta di .... sulla Terra. La rivelazione è scritta nella ....

2 Completa la seguente tabella sulla struttura della Bibbia inserendo al posto giusto le parti della Bibbia stessa (se li ricordi, metti fra parentesi il numero di libri di ogni gruppo):

Antico Testamento	Nuovo Testamento
1) Pentateuco (5)	1) I vangeli (4)
2)	
3)	
4)	

3 Indica con una crocetta se le seguenti affermazioni sono vere oppure false:

Affermazioni	Vero	Falso
I Vangeli sinottici sono piuttosto simili fra loro		
I Vangeli sono stati scritti durante la vita di Gesù		
La parola Vangelo significa «buona notizia»		
Gesù ha detto agli apostoli di tenere un diario giornaliero		
Buona parte delle Lettere del Nuovo Testamento sono opera di Paolo		
Prima della stesura scritta, il Vangelo è stato trasmesso oralmente		
L'autore degli Atti degli Apostoli è l'apostolo Pietro		
L'Apocalisse è l'ultimo libro della Bibbia		
I Vangeli sinottici sono quelli di Marco, Luca e Matteo		

mappa

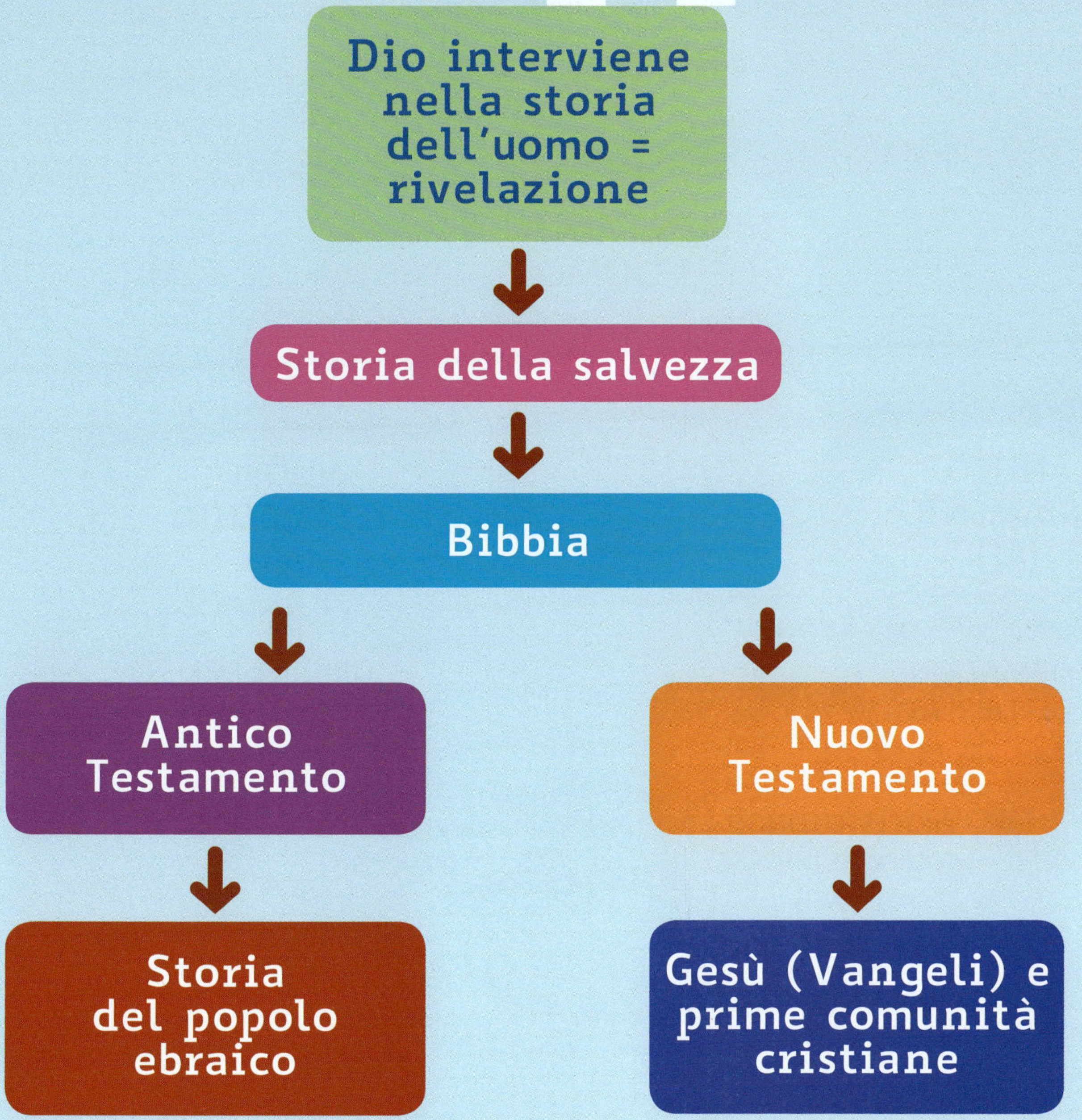
Dio interviene nella storia dell'uomo = rivelazione
Storia della salvezza
Bibbia
Antico Testamento
Nuovo Testamento
Storia del popolo ebraico
Gesù (Vangeli) e prime comunità cristiane

come avvicinarci alla Bibbia?

sintesi.it

Inserisci la parola giusta, tra quelle indicate sotto:

La Bibbia è la storia dell'incontro di Dio con ____________, una storia iniziata con la ____________ del mondo, continuata con l'alleanza speciale con il popolo ____________ e che raggiunge il suo apice con Gesù, il figlio di Dio nato da ____________, morto e risorto per la ____________ di tutti gli uomini. Questa storia d'amore e di salvezza è raccontata nella ____________, divisa in Antico Testamento (o Bibbia ebraica) e Nuovo Testamento.

■ ebraico ■ creazione ■ Bibbia ■ salvezza ■ Maria ■ l'uomo

MediaLab

WEB 2.0

1. ALBERI GENEALOGICI DELLA BIBBIA
Realizzate l'albero genealogico di Abramo.

2. TIMELINE AVVENIMENTI BIBLICI
Realizzate una linea del tempo dei principali avvenimenti biblici.

3. FUMETTI DEI PERSONAGGI BIBLICI
Create dei fumetti sulla vita dei più importanti personaggi della Bibbia.

4. VIAGGIO VIRTUALE NEI LUOGHI DELLA BIBBIA
Viaggiate nei luoghi biblici con Google Earth.

LIM (MATERIALI DISPONIBILI SUL SITO WWW.EDBSCUOLADIGITALE.IT)

1. LETTURA DEGLI AFFRESCHI DELLA CAPPELLA SISTINA
guarda
Esplora gli affreschi della Cappella Sistina, con l'ausilio della «Lente di ingrandimento».

2. FATTI E PERSONAGGI DELLA BIBBIA PLUS
impara
Slides interattive alla scoperta delle immagini più famose su fatti e personaggi della Bibbia.

3. SINTESI DEL MODULO
drag & drop
Colloca il libro della Bibbia nel giusto gruppo di appartenenza.

attività interattive multimediali

ATTIVITÀ PRATICHE

1. GIOCO DELL'OCA SULLA BIBBIA
Divertitevi e ripassate con il gioco dell'oca sulla Bibbia.

2. MAPPA DELLA MEZZALUNA FERTILE
Tracciate la linea dei viaggi di Abramo e del popolo d'Israele guidato da Mosè sulla mappa della Mezzaluna fertile.

3. ANAGRAMMI DEI PERSONAGGI BIBLICI
Risolvete gli anagrammi biblici.

FILM

L'arca di Noè
(Argentina, 2007) di Juan Pablo Buscarini. Leggi la trama utilizzando il QRcode.

Giuseppe il re dei sogni
(USA, 1999) di Robert Ramirez, Rob LaDuca

La Bibbia
(Italia, 1966) di John Huston

I 10 Comandamenti
(USA, 1956) di Cecil B. de Mille

Le grandi storie della Bibbia, S. Paolo, (1993), 14 film

i figli di Abramo

NON TEMERE LA DIVERSITÀ, CREDI AI VALORI CHE SONO L'ANIMA DI OGNI FEDE.

È MEGLIO GUARDARE A CIÒ CHE UNISCE PIUTTOSTO CHE A QUEL CHE DIVIDE, ANCHE TRA CREDENTI.

SOTTO IL MANTO DELLA SUA FEDE, SE LUI DIVENTA MIGLIORE TU DIVENTI PIÙ BUONO.

bacheca

«Abramo è padre comune degli ebrei, dei cristiani e dei musulmani. I tre popoli non possono litigare. Siamo cugini. Quanto meno abbiamo un nonno in comune». (MONS. MARCO FRISINA)

«Lo stesso Dio vivente parla a tutti noi nell'Antico come nel Nuovo Testamento». (CONFERENZA TRA EBREI E CRISTIANI, SEELISBERG 1947)

«Occorre perseverare nel triplice dialogo fra le religioni che hanno un padre unico: Abramo». (BENEDETTO XVI)

nuvola di tag

piano di lavoro

TRAGUARDI PER LO SVILUPPO DELLE COMPETENZE *(in prospettiva)*

Conoscere le radici comuni che legano tra loro le tre religioni monoteistiche, che hanno Abramo come padre comune della fede; saper evidenziare le specificità nel confronto con il cristianesimo.

OBIETTIVI DI APPRENDIMENTO

- Cogliere nelle varie esperienze religiose dell'uomo il particolare posto che occupano le tre religioni che si riconoscono in Abramo.
- Comprendere alcune categorie fondamentali sia della fede ebraica (direttamente collegata al cristianesimo) che di quella islamica.
- Individuare ciò che accomuna, e ciò che divide, i tre monoteismi.

COSA IMPARARE PER LA VITA

- Riuscire ad apprezzare gli aspetti comuni che legano tra loro le religioni che derivano da Abramo, anche per una migliore convivenza civile.
- Evitare ogni forma di pregiudizio, di razzismo e di intolleranza, con il pretesto della religione.

LE VARIE TAPPE

Il Modulo, attraverso due diretti protagonisti (David, rappresentante della religione ebraica, e Jada, di quella islamica), ha lo scopo di far conoscere le due religioni del Mediterraneo con cui il cristianesimo si è più confrontato (e spesso anche scontrato), ma che sono tra le radici importanti del nostro Occidente. Nella parte finale di ogni UA accenneremo anche alle problematiche legate al dialogo con il cristianesimo, alle difficoltà e incomprensioni reciproche.

QUALCHE SUGGERIMENTO

Il Modulo presenta in maniera piuttosto ampia e approfondita (per una scuola secondaria di primo grado) gli elementi caratteristici della religione ebraica e di quella islamica. Questa scelta è stata fatta perché crediamo nell'importanza interculturale e interreligiosa che tali tematiche possono avere anche a livello di convivenza civile, lasciando – ovviamente – all'insegnante la scelta della pagine da trattare o non trattare in classe, tenendo conto della realtà scolastica in cui opera.

RISERVATO ALL'INSEGNANTE

Per eventuali suggerimenti e approfondimenti sul tema, per spunti e idee, proposte di lavori sul Web ed esercitazioni con gli alunni si veda *MediaLab - Attività interattive multimediali* nella parte finale del modulo e anche la *Guida per l'insegnante.* Per le verifiche, si veda il *Quaderno operativo digitale* sul CD-rom allegato al testo.

COLPO D'OCCHIO

Pagina introduttiva, piano di lavoro

1. UA: CONOSCIAMO L'EBRAISMO

1.1 Abramo, padre dei tre monoteismi
1.2 Sono David, vi presento la mia religione
1.3 Questa è la nostra storia
1.4 La sinagoga
1.5 La preghiera
1.6 Riti e tradizioni
1.7 Feste e celebrazioni
1.8 Il matrimonio ebraico
1.9 La memoria della Shoah
1.10 Ebrei, fratelli maggiori
1.11 Che ne pensi?

2. UA: CONOSCIAMO L'ISLAM

2.1 Sono Jada, vi presento la mia religione
2.2 I cinque pilastri
2.3 La moschea
2.4 Riti e tradizioni
2.5 Feste principali
2.6 Islam e fondamentalismo
2.7 La calligrafia nell'islam
2.8 Che ne pensi?

Completano il Modulo

- *La mappa*
- *Sintesi.it*
- *MediaLab*

1.1 Abramo, padre dei tre monoteismi

Ebrei, cristiani e musulmani hanno in comune più aspetti di quello che la loro storia – fatta spesso di divisioni, lotte e pesanti contrasti – abbia messo in risalto. Tutte e tre le religioni, infatti, si riconoscono come rivelate e hanno in Abramo il loro padre nella fede. Non sempre questa radice comune è stata (ed è) sottolineata con forza, come invece occorrerebbe fare per ritrovare una forte motivazione di dialogo, in tempi dove il fondamentalismo e le chiusure anche religiose sembrano prevalere sulle ragioni della speranza e della collaborazione tra i credenti.
Già una miniatura come quella riportata – di epoca medievale – potrebbe favorire una migliore comprensione tra le tre grandi religioni monoteiste del Mediterraneo.

Cristiani, ebrei e musulmani nel seno di Abramo, riproduzione dalla Bibbia di Souvigny.

	EBRAISMO	CRISTIANESIMO	ISLAM
ABRAMO	Capostipite del popolo ebraico, chiamato da Dio a lasciare la propria terra per andare verso la terra promessa. È il padre di Isacco, il cui figlio Giacobbe venne chiamato Israele.	È considerato il padre di tutti i credenti, capostipite di ebrei e cristiani. La sua grande e assoluta fede in Dio è di esempio a tutti i cristiani.	È il padre di Ismaele, il figlio avuto con Agar (Gen 16,1-16). Con lui ha fondato a La Mecca la Ka'ba, il santuario dell'unico Dio.
MOSÈ	Figura centrale dell'ebraismo, è colui che conduce alla libertà il popolo ebraico e riceve la Legge sul monte Sinai.	Gesù è il nuovo Mosè, colui che libera tutti gli uomini dalla schiavitù del peccato e della morte e stabilisce un nuovo patto (o alleanza) sul suo sangue.	Anticipa quello che sarà Maometto, destinatario della rivelazione di Dio sul Sinai, capo del popolo e legislatore.
PROFETI	Come Mosè, i profeti sono figure centrali nella storia di Israele. Essi parlano in nome di Dio e richiamano il popolo alla fedeltà.	Tutti i profeti dell'Antico Testamento preannunciano la venuta del Messia. In Cristo si sono adempiute tutte le profezie.	Maometto è per l'islam «il Profeta», ma si riconoscono come grandi profeti anche Noè, Abramo, Mosè, Davide e Gesù, penultimo dei profeti.

La città di Gerusalemme, in cui sono presenti i tre grandi monoteismi.

In questa Unità approfondiremo ciò che esse hanno in comune, soffermandoci sulla figura di Abramo, di Mosè e dei profeti, senza per questo trascurare le differenze – spesso profonde – che le dividono. In particolare la figura di Gesù che, per il mondo ebraico, è un maestro ma non il Messia (il Cristo), mentre per il mondo islamico è il più grande dei profeti prima di Maometto.

Focus

CIÒ CHE I TRE MONOTEISMI HANNO IN COMUNE

Ebraismo, cristianesimo e islam, pur avendo molte e sostanziali differenze tra di loro, sono accumunati da questi elementi:

- *la fede in un unico Dio, creatore, misericordioso e giusto, manifestatosi agli uomini;*
- *la fedeltà e il riferimento a un libro rivelato;*
- *la comune fede in Abramo e nei profeti;*
- *la concezione di una vita ispirata alle norme date direttamente da Dio;*
- *la fede nell'aldilà.*

Questi importanti aspetti comuni rendono le religioni del Mediterraneo più vicine di quanto la storia – sia passata che recente – possa farci pensare.

FORUM

- **ATTIVITÀ:** Si consiglia di approfondire la figura di Abramo leggendo il brano della Genesi 12,1-9.
- Tra gli aspetti comuni delle tre religioni cosa ha maggiormente attratto la vostra attenzione?

1.2 sono David, vi presento la mia religione

Sono David e vi presenterò l'ebraismo, la mia religione. Non è proprio un compito facile; ve lo immaginate se vi chiedessero di presentare il cristianesimo in poche pagine? Non si sa bene da dove iniziare o cosa mettere in risalto... Comunque ci proverò; voi cercate di seguirmi con «sim-patia», una bella parola che praticamente significa «mettersi nei panni dell'altro». La mia religione si caratterizza fin dagli inizi per:

- la **credenza in un unico D-o** (noi, per rispetto, non pronunciamo mai il nome del Signore, perciò lo scriveremo così). Questa forte fede monoteista ha sempre caratterizzato l'ebraismo, rendendolo differente dalla fede degli altri popoli;
- uno **speciale patto (o alleanza)** stretto con D-o, sintetizzato nel Decalogo (o dieci Comandamenti);
- la **fedeltà alla terra** «promessa» da D-o al suo popolo. Infatti – secondo quanto narra la Bibbia, il nostro libro sacro – D-o aveva ordinato ad Abramo di lasciare la sua terra d'origine per andare verso una terra nuova, promettendo di farlo diventare padre di un grande popolo, «eletto» e amato dal Signore in modo speciale. Su questa duplice promessa (della terra e del popolo) si fonda la particolare alleanza di D-o con il popolo ebraico che – nonostante gli sbagli e i tradimenti degli uomini avvenuti nei vari secoli – rimarrà la caratteristica principale della religione ebraica.

Focus

CHE COS'È L'ALLEANZA?

L'alleanza è una sorta di contratto stipulato tra D-o e il suo popolo eletto, Israele. Il Signore promette molti benefici al suo popolo ma, in cambio, gli chiede di osservare i suoi comandamenti, o mizwot, che nella tradizione ebraica sono 613 (quindi molto di più delle «dieci Parole» o Decalogo). Di questi comandamenti, 365 sono negativi («non farai...») e 248 positivi («fa'...»). Il numero 365 farebbe riferimento ai giorni dell'anno solare e il numero 248 a quello delle membra del corpo umano. Secondo la Genesi (Gen 15), l'alleanza è stata stipulata da D-o con il patriarca Abramo e poi confermata con Isacco e Giacobbe. Essa deve garantire ai patriarchi una numerosa discendenza e, a quest'ultima, il possesso della terra di Canaan. Ma l'alleanza viene stipulata pienamente in occasione della rivelazione al Sinai. (da J. Potin – V. Zuber, Dizionario dei monoteismi, *EDB, Bologna 2005, p. 13)*

Gli elementi caratteristici della mia religione sono:

- **La fedeltà** a D-o, alla Torah (la Legge), al popolo e alla terra, secondo la promessa fatta da D-o ad Abramo.
- **L'osservanza dei precetti:** la parola del Signore non va solo ascoltata e studiata, ma soprattutto messa in pratica. Ecco perché l'ebraismo più che una religione è una pratica di vita.
- **La memoria:** è il ricordo costante dell'«alleanza» con D-o. Fare memoria per noi significa «non dimenticare».
- **Lo studio:** della Legge (Torah) ma anche dei commenti e della tradizione raccolti nel Talmud. È proprio lo studio (eh sì, avete capito bene!) uno dei nostri pilastri.
- **La preghiera:** s'intende soprattutto la preghiera pubblica. Tra le preghiere più importanti ci sono le cosiddette Diciotto benedizioni.
- **Il sabato:** *shabbàt*, è il nostro giorno sacro, il settimo giorno della creazione dedicato al riposo (Gen 2,1). Inizia al tramonto del venerdì ed è dedicato alla famiglia, alla meditazione e alla preghiera.
- **L'attesa messianica:** il mio popolo ha sempre mantenuto viva l'attesa di un'èra di felicità e di pace, legata alla venuta del Messia. A differenza dei cristiani, che riconoscono Gesù come Cristo (Messia), noi crediamo che quest'èra non sia ancora arrivata.

Parole Chiave

IL NOME SANTO DI D-O

JHWH, o tetragramma sacro (composto da quattro lettere), indica il nome santo del Signore che gli ebrei non pronunciano. Rivelato a Mosè sul Sinai (Es 3,14), la traduzione è incerta. Potrebbe essere «Colui che fa essere le schiere» o anche «Io sarò presente» come traduce l'ebraismo.

F O R U M

› Dopo aver letto a piccoli gruppi la presentazione dell'ebraismo fatta da David, elencate le cose che più vi hanno interessato.

1.3 questa è la nostra storia

Un po' sinteticamente, vi racconto la storia del mio popolo. Nel 1800 a.C. circa, **Abramo** – che risiedeva a Ur dei Caldei, in Mesopotamia (l'attuale Iraq) – ricevette dal Signore il comando di mettersi in cammino verso una terra sconosciuta (il testo della Bibbia usa un'espressione forte: «Vàttene», cf. Gen 12,1), con la promessa di diventare capostipite di un grande popolo, amato da D-o in modo speciale. Arrivò così a Canaan, la «terra promessa» (in seguito nota come Palestina). Questo, secondo la nostra tradizione, fu l'inizio della **storia d'Israele** (dal nome che il Signore diede a Giacobbe) e dell'alleanza («patto» o «testamento») con D-o. Oltre ad Abramo, primo patriarca, la Bibbia ci fa conoscere Isacco e Giacobbe. Durante una carestia, i dodici figli di Giacobbe si rifugiarono in **Egitto**, dove vissero come servi per quattro secoli. Verso il 1250 a.C. i loro discendenti vennero condotti da Mosè fuori dall'Egitto, in un lungo cammino attraverso il deserto («esodo»), per ritornare nella terra promessa ad Abramo. Sul **monte Sinai**, Mosè ricevette dal Signore le tavole della Legge (Torah), i Comandamenti, che saranno alla base del comportamento (etica) del mio popolo e poi, attraverso il cristianesimo, anche della civiltà occidentale. Ma Mosè non entrò nella **terra promessa**; come capo del popolo fu sostituito da Giosuè e poi dai Giudici. In seguito, il popolo volle un re e nominò Saul; dopo di lui ci fu Davide, a cui succedette Salomone, famoso per la sua sapienza e per la costruzione dello splendido **tempio di Gerusalemme**. Il Signore parlava al suo popolo attraverso i profeti: Isaia, Geremia, Ezechiele, Amos, Osea... che avevano il compito di richiamare il popolo alla fedeltà all'alleanza fatta con D-o.

La storia del mio popolo è stata sempre segnata da profonde sofferenze, prima e dopo l'èra cristiana. Il regno di Israele venne invaso dai babilonesi, dai macedoni, dagli egiziani e infine dai romani, che distrussero il Tempio (70 d.C). Iniziò così la diaspora («dispersione») del mio popolo in ogni parte del mondo. Lungo i secoli fummo scacciati, perseguitati, rinchiusi in ghetti, fino alla tragedia della *Shoah* («distruzione») del XX secolo.

Il popolo ebraico in cammino verso la Terra promessa.

Focus

«GIUDAISMO» ED «EBRAISMO» SONO SINONIMI?

Pur essendo spesso usati come sinonimi, i due termini sono differenti. La storia del giudaismo inizia con la deportazione degli ebrei a Babilonia nel 587, che pone fine al Regno di Giuda (il Regno del Nord). Con l'occupazione anche del Regno del Sud, ha inizio la diaspora («dispersione») delle tribù rimaste; una parte di queste ebbe poi la possibilità di ritornare in patria e ricostruire il Tempio distrutto, grazie a Ciro II (circa nel 530 a.C.).

ARCHIVIO

«Mio padre era un Arameo errante; scese in Egitto, vi stette come un forestiero con poca gente e vi diventò una nazione grande, forte e numerosa. Gli Egiziani ci maltrattarono, ci umiliarono e ci imposero una dura schiavitù. Allora gridammo al Signore, al Dio dei nostri padri, e il Signore ascoltò la nostra voce, vide la nostra umiliazione, la nostra miseria e la nostra oppressione; il Signore ci fece uscire dall'Egitto con mano potente e con braccio teso, spargendo terrore e operando segni e prodigi. Ci condusse in questo luogo e ci diede questa terra, dove scorrono latte e miele. Ora, ecco, io presento le primizie dei frutti del suolo che tu, Signore, mi hai dato». (Dt 26,5-10)

FORUM

- **ATTIVITÀ:** Dopo aver riletto la storia del popolo ebraico, sottolineate ciò che più ha attirato la vostra attenzione e poi confrontatevi con i vostri vicini di banco.
- Con l'aiuto del prof., approfondite alcuni aspetti della storia ebraica.

1.4 la sinagoga

Un aspetto importante dell'ebraismo è la sinagoga («casa di riunione»). Essa divenne, dopo la distruzione del Tempio di Gerusalemme (nel 70 d.C., mai più ricostruito), il centro della vita comunitaria del popolo disperso (diaspora) in tutto l'impero romano. La sinagoga per noi è la casa d'incontro e di riunione, luogo di studio della Torah e del Talmud (i bambini imparano a leggere sulla Torah), casa di preghiera in cui si tengono le celebrazioni del sabato e delle altre feste. In tutti i giorni della settimana si possono svolgere preghiere in sinagoga, a condizione che ci siano almeno dieci uomini, il numero minimo di presenze richiesto (*minyan*). Ma ora visitiamo (almeno virtualmente) l'interno di una sinagoga, attraverso il disegno.

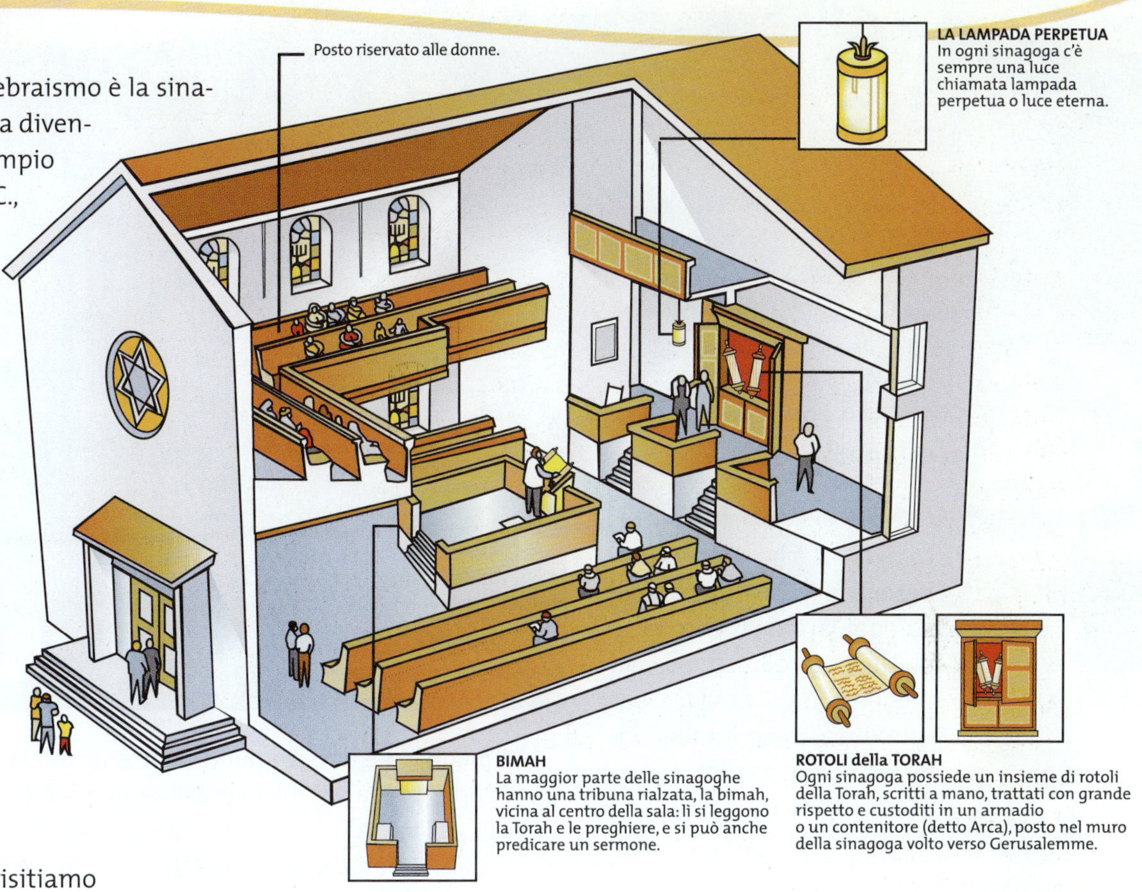

Parole Chiave

CHI È IL RABBINO?

Letteralmente significa «maestro»; è incaricato del funzionamento della sinagoga. Il rabbino è colui che insegna la Torah e che risponde alle necessità religiose dei fedeli. Ha una propria famiglia e non corrisponde alla figura del sacerdote cattolico né a quella del pastore protestante.

FORUM

- Osservate il disegno. Quali sono gli elementi caratteristici della sinagoga che più colpiscono la vostra attenzione?
- **ATTIVITÀ:** Visita a una sinagoga o approfondimento di alcuni aspetti caratteristici dell'ebraismo con immagini e filmati, che commenterete in classe.

1.5 la preghiera

Parole Chiave
SHABBÀT

Lo *shabbàt* (che significa «riposo») prevede l'astensione da ogni lavoro ed è un giorno dedicato allo studio, alla preghiera e alla famiglia, per sottolineare che il mondo e il tempo non appartengono all'uomo ma a D-o.

La preghiera è uno dei punti caratterizzanti la mia religione. Particolarmente importante è la preghiera pubblica, quella fatta in sinagoga in occasione della festa settimanale del sabato (*shabbàt*), ma anche quella in famiglia ha un ruolo centrale. Durante la festa del sabato, che per noi è giorno di completo riposo, è intorno alla tavola che si prega e si fa festa, ricordando il settimo giorno della creazione, quando D-o si riposò (Gen 2,2). Un altro momento particolarmente importante di preghiera e di festa è **Pesach**, la nostra Pasqua, di cui parleremo in seguito. La vita religiosa di un ebreo praticante (perché anche da noi ci sono quelli che non praticano) è contrassegnata dalla preghiera tre volte al giorno (mattina, pomeriggio e sera). La preghiera, sia quella individuale che quella pubblica fatta in sinagoga, è caratterizzata dalla formula di benedizione (*berachah*; al plurale *berachot*) che inizia con le parole: «Benedetto tu o Signore...». Le *berachot* accompagnano molti atti della vita quotidiana, anche quelli che possono apparire umili e modesti, come mangiare un pezzo di pane o bere un bicchiere di vino, perché ci fanno ricordare che tutto è dono di D-o. Durante la preghiera l'ebreo osservante porta il *tallit* e i filatteri (*tefillìm*), che adesso vi descriverò, insieme ad altri oggetti caratteristici della preghiera ebraica.

- **Tefillìm** - (o «filattèri») Sono scatolette di pelle munite di lacci con dentro brani della Torah, come lo *Shemah Israel* (un brano della Bibbia, cf. Dt 6,4-8, che inizia con le parole «Ascolta, Israele»). Durante le preghiere dei giorni feriali, il pio ebreo porta i *tefillim* legati alla fronte e al braccio sinistro, così che le parole dello *Shemah* siano vicine alla mente e al cuore e legate alle mani.
- **Mezuzah** - In passato gli ebrei usavano incidere le parole dello *Shemah* sui montanti delle porte. Oggi vengono scritte su piccoli rotoli messi dentro ad astucci chiamati *mezuzah* e appesi allo stipite destro delle porte di casa.
- **Tallit** - «Parla agli israeliti dicendo loro che si facciano, di generazione in generazione, una frangia ai lembi delle loro vesti (...), quando le guarderete, vi ricorderete di tutti i comandi del Signore e li eseguirete» (Nm 15,38-39). Per obbedire a questo ordine, gli uomini ebrei portano un manto con frange o uno scialle (detto *tallit*) durante la preghiera; alcuni lo portano sempre.
- **Kippah** - Gli ebrei ortodossi si coprono il capo in segno di sottomissione a D-o; durante le funzioni in sinagoga e in altre particolari occasioni gli uomini usano la *kippah*, un piccolo copricapo rotondo, simile a quello usato dal papa e dai vescovi cattolici.

FORUM

> Di tutto ciò che vi ha raccontato David parlando della preghiera ebraica, che cosa ha attirato di più la vostra attenzione?

> Quale aspetto vi sembra importante approfondire?

1.6 riti e tradizioni

Nell'illustrazione di E. Luzzati, un matrimonio ebraico: la coppia di sposi, il rabbino e il baldacchino nuziale.

Ogni momento della nostra vita, dalla nascita alla morte, – ci spiega sempre David, ormai diventato la nostra guida ufficiale – deve essere vissuto in obbedienza ai Comandamenti. Vediamo insieme le tappe principali che scandiscono la vita nella tradizione ebraica.

- **La nascita** - Tutti i bambini ricevono, oltre al proprio nome, anche un nome ebraico. Otto giorni dopo la nascita si effettua la circoncisione (*brith milah*), in ricordo dell'alleanza con Dio.
- Quando un ragazzo compie 13 anni diventa religiosamente adulto ed è tenuto a osservare le regole della vita ebraica. In tale occasione legge la Torah in pubblico e può portare i *tefillim*. La cerimonia è chiamata **bar mitzwah** («figlio del comandamento»); nelle comunità riformate viene fatta una cerimonia simile anche per le ragazze.
- **Il matrimonio** - I fidanzati sono posti sotto un baldacchino (o sotto il *tallit*), simbolo del loro focolare e, dopo la lettura del contratto di matrimonio (*ketubbah*), si recitano le sette benedizioni nuziali. Poi lo sposo rompe un bicchiere dal quale ha bevuto con la sposa, in ricordo della distruzione del Tempio.
- **La morte** - L'ebraismo ha un grande rispetto per il riposo dei morti e per l'integrità del cadavere. Secondo la tradizione, il funerale ha luogo il giorno stesso della morte o in quello immediatamente successivo e viene preferita la sepoltura in terra (inumazione), in ricordo del fatto che l'essere umano proviene dalla polvere (cf. Gen 3,19). All'atto della sepoltura i presenti, in segno di dolore, si strappano un pezzo dell'abito – oggi un nastro simbolico – e recitano il *Qaddish*, una preghiera per la salvezza del defunto.

Tomba in un cimitero ebraico con le pietre lasciate come testimonianza della visita al defunto.

FORUM

> **ATTIVITÀ:** Con l'aiuto del prof. scegliete alcune tradizioni del popolo ebraico da approfondire su alcuni siti specifici, per esempio www.passover.net

1.7 feste e celebrazioni

Il **sabato** (*shabbàt*) è il giorno di festa settimanale, che per noi ebrei è molto più di una giornata di riposo: è il giorno di pace e di armonia tra l'uomo e la natura, tra l'uomo e l'uomo, tra l'uomo e D-o.
Tra le varie ricorrenze e feste prescritte dalla *Torah* (volute da D-o) distinguiamo tra **Giorni solenni**, **Pellegrinaggi** e **Feste minori.**

- I **Giorni solenni** (*Yamìn Noraìm*) comprendono:
  › ***Rosh Hashanah*** (Capodanno): segna l'inizio dell'anno civile e cade il primo di *Tishrì* (settembre-ottobre), mentre il capodanno religioso è il primo di *Nissàn* (marzo-aprile) e ricorda la liberazione dall'Egitto.
  › ***Yom Kippùr*** (Espiazione): lo celebriamo dieci giorni dopo il Capodanno ed è il giorno del perdono e del digiuno, dedicato alla riparazione delle colpe e alla riconciliazione con D-o.
- I **Pellegrinaggi** (*Shalòsh Regalìm*), così denominati perché anticamente si andava in pellegrinaggio a Gerusalemme:
  › ***Pesach*** (Pasqua): celebrazione in memoria della liberazione del nostro popolo dalla schiavitù dell'Egitto, guidata da Mosè. In questa occasione si celebra il *seder,* la cena pasquale, in cui leggiamo l'*Haggadah*, o racconto della liberazione.
  › ***Shavu'òth*** (Festa delle settimane o Pentecoste): lo celebriamo sette settimane dopo la Pasqua. Legata alla festa agricola della mietitura, commemora la rivelazione di Dio sul Sinai e il dono della Legge.
  › ***Sukkòth*** (Festa delle capanne): legata alla vendemmia, ricorda le capanne costruite dal popolo ebraico nel deserto. La festa dura sette giorni; è un momento di gioia, di preghiera e di riflessione.
- Le **feste minori**, cioè stabilite dall'uomo, tra cui:
  › ***Hanukkah*** (Festa delle luci o anche Festa della dedicazione): si commemora la purificazione del tempio di Gerusalemme dopo la vittoria dei maccabei sui greci (II sec. d.C.). In questa festa è usanza accendere, su uno speciale candelabro, una candela ogni sera per otto giorni.
  › ***Purìm*** (Festa delle sorti): ricorda lo scampato pericolo degli ebrei di Persia nel V secolo a.C., grazie all'intervento della regina Ester. È una festa di allegria, in cui ci scambiamo doni ed è permesso mascherarsi.

La festa di Sukkòth in un'antica miniatura.

Focus

IL CIBO KASHER

Secondo la tradizione, gli ebrei possono mangiare solo il cibo kasher («purificato», macellato e preparato secondo le regole). Ciò significa mangiare solamente animali ruminanti e con lo zoccolo diviso in due, il che esclude i maiali e altri animali. Tra i volatili si possono mangiare anatre, polli ecc. ma sono proibiti i rapaci; sono anche proibiti i rettili e i molluschi, mentre si possono mangiare i pesci che hanno pinne e squame. Inoltre gli animali devono essere macellati secondo le regole, evitando di farli soffrire inutilmente e facendo defluire più sangue possibile (il sangue è considerato la sede della vita).

FORUM

› Quali sono le feste del nostro calendario che derivano dall'ebraismo?

› Si vedano le regole del cibo *kasher* in www.morasha.it

2.8 il matrimonio ebraico

Nell'ebraismo, matrimonio e procreazione sono precetti comandati dalla Torah; la responsabilità dell'educazione ebraica di un bambino coinvolge sia la famiglia che la comunità. Insegnare al proprio figlio le tradizioni e le credenze ebraiche è una *mitzwah,* cioè un comando: «Questi precetti che oggi ti do, ti stiano fissi nel cuore. Li ripeterai ai tuoi figli...» (Dt 6,6-7). Questa *mitzwah* è chiamata, per la sua importanza, *Talmud Torah*.

Marc Chagall,
Il matrimonio, 1944,
Collezione Ida Chagall.

FORUM

- Facendovi aiutare dal vostro insegnante, fate il confronto tra il rito del matrimonio ebraico e quello cristiano.

Marc Chagall, *La vita*, 1964, Saint Paul de Vence, Fondazione Marguerite e Aimé Maeght.

1.9 la memoria della Shoah

In molti, di fronte alla *Shoah*, si chiedono: «Com'è stata possibile una tragedia simile?». Eppure è successo e fa parte di quelle pagine terribili della storia che è bene ricordare per non cadere negli stessi errori. In pieno XX secolo circa sei milioni di ebrei, provenienti da tutte le parti d'Europa, furono messi a morte con giustificazioni assurde, basate sulla purezza di una razza. Ma la *Shoah*, pur nella sua tremenda unicità, non fu l'unico esempio di lucida pazzia di quel periodo. Altri sei milioni circa di persone furono sterminate perché considerate «diverse» per idee politiche, religiose, modi di vivere e di essere... Come fu possibile tutto questo? Dove era finita la coscienza o la capacità critica del-

bacheca

«Quando saremo all'altro mondo e incontreremo i milioni di ebrei sterminati nei campi nazisti ed essi ci chiederanno che cosa abbiamo fatto noi che siamo sopravvissuti, io risponderò: "Io non ho dimenticato"».
(S. WIESENTHAL, SOPRAVVISSUTO ALLA SHOAH)

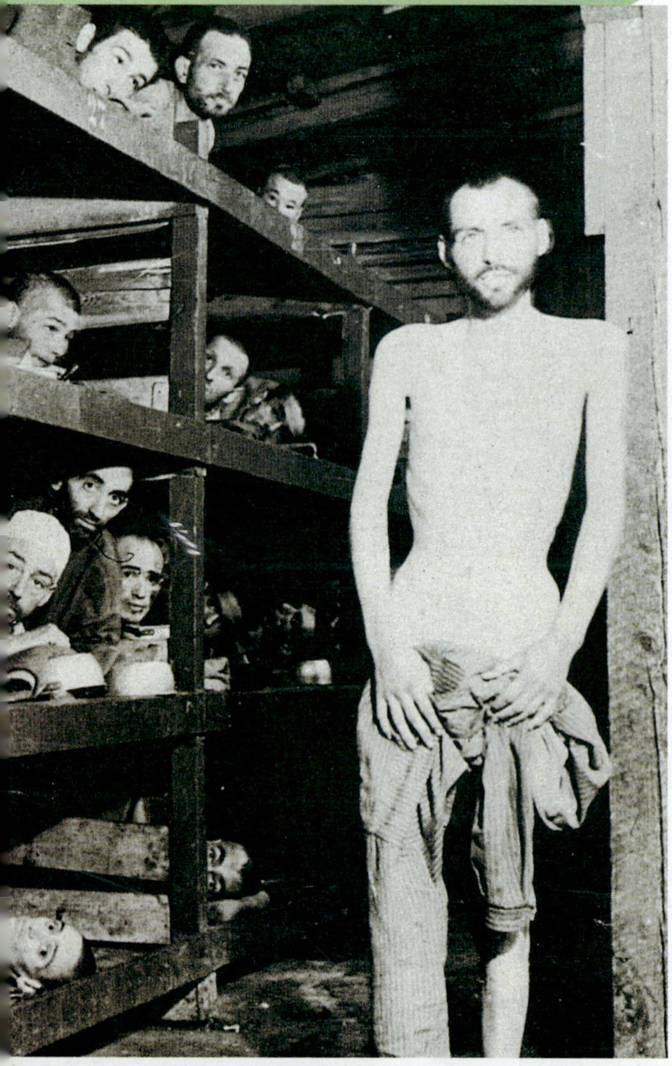

Campo di concentramento di Bergen-Belsen, 1943, interno di una baracca.

«Il lavoro rende liberi»: era la scritta all'entrata del lager di Auschwitz.

In evidenza

«DAL 1943 AL 1945 SEI MILIONI DI EBREI, DELLA MIA GENTE, FURONO STERMINATI. FUCILATI, LASCIATI MORIRE DI FAME, GASSATI, BRUCIATI NEI FORNI. IO NO. IO SONO NATA INTORNO AL 1944. NON SO ESATTAMENTE QUANDO. NON SO NEANCHE IL MIO VERO NOME. NON SO DA DOVE VENGO. NON SO SE AVEVO FRATELLI O SORELLE. L'UNICA COSA CHE SO, È CHE AVEVO SOLO POCHI MESI, QUANDO FUI STRAPPATA ALLA SHOAH...».
(DA R. VANDER ZEE, LA STORIA DI ERIKA, EDIZIONI C'ERA UNA VOLTA, PORDENONE 2003)

La casacca degli ebrei deportati nei campi di concentramento, con la stella di Davide.

la maggioranza delle persone?

Per tentare di dare una risposta a questo assurdo, forse è bene ricordare che c'è sempre un cammino di preparazione, dei gesti e delle azioni, le cui conseguenze vengono trascurate, spesso per superficialità o miopia. Prima dei campi di concentramento e di distruzione, la propaganda dei regimi nazista e fascista aveva martellato per anni l'opinione pubblica sulla necessità dell'esclusione del «diverso», considerato non solo «nemico», ma addirittura «non persona». Handicappati, ebrei, oppositori politici e religiosi, zingari: tutti individui marchiati come pericolosi, da isolare e da eliminare. Sugli ebrei ha certamente pesato l'antisemitismo (ovvero l'odio nei confronti della razza ebrea) accumulato nei secoli, rafforzato anche da motivazioni religiose che hanno preparato il terreno e favorito il silenzio e la passività; ma le cause della *Shoah,* più che religiose, sono sociali, economiche e politiche. I regimi totalitari hanno sempre bisogno di «capri espiatori» (qualcuno da condannare), e gli ebrei erano le vittime designate nei secoli, come gli zingari, gli obiettori al servizio militare ecc. E quando a un individuo viene fatto il deserto intorno, la paura, il silenzio, il sospetto fanno il resto, favorendo le azioni più assurde e tragiche. **È la tragica «banalità del male»**, come ha scritto la studiosa ebrea Hannah Arendt.

Un milione e mezzo di bambini eliminati

Così una scrittrice italiana di origine ebraica racconta la Shoah ai suoi figli: «I vostri nonni hanno incominciato a raccontare di un mondo così diverso da sembrare improbabile. Un mondo dove esistevano delle leggi per la difesa della razza (...), dove certi bambini non potevano andare a scuola perché la "razza" negava loro il banco, e per lo stesso motivo non potevano salire sul tram, ascoltare la radio, entrare in un negozio. Un mondo dove delle leggi dicevano ad alta voce che gli uomini e le donne non sono tutti eguali, anzi: ve ne sono alcuni, di uomini e donne, che per la salute di tutti gli altri è necessario tenere in disparte, emarginare, rinchiudere. In quel mondo scoppiò la guerra. E per quegli uomini e donne diversi dagli altri – perché così dicevano le leggi razziali emanate nel 1938 – la guerra fu anche cancellazione: se prima erano stati emarginati, tenuti distanti dagli altri perché considerati inferiori, ora i signori della guerra avevano deciso che questa gente faceva meglio a scomparire dalla faccia della terra (...). Fu la Shoah, parola ebraica che significa semplicemente "catastrofe": un milione e mezzo di bambini finiti in fumo dentro i forni crematori, morti per fame e dolori... eliminati per il solo fatto che esistevano e in quanto ebrei non avevano più diritto a esistere. Siamo tutti figli di sopravvissuti, bambini miei: siamo tutti sopravvissuti a questa catastrofe».

(da E. Loewenthal, *L'ebraismo spiegato ai miei figli*, Bompiani, Milano 2002, pp. 62-65)

FORUM

- Cosa significa «antisemitismo»? Consultate il *Dizionario* in fondo al testo.
- **ATTIVITÀ INTERDISCIPLINARE:** Si consiglia di fare una ricerca sulle leggi razziali applicate in Italia e sui campi di concentramento e di sterminio che erano presenti nel nostro territorio.

1.10 ebrei, fratelli maggiori

Focus

EBRAISMO E CRISTIANESIMO

Nella sua storica visita alla sinagoga di Roma, nel 1986, papa Giovanni Paolo II (1920-2005) chiamò gli ebrei «nostri fratelli maggiori». Nella storia non sempre ci si è ricordati di questa parentela importante che lega cristiani ed ebrei, e sono state scritte pagine molto brutte e dolorose di persecuzioni e incomprensioni. Ma il cristianesimo deriva dall'ebraismo: Gesù di Nazaret (riconosciuto dai cristiani come «Messia» o Cristo) era un ebreo, così come lo erano gli apostoli e le prime comunità cristiane. Anche il libro sacro, la Bibbia, almeno nella prima parte (Antico Testamento) è comune, così come il concetto di Dio. Certo, il cristianesimo si è anche differenziato dall'ebraismo. Gesù ha dato un'interpretazione originale di alcuni aspetti dell'ebraismo: per esempio, ha insistito sull'importanza da dare allo spirito della Legge (Torah), più che al precetto in se stesso; ha insegnato a invocare Dio come Abbà, «Padre caro», e ad avere una totale fiducia in lui; ha annunciato che il regno messianico di pace era giunto; nel suo insegnamento e nel suo modo di comportarsi ha mostrato di prestare particolare attenzione ai poveri, agli umili, soprattutto ai peccatori. Dopo la sua morte e risurrezione, il messaggio di Gesù si è diffuso nella cultura greca e romana, distaccandosi sempre più dalla sua patria d'origine. Ma la radice ebraica rimane per sempre, ed è dunque importante conoscerla. Infatti non si può capire il cristianesimo (e con esso anche la nostra cultura, italiana e occidentale in genere) senza l'ebraismo. Le nostre radici storiche e culturali derivano anche dalla religione ebraica e dalla Bibbia.

Se la *Shoah* ha segnato pesantemente il Novecento, la fine del XX secolo ha visto anche grandi segni di speranza. L'immagine di Giovanni Paolo II al Muro del Pianto di Gerusalemme (2000), mentre depone la preghiera di perdono per il male fatto al popolo ebraico, fa parte anch'essa di questa storia. Ebrei e cristiani sono chiamati a essere fratelli, testimoniando al mondo – pur nella loro diversità – l'amore di Dio nei confronti dell'umanità. Tra le colpe di cui la Chiesa cattolica ha chiesto perdono entrando nel terzo millennio ci sono anche i «peccati commessi nell'ambito dei rapporti con il popolo della prima Alleanza, Israele: disprezzo, atti di ostilità, silenzi». Già il concilio Vaticano II (1962-1965), la grande assemblea di tutti i vescovi cattolici con il papa, aveva scritto: «La Chiesa (...) deplora gli odi, le persecuzioni e tutte le manifestazioni dell'antisemitismo dirette contro i giudei in ogni tempo e da chiunque» (*Nostra aetate* [Dichiarazione sulle relazioni della Chiesa con le religioni non cristiane], n. 4). Ma contro l'odio e il fanatismo bisogna stare sempre in guardia. Come ha scritto Primo Levi (1919-1987) sulla lapide posta nel block italiano ad Auschwitz: «Visitatore, osserva e medita (...): fa' che il frutto orrendo dell'odio di cui hai visto qui le tracce non dia nuovo seme, né domani né mai». Purtroppo questo seme è sempre presente perché fa parte di noi. Sta a ognuno fare in modo che non germogli.

MEMORIA, CONTRO OGNI ESPRESSIONE DI ODIO E RAZZISMO

«La riflessione su uno dei grandi crimini di tutti i tempi riguarda noi tutti. Il grido del "mai più" non è riuscito a evitare altre guerre e altri crimini contro l'umanità, ma il Consiglio d'Europa, istituzione basata sulla difesa attiva dei diritti dell'uomo, porta avanti la sua missione senza mai smettere, affinché le giovani generazioni possano comprendere che gli orrori del passato devono rimanere impressi nella nostra memoria, per essere pronti alle nuove espressioni dell'odio, del razzismo e dell'antisemitismo, lì dove queste rischiano di guadagnare terreno».

(Consiglio d'Europa, 25 gennaio 2005)

FORUM

- Perché la *Shoah* e le varie forme di razzismo non accadano veramente mai più, cosa occorre fare secondo voi?
- Ritenete ci siano gruppi di persone o popoli che ancora oggi sono discriminati o sono oggetto di atteggiamenti persecutori?

1.11 che ne pensi?

Risolvendo questo cruciverba troverai nella prima colonna una parola molto importante per l'ebraismo.
Per la soluzione vedi p. 301.

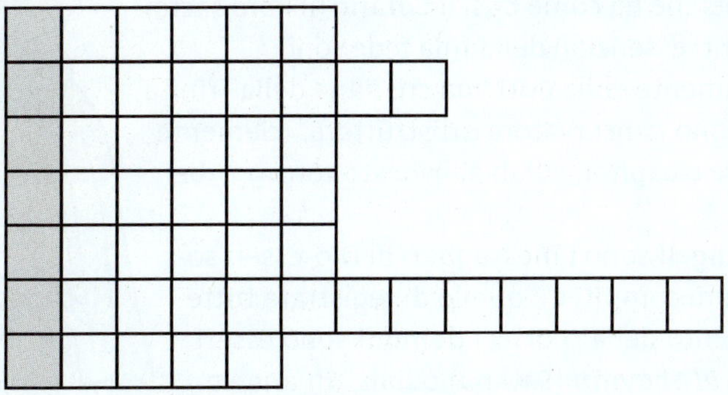

1. «Ascolta» in ebraico
2. La Festa delle luci
3. Il capostipite del popolo ebraico
4. Famosa per la torre
5. Il libro sacro degli ebrei e non solo
6. Odio nei confronti degli ebrei
7. Insegnamento o Legge

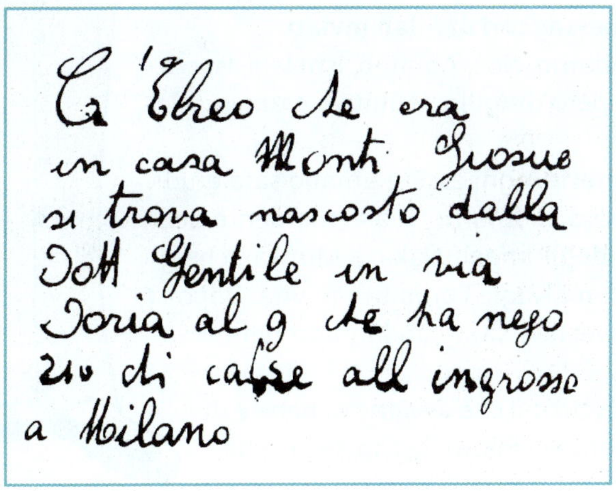

L'Ebreo che era
in casa Monti Giosue
si trova nascosto dalla
Dott Gentile in via
Doria al 9 che ha nego
zio di calze all ingrosso
a Milano

Un anonimo delatore milanese nel 1944 (durante le leggi razziali) avvisa la polizia politica fascista: «L'ebreo che era in casa Monti Giosuè si trova nascosto dalla Dott. Gentile in via Doria al 9 che ha negozio di calze all'ingrosso a Milano». Come sempre di fronte alle ingiustizie (gli ebrei avevano la solo colpa di esistere) c'è chi lotta contro di esse e chi invece le favorisce a tutti i costi. Che effetto ti fa questa testimonianza?

....

....

....

....

Questo è il simbolo dell'ebraismo: ricordi che cos'è e che cosa significa?

....

....

....

....

2.1 sono Jada, vi presento la mia religione

Io sono Jada e vi accompagnerò in questo viaggio alla scoperta della mia religione. Nel VI secolo d.C. il profeta Muhammad (sia pace su di lui) ricevette da Allah, per mezzo dell'angelo Gabriele, la rivelazione stessa di Dio racchiusa nel Corano. Il termine *islam* significa «abbandono, sottomissione a Dio» e caratterizza un'esperienza religiosa in cui l'aspetto comunitario (*umma*) e l'osservanza delle regole sono molto importanti. La legge, o norma rituale (*shari'a*), esprime infatti la stessa volontà di Dio, perché ha come basi il **Corano** (il libro sacro) e la **Sunna** (la «tradizione», con le parole e i detti del Profeta). I punti essenziali della mia fede sono:

- **Credere in Dio** (in arabo *Allah*), unico creatore e giudice (diversamente dalla dottrina cristiana della Trinità che proclama un unico Dio, ma in tre persone). Egli è guida e sostegno, conservatore e distruttore, «clemente e misericordioso», come afferma il Corano all'inizio delle varie sure o capitoli. Allah è invocato con i 99 «bei nomi divini», sgranando il rosario o *subha*.
- **Credere nell'esistenza degli angeli, dei demoni e dei ginn**: gli **angeli** sono i messaggeri di Dio, esseri soprannaturali fatti di luce, intermediari tra Dio e gli uomini. Tra i loro compiti c'è quello di registrare tutte le azioni buone e cattive degli uomini, che si sveleranno al momento della morte. I **demoni** sono esseri che tentano i malvagi e tormentano chi non crede. Il loro capo è *al-Shaytan* (Satana) o Iblis, un angelo decaduto che tenta e inganna l'uomo. I **ginn** sono spiriti sottili, forze – buone o cattive – che l'uomo non può controllare e che influenzano la sua vita.
- **Credere nei libri indicati nel Corano** come provenienti da Allah (la Torah, i Salmi, il Vangelo, il Corano), fra cui però solo il Corano contiene il testo integrale della parola di Dio.
- **Credere nella missione profetica affidata a Maometto e ai messaggeri di Allah inviati prima di lui**, tra i quali hanno una posizione di rilievo: Adamo, Noè, Abramo, Ismaele, Isacco, Giacobbe, Mosè, Salomone, David, Gesù. Maometto è però il sigillo definitivo e universale, l'ultimo dei profeti.
- **Credere nell'esistenza di una vita dopo la morte**: ogni essere umano sarà giudicato e premiato con il paradiso o condannato all'inferno. Già al momento della morte, ogni defunto subirà il giudizio degli angeli Nakir e Munkar, che gli mostreranno tutte le azioni buone o malvagie compiute in vita. Dopo la risurrezione finale e il giudizio universale sarà condannato definitivamente.
- **Credere nella predestinazione**: tutto ciò che avviene di bene e di male è conosciuto anticipatamente e voluto da Dio, senza che ciò escluda la libertà e la responsabilità dell'uomo.

Musulmano in preghiera.

FORUM

- Quali dei punti presentati vi sembrano comuni con il cristianesimo?
- Quando Jada parla della «missione profetica» di Maometto e dei «messaggeri di Allah» nomina diversi personaggi. Siete in grado di dire chi sono e anche di collocarli nel loro contesto?

Parole Chiave – CHI È ALLAH?

Allah non è il nome di Dio, ma solo il termine arabo che traduce il concetto di Dio. È composto dalla parola *ilah* («Dio») e dall'articolo *al* («il»): quindi «il Dio», corrispondente al nostro «Iddio». Nel mondo arabo preislamico, Allah era probabilmente la divinità che primeggiava sugli altri dèi.

2.2 i cinque pilastri

Ogni buon musulmano è tenuto a osservare i «cinque pilastri» (*arkān al-Islām*), cinque regole fondamentali per vivere secondo gli insegnamenti del Corano:

1. La professione di fede (*shahada*). Il primo e fondamentale pilastro dell'islam: «*Non c'è Dio all'infuori di Allah, e Maometto è il suo Profeta*». Questa proclamazione viene fatta più volte al giorno ed è recitata in arabo da tutti i musulmani del mondo. Ovunque, nelle miniature, nei disegni, sugli intonaci delle case, nelle grafie compare la scritta: «Dio è unico».

2. La preghiera rituale (*salah*). Viene fatta cinque volte al giorno e indica, anche visivamente, che la fede per un musulmano è «sottomettersi» a Dio, prostrandosi davanti a lui.

3. Il digiuno (*sawm*). Il digiuno rituale più noto e praticato è quello del mese di Ramadàn. Consiste nell'astenersi da ogni cibo e bevanda e anche dai piaceri (tabacco, profumi, sesso ecc.) dall'alba fino al tramonto; vi è obbligato ogni musulmano che abbia raggiunto la pubertà. Sono comunque previste eccezioni in caso di malattia, maternità e altro. Si interrompe il digiuno con un pasto abbondante alla sera, vissuto come momento di gioia. Il Ramadàn è il mese in cui ogni musulmano è invitato a praticare la preghiera, a sopportare le avversità, a recitare il Corano, a impegnarsi per i più bisognosi. Per l'immigrato è un'occasione per valorizzare e ritrovare le proprie tradizioni e l'identità culturale.

4. L'elemosina legale (*zakat*) non deve essere confusa con l'elemosina fatta volontariamente per generosità. È in realtà un sistema di tassazione, considerato un dovere e un obbligo sociale da ogni buon musulmano. Poiché tutto ciò che si possiede appartiene a Dio, i poveri partecipano della proprietà e dei guadagni altrui, e hanno diritto di esigerne una parte. L'elemosina è il segno esteriore, concreto, della benevolenza, della misericordia e della compassione che ogni musulmano deve dimostrare verso i propri fratelli.

5. Il pellegrinaggio (*hajj*). Per chi ne ha la possibilità, è prescritto un pellegrinaggio a La Mecca, almeno una volta nella vita. Si svolge nell'ultimo mese lunare ed è un grande momento di unità per l'islam. I pellegrini si rivestono di un lungo abito bianco, senza cuciture, che simboleggia l'abolizione delle differenze di razza e di condizione sociale, e poi compiono vari riti, tra cui la «deambulazione» (sette giri intorno alla *Ka'ba*, il grande cubo in pietra che racchiude un meteorite di basalto, detto la «Pietra nera»).

Fedeli musulmani in pellegrinaggio a La Mecca.

FORUM

- Conoscete dei ragazzi musulmani?
- Pensate che vivano la religione in modo diverso da noi? Quali differenze notate?
- **ATTIVITÀ INTERDISCIPLINARE:** Approfondire il «pellegrinaggio» come pratica presente anche in altre religioni (per esempio nell'induismo o nel cristianesimo). Potete fare una ricerca su internet o servendovi di un'enciclopedia.

IL MODELLINO IN CARTA DELLA MOSCHEA

LA MOSCHEA IN 3D

2.3 la moschea

La moschea, per noi musulmani, è il «luogo dove ci si prostra»: un edificio dedicato alla preghiera, soprattutto quella pubblica del venerdì, ma anche un posto per incontrarsi e discutere. Non può dirsi l'equivalente della chiesa cristiana (luogo consacrato, dove la comunità si riunisce per celebrare il giorno del Signore) perché un musulmano può pregare Dio dove vuole. In questo senso anche il venerdì, il giorno sacro dell'islam, è diverso dal sabato ebraico e dalla domenica cristiana: la preghiera in moschea non è infatti obbligatoria e il venerdì non è un giorno di riposo o di festa. Ma vediamo insieme, nel disegno, com'è fatta una moschea.

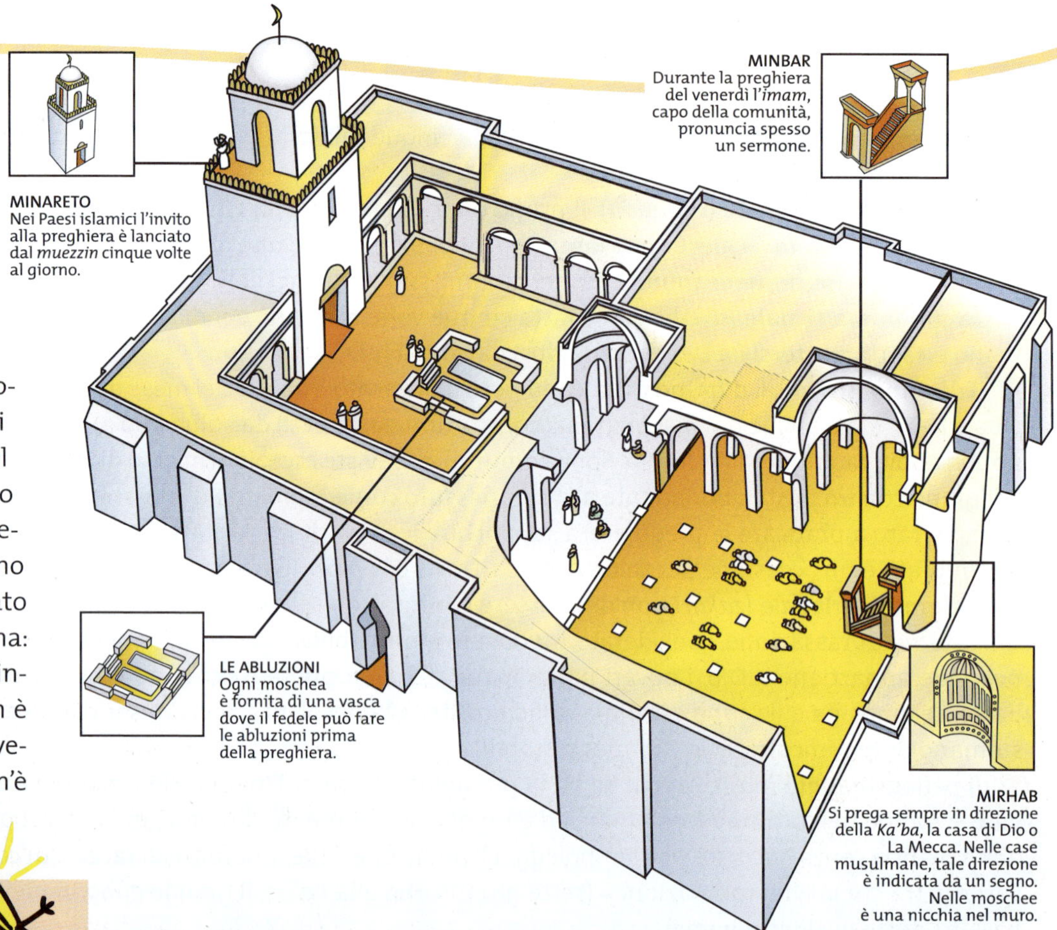

Focus

Il muezzin, *l'*imam *e il* khatib*: sono tre figure caratteristiche che svolgono una funzione pubblica nella moschea. Il* muezzin *invita i fedeli alla preghiera, l'*imam *guida le preghiere della comunità e il* khatib *predica il sermone del venerdì, in cui si trattano anche temi sociali.*

FORUM

- Quali sono gli elementi caratteristici della moschea che più colpiscono la vostra attenzione?
- **ATTIVITÀ:** Ricercate alcune notizie sull'arte e l'architettura islamica.

2.4 riti e tradizioni

Nella mia tradizione religiosa ogni momento della vita, dalla nascita alla morte, dev'essere vissuto nel nome di «Iddio clemente e misericordioso» e del suo profeta Maometto. Le tradizioni variano da paese a paese, ma nella sostanza questi sono i riti che seguono le varie tappe della vita.

- **La nascita** - Quando nasce un bambino viene fatta una cerimonia che consiste nel sussurrare all'orecchio destro del neonato la «prima chiamata alla preghiera» (*al-idhan*) e all'orecchio sinistro la «seconda chiamata alla preghiera» (*al-iqama*), il «secondo invito». Dopo questo rito viene deposta sulla lingua del neonato qualche goccia di succo di dattero e poi gli viene dato il nome. Dopo sette giorni dalla nascita, vengono tagliati i capelli del neonato e l'equivalente in argento del peso viene distribuito ai poveri. Viene fatto, inoltre, un sacrificio: per il maschio si sacrificano due capre, per la femmina una. La circoncisione, che non è richiesta dal Corano ma è comunque diffusa nel mondo islamico come pratica di purificazione, può essere fatta nel giorno del sacrificio, ma spesso viene rimandata a quando il bambino è più grande, assumendo il carattere di una festa di iniziazione o della maturità.
- **Il matrimonio** - Sia il Corano che la tradizione considerano il matrimonio come un fatto positivo. Si ammette la poligamia, ma il Corano – a differenza della società pre-islamica che non poneva limiti – fissa a quattro il numero delle mogli. Il libro sacro stabilisce anche che il marito poligamo sia giusto verso le proprie mogli, senza favorirne alcuna a danno delle altre. È proibito sposare più donne se non si è in grado di mantenere questo impegno (sura 4,3). La poligamia non è quindi un ordine, ma solo una possibilità. Per noi il matrimonio non è un sacramento, ma un contratto che può essere stipulato in casa, davanti a un *qad'i* (giudice) o anche a un *imam* da lui delegato. È previsto il divorzio. Una cosa da sapere è che la legge islamica ammette il matrimonio di un musulmano con donne di altre religioni («gente del Libro»), ma non viceversa: questo per l'autorità che l'uomo ha sulla moglie e perché i figli appartengono al padre.
- **La morte** - Come al momento della nascita, anche in quello della morte è necessario che qualcuno reciti al morente dei versetti del Corano e la *shahada*, la «professione di fede». Secondo la tradizione, alla morte il corpo viene lavato e avvolto in drappi. Dopo le preghiere, il cadavere viene sepolto nella terra, avvolto da un lenzuolo, senza bara, adagiato sul fianco destro e con il viso rivolto verso La Mecca. Se un musulmano muore fuori del proprio Paese, si rispettano le leggi del posto, ma un seguace dell'islam non può essere sepolto con gli «infedeli»: per questo nei cimiteri delle grandi città italiane spesso vi è un appezzamento destinato all'islam. Se non è possibile, si cerca di rimpatriare la salma in terra islamica.

Focus

L'ISLAM E LA DONNA

«Il pensiero tradizionale islamico è stato molto crudele e oppressivo con le donne. I diritti delle donne sono stati ignorati per secoli. Sebbene le prescrizioni del Corano siano dirette esplicitamente a credenti dell'uno e dell'altro sesso, la loro interpretazione dimentica opportunisticamente gli uomini e scarica tutto il peso sulle donne».
(Z. Sardar – Z. Abbas Malik, Maometto. Per cominciare, *Feltrinelli, Milano 1995, p. 164)*

FORUM

- Tra i nostri riti della nascita e quelli islamici trovate degli aspetti comuni?
- **ATTIVITÀ:** Fare delle interviste a dei musulmani presenti sul territorio per conoscere direttamente da loro gli usi e i costumi.

2.5 feste principali

Jada ci presenta le principali feste religiose islamiche:

- **'Id al-Fitr** (festa della fine del digiuno) che si celebra alla fine del Ramadàn, dura un solo giorno e viene trascorsa in famiglia. In questa festa, detta anche *al-'id al-saghir*, è peccato non mangiare, si regalano dei doni, spesso rotondi, che ricordano la luna, e tanti dolci.
- **'Id al-Kabir** («la grande festa»), detta anche *'id al-adhà* («la festa dei sacrifici»), che si celebra il 10 del mese di Dhu l Hijjah, in occasione del pellegrinaggio a La Mecca. La festa, che dura quattro giorni, ricorda Abramo che, al posto del figlio, sacrificò un montone. Ogni padre uccide un montone che viene condiviso in famiglia e con i vicini.
- Una terza festa molto osservata è il **Capodanno**, cioè il primo giorno del mese Muharram, durante il quale il musulmano è chiamato a meditare e a raccogliersi nella preghiera per cominciare il nuovo anno nella gioia e nella pace: nella gioia perché lo deve aprire con ottimismo e speranza; nella pace perché deve riconciliarsi con i suoi vicini e, quindi, deve fare un gesto di fraternità. Nello stesso mese di Muharram, il 10, c'è la **Festa dei poveri**, detta **«la Decima»**: infatti ogni musulmano ricco di mezzi dovrebbe distribuire un decimo dei suoi risparmi annuali ai poveri.
- Altre feste sono quelle legate alla vita di Maometto: il 12 di Rabi'al Auwal è il primo giorno del mese che celebra la **Nascita del Profeta**. La notte dell'ascensione del Profeta, o *laylatu-l-mi'raj* (dalla roccia del monte di Gerusalemme, attuale Cupola della Roccia), si celebra il 27 di Rajab, con la lettura del Corano per tutta la notte. Le ultime cinque notti dispari del mese di Ramadàn, si celebra la *laylatu-l-qadr* («la notte del destino»): si pensa infatti che in una di queste notti ci sia stata la rivelazione del Corano.

Focus

IL CALENDARIO

Il calendario musulmano si basa sull'anno lunare, composto in media da 354 giorni (rispetto ai 365 dell'anno solare), suddivisi in dodici mesi (ciascuno corrispondente a un mese dell'anno solare, a partire da gennaio). Il computo degli anni inizia con il 16 luglio 622 d.C., la data convenzionale dell'egira. In modo molto approssimativo si può dire che per calcolare l'anno islamico occorre sottrarre all'anno in corso la data dell'egira; ma questo è solo in parte vero perché i musulmani hanno un calendario lunare diverso dal nostro. Per il calcolo esatto si veda http://www.arab.it/calendario/calendariohome.htm

CIBO HALAL E PROIBIZIONI ALIMENTARI

Le regole alimentari dei musulmani sono simili a quelle degli ebrei (derivano infatti dalla Bibbia). Come gli ebrei, non mangiano il maiale e altri animali considerati impuri. La carne deve essere *halal*, macellata secondo le regole rituali. L'animale deve essere sgozzato, perché il sangue scoli completamente dal suo corpo; anche questo è giustificato dalla credenza ebraica sul sangue come sede della vita. Maometto proibì anche l'assunzione di bevande inebrianti perché turbavano l'ordine pubblico, soprattutto durante i pellegrinaggi. Ma si discute ancora oggi se il Profeta volesse proibire l'ubriachezza o categoricamente l'assunzione di ogni tipo di bevanda fermentata e di fumo.

FORUM

- **ATTIVITÀ:** Approfondire, attraverso foto e descrizioni, anche su internet, le principali feste islamiche.
- Anche il cibo può essere un motivo di dialogo tra popoli e religioni. Si veda la storia del cuscus: www.taccuinistorici.it/ita/news/medioevale/cibo-di-strada/CUSCUS-piatto-multisociale.html
- Per approfondimenti sul tema «cibo e religioni», si veda M. Salani, *A tavola con le religioni*, EDB, Bologna 2001.

2.6 islam e fondamentalismo

Uno dei pregiudizi ancora molto diffusi in Occidente è che l'islam sia una religione violenta. Ma non si può confondere l'islam (attualmente circa un miliardo e trecento milioni di persone), che è una realtà molto complessa, con l'azione di gruppi terroristici, i quali rimangono minoritari all'interno del mondo islamico. L'islam è una grande religione, né più né meno pericolosa di altre; anche se bisogna riconoscere che in questi ultimi anni il terrorismo islamico (soprattutto dopo l'attentato alle Torri Gemelle di New York l'11 settembre 2001, ma anche dopo gli attentati a Madrid, Londra e in Egitto) ha scosso il mondo intero. Molto dipenderà da come l'islam non fondamentalista, cioè quello moderato (composto dalla maggioranza dei musulmani), saprà rispondere alla deriva terrorista. Un'altra parola islamica che fa paura è *jihad*. Non è corretto attribuire a questo termine come significato principale quello di «guerra santa»; esso indica soprattutto lo «sforzo compiuto sulla via di Allah», la «lotta contro il male», come si può approfondire sul *Dizionario* che si trova in fondo al libro. I terroristi, quelli degli attentati che provocano stragi di innocenti, sono – come affermano i musulmani stessi – «nemici dell'islam, dell'umanità, della vita stessa». Così lo sceicco al-Sudeis si espresse durante il sermone per la festa di fine pellegrinaggio, rivolto a circa due milioni e mezzo di musulmani presenti nella città santa de La Mecca: «I terroristi usano interpretazioni forzate e manipolate per giustificare la violenza, basate sull'ignoranza. La fede non significa uccidere musulmani o non musulmani che vivono fra noi, non vuol dire spargere sangue e terrore, o far volare parti del corpo (...). Il terrorismo distruggerà la nazione islamica: da esso dobbiamo proteggere la nostra gioventù» (*La Repubblica*, 21 gennaio 2005, p. 7).

Focus

ALCUNE DELLE COSE CHE L'ISLAM HA INSEGNATO ALL'OCCIDENTE

- *Tutta la filosofia greca (Platone, Aristotele, i neoplatonici) è giunta a noi grazie alle traduzioni fatte dagli arabi.*
- *L'algebra, la trigonometria e la geometria della sfera.*
- *L'ottica; le leggi e la conoscenza dei fenomeni astronomici.*
- *Gli strumenti bibliografici: dizionari, enciclopedie, bibliografie.*
- *Come orientarsi: calcolo della direzione; la rotta e la bussola; la cartografia.*
- *Comprensione di base del funzionamento del corpo umano; gli ospedali, gli strumenti chirurgici.*
- *Il sistema universitario (cattedra compresa).*
- *L'idrologia; vari strumenti per l'irrigazione.*
- *L'armonia musicale; la chitarra e altri strumenti a corda e la tecnica per suonarli.*

(Z. Sardar – Z. Abbas Malik, Maometto. Per cominciare*, Feltrinelli, Milano 1995, p. 128)*

Il Memorial dell'11 settembre 2001.

FORUM

- Perché è un «pregiudizio» pericoloso affermare che l'islam è una religione violenta?
- Conoscete altri «pregiudizi» che riguardano l'islam?

2.7 la calligrafia nell'islam

Nell'iscrizione si legge: «Ash-hadu an la ilaha illa-Llah wa ash-hadu anna Muhammadan rasulu-Llah», che significa: «Sono testimone che non esiste altro Dio all'infuori di Iddio e che Muhammed è il suo Profeta».

Kairuan, X sec., Tunisi, Biblioteca nazionale. Questo manoscritto fu redatto su pergamena, un materiale prezioso che, ai tempi del primissimo islam, veniva utilizzato soltanto per le copie del Corano. Il testo è scritto in «stile cufico»; esso rende armonica la scrittura costruita con forme verticali e orizzontali.

La calligrafia è strettamente legata alla rivelazione coranica perché la parola divina è l'unica testimonianza di Allah, ricevuta oralmente da Maometto e messa per iscritto dai suoi seguaci. Viene utilizzata ovunque, come decorazione, negli edifici, nei tappeti, nelle suppellettili.
La prima scrittura del VII sec. era consonantica e veniva tracciata dagli scribi da destra a sinistra sulla pergamena, che tenevano sulle ginocchia. Questa scrittura, detta *cufica*, rimase in uso fino al XII sec. circa; si presenta angolosa e dai contorni chiari. Già dal X sec., per esigenze pratiche legate all'amministrazione e al commercio, la calligrafia assunse altre forme più arrotondate e si diversificò in vari stili: *nashi*, *muhaqqaq*, *raihani*, *tauqi*, *riqa* e *thuluth*. La calligrafia araba, per la sua bellezza, è considerata raffinata e insuperabile.

Fregio dello zoccolo nel Mausoleo del Malai, inizio del XVIII sec., Ismail, Mekues.

FORUM

> Provate a scrivere il vostro nome con una bella calligrafia, che richiami i motivi islamici.

2.8 che ne pensi?

Completa con le definizioni: troverai nella prima colonna un nome molto importante per la storia dell'islam. Per le soluzioni, vedi p. 301.

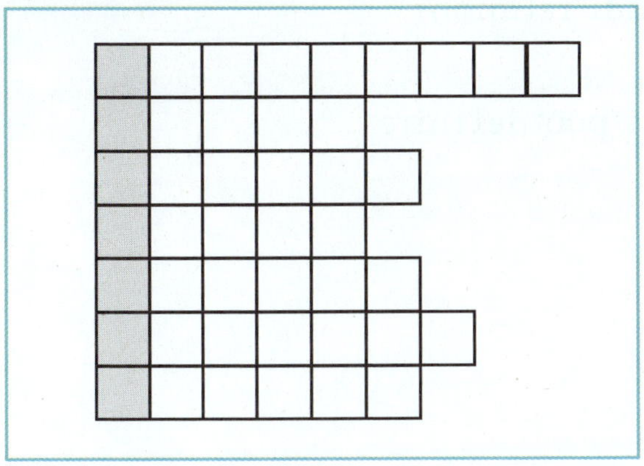

1. È detta la prima sura del Corano
2. L'unico Dio per i musulmani
3. Vi trovò rifugio Maometto
4. Segna l'inizio del calendario islamico
5. È composto da 114 capitoli
6. I successori del Profeta
7. Esseri fatti di luce

Rabi'a al-Basri è una poetessa islamica, appartenente al sufismo, che compose questa poesia nell'Iraq del IX secolo d.C.

«O mio Dio! Se ti ho adorato per paura dell'inferno,
bruciami nel suo fuoco.
Se ti ho adorato per speranza del paradiso,
privami di esso.
Ma se ti ho adorato che per Te solo,
non privarmi della contemplazione del Tuo volto».

Un danzatore sufi a Il Cairo.

Commenta brevemente questa poesia, secondo ciò che ti ispira:

In base a quello che hai compreso, prova a spiegare chi è un «fondamentalista».

I figli di Abramo

- **Abramo** = È il padre nella fede delle tre grandi religioni monoteiste.

È stato il primo a credere nell'**unico Dio**; quindi si può definire il **padre dei credenti**.

LA DISCENDENZA DI ABRAMO

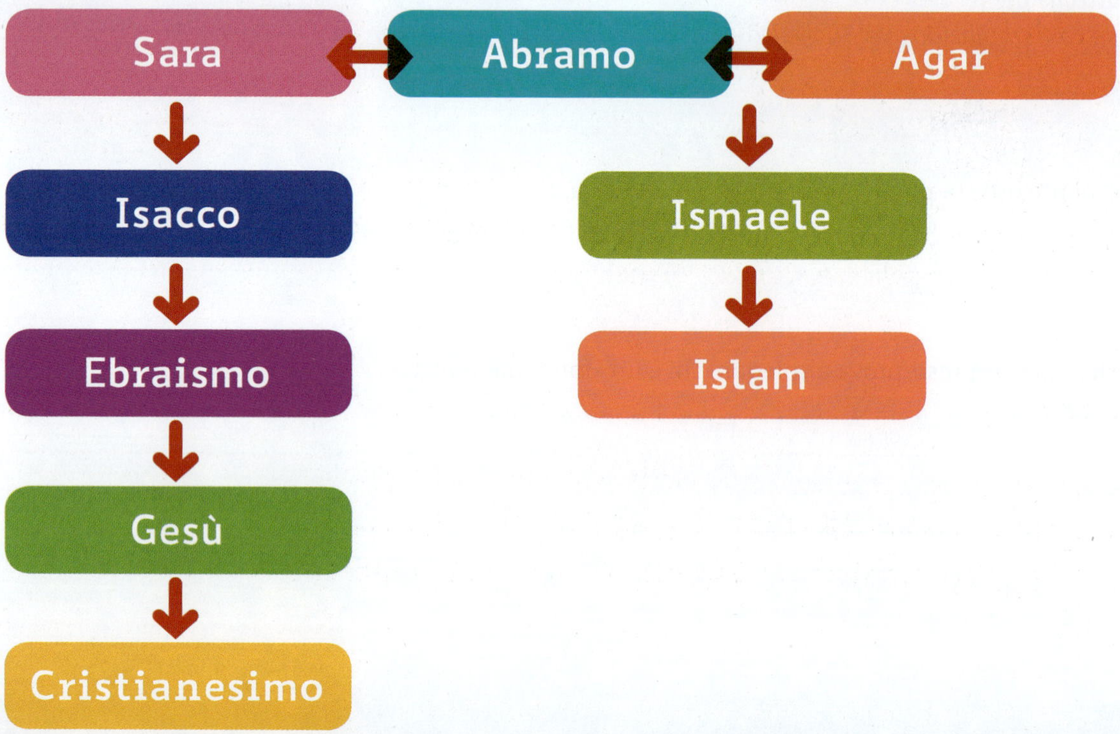

• Ebraismo

- **La fede nell'unico D-O** = questa fede **monoteista** ha sempre caratterizzato il popolo ebraico, distinguendolo dagli altri popoli vicini.
- Il libro sacro: la **Bibbia**, divisa in 3 parti: Torah (i primi 5 libri), i Profeti e gli Scritti.
- L'**alleanza** = il patto fra Dio e il popolo, sintetizzato nel DECALOGO (= le Dieci Parole o Comandamenti).
- La **terra** = promessa da Dio al suo popolo.
- La **sinagoga** = il luogo dei preghiera, che è anche luogo di incontro, di riunione e di studio della **Torah** (su cui i bambini imparano a leggere).
- Il **sabato** = il giorno di festa settimanale stabilito da Dio.
- Le **feste**, come: i giorni solenni (il Capodanno e il Giorno dell'espiazione) – i pellegrinaggi (si chiamano così perché un tempo si andava in pellegrinaggio a Gerusalemme).
- **Pasqua** (memoriale della liberazione dall'Egitto) – Pentecoste – Festa delle capanne (Sukkòth) – le altre feste (Hanukkah = Festa delle Luci) e Purim (Festa delle sorti).
- Le **regole alimentari** = gli ebrei possono mangiare solo cibo *kasher*, cioè macellato e preparato secondo alcune regole: per esempio è proibito mangiare alcuni tipi di carne o di pesce (maiali, molluschi...), cibi in cui sono presenti insieme carne e latticini...

Nell'ebraismo è fondamentale l'alleanza, ovvero il patto fra Dio e il suo popolo, sintetizzato nel Decalogo (Dieci parole o Comandamenti)

Papa Giovanni Paolo II ha definito gli ebrei «nostri fratelli maggiori»

• Ebraismo e cristianesimo

= Papa Giovanni Paolo II ha definito gli ebrei «**nostri fratelli maggiori**», in quanto il cristianesimo deriva dall'ebraismo. Gesù era ebreo e così pure tutti gli apostoli.

Giovanni Paolo II ha inoltre chiesto perdono per tutto il male fatto agli ebrei, anche per colpa della Chiesa che in passato ha espresso ostilità e disprezzo nei loro confronti.

• Islam

- La **fede in un unico dio, Allah**, a cui l'uomo si sottomette (**islam** significa «sottomissione» a Dio).
- Il libro sacro = il **Corano**, che contiene la rivelazione di Allah al profeta Maometto.
- I **5 pilastri** = 1) la **professione di fede** ; 2) la **preghiera cinque volte al giorno**; 3) il **digiuno** nel mese di Ramadan; 4) **l'elemosina**, obbligo sociale per aiutare i poveri; 5) il **pellegrinaggio a La Mecca**, la città santa.
- La **moschea** = il luogo di preghiera in cui ci si ritrova il **venerdì**.
- Le **feste** = le principali sono: la festa per la fine del Ramadan ('Id al-fitr) – la Grande festa o Festa del sacrificio (ricorda quando Abramo sacrificò un montone al posto del figlio) – il Capodanno – varie feste legate alla vita di Maometto.
- Il **calendario** = secondo l'islam, il computo degli anni inizia con il 16 luglio 622 d.C., la data della fuga di Maometto da La Mecca (*egira*). L'anno islamico segue un calendario lunare di 354 giorni, quindi più corto del nostro anno solare.
- Le **regole alimentari** = vi sono alcune proibizioni, riguardanti il consumo di bevande alcoliche e di carne di maiale, mentre la carne deve essere halal, ossia macellata secondo alcune regole rituali.

Il rispetto dei 5 pilastri regola la vita del fedele musulmano

Esercizi

1 Indica con una crocetta se le seguenti affermazioni sono vere oppure false:

Affermazioni	Vero	Falso
Ebraismo e islam sono le uniche due religioni monoteiste		
Ebraismo e islam non hanno un libro sacro		
Maometto è il profeta dell'islam		
Abramo ha avuto fede nell'unico Dio		
L'Islam è una delle religioni più antiche al mondo		
La moschea è il luogo di preghiera dell'ebraismo		

2 Con una crocetta indica se le feste elencate nella tabella appartengono all'Ebraismo oppure all'Islam:

Feste	Ebraismo	Islam
Pasqua		
'Id al-Fitr (fine del Ramadan)		
Sukkòth (Festa delle Capanne)		
Yom Kippur (Giorno dell'espiazione)		
Festa del sacrificio		
Nascita di Maometto		

3 Collega le seguenti parole riguardanti l'ebraismo e l'islam con la definizione corrispondente:

Parole	definizioni
Moschea	Il libro sacro dell'islam
Sabato	Il mese del digiuno nell'islam
Corano	La festa settimanale ebraica
Sinagoga	Il libro sacro degli ebrei
Bibbia	Il luogo di preghiera dell'islam
Ramadan	Il luogo di preghiera dell'ebraismo

i figli di Abramo

sintesi.it

Inserisci la parola giusta, tra quelle indicate sotto:

Ebrei e musulmani fanno parte delle religioni__________del Mediterraneo e riconoscono__________come padre comune della fede. Ebrei, cristiani e musulmani, oltre ad Abramo, credono nell'unico__________, in una vita che continua oltre la morte, hanno in comune molti profeti e una parte della loro tradizione__________, così come una parte delle regole di vita. Ovviamente sono anche tante le differenze tra di loro, soprattutto sul concetto stesso della __________ di Dio che, per i cristiani, si è manifestato in__________.

■ scritta ■ Gesù ■ Dio ■ monoteiste ■ rivelazione ■ Abramo

MediaLab

WEB 2.0

1. GALLERIA VIRTUALE IN 3D
Create una galleria di immagini sull'ebraismo e sull'islam scegliendo uno dei modelli predefiniti.

2. MODELLI 3D DI OGGETTI RELIGIOSI
Visualizzate i modellini in 3D degli oggetti religiosi ebraici e musulmani.

3. VIRTUAL TOUR DELLA CASA DI ANNA FRANK
Visitate la ricostruzione virtuale degli ambienti della casa di Anna Frank.

4. MAPPA DELLA SHOAH
Costruite una mappa di Google, con i percorsi di alcuni sopravvissuti.

5. IL CORANO DA SFOGLIARE
Osservate le particolarità del Corano sfogliandone le pagine.

LIM (MATERIALI DISPONIBILI SUL SITO WWW.EDBSCUOLADIGITALE.IT)

1. SCOPRI I SUONI DELLE RELIGIONI
ascolta
Ascoltate i suoni degli strumenti e delle voci.

2. SLIDE IL MILIONARIO
gioca
Rispondete alle domande del famoso gioco «Il Milionario».

3. GLI ELEMENTI DELLA SINAGOGA E DELLA MOSCHEA
drag & drop
Colloca l'elemento giusto al posto giusto nei diversi luoghi sacri proposti.

attività interattive multimediali

ATTIVITÀ PRATICHE

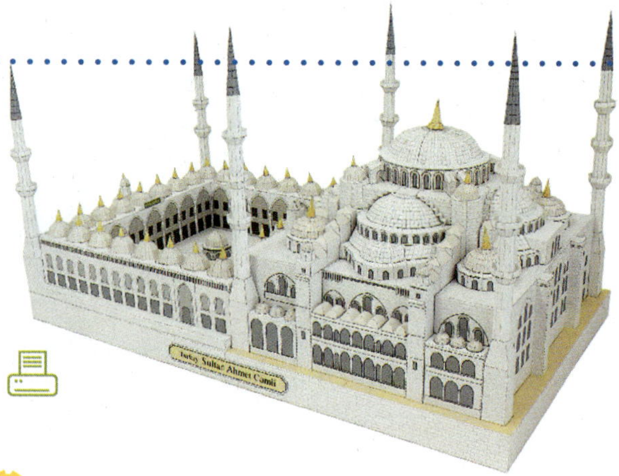

1. MODELLI DI CARTA PLUS
Ricostruisci il modellino di carta di una moschea.

2. GLI ELEMENTI DELLA SINAGOGA E DELLA MOSCHEA
Collocate l'elemento giusto al posto giusto nei luoghi sacri indicati.

3. CALENDARIO EBRAICO E MUSULMANO DA COLORARE PLUS
Colorate i calendari ebraico e musulmano.

4. MODELLI DI CARTA DELLA RELIGIONE EBRAICA PLUS
Divertitevi con i modellini di carta degli oggetti più comuni della religione ebraica.

FILM

Per i film preceduti da asterisco (*) si consiglia la visione di una selezione delle scene

Jona che visse nella balena
(Francia, 1993) di Roberto Faenza

* Il Pianista
(Polonia, 2002) di Roman Polanski

La vita è bella
(Italia, 1997) di Roberto Benigni

Mi ricordo Anna Frank
(Italia, 2009) di Alberto Negrin

Train de vie - Un treno per vivere
(Francia/Belgio/Romania/Israele/Paesi Bassi, 1998) di Radu Mihaileanu

Monsieur Ibrahim e i fiori del Corano
(Francia, 2003) di François Dupeyron

Viaggio alla Mecca
(Francia/Marocco, 2004) di Ismaël Ferroukhi

Viaggio a Kandahar
(Francia/Iran, 2001) di Mohsen Makhmalbaf

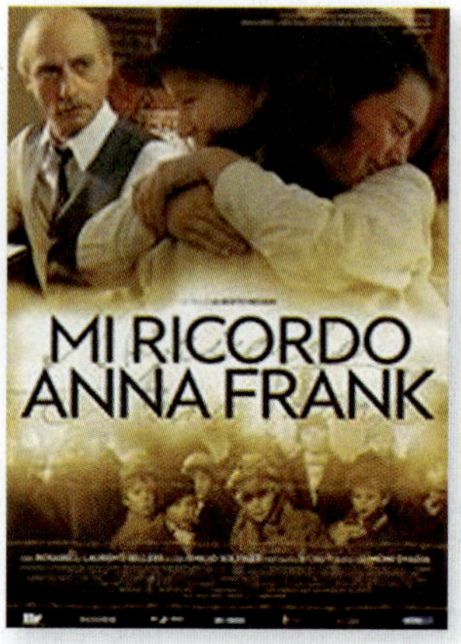

REALTÀ AUMENTATA

MOSCHEA IN 3D
Visualizza la moschea in 3D, ruotando il libro.

PLUS disponibile su eBook plus · collegati · scarica · stampa · assembla

MODULO 7

Gesù e il suo messaggio

twitter

GESÙ È PRESENTE IN OGNI UOMO CHE INCONTRIAMO, BASTA GUARDARE BENE.

PER CAPIRE CRISTO BISOGNA AMARLO.

CRISTO NON HA PIÙ MANI, HA SOLTANTO LE NOSTRE MANI.

bacheca

«Gesù è l'uomo per gli altri». (DIETRICH BONHOEFFER, TEOLOGO E PASTORE PROTESTANTE)

«Prima di Cristo nessuno aveva mai detto che gli uomini sono tutti uguali e fratelli, tutti, ricchi e poveri, credenti e non credenti, ebrei e non ebrei e neri e bianchi. Questo dice il crocifisso. Lo dice a tutti, mica solo ai cattolici. È il contrario di tutte le guerre». (NATALIA GINZBURG, SCRITTRICE)

«Come affermava lo scrittore russo Fedor Dostoevskij, non c'è nulla di più bello, profondo, ragionevole, coraggioso e perfetto di Gesù Cristo». (ANGELO COMASTRI, CARDINALE)

nuvola di tag

piano di lavoro

TRAGUARDI PER LO SVILUPPO DELLE COMPETENZE *(in prospettiva)*

Conoscere e approfondire il messaggio e la figura di Gesù, un personaggio storico che ha lasciato il segno della sua presenza soprattutto in Occidente ed è punto di riferimento essenziale per il cristianesimo.

OBIETTIVI DI APPRENDIMENTO

- Approfondire l'identità storica, la predicazione e l'opera di Gesù, nella prospettiva dell'evento pasquale (morte e risurrezione).
- Comprendere il collegamento tra Gesù e la fede cristiana che lo riconosce come Figlio di Dio fatto uomo e Salvatore del mondo.

COSA IMPARARE PER LA VITA

- Cogliere il nucleo centrale del messaggio di Gesù (Dio Padre invita ad amare tutti gli uomini come fratelli), cercando di mettere in pratica il comandamento dell'amore su cui si fonda l'annuncio cristiano.

LE VARIE TAPPE

Dopo un'introduzione sulla figura storica di Gesù, collocato nella sua terra e nella sua cultura, si presenta il centro del messaggio cristiano, che esige un amore concreto verso Dio e verso ogni uomo, considerato fratello; un messaggio liberante, ma anche esigente, che passa per la croce prima di giungere alla risurrezione.

QUALCHE SUGGERIMENTO

La figura e il messaggio di Gesù conservano ancora tutta la loro attualità e la capacità di coinvolgere i giovani. L'importante è non annacquare il messaggio e lasciare intatta la radicalità e la libertà con cui Cristo lo propone («Se vuoi...»): il contrario di ogni imposizione e autoritarismo.

RISERVATO ALL'INSEGNANTE

Per eventuali suggerimenti e approfondimenti sul tema, per spunti e idee, proposte di lavori sul Web ed esercitazioni con gli alunni si veda *MediaLab - Attività interattive multimediali* nella parte finale del modulo e anche la *Guida per l'insegnante*. Per le verifiche, si veda il *Quaderno operativo digitale* sul CD-rom allegato al testo.

COLPO D'OCCHIO

1.1 vi presento Gesù di Nazaret

Ciao, sono Giulia. Come hanno già fatto David per l'ebraismo e Jada per l'islam, vi accompagnerò nella presentazione del cristianesimo. Io sono una cristiana cattolica: come sapete noi cristiani siamo suddivisi in numerose confessioni o Chiese, ma tutti ci ritroviamo uniti nel nome di Gesù, riconosciuto come Cristo (Messia) e Signore (Figlio di Dio). Per questo ciò che vi dirò è comune a tutti i cristiani; se poi vi saranno interpretazioni differenti su alcuni punti particolari avrò modo di segnalarvelo. Un'altra cosa importante: anche se il cristianesimo è la religione più presente sul nostro territorio, non date per scontato di conoscerla. Spesso sono proprio le realtà o le persone più vicine a noi quelle che conosciamo di meno.

Iniziamo dunque il nostro viaggio di presentazione del cristianesimo con un'ipotesi un po' fantasiosa. Immaginiamo che un archeologo ritrovi per caso l'archivio di tutte le condanne a morte eseguite nel periodo in cui a Gerusalemme c'era il procuratore romano Ponzio Pilato. I dati riguardanti Gesù di Nazaret potrebbero corrispondere a quelli indicati nella scheda qui a fianco.

Certo, Pilato non poteva immaginare che la condanna a morte di quel predicatore (in quel tempo ce n'erano diversi in giro) lo avrebbe fatto passare alla storia. Per lui non era che l'ennesima crocifissione ordinata per tenere soggiogata nel terrore quella lontana regione dell'Impero, sempre pronta a sollevarsi contro Roma. Ma quello di Gesù non è rimasto un nome sepolto negli archivi della storia. Con lui la storia si è divisa in due (prima e dopo Cristo) e, ancora oggi, un terzo della popolazione mondiale è cristiana e crede nel messaggio di Gesù di Nazaret.

Che cos'ha fatto di così importante? Ci ha fatto conoscere Dio come comunità d'amore (Trinità), rivelandosi come il Messia (Cristo). Con le sue parole e la sua vita ci ha testimoniato che è possibile operare per un mondo dove ci sia meno ⇨

ARCHIVIO

DALL'ARCHIVIO DEI CONDANNATI:
Nome: Jehoshù'a (Jesus in latino)
Cognome (dal nome del padre): ben Josef di Nazaret
Madre: Myriam
Luogo di nascita: Betlemme
Residenza: Nazaret
Professione: rabbi itinerante
Accusa: fomentatore di disordini; autoproclamatosi «re dei Giudei»
Pena: crocifissione

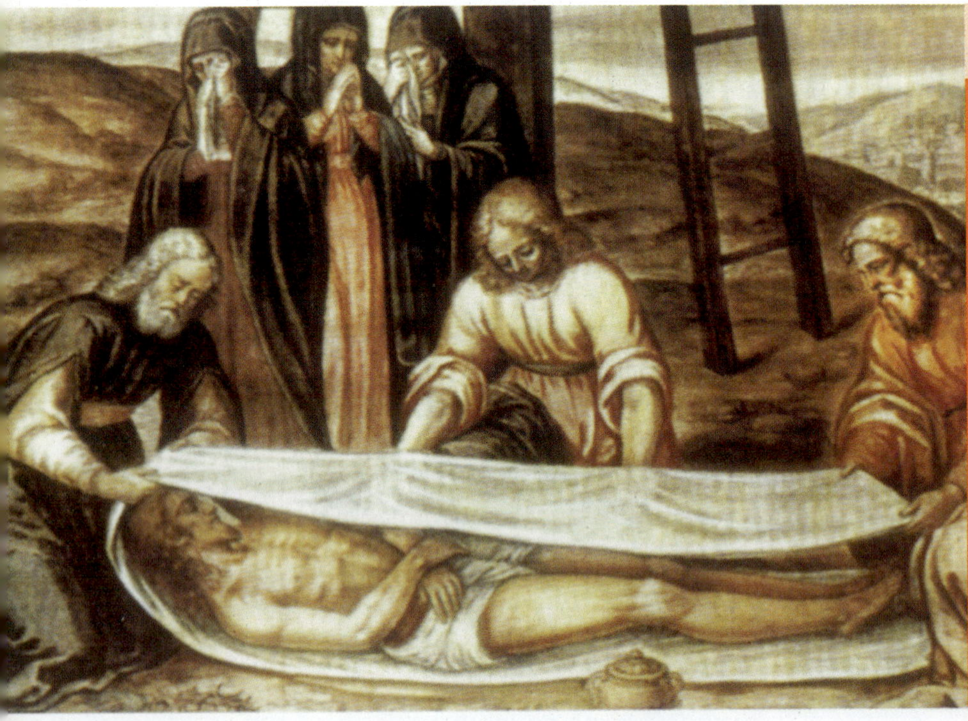

Focus

COS'È LA SINDONE?

È un lenzuolo di lino, lungo 4,37 metri e largo 1,11 metri, usato per avvolgere un cadavere e conservato a Torino. Sul tessuto è impressa l'immagine (sia frontale che dorsale) di un uomo crocifisso. L'impronta presenta la singolare caratteristica di comportarsi come un negativo fotografico. Dallo studio medico-legale dell'impronta risulta che l'uomo che vi fu avvolto era stato percosso e ferito, anche da una corona di spine, nelle ore precedenti la morte, come risulta dai Vangeli. Anche se gli esami di laboratorio (Carbonio 14) hanno fatto risalire il tessuto all'epoca medievale, alcuni studiosi sostengono che i dati possano esseri stati falsati da un incendio subito in passato dal telo e quindi non siano attendibili. La cristianità considera la Sindone una testimonianza significativa e per molti credenti quello impressovi è il vero volto di Gesù Cristo.

ingiustizia e più pace, dove si viva in armonia con il creato e il Creatore (regno di Dio). È morto sulla croce per riscattare l'umanità (redenzione), ma il terzo giorno è risorto, dimostrando così che la schiavitù più grande (la morte) può essere vinta e che non siamo destinati a diventare polvere ma a vivere in Dio per l'eternità. Questo, in estrema sintesi, è l'essenziale, ma avremo modo di approfondire in seguito la «novità» della figura di Gesù, riconosciuto dai cristiani come il Cristo.

Com'era Gesù? La domanda su com'era fatto Gesù, soprattutto la fisionomia del suo volto, ha sempre incuriosito, ieri come oggi. In questa Unità potete osservare alcune delle rappresentazioni di Gesù; dagli studi scientifici effettuati risulta un Gesù molto diverso da quello dell'iconografia classica: pelle olivastra, altezza 1,53 metri e 50 chilogrammi di peso. Ma nessuno potrà mai sapere come era veramente.

1

2

3

4
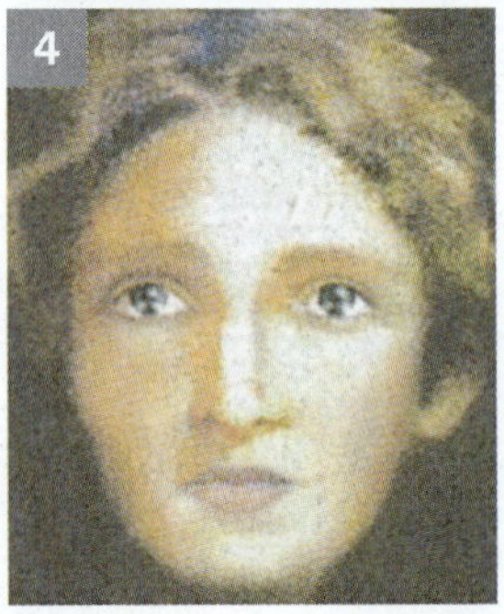

1. Icona di un artista ignoto operante a Chilandar, Monte Athos, 1360-1370; **2.** Il volto della Sindone; **3.** Il volto elaborato al computer da un gruppo di scienziati israeliani e inglesi nel 2001, basandosi su alcuni teschi ritrovati in Palestina nel I sec. d.C. **4.** Il volto di Gesù a 12 anni, ricostruito al computer dalla polizia scientifica italiana (dicembre 2004), ringiovanendo l'immagine della Sindone.

FORUM

- E voi che idea vi siete fatti di Gesù?
- **ATTIVITÀ:** Provate a scrivere su un foglietto ciò che apprezzate della figura e dell'opera di Gesù.

1.2 la terra di Gesù

Gran parte della vita di Gesù si svolge in **Galilea**, la regione nel nord della Palestina. Gesù ha vissuto la sua infanzia e giovinezza a Nazaret e solo negli ultimi tre anni della sua vita ha girato per le strade e le città della Palestina. La sua predicazione ufficiale inizia a Cafarnao, una città portuale e di confine, con circa 10.000 abitanti, posta sul lago di Genesaret (detto anche «mare di Galilea»), poi si sposta in Giudea per culminare a **Gerusalemme**, il luogo della sua morte e risurrezione. L'evangelista Marco descrive in questo modo l'inizio della predicazione di Gesù: «Giunsero a Cafarnao e subito Gesù, entrato di sabato nella sinagoga, insegnava. Ed erano stupiti del suo insegnamento: egli infatti insegnava loro come uno che ha autorità, e non come gli scribi (...). La sua fama si diffuse subito dovunque, in tutta la regione della Galilea» (Mc 1,21-22.28).

Gesù legge il libro di Isaia nella sinagoga, miniatura tratta dal Codice Aureo di Echternach.

Focus

I GRUPPI RELIGIOSI AL TEMPO DI GESÙ

Il Vangelo ricorda vari gruppi (o partiti) religiosi ebraici presenti all'epoca di Gesù.

- **Sadducei:** *un gruppo influente dal punto di vista politico e piuttosto elitario, diffuso tra le famiglie ricche e nobili. Ne facevano parte la maggioranza dei sacerdoti e del supremo consiglio ebraico (il Sinedrio). Professavano una religiosità di fatto conservatrice, tutta basata sulla Legge (Torah), ed erano alquanto impopolari.*
- **Farisei:** *un gruppo più numeroso, più influente e meno conservatore dei sadducei; cercavano di interpretare la Legge ma in modo piuttosto complicato e difficile. Alcuni di loro (ad esempio, Nicodemo e Giuseppe) erano simpatizzanti di Gesù.*
- **Gruppi eremitici:** *come gli esseni, si erano stabiliti nella zona del mar Morto; vivevano isolati, senza grande influenza sul popolo.*
- **Gruppi estremisti:** *come gli zeloti, teorizzavano la lotta armata contro i dominatori romani.*

FORUM

> **ATTIVITÀ:** Approfondite il discorso sulla terra di Gesù attraverso la visione di sussidi multimediali (v. *MediaLab* nelle pagine conclusive del Modulo). Inoltre, osservate la cartina e cercate i nomi delle città che hanno a che fare con la vita di Gesù e spiegatene il perché (ad esempio, Cafarnao: la città nella quale Gesù inizia a predicare il vangelo).

1.3 è veramente esistito?

Anche a me – confessa Giulia, che ci guida nella presentazione del cristianesimo – è capitato di chiedermi: ma Gesù è veramente esistito, oppure è una grande favola che ci tramandiamo di generazione in generazione? Ho fatto una seria ricerca e mi sono accorta che, se nel passato qualcuno aveva messo in dubbio l'esistenza storica di Gesù, ormai nessun studioso serio dubita che sia esistito un ebreo di nome Gesù, che abbia predicato agli inizi dell'èra cristiana (che da lui ha preso il nome) e che sia morto in croce sotto Ponzio Pilato. Che poi costui fosse il Cristo, il Messia atteso dagli ebrei e il Signore (Dio fatto uomo), come sosteniamo noi cristiani, questo è un dato che non appartiene più alla storia ma alla fede. Certo, la maggior parte delle notizie su di lui ci provengono da fonte cristiana (i quattro Vangeli, le Lettere, la Tradizione) e sono poche e scarse le informazioni che abbiamo da fonti non cristiane. In un certo senso è sorprendente che di un uomo più noto di Alessandro Magno, di Platone e di Giulio Cesare abbiamo così poche testimonianze storiche non cristiane. Ma questo non deve meravigliare. Era praticamente impossibile, per uno storico del tempo, immaginare che quel predicatore itinerante in quella lontana regione, finito addirittura in croce (un supplizio così infamante che non veniva usato per tutti i condannati, ma solo per i peggiori), segnasse così tanto la storia dell'uomo da essere ricordato anche dopo duemila anni. Da Nazaret il messaggio di Gesù si è diffuso in tutto il mondo e rimane ancora oggi una «buona notizia» per quelli che aprono il loro cuore all'ascolto della Parola e si lasciano «convertire», cioè modificano totalmente la loro vita, «invertendo la rotta».

L. Mazzolino, *Cristo davanti a Pilato*, 1525, Budapest, Szépmûvészeti Múzeum.

Parole Chiave — IL MESSIA

Al tempo di Gesù, in piena dominazione romana, era ancora più forte l'attesa di un Messia, cioè di un personaggio straordinario mandato da Dio e preannunciato dai profeti. Molti si aspettavano un Messia-condottiero che avrebbe liberato Israele dal potere romano, riportando così pace e libertà al popolo eletto. Ma quando il Messia tanto atteso venne, presentandosi come servo sofferente, era così diverso dalle loro attese che pochi lo riconobbero.

Focus

TESTIMONIANZE STORICHE NON CRISTIANE SU GESÙ

Nella letteratura latina le testimonianze più antiche sono tre:

- *Vi è un'allusione negli* Annali *di* ***Tacito*** *(112?) ai «Cristiani», seguaci di un certo Cristo, «fatto suppliziare dal procuratore Ponzio Pilato sotto l'impero di Tiberio».*
- *È stata ritrovata una lettera (111-113 d.C.) con cui* ***Plinio il Giovane*** *chiede all'imperatore Traiano come comportarsi con i cristiani, per la loro «superstizione irragionevole e smisurata».*
- *Nell'opera* Testimonium Flavianum, *di* ***Flavio Giuseppe*** *(I sec.), si cita «un uomo saggio chiamato Gesù».*

FORUM

› Conoscete qualcuno (anche ragazzi/e della vostra età) che ha scoperto da poco tempo il messaggio di Gesù? È cambiato qualcosa nella sua vita? Provate a raccontare.

1.4 la testimonianza dei Vangeli

La testimonianza più importante dell'esistenza storica di Gesù sono i quattro Vangeli, i racconti fedeli e dettagliati della vita di Gesù, scritti da **Marco, Matteo, Luca e Giovanni**. Gesù, infatti, come molti altri personaggi della storia, non ha scritto niente direttamente. Il suo insegnamento fu, in un primo tempo, tramandato oralmente e poi messo per iscritto, grazie all'intuizione di Marco, il primo a scrivere un Vangelo. Infatti, pur girando tra le comunità cristiane molte lettere scritte degli apostoli, non esistevano ancora dei racconti precisi e particolareggiati sulla vita e le opere di Gesù; e soprattutto stavano gradualmente scomparendo i primi testimoni oculari della morte e risurrezione di Gesù. Era quindi di vitale importanza documentare ciò che aveva fatto e detto Gesù.

Fin dalle prime righe del suo Vangelo, **Marco** mette in evidenza la «buona notizia» dell'annuncio cristiano, ovvero che «Gesù è riconosciuto come Messia (Cristo) e Dio (Signore)», sottolinenado la sua morte e risurrezione. Dopo qualche anno anche **Matteo** scrive un Vangelo, prendendo come base quello di Marco ma aggiungendo cose nuove, come il periodo dell'infanzia di Gesù. Lo stesso fa **Luca**, inserendo materiale sulla figura di Giovanni Battista e dettagli importanti sulla nascita sia di Giovani che di Gesù.

Questi primi tre Vangeli, scritti nell'arco di tempo che va dal 60 all'85 d.C. circa, sono detti sinottici, perché sono piuttosto simili tra loro, tanto da poter fare delle comparazioni. Dopo circa 20 anni dal terzo Vangelo, forse uno dei dodici apostoli di nome Giovanni decide di scrivere un Vangelo nuovo senza usare nulla dei tre precedenti. Il Vangelo di **Giovanni** inserisce delle variazioni, aggiunge discorsi ed episodi dimenticati dagli altri, ma soprattutto insiste sulle qualità divine di Gesù, tralasciando quelle umane.

Questi quattro «racconti» della vita di Gesù sono alla base della nostra fede cristiana. Tra essi vi sono delle diversità, anche se non sostanziali. Tuttavia la Chiesa non ha mai ceduto alla tentazione di eliminare le differenze o di scrivere un unico Vangelo. I vari racconti ci permettono di cogliere la figura di Gesù attraverso narrazioni, episodi, testimonianze da leggere alla luce della fede. La fede, infatti, è scoprire il vero volto di Gesù – alla luce della Bibbia, della Tradizione ecclesiale e della personale esperienza di fede – insieme a tutti quelli che si dichiarano cristiani e che fanno parte della Chiesa.

Focus

IL VANGELO DI PAOLO

*San Paolo, nato a Tarso in Cilicia fra il 5 e il 15 d.C., è il grande missionario del cristianesimo, colui che, pur non essendo vissuto con Gesù (non era tra i 12 apostoli), ha contribuito tantissimo alla diffusione del vangelo con la sua predicazione, le lettere scritte alle prime comunità cristiane, i suoi viaggi missionari nel mondo culturale di allora (Atene e Roma). Paolo, ebreo convinto, appartenente ai farisei, è un uomo di grande cultura e **poliglotta**. Agli inizi è addirittura un persecutore dei primi discepoli di Gesù, ma sulla via di Damasco riceve una visione dal cielo che lo mette in crisi e lo porta a convertirsi totalmente al messaggio di Gesù. Paolo diventa così una delle figure più importanti del cristianesimo e, pur non avendo scritto un vero e proprio Vangelo, i suoi scritti (Lettere paoline) sono considerati per il cristianesimo importanti come un Vangelo, per le notizie che ci forniscono sulla vita delle prime comunità e per la dottrina che contengono.*

FORUM

- **ATTIVITÀ:** Con l'aiuto dell'insegnante disegnate uno schema in cui vengono inseriti i Vangeli nella loro collocazione cronologica. Si veda anche il Mod. 5, Unità didattica 1.4.
- Per cogliere la diversità tra i vari Vangeli si vedano i brani che si riferiscono al mattino della risurrezione, notando le varie differenze: Mc 16,1-8; Mt 28,1-8; Lc 24,1-10; Gv 20,1-2.

1.5 La predicazione di Gesù

Cristo insegna agli apostoli, mosaico del IV secolo, Milano, cappella di Sant'Aquilino, Basilica di San Lorenzo Maggiore.

Parole Chiave

BUONA NOTIZIA

Traduzione italiana di «vangelo», il messaggio di salvezza portato da Gesù.

REGNO

Gesù si presenta come colui che realizza il regno di Dio atteso da Israele e preannunciato dai profeti.

SALVEZZA

Per il cristianesimo è la salvezza dell'umanità, come liberazione dal peccato originale, data dal Cristo risorto. La salvezza viene ricevuta con il battesimo.

VANGELO

Dal greco *euanghélion*, «lieta notizia», «buona notizia»; è l'annuncio del regno di Dio inaugurato da Gesù e anche il messaggio stesso di Gesù. Solo in un secondo tempo passa a indicare i libri che contengono il messaggio di Gesù (i quattro Vangeli).

FORUM

> Immaginatevi di ricevere l'e-mail di qualcuno che vi chiede di spiegare – come ha fatto Giulia – la caratteristica principale del cristianesimo. In estrema sintesi cosa scrivereste?

Gesù si presenta annunciando questa «buona notizia» (in greco *euanghélion*, da cui deriva «vangelo»): «**Il tempo è compiuto e il regno di Dio è vicino; convertitevi e credete nel vangelo**» (Mc 1,15). Con questo «annuncio», dopo aver trascorso un periodo nel deserto ed essere stato riconosciuto da Giovanni Battista come il Messia, inizia l'attività pubblica di Gesù. A differenza di altri rabbi (maestri ebraici), non apre una scuola per lo studio delle sacre Scritture, non si ritira a meditare e nemmeno fonda un movimento di resistenza politica contro gli invasori romani. Sceglie invece di andare per le strade e i villaggi della Galilea, nelle piazze e nelle sinagoghe «proclamando il vangelo di Dio».

Ma perché l'annuncio di Gesù che «il regno di Dio è vicino» è così importante? Cosa c'è di straordinario in tutto questo? Ecco la risposta che diamo noi credenti, ripresa da un documento ufficiale: «Noi siamo piuttosto distanti da queste parole e per capirle dobbiamo calarci nella mentalità degli ebrei del tempo di Gesù, a cui queste parole non erano affatto estranee. La "buona notizia" che stava annunciando Gesù era anche per loro sorprendente, ma tutt'altro che incomprensibile: egli stava proclamando che Dio aveva deciso di intervenire nella storia come re e salvatore, e che il tempo tanto atteso del Messia si stava realizzando. Per questo era urgente cambiare vita e credere a questa bella notizia».[1] All'iniziativa presa da Dio doveva seguire l'impegno dell'uomo. Se infatti la salvezza è sempre il più grande dono di Dio, il cambiamento di vita è affidato alla libertà e alla responsabilità di ogni persona. Gesù lo dirà chiaramente nella sua predicazione, indicando a quale principio di vita il cristiano dovrà ispirarsi: «Questo è il mio comandamento: che vi amiate gli uni gli altri come io ho amato voi. Nessuno ha un amore più grande di questo: dare la sua vita per i propri amici» (Gv 15,12-13). Ciò che colpisce in questa frase è proprio il «come». Non si tratta di un amore umano qualsiasi ma di un amore che deve avere qualcosa di eccezionale, di «divino», sia nella qualità che nella quantità. Insomma, un amore smisurato, come quello di Dio che «ha tanto amato il mondo da dare il Figlio unigenito, perché chiunque creda in lui non vada perduto, ma abbia la vita eterna» (Gv 3,16).

[1] *Questa è la nostra fede*, Nota pastorale della Commissione episcopale italiana per la dottrina della fede, l'annuncio e la catechesi, 20 maggio 2005.

1.6 perché tanti miracoli?

La missione di Gesù è contrassegnata da numerosi miracoli. Marco, che come abbiamo visto mette all'inizio del suo Vangelo l'annuncio della «buona notizia» del regno di Dio, subito dopo ci racconta un miracolo di Gesù e aggiunge: «Guarì molti che erano affetti da varie malattie e scacciò molti demòni» (Mc 1,34). *Ma perché l'annuncio del «vangelo» è sottolineato da tanti miracoli?* I miracoli sono importanti e significativi per la predicazione di Gesù. Il «regno di Dio» che egli annuncia secondo la mentalità ebraica non era altro che la realizzazione delle promesse dei profeti e di ciò che il popolo aveva sempre atteso: la venuta regale di Dio, della sua giustizia, del suo intervento importante e definitivo. L'annuncio di Gesù si colloca all'interno di queste attese, ma nello stesso tempo se ne distacca. A differenza della speranza ebraica che parlava di futuro, Gesù dice che l'ora messianica è arrivata: è presente nel suo annuncio e nella sua azione. E i frutti si vedono: i ciechi recuperano la vista, gli zoppi camminano, chi è posseduto dagli spiriti maligni viene liberato. I poveri e gli oppressi, i peccatori e gli stranieri (ovvero gli esclusi di ogni società, ieri come oggi) sono i primi a ricevere l'annuncio di gioia e di speranza. I miracoli compiuti da Gesù sono quindi da leggere in questo contesto, come i segni di un fatto eccezionale e molto atteso che finalmente si sta avverando.

ARCHIVIO

Alcuni dei miracoli di Gesù raccontati nei Vangeli

- La tempesta sedata (Mt 8,23-27; Mc 4,35-41; Lc 8,22-25).
- La moltiplicazione dei pani (Mt 14,13-21; Mc 6,34-44; Lc 9,10-17; Gv 6,5-13).
- La guarigione del cieco Bartimeo (Mt 20,29-34; Mc 10,46-52; Lc 18,35-43).
- La trasformazione dell'acqua in vino (Gv 2,1-11).
- La pesca miracolosa (Lc 5,1-11).
- La risurrezione di Lazzaro (Gv 11,1-44).

Focus

I MIRACOLI ESISTONO ANCORA?

Il miracolo – dal latino miror, «mi meraviglio, ammiro» – sta a indicare qualcosa di straordinario, che desta attenzione e stupore. I miracoli sono fatti eccezionali, a cui Dio non ricorre spesso, anche in rispetto delle leggi della natura che lui stesso ha creato. Frequentemente, in buona o cattiva fede, si grida al miracolo, abusando della credulità e della semplicità di tanta gente. Ma la vera fede non ha bisogno di miracoli: Cristo morto e risorto, che continua a vivere nella comunità dei fratelli, è il più importante «segno» per il credente. La vita stessa è già un miracolo.

FORUM

- Quali sono i miracoli di Gesù che siete in grado di raccontare, oltre a quelli già citati nel riquadro? Provate ad elencarne almeno altri tre:
  1. ....
  2. ....
  3. ....
- Qualcuno vi racconta di miracoli avvenuti da qualche parte. Qual è la vostra prima reazione?

1.7 che ne pensi?

Gesù chiese ai suoi discepoli: «Ma voi chi dite che io sia?» (Mc 8,29). Immaginati che la stessa domanda venga rivolta anche a te. Prova a rispondere:

Così scrive un vescovo ai giovani: «Gesù, l'ebreo palestinese, morto in croce, ancora oggi è capace di coinvolgere e inquietare, disturbare e intrigare. Non è un morto del passato, ma un vivente» (mons. Arrigo Miglio, vescovo). Pensi che abbia ragione, oppure credi che Gesù non abbia molto da dire alla tua generazione?

Se avrai la pazienza di decifrare, scoprirai un famoso detto di Gesù. (Per la soluzione vedi a p. 301)

2.1 il cuore del messaggio cristiano

Dopo la presentazione di Giulia sulla figura di Gesù, approfondiremo gli aspetti più importanti del cristianesimo, cercando di andare al cuore del messaggio cristiano. Il centro dell'annuncio cristiano (detto anche kerigma) è un evento: Dio ha salvato l'umanità attraverso la morte e la risurrezione di Gesù. Questo fatto è ciò che rende il cristianesimo straordinario e diverso da tutte le altre religioni. Dio non è, infatti, rimasto lontano, nell'alto dei cieli e distante dalla vita degli uomini, ma si è «fatto carne», è nato bambino per dare agli uomini l'esempio di come vivere, sacrificando se stesso fino a offrire la vita per amore. Con la sua risurrezione ha poi insegnato a credere in una vita senza fine, dimostrando che l'essere umano non è destinato a diventare un mucchietto di polvere, ma a vivere per sempre in Dio. Tutto questo è già presente nel Natale: quel bimbo fragile e povero che viene messo al mondo si presenta a tutti come il Dio della vita, della pace e dell'amore. È questa la «buona notizia» che Gesù annuncia: **Dio viene nel mondo per offrire a tutti gli uomini la possibilità di diventare divini, con il suo messaggio di «amare Dio e il prossimo come se stessi»; il contrario esatto di ogni forma di morte, di violenza e di odio.**

Ecco dunque **perché il messaggio di Gesù è sempre attuale**:

- Perché è una verità che tocca il cuore e la mente delle persone. Una menzogna, prima o poi, viene smascherata.
- Perché è un messaggio di vita e di speranza, più forte della stessa morte (risurrezione).
- Perché crede nell'uomo: proclama che ogni persona è unica («fatta a immagine di Dio») e che tutti gli uomini sono fratelli, figli di un unico Dio.
- Perché, pur credendo nell'uomo, non pensa che l'essere umano da solo possa fare tutto. Ha bisogno di Dio, della sua costante presenza nella storia del mondo e in ogni singola esistenza.

Focus

IL CRISTIANESIMO È UNA PERSONA

Il cristianesimo non è una dottrina, una filosofia, una morale e nemmeno una religione. Il cristianesimo è centrato sulla figura di Gesù, che i credenti riconoscono come «vero uomo e vero Dio». Uscendo dal sepolcro, Gesù ha dimostrato di essere non solo il Messia atteso dal popolo ebraico, ma anche il Figlio di Dio. Questa è la fede cristiana: riconoscere e proclamare Gesù come Cristo e Signore.

FORUM

- Condividete l'affermazione: «Il messaggio di Gesù è sempre attuale»?
- In che senso «il cristianesimo non è una dottrina... e nemmeno una religione»? Che cosa significa?

IL CRISTIANESIMO E LE ALTRE RELIGIONI

«Fra il cristianesimo e qualsiasi altra religione c'è la differenza dell'infinito: Cristo è unico! È unico perché è Dio fatto uomo. Il cristianesimo, infatti, sta tutto qui: noi crediamo che la storia non la compiono soltanto gli uomini, con le loro cattiverie e le loro ingiustizie. Poveri noi, se fosse vero questo! Ma non è così. Dentro la storia è entrato anche Dio e, pertanto, è legittimo sperare e attendere un mondo nuovo, del quale già intravediamo qualche bagliore».

(Angelo Comastri, *Gesù... e se fosse tutto vero?*, San Paolo, Cinisello Balsamo [MI] 2010)

2.2 cos'ha di speciale?

La forza del messaggio di Gesù è che Dio si è fatto uomo in Cristo e che la morte – grazie alla sua risurrezione – non potrà mai avere l'ultima parola. Così anche il suo invito a una fratellanza universale, in quanto figli di uno stesso Padre, è stato straordinario rispetto agli schemi sociali del suo tempo. Scrive san Paolo: «Non c'è giudeo né greco; non c'è schiavo né libero; non c'è maschio e femmina, perché tutti voi siete uno in Cristo Gesù» (Gal 3,28). Già nell'Antico Testamento era scritto: «Non opprimerai il forestiero; anche voi conoscete la vita del forestiero, perché siete state forestieri in terra d'Egitto» (Es 23,9). Ma il messaggio di Gesù supera il concetto stesso di «straniero», di separazione culturale o etnica, istituendo una fratellanza in Cristo. Chi accetta di seguire Gesù (di essere cristiano) rifiuta ogni arbitraria disuguaglianza tra se stesso e l'altro, e in forza del battesimo e degli altri sacramenti riconosce tutti gli esseri umani come figli dello stesso Padre, quindi fratelli. Lo «straniero» diventa fratello, pur rimanendo «altro» da me. La diversità è vista dal cristiano non solo come ricchezza (l'incontro con l'altro dà sempre qualcosa), ma anche come occasione di «verifica», perché costringe a chiarire ulteriormente ciò che si pensa, specificando così anche il proprio modo di credere.

Focus

I PUNTI FORTI DEL MESSAGGIO CRISTIANO

- **Dio è Padre.**
- **Tutti gli uomini sono fratelli;** *con un'attenzione particolare a quelli che sono più in difficoltà, ai poveri e ai sofferenti.*
- **Giudicati sull'amore:** *i rapporti tra le persone devono ispirarsi al comandamento dell'amore («Amatevi gli uni gli altri, come io ho amato voi», cf. Gv 15,12); al valore della non violenza («Se uno ti dà uno schiaffo sulla guancia destra, tu porgigli anche l'altra», cf. Mt 5,39); alla giustizia («Se la vostra giustizia non supererà quella degli scribi e dei farisei, non entrerete nel regno dei cieli», cf. Mt 5,20).*
- **L'essere umano al centro:** *l'uomo è più importante della legge e dei riti («Il sabato è stato fatto per l'uomo e non l'uomo per il sabato!», cf. Mc 2,27).*
- **Una fede attiva:** *la fede cristiana deve esprimersi soprattutto nei comportamenti («Non chiunque mi dice: "Signore, Signore"...», cf. Mt 7,21; «Ho avuto fame e mi avete dato da mangiare...», cf. Mt 25,35).*
- **Speranza e fiducia** *senza limiti in Dio e nell'umanità («Non preoccupatevi per la vostra vita [...] il Padre vostro celeste, infatti, sa che ne avete bisogno», cf. Mt 6,25.32).*
- **Oltre la morte**, *la fede nella risurrezione («Vivremo con lui», cf. Rm 6,8).*

FORUM

- Quali «punti forti» del messaggio cristiano vi sembrano più attuali?
- E quali – a vostro parere – vengono messi meno in pratica? Perché?

2.3 beati i poveri?

Il discorso delle beatitudini è il brano centrale della predicazione di Gesù ed è considerato uno dei testi più significativi di tutta la letteratura religiosa, ma anche tra i più difficili da mettere in pratica. Qualche pensatore ha affermato – senza mezzi termini – che, tra le tante idiozie della storia, quelle contenute nelle «beatitudini» sono tra le più grandi in assoluto. L'affermazione è pesante, soprattutto perché non tiene conto della forza profetica e di liberazione che il messaggio di Cristo ha avuto e avrà per l'umanità; occorre però riconoscere che le beatitudini sono effettivamente un messaggio controcorrente e molto esigente. Non sentiamo forse continuamente proclamare: «Beati i ricchi, beati coloro che sono potenti»? Molti di noi non invidiano forse coloro che possiedono macchine costose e hanno in tasca l'ultimo modello di cellulare? E in strada, come nei massmedia, non vediamo forse il debole soccombere al più forte e i poveri del mondo sempre più umiliati e abbandonati? Le beatitudini non sono forse solo delle «utopie», cioè delle cose belle ma impossibili da realizzare? Certo che sono utopie, ma chi ha detto che le utopie siano assurde o irrealizzabili? Basta approfondire il significato della parola per capire la forza che contiene. I credenti sanno che la completa e perfetta attuazione delle «beatitudini evangeliche» non fa parte della realtà di questo mondo, ma continuano a metterle alla base della propria vita, cercando di realizzarle, anche se non pienamente.

ARCHIVIO

Le beatitudini

«Vedendo le folle, Gesù salì sul monte: si pose a sedere, si avvicinarono a lui i suoi discepoli. Si mise a parlare e insegnava loro dicendo: "Beati i poveri in spirito, perché di essi è il regno dei cieli.
Beati quelli che sono nel pianto, perché saranno consolati.
Beati i miti, perché avranno in eredità la terra.
Beati quelli che hanno fame e sete della giustizia, perché saranno saziati.
Beati i misericordiosi, perché troveranno misericordia.
Beati i puri di cuore, perché vedranno Dio.
Beati gli operatori di pace, perché saranno chiamati figli di Dio.
Beati i perseguitati per la giustizia, perché di essi è il regno dei cieli.
Beati voi quando vi insulteranno, vi perseguiteranno e, mentendo, diranno ogni sorta di male contro di voi per causa mia. Rallegratevi ed esultate, perché grande è la vostra ricompensa nei cieli. Così infatti perseguitarono i profeti che furono prima di voi"».
(Mt 5,1-12)

Parole Chiave – COS'È L'UTOPIA?

«Utopia» non significa «cosa impossibile da raggiungere», ma – come suggerisce l'etimologia greca – qualcosa di bello che non esiste oggi ma che potremmo realizzare domani, o almeno a cui avvicinarci il più possibile.

Preghiera di un giovane

«Signore, parlami di te che soffri all'angolo della strada, accartocciato come un bimbo in grembo a una madre addolorata. Raccontami delle facce che incontri ogni giorno, seduto su un cartone, evitando per umiltà gli sguardi delle persone. Portami con te quando ti trascini con le tue gambe rattrappite, rasentando i muri tra le smorfie sdegnate delle bocche e vai alla ricerca di un pezzo di pane. (...) E se un domani mi dimenticherò di salutarti, perdona questo ragazzo che ha dimenticato l'insegnamento del più piccolo tra i poveri, del più semplice tra gli animi, del cuore trafitto dall'egoismo degli uomini».

(Stefano Sala)

FORUM

- Quali sono – secondo voi – le grandi «utopie» per cui vale la pena lottare?
- La preghiera di Stefano Sala, applicata alle beatitudini, che cosa vuol farci capire?
- **ATTIVITÀ:** Grandi personaggi non violenti (come Gandhi, Martin Luther King, mons. Romero, ma anche Madre Teresa di Calcutta o frère Roger di Taizé) hanno cercato di vivere le beatitudini di Gesù. Cercate su internet notizie sulla loro vita.

2.4 farsi «prossimo»

Scuola olandese, *Il buon samaritano*, 1537, Amsterdam, Rijksmuseum.

A chi gli chiede: «Chi è il mio prossimo?», Gesù risponde con una parabola piuttosto scioccante per i suoi ascoltatori, perché presenta come esempio da seguire proprio un samaritano, quando gli abitanti della Samaria erano tutt'altro che ben visti al tempo di Gesù. Ciò che conta per Gesù sono i gesti concreti di solidarietà a favore di chi è nel bisogno e non le parole o le etichette esteriori. Per nostra fortuna, di «buoni samaritani» – se ci si guarda attorno con attenzione – ce ne sono ancora molti.

ARCHIVIO

La parabola del buon samaritano

«Un dottore della Legge si alzò per metterlo alla prova e chiese: "Maestro, che cosa devo fare per ereditare la vita eterna?". Gesù gli disse: "Che cosa sta scritto nella Legge? Come leggi?". Costui rispose: "Amerai il Signore Dio tuo con tutto il tuo cuore, con tutta la tua anima, con tutta la tua forza e con tutta la tua mente e il prossimo tuo come te stesso". Gli disse: "Hai risposto bene; fa' questo e vivrai". Ma quello, volendo giustificarsi, disse a Gesù: "E chi è il mio prossimo?". Gesù riprese: "Un uomo scendeva da Gerusalemme a Gerico e cadde nelle mani dei briganti che gli portarono via tutto, lo percossero a sangue e se ne andarono, lasciandolo mezzo morto. Per caso, un sacerdote scendeva per quella medesima strada, e quando lo vide, passò oltre. Anche un levita, giunto in quel luogo, vide e passò oltre. Invece un Samaritano, che era in viaggio, passandogli accanto, vide e ne ebbe compassione. Gli si fece vicino, gli fasciò le ferite, versandovi olio e vino; poi lo caricò sopra la sua cavalcatura, lo portò a un albergo e si prese cura di lui. Il giorno seguente, tirò fuori due denari e li diede all'albergatore, dicendo: "Abbi cura di lui; ciò che spenderai in più, te lo pagherò al mio ritorno". Chi di questi tre ti sembra sia stato prossimo di colui che è caduto nelle mani dei briganti?". Quello rispose: "Chi ha avuto compassione di lui". Gesù gli disse: "Va' e anche tu fa' così"».
(Lc 10,25-37)

Focus

PER CAPIRE MEGLIO LA PARABOLA EVANGELICA

- ***I samaritani***, *gli abitanti della Samaria, erano particolarmente disprezzati dagli ebrei per la loro origine promiscua. Gesù non evita di incontrarli (cf. Gv 4,19-24) e li presenta per ben due volte come esempio d'amore per il prossimo e di fede (Lc 10,25-37; 17,11-19).*
- ***Olio e vino:*** *all'epoca si usavano per disinfettare le ferite e per calmare il dolore.*
- ***Il sacerdote*** *era colui che, durante il culto, prestava servizio nel santuario del Tempio. Non poteva contaminarsi con il sangue e quindi «passò oltre». Il levita, della tribù di Levi, aiutava i sacerdoti nel culto o aveva funzioni subordinate, ma sempre riguardanti il culto.*

FORUM

> Conoscete dei «buoni samaritani» dei nostri giorni?

> **ATTIVITÀ:** Provate ad ambientare la parabola raccontata da Gesù in un contesto moderno. «Un uomo...».

2.5 cosa vuol dire «imitare» Gesù?

La domanda che si pone Stefania deve essere compresa nella questione dell'essere cristiani e quindi seguaci di Gesù. Ma dire che il cristiano deve **«imitare» Gesù non significa che deve copiarlo**, ma che deve fare in modo di comportarsi come lui, prendendo spunto dalla sua vita e dal suo insegnamento. È chiaro che lui è Dio e il credente è solo un piccolo essere umano; ma se sale sulle sue spalle può fare molto. Tutto il discorso che i credenti in Cristo fanno sulla Chiesa, sui «sacramenti», sulla «grazia» nasce proprio dalla consapevolezza che l'uomo da solo non può fare molto, ma con l'aiuto gratuito (la «grazia» appunto) di Dio, che si manifesta in Cristo, può fare moltissimo. È per questo che per esempio ci sono molti uomini e donne che dedicano tutta la loro vita alla preghiera, e vivono nel silenzio e nel nascondimento. Apparentemente non fanno niente, ma «stanno sulle spalle di Dio». Ritornando a noi, ci sono mille modi per «comportarsi come Gesù», anche se non ci si proclama credenti o se si è dei cristiani un po' per modo di dire. Il centro del cristianesimo è amare Dio e il prossimo: ogni volta che siamo gentili, ci mettiamo in ascolto, siamo disponibili, diamo da mangiare e da bere a chi ha fame e sete (anche di affetto, di amicizia, di parole gentili...), noi ci comportiamo come Gesù. Certo non sfameremo le folle, ma almeno un essere umano sì; non guariremo i ciechi, ma porteremo un po' di luce a chi è nella tristezza e ha bisogno di sentirsi accanto un amico... Non sono forse dei «miracoli» anche questi?

domande frequenti

PROF., MI HANNO DETTO CHE UN BUON CRISTIANO DEVE IMITARE GESÙ. MA COM'È POSSIBILE? IO HO SOLO 12 ANNI E LUI, INVECE, ERA UN ADULTO; GESÙ PARLAVA ALLE FOLLE E IO, APPENA VEDO LA PROF. DI MATEMATICA CHE SFOGLIA IL REGISTRO, VORREI SPARIRE SOTTO IL PAVIMENTO... E POI LUI FACEVA I MIRACOLI, PRIVILEGIAVA QUELLI CHE ERANO MESSI DA PARTE E IO – LO CONFESSO – HO PAURA ANCHE DI QUELLI CHE SI AVVICINANO PER LAVARE I VETRI DELLA MACCHINA DI MAMMA... NO, NON È PROPRIO POSSIBILE IMITARE GESÙ!

(STEFANIA)

FORUM

- Perché «imitare» è diverso da «copiare»?
- Quali sono i «miracoli» che sono alla nostra portata? Per esempio a scuola o nel gruppo degli amici...

2.6 Gesù nell'arte

La rappresentazione di Cristo ha attraversato molti secoli, ma non ha perso quelle caratteristiche che lo rendono da sempre riconoscibile a tutti.
Come potete notare osservando le due opere riportate in questa pagina, appaiono evidenti le differenze nel modo di raffigurare Gesù in croce. Differenze dovute a stili e contesti propri di artisti appartenenti a epoche diverse.

El Greco,
Cristo crocifisso,
1586-1587.

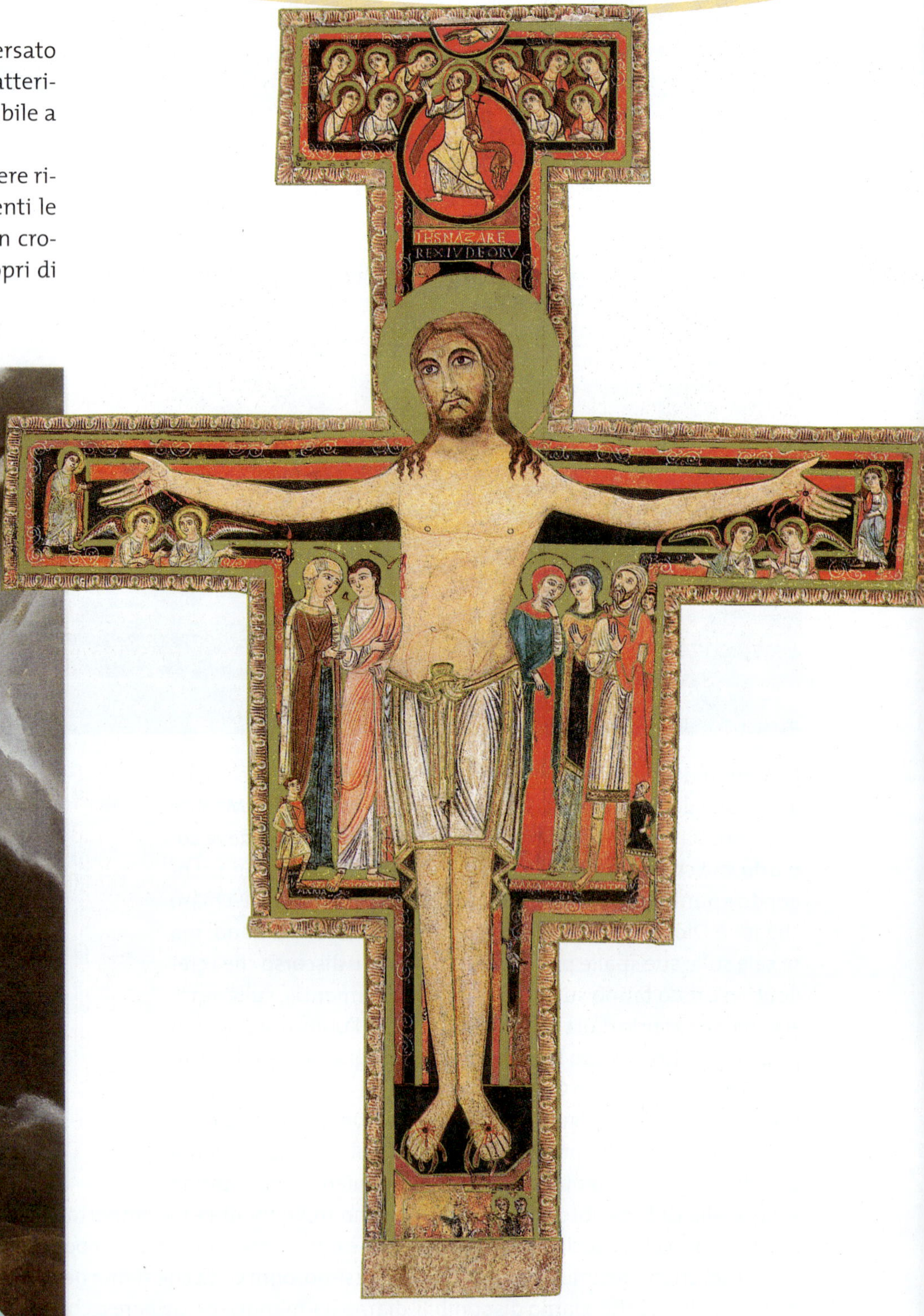

Crocifisso di San Damiano,
XII sec., Assisi,
Chiesa di Santa Chiara.

FORUM

- Osservate le due immagini e descrivetele.
- Confrontate ora le due opere d'arte: quali differenze notate (colore, tratto, dettagli...)?

2.7 che ne pensi?

Hai visto dei film su Gesù? Se sì, quale film ti è piaciuto di più? Perché?

Nel film *L'inchiesta*, il delegato dell'imperatore, Tito Valerio Tauro, che sta svolgendo un'inchiesta in Palestina per ritrovare il cadavere di Gesù (l'imperatore è preoccupato per la diceria che un certo Gesù di Nazaret, giustiziato da Ponzio Pilato, sia risorto), dopo aver ascoltato alcuni testimoni, commenta: «Altre massime geniali! "Amate i vostri nemici, fate del bene a quelli che vi odiano". Questa proprio non la capisco. Cosa sarebbe successo a Giulio Cesare e a Roma se avessero seguito queste regole?». Dal suo punto di vista, Tauro ha certamente ragione; ma allora dove sta il segreto del successo del messaggio di Gesù?

Prova a confrontare le Beatitudini di Gesù con quello che senti in giro...

COSÌ DICE LA GENTE...	...COSÌ DICE GESÙ
«Beato quello, guarda che macchina!».	
«Tanto il più forte ha sempre ragione!»	
«Pensa agli affari tuoi! Che ti frega...»	
«Fatti furbo! Non c'è posto per gli ingenui»	
«Nessuno fa niente per niente»	

3.1 «se Dio muore è per tre giorni»

Dio è morto

«Ho visto
la gente della mia età andare via
lungo le strade che non portano mai a niente,
cercare il sogno che conduce alla pazzia
nella ricerca di qualcosa che non trovano
nel mondo che hanno già,
dentro alle notti che dal vino son bagnate,
dentro alle stanze da pastiglie trasformate,
lungo alle nuvole di fumo del mondo fatto di città,
essere contro ad ingoiare la nostra stanca civiltà
e un Dio che è morto,
ai bordi delle strade Dio è morto,
nelle auto prese a rate Dio è morto,
nei miti dell' estate Dio è morto...

Mi han detto
che questa mia generazione ormai non crede
in ciò che spesso han mascherato con la fede,
nei miti eterni della patria o dell' eroe
perché è venuto ormai il momento di negare
tutto ciò che è falsità, le fedi fatte di abitudine e paura,
una politica che è solo far carriera,
il perbenismo interessato, la dignità fatta di vuoto,
l' ipocrisia di chi sta sempre con la ragione e mai col torto
e un Dio che è morto,
nei campi di sterminio Dio è morto,
coi miti della razza Dio è morto
con gli odi di partito Dio è morto...

Ma penso
che questa mia generazione è preparata
a un mondo nuovo e a una speranza appena nata,
ad un futuro che ha già in mano,
a una rivolta senza armi,
perché noi tutti ormai sappiamo
che se Dio muore è per tre giorni e poi risorge,
in ciò che noi crediamo Dio è risorto,
in ciò che noi vogliamo Dio è risorto,
nel mondo che faremo Dio è risorto...»

(Francesco Guccini, cantautore)

La canzone riportata a fianco, scritta nel 1965 da **Francesco Guccini** (ma portata alla notorietà dal gruppo dei Nomadi), descrive, in modo incisivo e forte, quante volte Dio viene messo a morte dagli errori e dalla cattiveria degli uomini. Gesù continua a essere crocifisso ogni volta che l'ipocrisia, l'odio o la violenza prendono il sopravvento sulla legge evangelica dell'amore (anche nei confronti del nemico). Scriveva un famoso vescovo americano, mons. Fulton Sheen,[1] molto conosciuto negli anni '70 per la sua predicazione e per i suoi scritti: «*Ero uscito di casa per saziarmi di sole. Trovai un uomo che si dibatteva nel dolore della crocifissione. Mi fermai e gli dissi: "Permetti che ti stacchi dalla croce". Lui rispose: "Lasciami dove sono. Non scendo dalla croce fino a quando sopra vi spasimano i miei fratelli, fino a quando per staccarmi non si uniranno tutti gli uomini". Gli dissi: "Che cosa vuoi che io faccia per*

A. Mantegna (1431-1506), *Crocifissione*, Parigi, Museo del Louvre.

te?". Mi rispose: "Va' per il mondo e di' a coloro che incontrerai che c'è un uomo che aspetta inchiodato alla croce"».
Gesù – nonostante siano passati già molti secoli dalla sua presenza sulla terra e l'uomo abbia fatto nel frattempo enormi progressi in molti campi – continua a rimanere inchiodato alla croce. Sofferenze e ingiustizie non mancano certo nel nostro mondo; è sufficiente dare uno sguardo al giornale o seguire le notizie in TV per rendersene conto. In molti si danno da fare per staccare Gesù dalla croce, ma i loro sforzi – non essendo condivisi da tutti – rimangono vani, e lui rimane appeso. Alla domanda: «Cosa fare?», Gesù risponde a tutti (e non solo ai «cristiani» che si richiamano esplicitamente al suo nome) di dire al mondo che c'è un uomo che aspetta ancora sulla croce. La certezza cristiana è che il «regno di Dio» nella sua pienezza, cioè un mondo dove la giustizia e la fraternità siano vissute in ogni angolo della terra e da tutte le persone, non sarà possibile realizzarlo quaggiù; ma lavorare perché ci sia maggiore giustizia e fraternità, questo si può e si deve fare. Il fatto che Gesù è risorto è la garanzia che l'ingiustizia non può trionfare per sempre. **«Se Dio muore è per tre giorni, poi risorge»**, afferma giustamente la canzone di Guccini, dopo aver contestato e biasimato le varie forme in cui Dio muore nel nostro mondo. Credere nella risurrezione di Gesù vuol dire dunque credere nella vita; infatti, lui è morto e risorto perché chiunque creda in lui abbia la vita, quella vita che si alimenta di tre grandi parole: fede, speranza e amore.

[1] Sulla figura e l'opera di mons. Fulton Sheen (1895-1979) si veda: http://en.wikipedia.org/wiki/Fulton_J._Sheen

FORUM

- Quali sono, secondo voi, le situazioni di maggior ingiustizia nel mondo?
- **ATTIVITÀ:** Realizzate un poster con una grande croce centrale e intorno delle foto che illustrino le varie situazioni di ingiustizia presenti nei diversi continenti.

3.2 dalla sconfitta la vittoria

La crocifissione, praticata dai romani, è tra le forme di supplizio più orribili e dolorose che gli uomini hanno inventato. La scritta posta sopra la croce, INRI (*Iesus Nazarenus Rex Iudaeorum*, che significa «Gesù Nazareno Re dei Giudei»), è la prova che Gesù è stato condannato a morte dai romani per un motivo politico: si era dichiarato (o almeno questa era l'accusa) «re», opponendosi quindi al potere di Roma. Dai Vangeli sappiamo, invece, che questa è solo la motivazione ufficiale: in realtà Gesù non era affatto ben visto da chi deteneva allora parte del potere religioso e aveva scatenato contro di lui una parte della folla, quella che gridava: «Crocifiggilo, crocifiggilo!» di fronte a Pilato. Malintesi e pregiudizi sulla morte di Gesù hanno purtroppo pesato enormemente nella storia del popolo ebraico, perché si è generalizzato, incolpando ingiustamente tutto un popolo di una morte voluta solo da alcuni gruppi di potere.

Ma per il credente la morte di Gesù è soprattutto una storia di salvezza, che fa parte del disegno divino: con la sua croce egli ha salvato l'umanità e ha riconciliato gli uomini con Dio, come sottolinea la Bibbia.

NON VERGOGNIAMOCI DELLA CROCE

Per i primissimi cristiani, la croce non era un simbolo così importante come lo è per noi; era il segno di una morte infamante (solo gli schiavi e i malfattori vi finivano sopra) e si preferiva ricorrere ad altri simboli cristiani (cf. «Segni e simboli del risorto», p. 162). Con il passare del tempo, la croce è diventata poi il simbolo per eccellenza del cristianesimo, l'immagine della salvezza e della vittoria.
Non vergogniamoci quindi della croce. È la forma più alta d'amore, quella di chi sacrifica la propria vita per gli altri, e ci ricorda che l'amore e la vita sono più forti della morte.
«Non abbiate timore – incoraggiava i giovani cristiani san Giovanni Crisostomo (IV sec d.C.) – a fare il segno della croce sulla fronte, sulla bocca e sul cuore».

H. Bosch (1450 ca.-1516), *Cristo porta la croce*, Gand, Musée des Beaux-Arts.

Focus

IL TERRIBILE SUPPLIZIO DELLA CROCE

Il condannato poteva agonizzare in croce per giorni, perché la morte sopravveniva solo quando egli non trovava più la forza di far leva sui piedi e sui polsi per poter sollevare il torace e così respirare. L'agonia era un continuo dolorosissimo saliscendi lungo il palo o il tronco d'albero dove era stato inchiodato, finché le forze mancavano e il condannato moriva per asfissia. Per abbreviare il supplizio, si spezzavano i femori a colpi di mazza: in tal caso il crocifisso non poteva più spingere sulle gambe e la morte sopravveniva in due-tre minuti, come fu per i due ladroni accanto a Gesù (Gv 19,31). Gesù invece, a causa della flagellazione e delle ferite provocate dalla corona di spine, spirò poche ore dopo la crocifissione.

Per i cristiani la vita acquista con Gesù un nuovo significato e persino la morte può essere vinta. E si muore non solo quando si emette l'ultimo respiro, ma anche quando facciamo morire dentro di noi i nostri ideali, e la delusione e la noia prendono il sopravvento. La risurrezione di Gesù sta a indicare che tutto può ricominciare, se abbiamo il coraggio di affidarci a Dio.

Anche per chi non crede, questa è una grande speranza: ogni sogno infranto può rifiorire, e ciò che apparentemente sembra una sconfitta e un fallimento può sempre trasformarsi in vittoria. Gesù continua a vivere in tutti quelli che credono nell'amore, nella pace e nella giustizia e non si scoraggiano di fronte ai fallimenti.

G. Sutherland, *Crocifissione*, Northampton, Chiesa di Saint Aiden.

FORUM

- Perché Gesù ha qualcosa da dire a tutti, credenti e non credenti?
- Con il segno della croce («Nel nome del Padre e del Figlio e dello Spirito Santo. Amen»), i cristiani ricordano il centro della loro fede (la Trinità). Con l'aiuto dell'insegnante approfondite l'importanza di questo segno, sintesi della fede cristiana, che non può essere ridotto a un puro gesto scaramantico o portafortuna.

3.3 la madre di Gesù e le altre donne

«Stavano presso la croce di Gesù sua madre, la sorella di sua madre, Maria madre di Cleofa e Maria di Magdala», ci ricorda il Vangelo di Giovanni (19,25). Mentre tutti gli apostoli, a eccezione del più giovane, Giovanni, erano fuggiti spaventati e paurosi, la madre di Gesù e altre donne erano sotto la croce, a testimoniare la loro presenza nel momento della sofferenza e della morte. Il ruolo affidato alle donne nei Vangeli è molto importante: c'è sempre la presenza femminile nei momenti fondamentali della vita di Gesù (nascita, nozze di Cana, sotto la croce, dopo la risurrezione, quando discende lo Spirito Santo). Non è secondario il fatto che le prime testimoni della risurrezione di Gesù siano proprio le donne: **una presenza non vistosa, quasi nascosta, ma costante accanto a lui.** E tra

Arcabas, *Sosta durante la fuga in Egitto.*

ARCHIVIO

«Scese dunque con loro e venne a Nazaret e stava loro sottomesso. Sua madre custodiva tutte queste cose nel suo cuore. E Gesù cresceva in sapienza, età e grazia davanti a Dio e agli uomini». (Lc 2,51-52)

FORUM

- **ATTIVITÀ:** Maria è la figura femminile più rappresentata nella storia dell'arte, per quasi due millenni ha ispirato gli artisti in tutto il mondo: dalle icone bizantine alle madonne del Rinascimento e a quelle dell'arte contemporanea. Per un approfondimento consultate: http://www.mariedenazareth.com/8.0.html?&L=4
- Provate a fare un elenco delle rappresentazioni artistiche della madre di Gesù più comuni della vostra zona.

le donne dei Vangeli un posto particolare spetta a Maria, la madre di Gesù. Proprio a Maria la poetessa Alda Merini,[1] una delle voci più sincere e passionali della poesia italiana, che ha sperimentato sulla sua pelle la sofferenza e l'emarginazione, ha dedicato versi molto toccanti. Ecco un brano tratto dal *Poema della croce* (2004).

MARIA

«In te che sei
la bianca aurora
notte angelica tu che batti alle porte
del regno del cuore
tu che sei vissuta della fame e della sete di Dio
tu che non piangi
tu che non menti
e sei gravida di tutte le cose umane
ma comunque giusta e immacolata
bella perché la notizia di Dio ti ha così folgorata
Maria».

Focus

MARIA NEI VANGELI

Non sono molti i richiami a Maria che troviamo nei Vangeli, la maggior parte dell'evangelista Luca (Lc):
- *l'annuncio dell'angelo Gabriele (Lc 1,26-38);*
- *la visita a Elisabetta (Lc 1,39-46);*
- *il viaggio a Betlemme e la nascita di Gesù (Lc 2,1-21);*
- *la visita dei Magi (Mt 2,1-15);*
- *la presentazione di Gesù al Tempio (Lc 2,22-35);*
- *il ritrovamento di Gesù nel Tempio (Lc 2,41-51);*
- *le nozze di Cana (Gv 2,1-12);*
- *l'affidamento di Maria all'apostolo Giovanni (Gv 19,25-27).*

[1] Per la biografia di Alda Merini: http://it.wikipedia.org/wiki/Alda_Merini. Per conoscere le sue opere: http://www.aldamerini.it/

3.4 Maria nell'arte

Sembra che, per tradizione, il primo a ritrarre la Vergine sia stato l'evangelista Luca e dal suo ritratto sarebbero nate tutte le icone riguardanti la Vergine con il bambino. Nell'iconografia orientale una delle immagini più ricorrenti, soprattutto nelle iconostasi, è chiamata Theothokos, Madre di Dio Odigitria («che indica la via»).

Accanto all'icona, nel dipinto di epoca moderna, Maria in trono sta sorreggendo Gesù ritto sulle sue ginocchia, che con la mano indica il numero tre, segno della Trinità. Intorno a questa figura ruotano molti volti: sono uomini e donne della comunità ecclesiale che volgono verso di loro lo sguardo, partecipi di questo straordinario evento dell'incarnazione.

Antica icona russa.

B. Van Zelm, *Maria in trono*, Modena, Chiesa di Gesù Redentore.

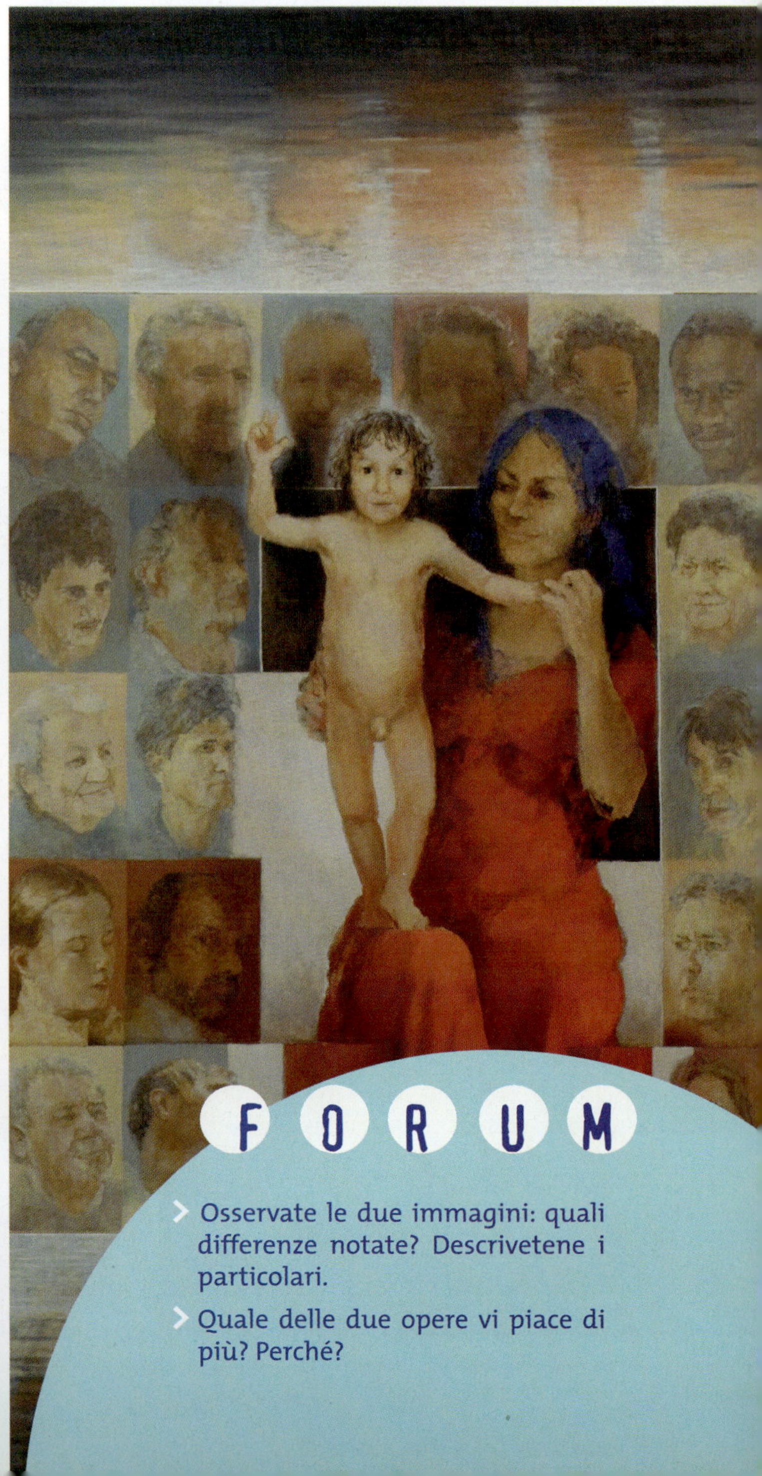

FORUM

- Osservate le due immagini: quali differenze notate? Descrivetene i particolari.
- Quale delle due opere vi piace di più? Perché?

3.5 è risorto!

E.G. Weinert, *Cristo risorto*.

bacheca

«Il cristianesimo consiste in una sola cosa: la speranza della risurrezione, della vita al di là della morte. Io credo che il cristianesimo continui ad avere questo di specifico, rispetto a ogni fede, a ogni religione: il fatto che la morte non ha l'ultima parola». (ENZO BIANCHI, COMUNITÀ DI BOSE)

L'avventura cristiana inizia con la scoperta della tomba vuota di Gesù. Alcune donne, che si erano recate al sepolcro il mattino del giorno dopo il sabato (che per i cristiani diventerà la «domenica», il *Dies Domini*, «giorno del Signore»), lo trovarono privo del corpo di Gesù. «Voi cercate Gesù Nazareno, il crocifisso – viene loro riferito da un giovane messaggero –. È risorto». La storia cristiana inizia con questa testimonianza e un sepolcro vuoto. Da allora, ogni domenica mattina, in tutte le chiese cristiane del mondo vengono rinnovati questo annuncio e questa fede: «Gesù è risorto!». Questa è la fede che unisce i credenti delle diverse confessioni, che accomuna tutti, indipendentemente dai ruoli o dalle responsabilità ricoperti.

Di fronte all'interrogativo della morte – che spesso la società fa di tutto per nascondere o allontanare dalla nostra vista e riflessione – il cristiano sa che non è destinato a scomparire nel nulla. La tomba è vuota perché Cristo è risorto, e con lui ogni credente. Questo è il messaggio centrale del cristianesimo. Dal papa fino all'ultimo fedele, è proprio la speranza della risurrezione in Cristo che dà senso e significato alla vita del cristiano. Ma il credente sa anche che non si può arrivare all'alba della risurrezione senza passare prima per il Venerdì Santo, cioè per la sofferenza (che molte volte sembra interminabile) e la terribile morte in croce. La croce prepara la risurrezione, che rimane la parola ultima, la certezza e la speranza fondamentale di tutti coloro che credono in Cristo.

ARCHIVIO

LA TOMBA VUOTA

«PASSATO IL SABATO, MARIA DI MÀGDALA, MARIA MADRE DI GIACOMO E SALOME COMPRARONO OLI AROMATICI PER ANDARE A UNGERLO. DI BUON MATTINO, IL PRIMO GIORNO DELLA SETTIMANA, VENNERO AL SEPOLCRO AL LEVARE DEL SOLE. DICEVANO TRA LORO: "CHI CI FARÀ ROTOLARE VIA LA PIETRA DALL'INGRESSO DEL SEPOLCRO?". ALZANDO LO SGUARDO, OSSERVARONO CHE LA PIETRA ERA GIÀ STATA FATTA ROTOLARE, BENCHÉ FOSSE MOLTO GRANDE. ENTRATE NEL SEPOLCRO, VIDERO UN GIOVANE, SEDUTO SULLA DESTRA, VESTITO D'UNA VESTE BIANCA, ED EBBERO PAURA. MA EGLI DISSE LORO: "NON ABBIATE PAURA! VOI CERCATE GESÙ NAZARENO, IL CROCIFISSO. È RISORTO, NON È QUI. ECCO IL LUOGO DOVE L'AVEVANO POSTO. MA ANDATE, DITE AI SUOI DISCEPOLI E A PIETRO: 'EGLI VI PRECEDE IN GALILEA. LÀ LO VEDRETE, COME VI HA DETTO'". ESSE USCIRONO E FUGGIRONO VIA DAL SEPOLCRO PERCHÉ ERANO PIENE DI SPAVENTO E DI STUPORE. E NON DISSERO NIENTE A NESSUNO, PERCHÉ ERANO IMPAURITE».

(Mc 16,1-8)

FORUM

- La fede cristiana si basa su una tomba vuota perché il credente «crede senza vedere». Per questo Gesù rimprovera Tommaso che, invece, per poter credere vuole mettere il dito nelle sue ferite (cf. Gv 20,24-29).
- Con l'aiuto dell'insegnante, approfondite il brano evangelico riportato in *Archivio*, confrontandolo con il racconto degli altri evangelisti.

3.6 segni e simboli del Risorto

La vita di tutti noi è fatta di tanti piccoli segni che riempiono di significato le nostre giornate: un SMS che abbiamo memorizzato e custodiamo gelosamente, un peluche che penzola dallo zaino o un piccolo delfino che s'affaccia dal cellulare, un ciondolo, una pacca sulle spalle, un abbraccio, un bacio... Non sono che tanti piccoli simboli e gesti che ci aiutano a riconoscerci tra amici e danno senso alla nostra vita. Anche nella comunità dei primi credenti in Cristo risorto i segni e i simboli avevano un grande significato, e continuano ad averlo anche per noi. Tra i simboli cristiani più comuni ricordiamo:

- il **buon Pastore** (che ricorda Gesù e la parabola della pecorella smarrita);
- l'**àncora** (che rappresenta la croce come salvezza);
- la **colomba**, simbolo dell'anima credente (che vola oltre la morte) e simbolo di pace (il ramoscello d'ulivo ricorda la fine del diluvio);
- un altro simbolo molto conosciuto è il **pesce**, che ricorda i miracoli di Gesù e veniva anche usato come acrostico (con le iniziali della parola si forma una frase). Infatti, la parola *Ichthus* («pesce» in greco) è composta dalle seguenti lettere: **I** (*Iesus*), **Ch** (*Christòs*), **Th** (*Theoù*), **U** (*Uiòs*), **S** (*Sotér*) e significa: **Gesù Cristo, Figlio di Dio, Salvatore**;
- il **monogramma di Cristo** (nell'immagine riportata puoi vedere il volto di Cristo con il monogramma, trovato in un mosaico nel Dorset, Inghilterra meridionale) è formato dalle iniziali greche di Cristo, **X** (chi) e **P** (rho). Simbolo molto usato dai cristiani, soprattutto dall'epoca di Costantino il Grande, il quale con questo segno («*In hoc signo vinces*») avrebbe vinto sul rivale Massenzio;
- **Alfa e Omega**, la prima e l'ultima lettera dell'alfabeto greco, ricordano la definizione attribuita a Cristo dal libro dell'Apocalisse: «Dice il Signore Dio: Io sono l'Alfa e l'Omega, Colui che è, che era e che viene, l'Onnipotente!» (1,8).

IL SEGNO DEL TAU

Il «Tau», cioè la «T» greca maiuscola, ricorda graficamente il segno della croce. San Francesco aveva una grande venerazione per questo simbolo, che tracciava di suo pugno sulle lettere e che considerava segno di redenzione e di salvezza.

FORUM

> Conoscete altri simboli cristiani, oltre a quelli presentati? Provate a farne un breve elenco, cercandoli anche in internet. (v. per es. quelli delle catacombe http://www.catacombe.roma.it/it/symb.html)

> Quali sono oggi i «simboli» o i «segni» più importanti per i giovani?

3.7 che ne pensi?

Cristo non ha mani

Cristo non ha più mani,
ha soltanto le nostre
mani per fare oggi
le sue opere.
Cristo non ha più piedi,
ha soltanto i nostri piedi
per andare oggi agli
uomini.
Cristo non ha più voce,
ha soltanto la nostra voce
per parlare oggi di sé.
Cristo non ha più forze,
ha soltanto le nostre forze
per guidare gli uomini
a sé.
Cristo non ha più Vangeli
che essi leggano ancora.
Ma ciò che facciamo in
parole e opere
è l'evangelio che si sta
scrivendo.
(*Preghiera al Crocifisso*, di
Anonimo fiammingo del
XV sec.)

Quali riflessioni ti suggerisce questa preghiera?

....
....
....
....
....

100.000 LIBRI SU GESÙ NEL XX sec.

Nel XX secolo sono stati 100.000 i volumi che hanno approfondito la figura di Gesù di Nazaret, all'incirca 1.000 all'anno e 3 al giorno. E anche nel primo decennio del XXI secolo non sono pochi i libri su Gesù. Ne citiamo solo due, anche se molti diversi tra loro, nel contenuto e nelle finalità: il libro di Benedetto XVI, *Gesù di Nazaret*, Rizzoli, Milano 2007 e C. Augias – M. Pesce, *Inchiesta su Gesù*, Mondadori, Milano 2006. Insomma, pur con letture e sensibilità diverse, il Nazareno è ancora il grande «ricercato» del nostro tempo.

Tenendo presente quanto è stato detto in classe ed è stato scritto nel testo, prova a dare una tua motivazione al continuo interesse intorno alla figura di Gesù.

....
....
....

Confronta la tua risposta con quella dei tuoi compagni.

....
....
....
....
....

Questo simbolo veniva usato dalle prime comunità cristiane come acrostico. Ricordi il significato?

....
....
....
....
....

Gesù e il suo messaggio

«Sono Giulia e vi presento il cristianesimo, la mia religione...»

Io sono **cristiana cattolica**. I cristiani sono suddivisi in varie Chiese, ma tutti si ritrovano **uniti nel nome di Gesù**.

Gesù è il Cristo (=«Messia») e Signore (Figlio di Dio), è Dio che si è fatto uomo. È venuto sulla terra circa 2000 anni fa e ha insegnato che è possibile vivere in un mondo di pace, in armonia con gli altri, con Dio e con il creato.

Gesù è morto sulla croce, ma dopo 3 giorni è **risorto**, dimostrando che anche la morte può essere vinta.

- **Gesù è veramente esistito?** = Ormai nessuno storico ha dubbi sull'esistenza storica di Gesù. Oltre ai documenti cristiani, in particolare i **Vangeli**, abbiamo altre **testimonianze non cristiane** sull'esistenza di Gesù. Alcune di queste sono: una lettera di Plinio il Giovane; una citazione dagli *Annali* di Tacito; una citazione da un testo dello storico Giuseppe Flavio.

Gesù è veramente esistito: lo provano documenti cristiani ma anche testimonianze non cristiane.

- **La testimonianza dei Vangeli** = La testimonianza più importante dell'esistenza di Gesù sono i **Vangeli**, scritti dagli evangelisti Marco, Matteo, Luca e Giovanni. Come molti altri personaggi della storia, Gesù non ha scritto niente. Il suo insegnamento è stato trasmesso oralmente dagli apostoli, poi è stato messo per iscritto. Il primo a mettere per iscritto il Vangelo è stato **Marco**, intorno al 65-70 d.C. , a cui hanno fatto seguito **Matteo** e **Luca** e infine, verso la fine del 1° secolo, **Giovanni**.

- **La terra di Gesù: la Palestina** = La regione della Palestina dove si svolse buona parte della vita di Gesù è la **Galilea**, che si trova a nord. Due città in particolare: **Nazaret**, dove Gesù è vissuto, e **Cafarnao**, dove ha iniziato la predicazione. L'altra parte della vita di Gesù si svolse in **Giudea**, in particolare a **Gerusalemme**, la Città Santa, dove si svolsero le ultime vicende della vita di Gesù. Sempre in Giudea si trova **Betlemme**, la città dove Gesù è nato.

- **La predicazione di Gesù** = Gesù si presentò annunciando questa **Buona notizia** (in greco, «VANGELO»): «Il tempo è compiuto e il regno di Dio è vicino, convertitevi e credete al vangelo» (Mc 1,15). Ciò vuol dire che Dio è intervenuto nella storia per salvare l'uomo e che il Messia atteso dal popolo ebraico è venuto nel mondo. Il messaggio centrale del suo insegnamento è «**Amatevi gli uni gli altri come io vi ho amato**» (Gv 15,12).

Amatevi gli uni gli altri come io vi ho amato»: è il punto centrale della predicazione di Gesù, sull'esempio dello stesso amore di Dio.

- **I miracoli** = I miracoli sono i **segni** concreti della venuta del regno di Dio sulla terra. L'annuncio del vangelo è accompagnato da questi fatti straordinari, nei quali si manifesta la potenza e l'amore di Dio.

- **Le beatitudini** = **Uno dei brani centrali della predicazione di Gesù**, caratterizzanti il cristianesimo. Sono ideali molto alti a cui il cristiano deve sapersi ispirare.

- **«Farsi prossimo»** = A chi gli chiede «Chi è il mio prossimo?», Gesù risponde narrando la **parabola del buon samaritano**, che colpisce fortemente gli ascoltatori in quanto a soccorrere l'uomo ferito è proprio un samaritano, che per gli ebrei era uno straniero e in più mal visto. Per Gesù però non conta l'esteriorità, ma i gesti concreti di solidarietà a favore di chi è nel bisogno.

- **È risorto** = La fede cristiana ha inizio con la scoperta della tomba vuota di Gesù. Secondo quanto riferiscono i Vangeli, alcune donne vanno al sepolcro di Cristo il mattino del giorno dopo il sabato e lo trovano vuoto. Un angelo annuncia loro che Gesù è risorto. Su questo fatto si basa tutta la predicazione cristiana. È la fede in Gesù Risorto che accomuna tutti i credenti delle varie confessioni cristiane.

La fede nella risurrezione di Gesù è il centro del cristianesimo e unisce tutte le confessioni cristiane.

Esercizi

1 La geografia della Palestina: unisci con una freccia i luoghi geografici con la descrizione corrispondente.

Luoghi geografici	descrizioni
Galilea	La città dove Gesù è nato
Cafarnao	La città dove Gesù è vissuto
Betlemme	La regione dove Gesù è vissuto per buona parte della sua vita
Giudea	La principale città
Nazaret	La regione a sud dove Gesù è vissuto nella parte finale della sua vita
Gerusalemme	La città dove Gesù ha iniziato la sua predicazione

2 Indica con una crocetta se le seguenti affermazioni sono vere o false:

Affermazioni	Vero	Falso
I miracoli sono segni della presenza di Dio		
Facendo i miracoli, Gesù voleva diventare famoso		
Con i miracoli, Gesù fa vedere la sua bravura		
I miracoli sono segni dell'amore di Dio		
Grazie ai miracoli, tutti hanno creduto in Gesù		

3 Inserisci al posto dei puntini le parole giuste scegliendole fra le seguenti:

■ **uomo** ■ **morte** ■ **Cristo** ■ **risorto** ■ **Gesù** ■ **Dio**

Tutti i cristiani si ritrovano uniti nel nome di ....
Gesù è il ...., cioè il Messia, Figlio di ....
Gesù è Dio che si è fatto .... (incarnazione)
Gesù è morto sulla croce, ma il terzo giorno è ....,
dimostrando che la ....
non è la fine di tutto, ma la vita continua.

mappa

Gesù
Testimonianze storiche
La terra dove visse: la Palestina
Incarnazione
Cristo e Signore
Annuncio del Regno di Dio
Parole
Opere (miracoli)
Passione, morte e risurrezione
Testimonianza dei cristiani

Gesù e il suo messaggio

sintesi.it

Inserisci la parola giusta, tra quelle indicate sotto:

Gesù ci ha fatto conoscere Dio come ________ d'amore (Trinità), rivelandosi come il ________ (Cristo). È morto sulla croce sacrificandosi per l'umanità e per ________ l'uomo con Dio. Con la sua ________ ci ha dimostrato che è possibile vincere persino la nostra paura più grande, quella della ________, e che è possibile anche su questa ________ lavorare per realizzare un mondo con più pace e ________

■ risurrezione ■ morte ■ comunità ■ giustizia ■ terra ■ Messia ■ riconciliare

MediaLab

WEB 2.0

1. LE PARABOLE IN FUMETTI
Realizzate alcuni fumetti prendendo spunto dalle parabole del Vangelo.

2. TIMELINE DELLA VITA DI GESÙ
Realizzate una linea del tempo della vita di Gesù.

3. LA MAPPA DEI LUOGHI DEL VANGELO
Realizzate una mappa interattiva dei luoghi menzionati nei Vangeli.

4. MAPPA CONCETTUALE DELLA VITA DI GESÙ
Create una mappa concettuale interattiva con gli aspetti più importanti della vita di Gesù.

5. L'ULTIMA CENA IN HD
Scoprite i dettagli dell'affresco dell'*Ultima cena* di Leonardo.

6. STORIE DELLA VITA DI CRISTO IN HD
Scoprite i dettagli dell'affresco di Gaudenzio Ferrari sugli episodi della vita di Gesù.

LIM (MATERIALI DISPONIBILI SUL SITO WWW.EDBSCUOLADIGITALE.IT)

1. I VANGELI SINOTTICI PLUS
drag&drop
Collegate alcuni brani simili del Vangelo partendo dalle diverse versioni di Matteo, Marco e Luca.

2. PARABOLE E MIRACOLI PLUS
impara
Slides interattive alla scoperta delle immagini sulle parabole e sui miracoli più famosi.

3. LA PIETÀ DI MICHELANGELO
guarda
Lettura del complesso marmoreo della *Pietà* di Michelangelo.

4. SLIDE MILIONARIO
gioca
Rispondete alle domande del famoso gioco «Il Milionario».

attività interattive multimediali

ATTIVITÀ PRATICHE

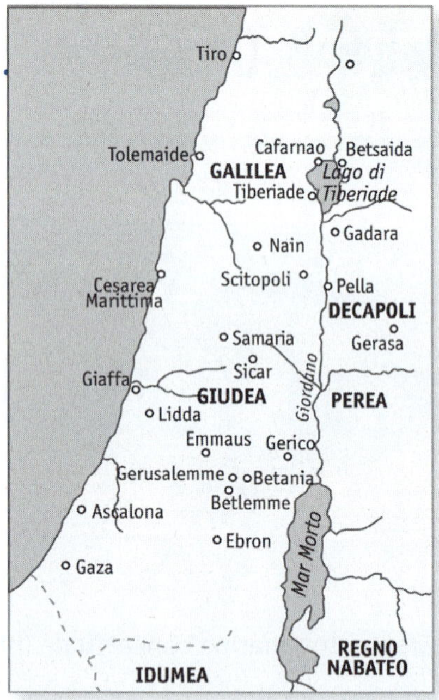

1. VIAGGIO NEL TEMPO
Inventate un viaggio nel tempo per conoscere Gesù e i luoghi in cui è vissuto.

2. TOMBOLA DI GESÙ
Divertitevi giocando con la tombola dei personaggi più noti del Vangelo.

3. BINGO DEI LIBRI DEL NUOVO TESTAMENTO
Giocate al famoso Bingo, con i libri del Nuovo Testamento.

4. DOMINO DEI SIMBOLI DEL CRISTIANESIMO PLUS
Divertitevi con il domino dei simboli più famosi del cristianesimo.

5. GIOCO DELL'OCA DELLA VIA CRUCIS PLUS
Con le regole del gioco dell'oca ripercorrete l'itinerario della Via Crucis fino alla croce.

6. LA PALESTINA AL TEMPO DI GESÙ PLUS
Colorate la mappa della terra di Gesù.

FILM

Per i film preceduti da asterisco (*) si consiglia la visione di una selezione delle scene

* 7 km da Gerusalemme
(Italia, 2006) di Claudio Malaponti.
Leggi la trama usando il QRcode.

La sacra Sindone. La storia
(Italia, 2005) di Francesca Saracino

* The body
(USA, 2001) di Jonas McCord

* Il Vangelo secondo Matteo
(Italia, 1964) di Pier Paolo Pasolini

Mistery after Mistery
(Italia, 2009) di Stefania Raimondi

PLUS disponibile su eBook plus — collegati — scarica — stampa — assembla

cosa vuol dire essere cristiani?

twitter

È BUGIARDO CHI DICE DI AMARE CRISTO E NON AMA OGNI UOMO.

IL FRUTTO DELLA FEDE È L'AMORE.

CREDERE IN DIO È RICONOSCERE CHE LA VITA HA UN SENSO.

bacheca

«Amatevi come io vi ho amato». (GESÙ)

«Il cristiano vero è un uomo libero. Ama la verità, la giustizia e la libertà. Poi viene tutto il resto». (DON LEONARDO ZEGA)

«L'essenza del cristianesimo sta nell'aderire a Cristo e al suo messaggio». (ROMANO PENNA, BIBLISTA)

«Bisogna prima conoscere, poi capire, infine agire». (DON PINO PUGLISI, SACERDOTE UCCISO DALLA MAFIA)

nuvola di tag

piano di lavoro

TRAGUARDI PER LO SVILUPPO DELLE COMPETENZE *(in prospettiva)*

Conoscere e approfondire gli elementi essenziali della fede e della tradizione cristiana, affrontando anche alcune delle principali obiezioni mosse spesso dai giovani.

OBIETTIVI DI APPRENDIMENTO

- Conoscere il Credo o professione di fede cristiana, i principali simboli, celebrazioni e sacramenti della comunità cristiano-cattolica.
- Riconoscere che la Pasqua (la passione, la morte e la risurrezione di Gesù) è l'evento principale del cristianesimo, alla base di tutto.
- Saper cogliere l'importanza del messaggio cristiano nell'arte e nella cultura del nostro Paese, sia nel passato che oggi.

COSA IMPARARE PER LA VITA

- Educarsi al rispetto profondo di ogni uomo, così come il comandamento cristiano dell'amore invita a fare.
- Imparare a confrontarsi, in modo non conflittuale, con la scienza o con altre forme religiose non cristiane.
- Riconoscere il valore del cristianesimo come parte integrante della cultura del popolo italiano, cogliendone i vari apporti positivi.

LE VARIE TAPPE

Dopo una presentazione dei vari articoli di fede sintetizzati nel «Credo», illustreremo gli elementi essenziali del culto cristiano, i sacramenti e le principali feste e tradizioni cristiano-cattoliche. Nella seconda Unità daremo spazio ad alcune delle domande più ricorrenti che fanno i giovani sulla fede cristiana.

QUALCHE SUGGERIMENTO

La conoscenza della fede cristiana è spesso superficiale e poco approfondita, anche se quasi sempre si pensa di conoscere già tutto della propria religione. Si consiglia di non dare per scontato nulla e di impostare le unità con un taglio decisamente culturale, ma con la passione di chi crede al valore di certe cose e si sforza di metterle in pratica.

RISERVATO ALL'INSEGNANTE

Per eventuali suggerimenti e approfondimenti sul tema, per spunti e idee, proposte di lavori sul Web ed esercitazioni con gli alunni si veda *MediaLab - Attività interattive multimediali* nella parte finale del modulo e anche la *Guida per l'insegnante*. Per le verifiche, si veda il *Quaderno operativo digitale* sul CD-rom allegato al testo.

COLPO D'OCCHIO

1.1 il «Credo» o professione di fede / 1

Fin dai primi tempi della Chiesa la fede cristiana è stata sintetizzata in brevi formule che vanno sotto il nome di «professione di fede» o «Credo». La più antica e anche la più semplice formulazione della fede cristiana è il **Credo** o **Simbolo degli apostoli**; ma altre sintesi sono state fatte nei primi concili, come il *Credo niceno-costantinopolitano* (381 d.C.), uno dei testi più importanti del cristianesimo. La fede in un Dio unico, ma in tre persone – Padre, Figlio, Spirito Santo (Trinità) – è al centro della fede di tutte le Chiese cristiane (cattolica, protestante, ortodossa): chi non crede che Gesù è pienamente uomo e Dio e nel mistero della Trinità non può essere considerato cristiano.

Un breve commento agli articoli del Credo, seguendo il testo riportato in *Archivio*:

1. Come gli ebrei e i musulmani, anche i cristiani sono monoteisti, credono cioè in un solo Dio, che è **Padre onnipotente** (può tutto) ed è anche il Creatore del mondo. Il primo libro della Bibbia (Genesi) ci racconta in modo simbolico e secondo le espressioni del tempo com'è avvenuta la creazione.
2. Per i cristiani, **Gesù** è la seconda persona della Trinità, il Figlio di Dio fatto uomo, vero uomo e vero Dio insieme.
3. Sulla base del Vangelo di Luca (1,26-38), i cristiani venerano **Maria** come la **madre di Gesù** che ha concepito il figlio in modo miracoloso.
4. La citazione di Ponzio Pilato, procuratore di Roma, dà valore storico alla **crocifissione e morte di Gesù**. Ancora oggi la tomba vuota, nella Basilica del Santo Sepolcro a Gerusalemme, è meta di numerosi pellegrinaggi.
5. Dopo la sua morte, Gesù discese agli inferi, per annunciare la liberazione dei giusti defunti e dare loro la vita eterna in cielo.

ARCHIVIO

IL SIMBOLO DEGLI APOSTOLI

1. Io credo in Dio, Padre onnipotente, Creatore del cielo e della terra;
2. e in Gesù Cristo, suo unico Figlio, nostro Signore,
3. il quale fu concepito di Spirito Santo, nacque da Maria Vergine,
4. patì sotto Ponzio Pilato, fu crocifisso, morì e fu sepolto;
5. discese agli inferi;
6. il terzo giorno risuscitò da morte;
7. salì al cielo, siede alla destra di Dio Padre onnipotente: di là verrà a giudicare i vivi e i morti.
8. Credo nello Spirito Santo,
9. la santa Chiesa cattolica,
10. la comunione dei santi,
11. la remissione dei peccati,
12. la risurrezione della carne, la vita eterna. Amen.

ARCHIVIO

«Credo in un solo Dio, Padre onnipotente, creatore del cielo e della terra e di tutte le cose visibili e invisibili. Credo in un solo Signore Gesù Cristo, unigenito Figlio di Dio...».
(Dal Credo niceno-costantinopolitano)

FORUM

> Dopo aver riletto il Simbolo degli apostoli, quali sono gli articoli (i punti) che vi sembrano più difficili? Per quale motivo?

1.2 il «Credo» o professione di fede / 2

Continuiamo la presentazione del Credo cristiano.

6. La fede in Gesù, **risorto** dai morti e vivo per l'eternità, è il centro del cristianesimo.
7. L'erede dell'imperatore romano sedeva alla sua destra e il Credo usa la stessa immagine per indicare che Gesù condivide l'autorità di Dio. Dalla sua gloria **tornerà sulla terra per giudicare i vivi e i morti**. Secondo il *Catechismo della Chiesa cattolica*, al momento della morte ci sarà per ogni persona un giudizio particolare e un altro universale alla fine dei tempi.
8. Lo **Spirito Santo** è la terza persona della Trinità, presente fin dalla creazione del mondo. Inviato a noi dal Padre insieme al Figlio, egli continua la sua opera nel mondo e nella Chiesa attraverso sette doni (sapienza, intelletto, consiglio, fortezza, scienza, pietà, timor di Dio).
9. La **Chiesa è «cattolica»** (termine di origine greca che significa «universale»), nel senso che è aperta a tutti. I credenti in Cristo formano una sola comunità in lui. Infatti, come afferma san Paolo, in lui «non c'è giudeo né greco; non c'è schiavo né libero; non c'è maschio e femmina, perché tutti voi siete uno in Cristo Gesù» (Gal 3,28). Quindi la parola «cattolica», nel Credo, non sta a indicare la Chiesa cattolica romana, ma la natura della Chiesa; per questo le varie Chiese s'incontrano e pregano per ritrovare l'unità.
10. **«Comunione dei santi»** indica la comune partecipazione di tutti i membri della Chiesa alle cose sante (la fede, i sacramenti, i doni spirituali) e anche un legame particolare che unisce tutti i fedeli, sia vivi che defunti, alla Chiesa universale, formando così in Cristo una sola famiglia (corpo mistico). «Santi» in questo senso sono tutti quelli che credono in Cristo e partecipano alla Chiesa, da non confondere con le persone eccellenti che vengono proclamate «sante» dalla Chiesa per essere di esempio agli altri cristiani.
11. Anche se con interpretazioni differenti tra le varie Chiese sul modo della **«remissione»**, tutti i cristiani credono che Gesù abbia salvato l'umanità **dal peccato**, assumendo su di sé ogni colpa. Spetta all'uomo accettare o meno questa grazia (o favore gratuito) che Dio ha fatto agli uomini attraverso Gesù; nella sua libertà l'uomo può anche rifiutare questo dono. Ma Dio perdona sempre coloro che si pentono e cambiano vita.
12. L'ultimo articolo del Credo afferma la fede nella vita che continua dopo la morte, anche dopo che il nostro corpo sarà ridotto in polvere. **La vita eterna**, stare con Dio per sempre, è il fine e la speranza a cui tende il cristiano. Con l'**amen** finale, termine ebraico che significa «sia così», il credente sottoscrive – pur senza sapere come tutto ciò si realizzerà concretamente – quello che ha proclamato nel Credo, scommettendo su Dio e affidandosi completamente a lui.

FORUM

> Cosa significa per il cristiano dire «amen» alla fine del Credo?

> Qual è l'articolo che sta al centro del Credo e di tutta la fede cristiana?

1.3 gli elementi fondamentali del culto

Nel «giorno del Signore», o domenica, i cristiani si radunano per celebrare la morte e la risurrezione di Gesù. Essendo divisi in varie confessioni, il culto domenicale non è uguale per tutti i cristiani. Per i cristiani-cattolici il luogo di culto è caratterizzato da alcuni elementi comuni, evidenziati nel disegno, che ritroviamo in tutti i vari rami (o confessioni) in cui il cristianesimo è suddiviso.

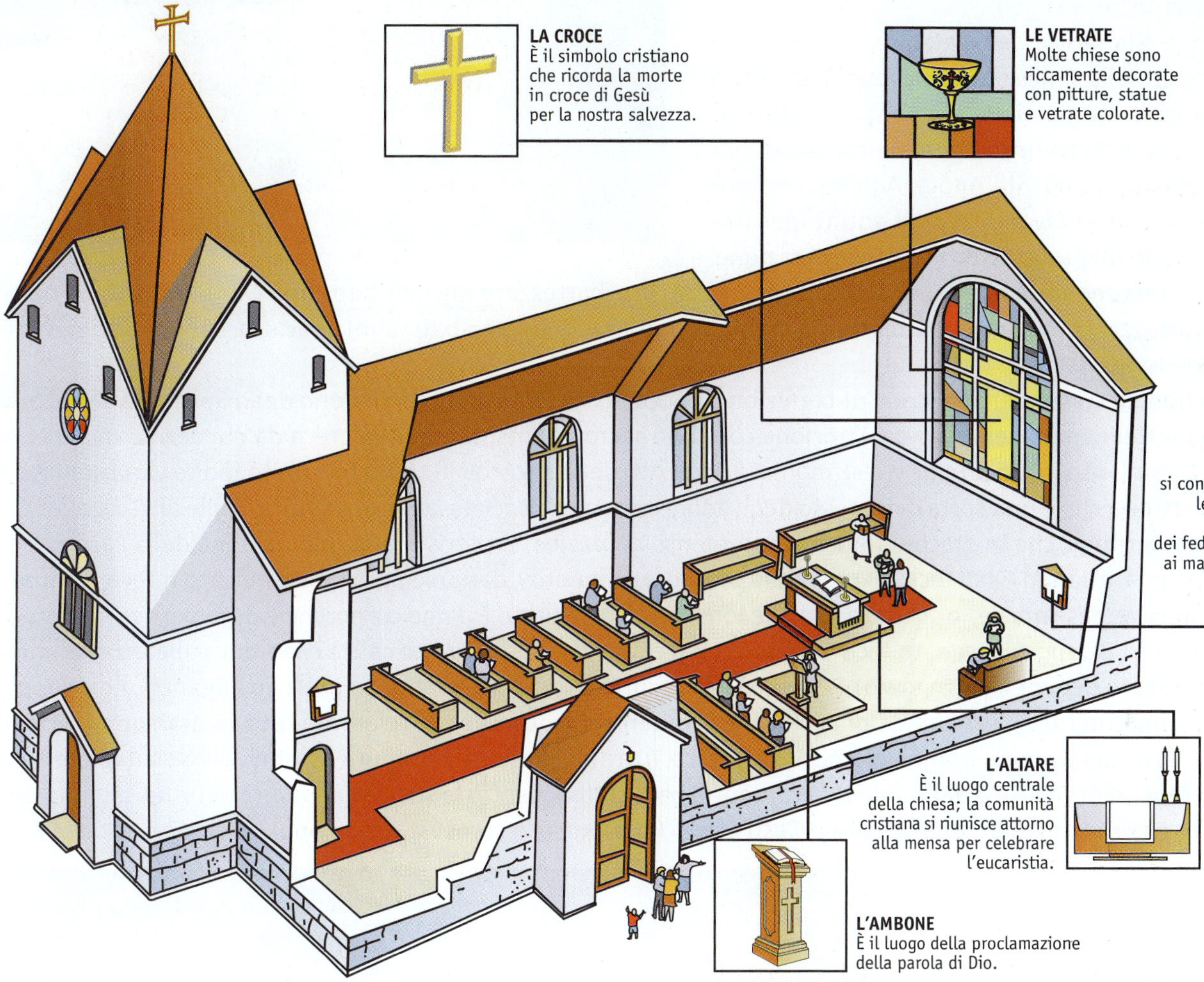

FORUM

- Osservate con attenzione il disegno riportato e confrontatelo con un luogo di culto che conoscete bene. Trovate che vi siano delle diversità? Se sì, quali?
- Il calendario religioso della Chiesa cattolica, con i suoi vari colori, si basa su tre feste principali. Quali? ....
....
....

Il simbolismo dei colori liturgici

- **Bianco:** richiama la luce, quindi la gioia, la festa. Sono bianchi i paramenti liturgici delle grandi feste (Natale, Pasqua, feste della Madonna e dei santi).
- **Rosso:** richiama il fuoco, l'amore e il sangue. I paramenti rossi ricordano lo Spirito Santo (Pentecoste), il sacrificio di Cristo, la testimonianza della fede dei martiri.
- **Verde:** ricorda la natura, il fiorire della vita. I paramenti verdi indicano la vita quotidiana della Chiesa, basata sulla speranza e la fiducia nel Signore.
- **Viola:** richiama il crepuscolo della sera (il termine della vita), ma anche quello del mattino (l'attesa per il levar del sole). Il viola è il colore dell'attesa, delle celebrazioni dei defunti e della preparazione alle grandi feste di Cristo (Avvento e Quaresima).

GIOCO SUI SACRAMENTI

1.4 i sacramenti

I sacramenti sono alla base della vita cristiana e accompagnano il cammino di crescita dei credenti. Per i cattolici sono sette, mentre altre Chiese cristiane riconoscono soltanto alcuni sacramenti, in genere quelli di cui si parla direttamente nei Vangeli.

1. **Battesimo:** è alla radice della vita cristiana e segna l'appartenenza alla Chiesa. L'acqua versata sul capo sta a indicare l'«immersione» in Cristo («battezzare» in greco significa «immergere nell'acqua»), per rinascere con lui a una vita nuova. Agli inizi del cristianesimo si battezzavano solo gli adulti (per immersione) dopo un lungo cammino di preparazione, chiamato catecumenato; ma dal IV secolo in poi si iniziò a battezzare anche i bambini. Oggi la maggior parte dei bambini battezzati proviene da famiglie già cristiane, ma non mancano battesimi di adulti, soprattutto nei Paesi di nuova tradizione cristiana.
2. **Confermazione o cresima:** ha lo scopo di perfezionare l'opera del battesimo, con il dono dello Spirito Santo, attraverso l'imposizione delle mani del vescovo e l'unzione con l'olio sacro (il «crisma», parola greca da cui deriva anche «Cristo», «l'unto di Dio»). Il rito, la cui origine è testimoniata dagli Atti degli apostoli (8,14-17), ha subìto molte variazioni nel tempo: quello attuale, che è una sorta di ingresso degli adolescenti nella società cristiana adulta, risale al VI secolo d.C.
3. **Eucaristia:** il termine, che in greco significa «rendimento di grazie», si riferisce alla celebrazione della Pasqua ebraica nell'ultima cena, quando Gesù fece la «preghiera di ringraziamento», dandole però un significato nuovo e imprevisto. «Poi prese il pane, rese grazie, lo spezzò e lo diede loro dicendo: "Questo è il mio corpo, che è dato per voi; fate questo in memoria di me". E dopo aver cenato, fece lo stesso con il calice dicendo: "Questo calice è la nuova alleanza nel mio sangue, che è versato per voi"» (Lc 22,19-20). Per mezzo di Gesù, Dio stabilisce un nuovo patto (o alleanza), non più con un solo popolo, ma con tutta l'umanità. Ogni volta che i credenti si radunano per celebrare l'eucaristia, soprattutto di domenica («giorno del Signore»), fanno memoria di questo. Tutte le Chiese cristiane, pur essendo divise sul valore da darle, celebrano l'eucaristia o «cena del Signore». Ma mentre per i cattolici, sotto le specie del pane e del vino, si rende presente misteriosamente ma realmente lo stesso Gesù Cristo (attraverso la transustanziazione), per le Chiese della Riforma protestante, invece, la «cena» è solo una commemorazione di Cristo o un simbolo della sua azione di salvezza verso tutti gli uomini. Per la Chiesa ortodossa, l'eucaristia – o Divina Liturgia – è il sacramento che perfeziona il legame di comunione con Cristo. Essa viene distribuita sempre sotto le due specie, rispettando alla lettera il comando di Cristo: «Prendete e bevetene tutti».
4. **Penitenza o confessione:** rimette i peccati commessi dopo il battesimo. Nei primi secoli cristiani (fino al VI sec. ca.), avveniva pubblicamente. Il peccatore veniva escluso dalla comunità e poteva esservi riammesso solo dopo aver espiato

una dura penitenza, fatta di digiuni, preghiere, elemosine e altro. Dal VI sec. si cercarono delle penitenze più praticabili, anche con forme private come il dialogo con un sacerdote. Lutero – sostenendo che ci si salva solo grazie alla fede e non per le opere – contestò la confessione fatta al sacerdote, perché solo Dio salva. La Chiesa cattolica, con il concilio di Trento, riaffermò invece la validità e la necessità del sacramento in tutte le sue componenti: pentimento, accusa dei peccati, penitenza, assoluzione individuale del sacerdote.

5. **Unzione degli infermi:** il testo biblico di riferimento è la lettera di Giacomo (5,14-16). Fino al VII sec. d.C. si ungeva il malato per ridargli la salute fisica; solo più tardi si attribuì al rito anche un valore spirituale, riservandolo però ai morenti. Da qui il nome «estrema unzione» con cui era conosciuto fino al concilio Vaticano II. Con il cambiamento del nome si vuole ridare al sacramento il suo significato originario: un rito per il sollievo spirituale del malato.
6. **Ordine:** all'origine del sacramento c'è la scelta di Gesù dei dodici apostoli e l'invio dei settantadue discepoli nel mondo «non per farsi servire, ma per servire» (Mt 20,28). Il sacramento conferisce l'autorità di esercitare il sacerdozio ministeriale (il «sacerdozio comune» appartiene invece a tutti i fedeli). Il sacramento dell'ordine prevede tre gradi: vescovo, sacerdote, diacono.
7. **Matrimonio:** l'amore tra l'uomo e la donna è per la Chiesa il simbolo dell'amore tra Dio e l'umanità, e anche di Cristo per la Chiesa. Per questo il sacramento del matrimonio costituisce un legame sacro e indissolubile tra gli sposi. Anche se da un punto di vista storico solo nel XII secolo la Chiesa ha iniziato a considerare il matrimonio un sacramento, fin dagli inizi le coppie cristiane, pur celebrando le nozze con riti civili, si impegnavano alla procreazione e all'educazione cristiana dei figli.

FORUM

- Qual è la vostra esperienza riguardo ai sacramenti?
- Quali sono, secondo voi, le cause che spesso allontanano i ragazzi dalla Chiesa, dopo aver ricevuto il sacramento della confermazione?
- Avete assistito all'ordinazione di un sacerdote? Se sì, raccontate.

SLIDE SUL TRIDUO PASQUALE

1.5 principali feste e tradizioni

Lavanda dei piedi, mosaico, 1210, Venezia, Basilica di San Marco.

FESTE DEL CATTOLICESIMO

1° novembre: Tutti i Santi. Si commemorano i cristiani di tutti i tempi. La festa si diffuse in Europa nei secoli VIII-IX. Il 2 novembre si commemorano i fedeli defunti.
8 dicembre: Immacolata concezione. Si celebra Maria, Madre di Gesù, nata libera dal peccato originale.
25 dicembre: Natale del Signore. Si celebra il grande mistero dell'Incarnazione. La Chiesa si prepara alla nascita di Gesù con le quattro settimane dell'Avvento.
26 dicembre: Santo Stefano. Si festeggia il primo martire della Chiesa.
1° gennaio: festa di Maria, Madre di Dio. Da alcuni decenni si celebra la Giornata della Pace.
6 gennaio: Epifania. È la festa della «manifestazione» di Gesù ai magi.
Mercoledì delle Ceneri: il primo mercoledì di **Quaresima**, periodo penitenziale di 40 giorni in preparazione alla Pasqua.
Pasqua: la festa più importante per il cristiano. In essa si celebra il passaggio di Gesù dalla morte alla vita. Viene preceduta dal **Triduo pasquale**. La Pasqua è l'unica festa mobile dell'anno, legata cioè al calendario lunare (cade sempre nella prima domenica dopo la luna piena di primavera).
Lunedì dell'Angelo: il giorno dopo Pasqua; è l'angelo che annuncia la risurrezione di Gesù.
Ascensione: si celebra l'ascesa al cielo di Gesù, dopo circa 40 giorni dalla Pasqua.
Pentecoste: è la solennità che ricorda la discesa dello Spirito Santo sopra i discepoli che, grazie alla sua forza, iniziano a predicare a tutti la «buona notizia» (vangelo) di cui sono stati testimoni. Si celebra 50 giorni dopo Pasqua.
Corpus Domini: festa dell'eucaristia o del corpo e sangue di Cristo.
15 agosto: Assunzione di Maria Vergine. Secondo la fede cattolica Maria è stata assunta in cielo in anima e corpo.

Per tutti i cristiani del mondo le feste principali (dette «solennità») sono tre: **il Natale, la Pasqua e la Pentecoste.** Anche se per i cattolici la festa più sentita è il Natale, perché legata alla famiglia e alla tradizione, in realtà quella più importante è la Pasqua, che celebra la morte e la risurrezione di Gesù.

La Pasqua nel mondo cristiano

La festa di Pasqua non è celebrata da tutti i cristiani nello stesso giorno; la data varia in base al calendario usato dalle varie Chiese o confessioni cristiane. Ogni comunità celebra la Pasqua con particolare solennità e ricchezza di riti.

- **Pasqua cattolica:** si caratterizza per il Triduo pasquale: *Giovedì Santo*, in cui si celebra l'istituzione dell'eucaristia e il comandamento dell'amore (nel gesto di Gesù della lavanda dei piedi); *Venerdì Santo*, con la memoria della morte di Gesù e l'adorazione al sepolcro; *Sabato Santo*, con la solenne veglia pasquale, in cui c'è la benedizione del fuoco, del cero pasquale, dell'acqua battesimale e poi la messa di risurrezione.
- **Pasqua ortodossa:** la veglia pasquale dura tutta la notte, con al centro la solenne celebrazione eucaristica, in cui si usa il pane liturgico, chiamato in greco *prosforà*, «offerta». Nella parte superiore del pane viene impresso un sigillo di otto lettere greche (IC XC NI KA= *Jesus Cristòs nikà*, «Gesù Cristo vince». Alla fine si benedicono uova e cibo. L'uovo rappresenta il sepolcro che si apre per offrire al mondo la vita del Risorto.
- **Pasqua protestante:** i riti variano a seconda delle numerose Chiese e comunità, ma il culto è centrato sul rito della cena pasquale e la lettura dei brani della morte e risurrezione di Gesù.

FORUM

- Qual è per voi la festa religiosa più importante? Perché?
- Per un approfondimento sui vari calendari e su come calcolare la data di Pasqua si veda http://xoomer.alice.it/esongi/calenda.htm

1.6 le solennità cristiane

D. Ghirlandaio, *Natività*, 1492, Cambridge, Fitzwilliam Museum.

IL NATALE - LA PASQUA LA PENTECOSTE

Con la venuta di Gesù, l'umanità sperimenta l'incontro definitivo con Dio e la sua misericordia. Gesù rivela la tenerezza del Padre e con parole e azioni potenti manifesta la sua volontà benevola nei confronti dell'uomo. Ormai Dio ha il volto stesso di Gesù, dell'Emmanuele: il «Dio con noi».

Per un cristiano, il passaggio fondamentale della storia della salvezza è l'annuncio che la morte non è la fine di tutto, ma il passaggio definitivo per la piena realizzazione di sé. Questa convinzione è basata sulla Pasqua di Cristo, cioè sulla sua morte e risurrezione a opera di Dio Padre. Come promesso, dopo la sua ascensione Cristo non lascia sola la sua comunità e invia, cinquanta giorni dopo la Pasqua, lo Spirito consolatore.

Risurrezione, 1400 ca., Antwerp, Museum Mayer van den Bergh.

Pentecoste, 1220 ca., Salterio della regina Ingeburge, Musée Condé, Chantilly, ms 1695, fol 32 b.

FORUM

- Quale di queste tre feste vivi in modo più distaccato? Sai spiegarne il perché?
- Conosci delle tradizioni legate al Natale e alla Pasqua? Descrivine alcune.

1.7 che ne pensi?

Nelle UA 1.1 e 1.2 abbiamo presentato il Credo cristiano. Quali sono i punti che ti hanno colpito di più? E tu in che cosa credi? Prova a metterlo per iscritto.

....
....
....
....
....

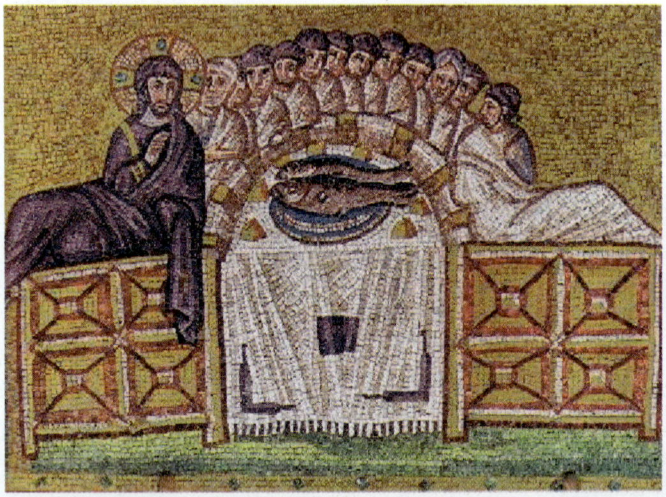

Cosa rappresenta questo mosaico di Ravenna?

....
....
....
....

Secondo te quali pagine del testo fanno riferimento – non importa se direttamente o indirettamente – al concetto espresso nell'immagine?

....
....

Quali sono le tre feste solenni dei cristiani?

1 ....
2 ....
3 ....

2.1 ma tu ci credi in Dio?

Ogni tanto, tra i milioni di siti che sono su internet, ce n'è qualcuno che rilancia la vecchia proposta di un grande illusionista di pagare un milione di dollari a chi dimostra «senza ombra di dubbio» la veridicità di fenomeni paranormali e straordinari, compresa l'esistenza di Dio.
Difficilmente qualcuno riuscirà a incassare il premio perché la fede – che prima di tutto è un dono – non si basa su teoremi e prove «razionali», ma soprattutto sul cuore e sull'intuizione. È come promettere di dare un milione di dollari a chi riuscirà a provare razionalmente e «senza ombra di dubbio» che l'amore è un muscolo e che risiede in una certa parte del corpo umano. Nella vita ci sono cose che si intuiscono, ma che non si possono provare scientificamente.
Avere fede è capire che l'uomo non è il centro di tutto e che ci sono mille cose (dentro e attorno a noi) che ci superano. Chi crede testimonia che gli esseri umani non sono soli sotto un cielo vuoto. C'è qualcuno o qualcosa di più grande dell'uomo stesso che è all'origine ed è anche lo scopo di tutto. Realtà indefinibile e misteriosa che gli uomini hanno imparato a chiamare con nomi diversi. Usando

FORUM

- «Dio»: cosa suscita in voi questa parola?
- **ATTIVITÀ:** Scrivete su un foglietto anonimo le vostre riflessioni personali su Dio; poi a caso il professore sceglierà dei foglietti e li leggerà ad alta voce in classe.

Su Dio spesso solo rumore

«Quante discussioni si sono fatte e si fanno ancora su Dio. Tu che ne pensi?», chiese un giorno un discepolo al grande maestro.

«Vedi quell'ape?», rispose il maestro. «Senti il suo ronzio? Esso cessa quando l'ape ha trovato il fiore e ne succhia il nettare.

Vedi quest'anfora? Ora vi verso dell'acqua. Ne senti il glu-glu? Cesserà quando l'anfora sarà colma.

Ed ora osserva questo biscotto che pongo crudo nell'olio bollente. Senti come frigge e che rumore fa? Quando sarà ben cotto tacerà.

Così è degli uomini. Fino a quando discutono e fanno del gran rumore su Dio, è perché non l'hanno ancora trovato.

Chi invece l'ha trovato tace e, nel silenzio, adora e agisce».

un'immagine potremmo dire che il credente è come un'antenna che capta – anche se in modo approssimativo e confuso – la bellezza del mistero che ci circonda e testimonia con la sua vita che **«l'essenziale è invisibile agli occhi»** (A. de Saint-Exupéry). Credere significa abbandonarsi con fiducia a questa presenza invisibile che possiamo cogliere attraverso molti segni che sono in noi e accanto a noi. Solo che occorrono occhi molto attenti, capaci di penetrare oltre ciò che appare.

In evidenza

«SÌ, IO CREDO IN DIO E CREDO CHE NON SIA AFFATTO UN'INVENZIONE DEGLI UOMINI. SE LA TERRA, GLI ANIMALI, LE PIANTE, NOI UOMINI FOSSIMO NATI PER CASO, ALLORA LA NOSTRA VITA CHE SENSO AVREBBE?».

(MATTIA)

2.2 e Dio chi l'ha creato?

domande frequenti

«MA SE IL MONDO È STATO CREATO DA DIO, ALLORA DIO CHI L'HA CREATO? CHE SIGNIFICA CHE DIO È ETERNO?».

(CARLO)

La domanda di Carlo è una di quelle che prima o poi viene in mente a tutti ed è difficile non farsi. Liberiamo subito il campo da possibili equivoci. Non c'è una risposta così convincente da risolvere per sempre una questione del genere. Se l'esistenza di Dio fosse così evidente per tutti, in che cosa consisterebbe la «fede», l'affidarsi e il fidarsi completamente di Dio, che comporta sempre una parte di rischio e di scommessa? Quindi nessuno può dimostrare a Carlo alla lavagna, in modo certo e senza ombra di dubbio, che Dio è esistito da sempre. Ma ci sono delle supposizioni e dei ragionamenti che hanno la loro validità.

Scrive don Tonino Lasconi a un ragazzo che aveva posto la stessa domanda di Carlo: «C'è una fortunata canzone di Sergio Endrigo che dice: "Per fare un tavolo ci vuole il legno, per fare il legno ci vuole l'albero, per fare l'albero ci vuole il seme, per fare il seme ci vuole il frutto, per fare il frutto ci vuole un fiore, per fare un fiore ci vuole un ramo, per fare il ramo ci vuole l'albero, per fare l'albero ci vuole il bosco, per fare il bosco ci vuole il monte, per fare il monte ci vuol la terra, per far la terra...". La canzone finisce dicendo che per far la terra ci vuole un fiore. Ma è chiaro che non è così. **Per far la terra, per fare il mondo ci vuole qualcuno che non sia dentro alla filastrocca, ma al di fuori, completamente diverso dal seme, dal fiore, dal ramo, dal bosco, dal monte. Questo qualcuno è Dio. Che è eterno, cioè c'è stato sempre e ci sarà sempre».** [1]

Certo, anche se la risposta è suggestiva, le domande continuano a frullare nel nostro cervello: «Sì..., però..., ma...». È giusto che sia così, perché l'essere umano è tale proprio perché si chiede il «perché» delle cose e delle scelte che fa. **Su questa grande domanda ci sono almeno tre posizioni.** C'è chi dice: «**Dio non c'è**, perché, se ci fosse, dovrebbe essere stato creato da un altro, poi da un altro, poi da un altro...» e così via. C'è chi afferma: «**Il mondo c'è**. Accidenti se c'è! Ma ha avuto inizio e finirà. Quindi non può essersi creato da solo. Perciò è stato **creato da Dio**, che c'è da sempre e sempre ci sarà». Poi c'è chi dice: «A me questi problemi non mi toccano; io mangio, bevo, mi diverto. **Che m'importa chi ha creato il mondo?**». È chiaro che una scelta non vale l'altra, e che sono tre posizioni opposte. L'importante è che Carlo, e tutti quelli che come lui si sono posti una tale domanda, abbiano il coraggio di confrontarsi, valutare le varie posizioni e poi scegliere. La domanda su Dio attraversa tutta la storia, dagli inizi fino a oggi. Non è una domanda banale.

FORUM

- È capitato anche a voi di porvi la domanda di Carlo?
- Quali sono le risposte che vi sembrano più credibili?

[1] *Popotus*, inserto per ragazzi di *Avvenire* del 5 maggio 2005.

2.3 ma sono tre o uno?

H. Multscher, *La Trinità*, Francoforte, Liebighaus.

La dottrina della Trinità non è un'invenzione della Chiesa primitiva, ma qualcosa che Gesù stesso ha rivelato in alcuni discorsi che ci riportano i Vangeli: «Molte cose ho ancora da dirvi, ma per il momento non siete capaci di portarne il peso. Quando però verrà lui, lo Spirito della verità, vi guiderà a tutta la verità, perché non parlerà da se stesso, ma dirà tutto ciò che avrà udito e vi annuncierà le cose future. Egli mi glorificherà, perché prenderà da quel che è mio e ve lo annuncerà. Tutto quello che il Padre possiede è mio; per questo ho detto che prenderà del mio e ve l'annuncerà» (Giovanni 16,12-15).

Come si può notare, in questo brano tratto dai discorsi di addio di Gesù, vi sono sullo sfondo tre misteriosi soggetti, uniti però fortemente tra di loro: «Quando verrà lo **Spirito** di verità, egli vi guiderà alla verità tutta intera... Tutto quello che il **Padre** possiede è mio [del **Figlio**]».

Riflettendo su questi e altri testi simili riportati dalla Scrittura e dalla Tradizione, la Chiesa è giunta alla fede nel Dio uno e trino. Ma è Gesù che per primo ha parlato di Padre, Figlio e Spirito Santo come di un'unica realtà divina. Quindi non è questione di voler complicare le cose o di creare dei rebus, come dice Elena, quanto invece di accettare una verità rivelata da Cristo stesso.

Come afferma p. Raniero Cantalamessa: «La difficoltà di comprendere il mistero della Trinità è un argomento a favore, non contro la sua verità. Nessun uomo, lasciato a se stesso, avrebbe mai escogitato un tale mistero. Dopo che il mistero ci è stato rivelato, intuiamo che, se Dio esiste, non può che essere così: uno e trino allo stesso tempo. Non può esserci amore se non tra due o più persone; se dunque "Dio è amore", ci dev'essere in lui uno che ama, uno che è amato e l'amore che li unisce. I cristiani sono anch'essi monoteisti; credono in un Dio che è unico, ma non solitario. Chi amerebbe Dio se fosse assolutamente solo?».[1]

La Trinità, non solo per i credenti ma per tutti, può essere un **grande insegnamento di vita**. Questo mistero è l'affermazione massima che si può essere **uguali e differenti**: uguali per dignità e differenti per caratteristiche. Non è forse questa la cosa più urgente che dobbiamo imparare per vivere bene in famiglia, in classe, nella società? **Come Dio, uno e trino, siamo invitati a trovare la stessa sintesi di unità e diversità**. È questo il solo modo per camminare insieme nel rispetto reciproco delle proprie diversità.

domande frequenti

«PROF., COS'È QUESTO REBUS DELLA TRINITÀ, DI DIO CHE È UNO MA ANCHE TRINO? NON SAREBBE PIÙ SEMPLICE CREDERE IN UN DIO UNICO E BASTA, COME FANNO GLI EBREI E I MUSULMANI?».

(ELENA)

FORUM

- Vi era già capitato di ascoltare delle riflessioni sulla Trinità o di averci pensato per conto vostro? Che idea vi siete fatti?
- **ATTIVITÀ:** Fate una breve ricerca sul modo in cui la Trinità viene raffigurata nelle chiese o in alcuni quadri famosi.

[1] *Famiglia Cristiana* n. 23/2004, p. 140.

2.4 se Dio è buono perché il male?

domande frequenti

«MA PROF... SE DIO ESISTE VERAMENTE, PERCHÉ ALLORA C'È COSÌ TANTO MALE NEL MONDO? GUERRE, FAME, VIOLENZE... PERCHÉ TANTI RAGAZZI COME NOI SONO COSTRETTI A FRUGARE TRA I RIFIUTI PER MANGIARE, SONO MALTRATTATI, ABBANDONATI, PERSINO VENDUTI DALLE LORO FAMIGLIE? SE DIO È BUONO, PERCHÉ PERMETTE TUTTO QUESTO?».

(TOMMASO)

Sì, è vero, nel mondo, accanto a tante cose splendide, a persone meravigliose che si danno da fare per renderlo migliore, ci sono anche molte cose che non vanno. Qualche volta (abbastanza raramente per la verità), tra uno spot pubblicitario e un gioco a quiz per diventare milionari, vediamo immagini drammatiche di bambini, di uomini e di donne che vivono in uno stato di estrema miseria, dove il male ci sembra assoluto. Ma, caro Tommaso, siamo sicuri che sia colpa di Dio? Che c'entra Dio se una fetta della popolazione mondiale, all'incirca il 20% (che siamo poi noi!), si fa fuori l'80% delle risorse mondiali, lasciando all'asciutto o quasi l'80% dell'umanità? Forse è più un discorso di giustizia che di teologia (scienza e studio di Dio), non ti pare? Certo, di fronte a un terremoto o a un'alluvione l'uomo non c'entra molto (anche se le vittime, purtroppo, sono sempre di più nelle periferie del mondo, dove le case e le strutture non sono mai «a norma» come in certi altri Paesi). Con questo non si vuol dire che tutto dipenda dall'uomo e basta. **Il male c'è e rimane un mistero, anche per il credente; e non devi credere, Tommaso, che basti avere fede per trovare una risposta a tutto!** Ma pur sapendo, appunto, che il «mistero del male» è grande e non sempre ci sono risposte umanamente valide, **il credente ha fiducia che alla fine tutto avrà un senso** perché, come dice la Bibbia: «Le opere del Signore sono tutte buone; egli provvederà a ogni necessità a suo tempo» (Sir 39,33). Su che cosa basa questa fiducia? Sulla risurrezione di Gesù. Se Cristo è risorto, anche ogni forma di sofferenza e la morte stessa saranno vinte. Ma, nascendo uomo, Dio ha scelto di venire in mezzo ai problemi del mondo; per questo chiede, non solo ai credenti, ma a tutti gli uomini di «buona volontà» (ricordi il messaggio del Natale?) di **rimboccarsi le maniche e di amare sul serio gli altri**; quegli «altri» che **non sono nemici** da far fuori, **né avversari** da «fregare», ma **solo dei fratelli**. Così il credente testimonia anche che **molto del «male» presente nel mondo è causato dagli esseri umani**, dal nostro modo di vivere la libertà, dall'ingiustizia che regola la convivenza tra i popoli, dalla voglia di prevaricare gli altri in modo egoistico e stupido... Spesso Dio è solo una scusa per coprire tutto questo e addossare a lui una colpa che è soltanto nostra e che riguarda le scelte di vita di ognuno di noi. Per questo l'apostolo Paolo esortava: «Non lasciarti vincere dal male, ma vinci il male con il bene» (Rm 12,21).

FORUM

- È capitato anche a voi di fare il ragionamento di Tommaso? In quale occasione?
- **ATTIVITÀ:** Provate a fare un elenco (alla lavagna o su un cartellone) delle situazioni di ingiustizia più eclatanti presenti nel mondo.

2.5 ma il diavolo esiste?

Si racconta di un vecchio filosofo di scuola marxista, Ernst Bloch, che in un dibattito pubblico dove si tendeva a dare un'interpretazione solo simbolica del male e del demonio, se ne sia uscito con questa espressione: «**Qui non si sta prendendo sul serio il male**». Più volte egli si era, infatti, soffermato su questa domanda: «Il male è solo un difetto di natura che scompare con lo sviluppo del bene, oppure è una forza effettiva che domina il mondo e per vincerlo occorre avere un punto di appoggio in un altro ordine di esistenza?». Da filosofo non credente non ha portato avanti la seconda ipotesi, ma rifiutava ogni banalizzazione sul grande problema del male.

La presenza di un oppositore o antagonista a Dio o al bene si può ritrovare in molte religioni. Nel cristianesimo, in particolare nel cattolicesimo, più volte in interventi ufficiali è stato ribadito che «**il male non è soltanto una deficienza del bene, ma un essere vivo, spirituale, pervertito e pervertitore...** Sappiamo dalla Bibbia che questo essere oscuro e conturbante esiste davvero, e che con grande astuzia agisce ancora; è il nemico che semina errori e sventura nella storia umana» (Paolo VI). Nel *Catechismo della Chiesa cattolica* si fa riferimento a Satana e agli altri «angeli caduti» che, «creati buoni da Dio, si sono trasformati in malvagi, perché, con libera e irrevocabile scelta, hanno rifiutato Dio e il suo regno, dando così origine all'inferno. Essi tentano di associare l'uomo alla loro ribellione contro Dio; ma Dio afferma in Cristo la sua sicura vittoria sul Maligno» (*Compendio*, 74). Satana è colui che allontana da Dio (che nella Bibbia è identificato con l'Amore), e quindi è anche la non-persona in assoluto, perché «persona» vuol dire dialogo, dono, incontro di amore. E Satana è il non-dialogo, il non-dono, il non-amore, che si trasforma nell'odio più feroce; insomma il fallimento totale della persona.

UN AUMENTO PREOCCUPANTE

«La magia, le sedute spiritiche, i gruppi satanici si stanno diffondendo. Stiamo vedendo che ovunque si sta registrando un aumento di queste pratiche. È vero che le possessioni vere e proprie, così come le persone "tormentate" da malefici, restano assai limitate, ma questo avvicinarsi in modo disinvolto all'occultismo desta preoccupazione».

(don Gabriele Amorth, esorcista)

Focus

PERCHÉ IL SATANISMO?

Diverse volte la cronaca si è occupata di fatti delittuosi legati a sette e movimenti che si richiamano a Satana. Il prof. Tonino Cantelmi, psichiatra, che ha studiato il fenomeno (autore de Il libro del satanismo*) ne dà questa interpretazione. «Il satanismo non è una vera e propria anti-religione, bensì la scelta di compiere il male come controtendenza, soprattutto a esercitare il dominio sull'altro, a fini esclusivamente egoistici. È il rifiuto dell'autorità positiva e la sottomissione a un astratto dio del male, la scusa di una sessualità senza limiti, la ricerca del successo come unica affermazione di sé, il culto* narcisista *e il cedimento a ogni* pulsione *purché perversa, l'emozione estrema, ottenuta anche con l'uso di droghe. In realtà molti satanici sono atei: utilizzano cioè satana per coprire la loro personalità debole e perversa».* (Il nostro tempo, *10 giugno 2007)*

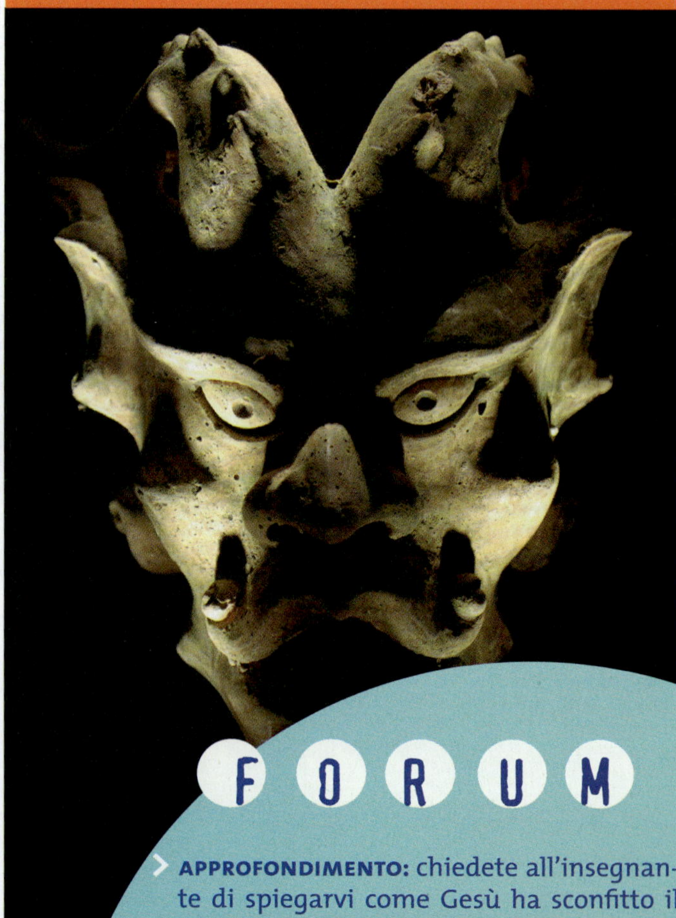

F O R U M

- **APPROFONDIMENTO:** chiedete all'insegnante di spiegarvi come Gesù ha sconfitto il demonio nel deserto (leggere il brano delle tentazioni in Lc 4,1-13).
- Secondo voi come si spiega l'aumento di fenomeni legati al satanismo?

2.6 perché tanta gente va dal mago?

domande frequenti

«HO LETTO CHE IN ITALIA SONO SEMPRE MENO I CREDENTI PRATICANTI, MENTRE AUMENTANO OGNI ANNO LE PERSONE CHE RICORRONO A MAGHI, SENSITIVI, OPERATORI DELL'OCCULTO... DANDO VITA A UN GIRO PIÙ O MENO SOTTERRANEO DI MILIONI DI EURO. COSA STA SUCCEDENDO: CALA LA PRATICA RELIGIOSA E AUMENTANO I FENOMENI MAGICI E DI OCCULTISMO? CON IL PROGRESSO NON DOVREBBE AUMENTARE LA RAZIONALITÀ?».

(CRISTINA)

La domanda di Cristina è interessante, ma purtroppo non dobbiamo meravigliarci (che è diverso dal «preoccuparci»!) più di tanto se aumentano fenomeni legati a forme magiche e pratiche occultistiche, come il satanismo tra i giovani.
Un grande teologo protestante, Karl Barth, lo aveva già detto diversi anni fa: **«Quando il cielo si svuota di Dio, la terra si popola di idoli».** Se – come abbiamo sempre sostenuto in questo libro – il bisogno religioso nasce con l'uomo, ed è nel cuore di ogni persona, perché pensare che con il progresso questo bisogno debba sparire? Si dirotta appunto su tanti idoli che non hanno niente in comune con la religione e sono pura irrazionalità.
Nello stesso tempo però essi indicano che l'uomo non può eliminare la dimensione spirituale dalla sua vita e nemmeno Dio. Afferma mons. Vincenzo Paglia: «La grande crescita della scienza, della ragione e della tecnica non ha risolto i problemi esistenziali. Da qui emerge un bisogno di risposta alle domande e ai drammi della vita e noi vediamo quanti corrono dai maghi, o vanno alla ricerca di sicurezza negli oroscopi o in forme superstiziose. Oggi sia la fede che la ragione sono chiamate a confrontarsi sul senso del mistero. Una fede che emargina il mistero, o una ragione che non considera il mistero vicino alla vita dell'uomo, rischiano di spingere le persone verso il relativismo e anche il miracolismo. Invece abbiamo bisogno di miracoli veri che ridiano speranza, che blocchino la paura, che ridiano la forza agli uomini di riprendere in mano il proprio destino, cercando di stupirsi di fronte al creato».

Parole Chiave

MAGIA E RELIGIONE

La magia (dal greco *mageia*, «dottrina dei Magi», o sacerdoti persiani), indipendentemente dal fatto che sia vera o meno, ha un atteggiamento opposto rispetto alla religione. Il mago cerca di catturare le forze superiori per sfruttarle secondo i suoi fini; il credente accetta la volontà di Dio, anche se oscura e misteriosa. La magia cerca di accaparrarsi il sacro; la religione lo rispetta e dice «amen».

FORUM

> Quali sono gli atteggiamenti «magici» che notate oggi?

> **ATTIVITÀ:** Cosa significano queste parole?
• «relativismo» ....
• «miracolismo» ....
Verificate sul *Dizionario* in fondo al libro.

2.7 a che serve pregare?

domande frequenti

«A VOLTE MI CAPITA DI CHIEDERMI: "A CHE SERVE PREGARE?". NON È MEGLIO RIMBOCCARSI LE MANICHE E FARE QUALCOSA DI CONCRETO PIUTTOSTO CHE ASPETTARE L'AIUTO DAL CIELO?».

(PAOLO)

Come abbiamo già visto, soprattutto nei primi moduli, da sempre l'uomo ha manifestato il bisogno di sollevare lo sguardo e di rivolgersi a qualcuno o qualcosa che considera superiore. Un modo privilegiato di mettersi in contatto con la divinità è proprio la preghiera, che è la testimonianza più viva e attuale del «legame» tra il divino e l'umano. Ovviamente le forme e i modi di pregare cambiano a seconda delle religioni, ma, soffermandoci in particolare sulla religione cristiana, la preghiera è prima di tutto un atto di fede. Infatti pregare significa ammettere l'esistenza di Dio, riconoscere la sua presenza nel mondo e vivere la propria vita in sintonia con il comandamento evangelico dell'amore. Ecco dunque a cosa «serve» pregare: è un modo per comunicare con Dio e con i propri fratelli, visto che il principale insegnamento di Gesù è proprio quello di amare Dio e il prossimo (cioè quelli che ci sono più vicini). Per il cristiano pregare non è un incrociare le braccia per lasciar fare tutto a Dio, ma proprio il contrario: è darsi da fare per creare un mondo più giusto e in pace fin da ora, ma chiedendo a Dio la forza e l'aiuto per realizzare tutto questo. Infatti, per il credente, l'uomo non può farcela da solo e ha bisogno della grazia o dell'aiuto di Dio. Per questo la preghiera è il centro della fede cristiana, e non un optional. Ma sarebbe un grave errore confonderla con il recitare delle formule a memoria o solo per abitudine. Pregare non è tanto dire «Signore, Signore», quanto accompagnare questa invocazione con azioni concrete. Come sa bene chi frequenta l'eucaristia domenicale, pregare non è solo lodare e dire grazie al Signore, ma anche «spezzare il pane», condividendo con gli altri la propria vita.

In evidenza

ALCUNE PREGHIERE DI GIOVANI

«O DIO ONNIPOTENTE,
AIUTAMI A NON SEGUIRE LA CORRENTE
SOLO PERCHÉ È PIÙ SEMPLICE».
(PREGHIERE, SAN PAOLO 2000)

«NEL SILENZIO, COME GLI INDIANI,
MI SONO SEDUTA DAVANTI AL TUO VOLTO».
(TI ASCOLTO TI GUARDO, EDB 2005)

«IN QUESTO MONDO DI INCERTEZZA
A VOLTE MI CHIEDO, SIGNORE,
COME AVREI POTUTO VIVERE SENZA DI TE».
(TI ASCOLTO TI GUARDO, EDB 2005)

Focus

LA PREGHIERA CRISTIANA

La più importante preghiera cristiano-cattolica è la celebrazione eucaristica, che commemora ogni domenica la morte e risurrezione di Gesù. Tra le preghiere tradizionali quella più importante è la preghiera insegnata da Gesù: ***il Padre nostro.***

Padre nostro,
che sei nei cieli,
sia santificato il tuo nome,
venga il tuo regno,
sia fatta la tua volontà come in cielo, così in terra.
Dacci oggi il nostro pane quotidiano
e rimetti a noi i nostri debiti,
come noi li rimettiamo ai nostri debitori
e non ci indurre in tentazione,
ma liberaci dal male.
Amen!

FORUM

- E per voi, cosa significa pregare?
- **ATTIVITÀ:** Provate a organizzare una piccola inchiesta sulla «preghiera» tra i vostri coetanei (Ti capita di pregare? Se sì, come preghi? Dove e quando?).

2.8 il «Padre nostro» dei popoli

Le tante e differenti preghiere dei popoli formano un'unica grande catena che unisce la terra al cielo, e anche gli uomini tra di loro.

Cristianesimo

«Padre,
sia santificato il tuo nome,
venga il tuo regno
dacci ogni giorno il nostro pane quotidiano,
e perdona a noi i nostri peccati,
anche noi infatti perdoniamo a ogni nostro debitore,
e non abbandonarci alla tentazione».
(Gesù, Vangelo di Luca 11,2-4. Questa versione è diversa da quella più nota e riportata nel Vangelo di Matteo 6,9-13)

Ebraismo

«Il suo grande nome sia magnificato e santificato (...) e realizzi il suo regno durante la nostra vita. E dite amen, benedetto il suo grande nome per l'eternità e l'eternità».
(Qaddish)

Islam

«Nel nome di Dio. Clemente e misericordioso! Sia lode a Dio, il Signore del creato» (Sura 1,1-2).
«Il mondo è verde e bello
e Dio ha designato te
per prendertene cura a suo nome».
(Detti – hadith – del Profeta Maometto)

Non si può vivere senza pregare

«Non sono un uomo di lettere o di scienza, ma pretendo umilmente di essere un uomo di preghiera. È la preghiera che ha salvato la mia vita. Senza la preghiera sarei impazzito da molto tempo. Se non ho perso la pace dell'anima, nonostante tutte le prove, è perché questa pace viene dalla preghiera. Si può vivere alcuni giorni senza mangiare, ma non si può vivere nemmeno un giorno senza pregare».

(Gandhi)

Figlio mio che sei in terra

«Figlio mio / che sei ancora su questa terra, /preoccupato, solitario e tentato. / Ti chiamo per nome conoscendoti e amandoti. / Non aver paura, non sarai mai solo / perché io ti sono sempre vicino. / Assieme spargeremo il regno della vita che ti dono in eredità. / Desidero solo che tu faccia la mia volontà. / Infatti io voglio la tua felicità. / Non preoccuparti, perché ti dò anche il cibo di ogni giorno / da condividere con il prossimo nella solidarietà. / Sappi che ti perdono i tuoi peccati ancor prima che tu li commetta. / Ti chiedo solo di perdonare a tutti quelli che ti offendono. / E per non soccombere alla tentazione / afferra con fiducia la mia mano con tutta la tua forza. / E io ti libererò dal male. / Figlio mio a me tanto caro».

(Questa preghiera è di p. Raffaele Di Bari, un missionario italiano ucciso nel 2000 nel Nord Uganda, dove si occupava da anni del problema dei bambini-soldato. Egli immagina cosa può dire Dio a ogni essere umano)

FORUM

- Quali differenze notate tra le varie preghiere presentate?
- **ATTIVITÀ:** Conoscete delle preghiere, particolarmente significative, da portare in classe per la prossima lezione?

2.9 la religione scatena la violenza?

No, non credo che la violenza sia legata alle religione, ma eventualmente agli uomini che stravolgono gli insegnamenti delle religioni. Infatti, nessun fondatore storico delle religioni invita alla violenza o ad usare il nome di Dio per offendere o odiare un altro essere umano. Al discepolo che, preso dall'impeto, colpisce con la spada l'orecchio di una delle guardie, Gesù ordina: «Rimetti la tua spada al suo posto, perché tutti quelli che prendono la spada, di spada moriranno» (Matteo 26,52). Anche nel Corano è scritto: «Non ci sia costrizione alcuna nella religione» (Sura 2,257). E allora come si spiegano certe forme di violenza che la religione sembra giustificare, se non fomentare?

La religione è spesso solo un pretesto, una scusa usata dagli uomini per giustificare interessi economici, sete di potere, voglia di sopraffazione e altro. Ma è vero che le religioni devono essere più attente a cancellare ogni legame, o sospetto, tra esse e la violenza, ribadendo ciò che hanno solennemente affermato ad Assisi: **«Noi ci impegniamo a proclamare la nostra ferma convinzione che violenza e terrorismo s'oppongono al vero spirito religioso, condannando ogni ricorso alla guerra e alla violenza in nome di Dio o della religione; noi ci impegniamo a fare tutto il possibile per sradicare le cause del terrorismo»** (1° punto del *Decalogo della pace*, firmato dai rappresentanti di tutte le religioni del mondo ad Assisi, il 24 gennaio 2002).

Il ruolo della religione per la pace è oggi di primaria importanza. Se infatti «le guerre nascono nello spirito degli uomini – come dichiara il preambolo costitutivo dell'Unesco, l'organizzazione delle Nazioni Unite – è nello spirito degli uomini che devono essere innalzate le difese della pace». E la religione, come educatrice della coscienza, ha un ruolo molto importante per costruire quella «civiltà dell'amore» da più parti oggi invocata. Inoltre, il cristiano sa che Cristo non è venuto solo per dare la pace agli uomini («pace in terra» cantavano gli angeli sulla grotta di Betlemme), ma «è lui stesso la nostra pace», come dice san Paolo.

domande frequenti

«MIO PADRE SOSTIENE CHE LA RELIGIONE (NELLE SUE VARIE FORME O CONFESSIONI), PIÙ CHE PORTARE LA PACE NEL MONDO, SCATENA GUERRE E VIOLENZE. CHE NE PENSA, PROF?».

(CARLO)

bacheca

«Se non viene strumentalizzata, è proprio la religione che ti chiede di incontrarti con l'altro, non certo di combatterlo».
(CARD. SILVANO PIOVANELLI)

FORUM

- Provate a inventarvi uno slogan contro ogni forma di violenza religiosa.
- Quando la religione, secondo voi, viene strumentalizzata? Conoscete casi recenti?

2.10 che ne pensi?

Il grande teologo protestante Karl Barth aveva già detto diversi anni fa: «Quando il cielo si svuota di Dio, la terra si popola di idoli». Che ne pensi? Anche l'oroscopo, a cui milioni di persone ogni giorno sembrano affidare il proprio destino, è un idolo? ....

....

....

Cosa diresti a una persona che non fa niente senza aver prima consultato le stelle? ....

....

....

....

....

Il satanismo non è il vero problema

«Molti adolescenti – scrive Cecilia Gatto Trocchi – con genitori distratti e assenti, si ornano con la stella a cinque punte, la croce rovesciata, il numero 666, simbolo della grande Bestia dell'Apocalisse, si fanno tatuare i nomi dei diavoli, ascoltano un certo tipo di musica Black Metal che inneggia ai demoni e alle potenze delle tenebre».

Ma perché lo fanno? Per moda, per stare in un gruppo, per acquistare dominio sugli altri...?

Per Moreno Fiori, teologo ed esorcista: «Il problema è che non si riesce a parlarne con sufficiente chiarezza e serietà. Da una parte i mass media danno un'immagine sensazionalista della cosa. E questo induce tante persone semplici all'autosuggestione, alla creduloneria. Si lanciano tanti allarmi sul diffondersi delle sette sataniche, senza dire che, quasi sempre, si tratta di persone che si dedicano a certe pratiche quasi per noia. Dall'altra, nell'educazione non si affrontano quasi mai i temi veri: non si parla della cultura di morte che si sta diffondendo, non si va alla radice della depressione che colpisce tante persone. C'è una fascia sempre più larga di popolazione, anche giovanile, che vive la paura del futuro e che non sa a chi o a che cosa aggrapparsi. Questo è il vero problema».

Dopo aver letto con attenzione l'articolo, prova a rispondere a queste domande:

Secondo il teologo ed esorcista Moreno Fiori, perché molte persone si dedicano al satanismo?

....

....

....

Perché anche i mass media hanno delle colpe?

....

....

Qual è il vero problema, sempre secondo Moreno Fiori?

....

....

Condividi le opinioni espresse?

....

....

Cosa vuol dire essere cristiani?

• Il credo

= La fede cristiana fin dai primi tempi è stata sintetizzata in formule che vengono chiamate «**professione di fede**» o «**Credo**».

Il più antico e semplice è il **Simbolo degli apostoli**, poi nei concili dei primi secoli (Nicea e Costantinopoli) venne definito il **Credo niceno-costantinopolitano**, che è quello che viene recitato ancora oggi durante la Messa.

Il Credo è la sintesi della fede cristiana.

• Punti principali del credo

=
- La fede in un solo Dio, Padre Onnipotente e Creatore
- La fede in Gesù, Dio fatto uomo
- La fede nella morte e risurrezione di Gesù
- La fede nello Spirito Santo
- La fede nella Chiesa
- La fede nella vita eterna, nella risurrezione della carne e nel giudizio finale.

• I sacramenti

= Sono alla base della vita cristiana e accompagnano il cammino di ciascun credente. Sono **segni** concreti che indicano e realizzano la **presenza di Dio**. Il primo sacramento è il Battesimo, ricevendo il quale una persona diventa cristiana.

Per la Chiesa cattolica i sacramenti sono sette: Battesimo – Eucaristia – Cresima – Penitenza – Unzione degli Infermi – Ordine – Matrimonio.

I sacramenti sono segni concreti che indicano e realizzano la presenza di Dio. Per i cattolici sono 7: Battesimo, Eucaristia, Cresima, Penitenza, Unzione degli infermi, Ordine e Matrimonio.

• La domenica e le feste

= Nel «giorno del Signore», la domenica, i cristiani si radunano per celebrare la morte e risurrezione di Gesù.

Le feste centrali dell'anno liturgico sono: il Natale (nascita di Gesù); la Pasqua (risurrezione di Gesù) e la Pentecoste (discesa dello Spirito Santo sugli apostoli: nasce la Chiesa).

• Domande sulla fede

- **Chi ha creato Dio?** = questa domanda c'è sempre stata nella storia dell'uomo. Ci sono tre risposte possibili: la risposta dell'ateo: «Dio non esiste»; la risposta dell'indifferente: «Non m' importa sapere chi ha creato il mondo o Dio»; la risposta di fede del credente: «Dio è eterno, non è stato creato ; il mondo è stato creato da Dio».
- **Sono tre oppure uno?** = Dio è **uno** ma nello stesso tempo **trino** (la **Trinità**). È uno in tre persone: **Padre - Figlio - Spirito Santo**.
- **Se Dio è buono, perché esiste il male?** = perché nel mondo ci sono guerre, violenze, fame? Tutto ciò non è certamente causato da Dio. Il male quasi sempre ha origine nelle scelte dell'uomo, che preferisce seguire il proprio egoismo piuttosto che gli insegnamenti di Dio. Quindi, molto del male presente nel mondo è causato proprio dall'uomo, che è stato creato **libero** da Dio e che spesso usa male questa libertà.
- **Perché tanta gente va dal mago?** = l'uomo ha da sempre bisogno di avere risposte alle sue grandi domande. Solo che qualche volta le cerca in modo distorto. Ricorrere alla magia vuol dire cercare di piegare alla propria volontà le forze superiori, invece il credente accetta la volontà di Dio.
- **A cosa serve la preghiera?** = l'uomo ha sempre sentito il bisogno di rivolgersi a Qualcuno di superiore a lui. Il modo migliore per mettersi in contatto con la divinità è la preghiera. Tutte le religioni hanno il loro modo di pregare. Per i cristiani pregare significa ringraziare Dio e chiedergli aiuto per realizzare un mondo di giustizia e di pace.
- **La religione scatena la violenza?** = la violenza non può essere legata alla religione, ma agli uomini che spesso stravolgono gli insegnamenti religiosi. La religione è stata purtroppo in passato e anche oggi un pretesto per il sorgere di contrasti e di guerre. Invece il vero insegnamento religioso va in direzione della **pace**.

Esercizi

1 Con una freccia, collega le seguenti feste cristiane al suo corrispondente significato:

festa cristiana	definizioni
Domenica	Celebra la risurrezione di Gesù
Pasqua	Ricorda la nascita di Gesù
Pentecoste	La festa settimanale
Natale	Ricorda la discesa dello Spirito Santo sugli apostoli

2 Indica con una crocetta se le seguenti affermazioni sui Sacramenti sono vere oppure false:

Affermazioni	Vero	Falso
I sacramenti sono segni della presenza di Dio		
I sacramenti sono dieci		
Il Battesimo è il primo sacramento		
I sacramenti sono tappe importanti per i credenti		
Una persona è cristiana solo se riceve tutti i sacramenti		

3 Inserisci al posto dei puntini la parola giusta scegliendola fra le seguenti:

■ **risorto** ■ **Spirito Santo** ■ **fede** ■ **uomo** ■ **Creatore**

Nel Credo sono contenute le verità fondamentali della .... cristiana.
Dio è uno solo, Padre Onnipotente e ....
Gesù è Dio che si è fatto .... Egli è morto durante il governo di Ponzio Pilato ed è .... il terzo giorno.
La Trinità è composta da Padre, Figlio e ....

mappa

Fede in Cristo
Domande sulla fede
«Credo» (sintesi della fede)
Dio padre creatore
Dio trino (Padre, Figlio e Spirito Santo)
Gesù= Dio fatto uomo
Sacramenti
La Domenica e le feste

cosa vuol dire essere cristiani?

sintesi.it

Inserisci la parola giusta, tra quelle indicate sotto:

Il cristianesimo, più che una_____________, è l'incontro con la persona di_____________, un fidarsi di lui e della sua parola. Alla base del_____________c'è infatti un unico grande comandamento: l'amore di Dio e del prossimo. La comunità dei credenti riceve da Dio l'aiuto attraverso i_____________, si raduna nei luoghi di _____________per pregare Dio e celebrare l'_____________, commemora le principali_____________e feste.

■ cristianesimo ■ eucaristia ■ solennità ■ religione ■ sacramenti ■ Gesù Cristo ■ culto

MediaLab

WEB 2.0

1. MAPPA CONCETTUALE
Create una mappa concettuale interattiva simile a quella che trovate a pagina 188.

2. CHIESE IN 3D
Esplorate in 3D alcune delle chiese più belle della cristianità:
- Basilica di San Pietro, Roma
- Cattedrale di San Basilio, Mosca
- Cattedrale di Nôtre Dame, Parigi
- Cattedrale di Firenze.

3. PANORAMICHE
Visitate a 360° gli interni e gli esterni di alcune chiese sparse nel mondo.

4. CALENDARIO DELLE FESTIVITÀ RELIGIOSE
Realizzate il calendario delle festività religiose più importanti per le tre religioni monoteistiche.

LIM (MATERIALI DISPONIBILI SUL SITO WWW.EDBSCUOLADIGITALE.IT)

1. LA CHIESA E LA *DOMUS ECCLESIAE*
colora
Evidenziate gli elementi comuni tra le chiese nel corso dei secoli.

2. IL PADRE NOSTRO
ascolta
Il *Padre nostro* in aramaico da leggere e ascoltare.

3. LA QUARESIMA, IL CARNEVALE E LA SETTIMANA SANTA
guarda
Lettura del dipinto di Bruegel il Vecchio *Il combattimento tra carnevale e quaresima.*

4. IL TRIDUO PASQUALE PLUS
impara
Slides interattive (o video) alla scoperta delle immagini più famose su ultima cena, crocifissione, risurrezione.

attività interattive multimediali

ATTIVITÀ PRATICHE

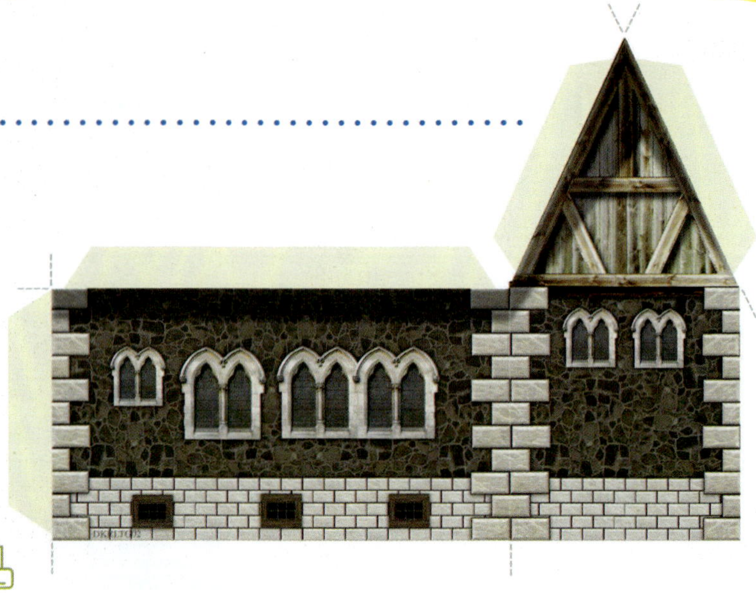

1. MODELLI DI CARTA
Ricostruisci il modellino di carta di una chiesa.

2. GIOCO DEI SACRAMENTI
Giocate al domino dei sacramenti.

3. CALENDARIO DA COLORARE
Colorate il calendario liturgico e poi attaccatelo sul vostro quaderno.

4. «CERCA PAROLE» SUI SACRAMENTI
Trovate tutte le parole che vi sono state indicate, nel minor tempo possibile.

FILM

Per i film preceduti da asterisco (*) si consiglia la visione di una selezione delle scene

Una settimana da Dio
(USA, 2003) di Tom Shadyac

* La passione di Cristo
(USA, 2004) di Mel Gibson

Jesus Christ Superstar
(USA, 1973) di Norman Jewison

* Marcellino pane e vino
(Spagna, 1955) di Ladislao Vajda

I giardini dell'Eden
(Italia, 1998) di Alessandro D'Alatri

Jesus
(Francia/Italia/USA, 1998) di Roger Young

REALTÀ AUMENTATA

BASILICA IN 3D
Visualizza un'antica basilica ruotando il libro.

PLUS disponibile su eBook plus — collegati — scarica — stampa — assembla

perché la Chiesa?

twitter

NON SI PUÒ DIRE CRISTO SÌ, CHIESA NO; PER CHI HA FEDE SONO LA STESSA COSA.

LA CHIESA È LA CASA DI TUTTI.

È MEGLIO ESSERE CRISTIANI SENZA DIRLO, CHE DIRLO SENZA ESSERLO.

bacheca

«Crediamo che la Chiesa è santa, ma in essa vi sono uomini peccatori. Bisogna respingere il desiderio di identificarsi soltanto con coloro che sono senza peccato». (BENEDETTO XVI, VISITA IN POLONIA, 25 MAGGIO 2006)

«Anche il cristiano può avere nemici, ma non deve mai essere nemico di nessuno».
(GIOVANNI BACHELET, PROFESSORE UNIVERSITARIO)

«C'è necessità di una Chiesa abbastanza umile da riconoscere gli errori e i peccati dei suoi membri».
(PAUL CREMONA, VESCOVO)

«La Chiesa ha il potere di essere inattuale oggi per essere attuale domani». (PIER PAOLO PASOLINI, REGISTA)

nuvola di tag

piano di lavoro

TRAGUARDI PER LO SVILUPPO DELLE COMPETENZE *(in prospettiva)*

Avvicinarsi e conoscere la Chiesa come prolungamento del messaggio di Gesù Cristo nei secoli, approfondendo alcuni degli aspetti specifici del cattolicesimo. Sarà importante guardare alla Chiesa nella sua evoluzione storica, non scandalizzandosi del suo duplice aspetto umano e divino.

OBIETTIVI DI APPRENDIMENTO

- Riconoscere la Chiesa come una realtà voluta da Dio, che continua la missione di salvezza compiuta dal Cristo e poi affidata da lui stesso agli apostoli per portare la buona notizia del vangelo a tutti gli uomini.
- Comprendere il significato principale dei simboli religiosi, delle celebrazioni e dei sacramenti della Chiesa.

COSA IMPARARE PER LA VITA

- Avvicinarsi alla Chiesa, nelle sue molteplici varietà, riconoscendo la ricchezza dei segni e delle testimonianze lasciati intorno a noi.
- Riconoscere l'originalità della proposta cristiana, attraverso le opere d'arte e le testimonianze caritative presenti sul territorio.

LE VARIE TAPPE

Il Modulo vuole prima di tutto far comprendere che la Chiesa forma un tutt'uno con Cristo; non si può accettare Cristo e rifiutare la Chiesa, come – a volte – molti credenti sostengono. Nella seconda parte dell'Unità si passa alla conoscenza più diretta della Chiesa, cogliendo il senso e il significato dei principali segni liturgici. Nella terza parte si presenta invece la storia della Chiesa a grandi linee.

QUALCHE SUGGERIMENTO

L'argomento presentato nel Modulo non è tra i più facili da affrontare in classe perché spesso ci si ferma solo sull'aspetto più esteriore e istituzionale della Chiesa, con giudizi distorti e luoghi comuni del tipo: «Il Vaticano è ricco, e non fa niente per la gente che muore di fame»; «I preti sono tutti ipocriti, predicano bene e razzolano male»; «In Italia siamo ancora indietro su molte cose perché il Vaticano non le vuole»... Insomma, c'è molta confusione proprio sul termine «Chiesa», ed è bene, per prima cosa, vedere cosa s'intende per «Chiesa» (vedi anche il *Dizionario*), proprio per evitare confusioni e malintesi.

RISERVATO ALL'INSEGNANTE

Per eventuali suggerimenti e approfondimenti sul tema, per spunti e idee, proposte di lavori sul Web ed esercitazioni con gli alunni si veda *MediaLab - Attività interattive multimediali* nella parte finale del modulo e anche la *Guida per l'insegnante*. Per le verifiche, si veda il *Quaderno operativo digitale* sul CD-rom allegato al testo.

COLPO D'OCCHIO

1.1 la nascita della Chiesa

Come raccontano gli Atti degli apostoli (vedi *Archivio*), la Chiesa nasce nella festa ebraica della Pentecoste. Fortificati dallo Spirito Santo, Pietro e gli Undici trovano il coraggio di annunciare senza timore ai loro fratelli ebrei che «Dio ha costituito Signore e Cristo quel Gesù che voi avete crocifisso!». Con questa testimonianza inizia la Chiesa e l'avventura cristiana nel mondo. Il grido festoso «Cristo è risorto!», ieri come oggi, provoca adesioni entusiaste e grandi rifiuti, perplessità, ironie ma anche conversioni e una fede sincera. Ci sarà sempre, come in quel giorno di Pentecoste, chi dirà che solo dei pazzi o degli ubriachi possono sostenere che un morto è risorto. Ma la Chiesa, come Pietro, continuerà a ripetere fino ai nostri giorni: «Questi uomini non sono ubriachi, come voi sospettate». Cristo è risorto «e noi tutti ne siamo testimoni» (At 2,32). Così, trasformati dalla forza dello Spirito, degli uomini impauriti e deboli sono diventati i testimoni coraggiosi della risurrezione di Cristo, dando inizio all'esperienza secolare della Chiesa, la comunità di coloro che credono in Cristo. In quanto prolungamento nella storia della risurrezione del Cristo, la Chiesa è necessaria, perché annuncia al mondo che Dio ha costituito Gesù «Signore e Cristo» e che la morte e la paura non potranno mai avere l'ultima parola. Una nuova speranza è iniziata nel mondo.

M.I. Rupnik,
La Pentecoste sugli apostoli,
Città del Vaticano,
Cappella Redemptoris Mater.

Focus

I DONI DELLO SPIRITO

	SIGNIFICATO	APPLICAZIONE
1. *SAPIENZA*	*Saggezza di mente e di cuore*	*Essere profondi*
2. *INTELLETTO*	*Saper guardare dentro*	*Non fermarsi alle apparenze*
3. *CONSIGLIO*	*Saper accompagnare*	*Saper sostenere*
4. *FORTEZZA*	*Forza di saper pensare e agire*	*Non disperare mai*
5. *SCIENZA*	*Conoscenza delle cose importanti*	*Conoscere ciò che conta sul serio*
6. *PIETÀ*	*Amore profondo che sa condividere*	*Essere attenti a chi sta peggio*
7. *TIMOR DI DIO*	*Grande amore per Dio*	*Avere uno sguardo di fede*

ARCHIVIO

«E NOI NE SIAMO TESTIMONI»

«Mentre stava compiendosi il giorno di Pentecoste, si trovavano tutti insieme nello stesso luogo. Venne all'improvviso dal cielo un fragore, quasi un vento che si abbatte impetuoso, e riempì tutta la casa dove stavano. Apparvero loro lingue come di fuoco e tutti furono colmati di Spirito Santo. (...) Allora Pietro con gli Undici si alzò in piedi e a voce alta parlò a loro così: "Uomini di Giudea, fate attenzione alle mie parole: Gesù di Nàzaret – uomo accreditato da Dio presso di voi per mezzo di miracoli, prodigi e segni, che Dio stesso fece tra voi per opera sua, come voi sapete bene – fu consegnato a voi secondo il prestabilito disegno e la prescienza di Dio. Voi, per mano di pagani, l'avete crocifisso e l'avete ucciso. Ora Dio lo ha risuscitato, liberandolo dai dolori della morte, perché non era possibile che questa lo tenesse in suo potere. (...) Questo Gesù Dio l'ha risuscitato e noi tutti ne siamo testimoni. (...) Sappia dunque con certezza tutta la casa di Israele che Dio ha costituito Signore e Cristo quel Gesù che voi avete crocifisso!"». (At 2,1-36, passi scelti)

FORUM

- In genere non si parla molto di Spirito Santo. Cosa ne sapete?
- Nella Bibbia, lo Spirito Santo si manifesta in varie forme. Con l'aiuto dell'insegnante, scoprite le principali.
- **ATTIVITÀ:** In riferimento alla domanda precedente, consultate nella Bibbia: Mt 3,16; At 1,1-5.

1.2 uniti nello spezzare il pane

I due brani del Nuovo Testamento riportati in *Archivio* – anche se non devono essere idealizzati – ci testimoniano chiaramente i pilastri che stanno alla base delle comunità cristiane, di ieri come di oggi. Ecco quali sono:

1. **L'ascolto della Parola:** da parte degli Apostoli che «con grande forza davano testimonianza della risurrezione del Signore Gesù» e invitavano a credere in colui che portava a compimento le sacre Scritture (Bibbia): «Il Dio dei nostri padri ha glorificato il suo servo Gesù», inviandolo come Messia (At 3,12-25).
2. **L'unione fraterna:** «La moltitudine di coloro che erano diventati credenti aveva un cuor solo e un'anima sola... veniva distribuito a ciascuno secondo il suo bisogno». Certo, sappiamo da altri brani degli Atti che non era sempre così e che anche nella primitiva comunità cristiana c'erano pecche e magagne, ma i seguaci di Gesù dovrebbero distinguersi dagli altri proprio per l'amore fraterno, con un'attenzione particolare ai più bisognosi.
3. **La frazione del pane:** con questo termine si intende non solo il «condividere» con gli altri,

PERCHÉ ANDARE A MESSA LA DOMENICA?

Un gruppo di 49 cristiani, di tutte le età e appartenenti a differenti condizioni sociali, venivano sorpresi nel giorno del Signore, mentre celebravano l'eucaristia nella casa di Emerito, un uomo piuttosto conosciuto ad Abitene, nell'attuale Tunisia. Di fronte al proconsole romano che gli chiedeva ragione di quell'assemblea proibita ai cristiani dall'imperatore Diocleziano (303-304. d.C.), Emerito rispondeva: «Senza la domenica non possiamo vivere» (*Sine dominico non possumus*). Tutti furono uccisi per non aver rinunciato alla «Pasqua domenicale». Questo fatto ci fa capire l'importanza che aveva la domenica per le prime comunità cristiane. La celebrazione del giorno del Signore, in memoria della sua morte e risurrezione, è alla base di tutta la vita cristiana, ieri come oggi.
L'eucaristia domenicale più che un obbligo è per i credenti un momento di festa, per pregare e testimoniare insieme il Cristo risorto. Scriveva un vescovo ai giovani: «Se dall'eucaristia non si scatena una forza formidabile che cambia il mondo, capace di dare a noi credenti l'audacia dello Spirito Santo... è inutile celebrare la messa» (don Tonino Bello).

ma soprattutto la celebrazione dell'eucaristia, istituita da Gesù nell'ultima cena. Ancora oggi, dopo circa 2000 anni, la comunità cristiana si ritrova nel «giorno del Signore» (la domenica) per celebrare la memoria viva e reale della morte e della risurrezione di Gesù.

4. **La preghiera:** è il legame tra Dio e i suoi figli, il «grazie» per tutto ciò che accade e la richiesta di aiuto. Pregare è «scommettere» su Dio, affidarsi a lui come un bimbo nelle braccia della mamma.

ARCHIVIO

DAGLI ATTI DEGLI APOSTOLI

«Erano perseveranti nell'insegnamento degli apostoli e nella comunione, nello spezzare il pane e nelle preghiere (...) Tutti i credenti stavano insieme e avevano ogni cosa in comune». (At 2,42. 44)

«La moltitudine di coloro che erano diventati credenti aveva un cuore solo e un'anima sola e nessuno considerava sua proprietà quello che gli apparteneva, ma fra loro tutto era comune. Con grande forza gli apostoli davano testimonianza della risurrezione del Signore Gesù e tutti godevano di grande favore. Nessuno infatti tra loro era bisognoso, perché quanti possedevano campi o case li vendevano, portavano il ricavato di ciò che era stato venduto e lo deponevano ai piedi degli apostoli; poi veniva distribuito a ciascuno secondo il suo bisogno». (At 4,32-35)

FORUM

- Tra gli elementi fondanti la comunità cristiana e che sono stati indicati (l'ascolto della Parola, l'unione fraterna, la frazione del pane, la preghiera), quali sono quelli più presenti nell'esperienza di Chiesa che voi conoscete?
- Perché – a vostro parere – molti ragazzi fanno fatica ad andare a messa la domenica?

1.3 insieme a tutti... ma differenti

Il brano della lettera a Diogneto riportato in *Archivio* è un documento molto importante perché ci fa capire con quale spirito vivevano i primi cristiani. Erano cittadini a tutti gli effetti, ma sapevano che la loro «patria» definitiva non era il mondo in cui vivevano, ma il «cielo» (= vivere per sempre con Dio) e quindi si consideravano pellegrini, gente di passaggio. Il loro modo di vivere incuriosiva perché era diverso da quello degli altri – come capita spesso ai veri alternativi – la loro diversità suscitava sì ammirazione, ma anche invidia e persecuzione. Una «diversità» che creava, per esempio, molta preoccupazione in una società basata soprattutto sulla forza, era l'obiezione di coscienza al servizio militare fatta da alcuni cristiani, come dimostrano gli Atti del martirio di Massimiliano.

ARCHIVIO

LETTERA A DIOGNETO

«I cristiani abitano una loro patria, ma come forestieri; a tutto partecipano come cittadini e a tutto sottostanno come stranieri; ogni terra straniera è patria per loro e ogni patria è terra straniera... Amano tutti, e da tutti sono perseguitati. Non sono conosciuti e vengono condannati. Sono uccisi, e riprendono a vivere. Sono poveri, e fanno ricchi molti; mancano di tutto, e di tutto abbondano. Sono disprezzati, e nel disprezzo trovano gloria. Sono calunniati, e riconosciuti innocenti. Insultati, benedicono; offesi, rispondono con rispetto, fanno il bene, e sono puniti come malfattori; condannati, gioiscono come se ricevessero la vita».

(Non si conosce l'autore di questa lettera del II secolo d.C.)

MASSIMILIANO DICE NO AL SERVIZIO MILITARE

Un giovane di 21 anni viene decapitato perché rifiuta di fare il servizio militare. Il martirio avviene a Teveste (Africa) il 12 marzo del 295 d.C.

«*Dione proconsole disse: "Visitatelo". Mentre veniva misurato Massimiliano rispose: "Non faccio il soldato, perché non posso commettere il male. Sono cristiano". Dione proconsole disse: "Sia misurato". (...) Massimiliano rispose: "Non faccio il soldato, non posso farlo". Dione disse: "Fa' il soldato se non vuoi rovinarti". Massimiliano rispose: "Tagliami pure il capo, ma non militerò per il secolo; solamente per il mio Dio". Dione proconsole disse: "Chi ti ha istigato a far ciò?". Massimiliano disse: "Il mio animo e colui che mi ha chiamato".*

Mentre lo tenevano stretto rispose: "Non ricevo il bollo di questo mondo; se mi darete il segno lo spezzo, perché non lo stimo affatto. Io sono cristiano e non ritengo lecito portare al collo il piombo, dopo che ho ricevuto il segno salutare di Gesù Cristo, figlio del Dio vivente, che tu ignori, che patì per la nostra salvezza, che Dio mandò in terra per i nostri peccati. Tutti i cristiani serviamo lui; seguiamo lui, padrone della vita, autore di salvezza".

Dione proconsole disse: "Nella sacra compagnia dei signori nostri Diocleziano e Massimiliano, Costanzo e Massimo vi sono cristiani e militano".

Massimiliano rispose: "Essi sanno quello che a loro conviene. Io sono cristiano e non posso fare il soldato".

Dione proconsole disse: "Fa' il soldato, affinché non ti avvenga di essere condannato a morte per aver ripudiato la vita militare". Massimiliano rispose: "Io non morirò; e quando sarò uscito da questo mondo, la mia anima vivrà con Cristo Signore nostro".

Dione disse: "Cancella il suo nome". Dopo che fu cancellato, disse: "Poiché con animo ribelle hai ricusato di fare il soldato, avrai la sentenza che ti meriti, perché sia di esempio a qualche altro". E pronunziò la sentenza già scritta in tabella: "Massimiliano, che con animo ribelle ricusò di fare il servizio militare, sia colpito di spada"». (dagli Atti del martirio)

FORUM

- Provate a rileggere il brano su Massimiliano. Cosa vi colpisce?
- Secondo voi, i ragazzi che oggi si proclamano cristiani in che cosa si differenziano dagli altri? In quali occasioni si può notare una certa «diversità»?

1.4 perché abbiamo bisogno della Chiesa?

Ci sono delle cose «vecchie» come il mondo, ma che non passano mai di moda, come l'amore, l'amicizia, la famiglia... È vero che sono vecchie, ma chi osa affermare che sono superate? Anzi, si potrebbe sostenere che più passa il tempo e più acquistano valore. Così è un po' anche per la Chiesa; purtroppo la si giudica spesso dalla «finestra», cioè conoscendola solo superficialmente, fermandosi alle cose più vistose o che fanno rumore. Il valore della Chiesa non dipende dalle cose nuove o vecchie che annuncia, né dal numero dei fedeli presenti alle celebrazioni; non serve nemmeno ricorrere a degli stratagemmi per attirare maggiormente l'attenzione; ciò che conta è la qualità del suo messaggio. «Se il messaggio fosse senza valore – osserva il card. Danneels di Bruxelles conversando con i giovani – non avrebbe resistito venti secoli». E sempre il cardinale alla domanda dei giovani sul perché la Chiesa è necessaria, risponde: «La Chiesa è responsabile del Vangelo. Senza la Chiesa, oggi non potremmo più né leggerlo né ascoltarlo. Gesù non ha mai scritto niente. Avrebbe potuto lui stesso lasciarci un insegnamento che sarebbe finito in una biblioteca, ma ha preferito scegliersi alcuni discepoli, che a loro volta hanno suscitato altri discepoli: è la Chiesa, ed è lei che ha messo per iscritto le parole di Gesù. Senza la Chiesa, non parleremmo più di lui, se non forse come parliamo di Alessandro Magno o di Giulio Cesare. Senza la Chiesa, Gesù non sarebbe che un semplice ricordo. Quindi, senza la Chiesa, non ci sarebbe nessun sacramento: battesimo, eucaristia... La Chiesa fa sì che oggi Gesù possa ancora essere annunciato e che noi possiamo riceverlo. In realtà, dobbiamo tutto alla Chiesa, ma lo dimentichiamo spesso. Scuole, ospedali, chiese, musica, arte... sono di ispirazione largamente religiosa. Nel Medioevo, i monaci ci hanno insegnato la scrittura, la rilegatura, le piante medicinali... La Chiesa non deve vantarsene, ma sono cose belle» (*Dio, a che serve?*, Paoline, Milano 2004, p. 93). Ecco dunque perché la Chiesa, nonostante gli anni, continua a essere presente nel tempo. Per la fede, è il Cristo risorto il vero capo e il fondamento ultimo della Chiesa; per questo – nonostante tutti i limiti di coloro che la compongono – essa è destinata a vivere per sempre.

domande frequenti

«UN MIO AMICO SOSTIENE CHE "LA CHIESA È VECCHIA, È UNA REALTÀ SUPERATA, AVREBBE BISOGNO DI CAMBIARE RADICALMENTE MOLTE COSE...". IO NON SO BENE COSA RISPONDERE, MA MI PARE CHE ABBIA ABBASTANZA RAGIONE».

(ANNA, 12 ANNI)

COSA VUOL DIRE ESSERE CHIESA OGGI?

«Non voler essere i primi, i più grandi ma impostare la società poggiando sul vangelo: sul senso dell'aiuto, del servizio, della gratuità, dell'amore, dell'attenzione, del perdono. I gesti d'amore sono infiniti... Nelle nostre case cresca la cultura della solidarietà, del venirsi incontro in un momento difficile – quando c'è un ammalato, quando c'è un problema – con un sorriso, una mano, un prestito senza usura, tutto ciò che aiuta e sorregge l'altro. Allora questa Chiesa non sarà solo cemento armato ma sarà una vita, sarà uno stile, sarà l'aiuto dei cristiani...».

(mons. G. Bregantini, *Una Chiesa tra gli ulivi*, Monti, Saronno 2000)

FORUM

- Che ne pensate della risposta che dà il card. Danneels alla domanda sull'importanza della Chiesa?
- E per voi, che cos'è la Chiesa?

1.5 nonostante gli errori e i peccati

Se vi mettete a fare una piccola inchiesta tra i vostri familiari o in classe, scoprirete che sulla Chiesa si hanno molte opinioni differenti. Ci sarà chi la giudica solo una forma di potere, non diverso da quello politico, economico o dei massmedia; anzi, per certi aspetti la giudicherà ancora più pericolosa perché ha a che fare con la coscienza della gente. C'è poi chi ammira la Chiesa per la sua organizzazione perfetta, la varietà ed efficienza dei suoi numerosissimi ordini religiosi, o per lo splendore dei suoi edifici e la bellezza delle opere d'arte... ma niente di più. Qualcun altro accuserà la Chiesa di aver tradito il messaggio evangelico e di non stare più dalla parte degli ultimi, dei peccatori, dei poveri come Cristo aveva insegnato. Certo, ognuno ha buone ragioni per sostenere le proprie opinioni, ma noi vogliamo guardare alla Chiesa con gli «occhiali» del credente che riconosce in essa la guida e la presenza dello Spirito Santo. In quest'ottica la Chiesa non è più una semplice istituzione umana o una struttura sociale come tante altre. Essa continua a vivere nel tempo, testimone della salvezza portata da Gesù a tutta l'umanità. La Chiesa, su esplicito comando di Gesù, continua a «proporre» (che è diverso da «imporre») a tutti la «buona notizia» (il vangelo) del Cristo, divenendo così la famiglia spirituale di tutti coloro che accolgono il messaggio e lo vivono. E come si fa a non voler bene alla propria famiglia? Senza dubbio tensioni e divisioni ci sono dappertutto e nessuna famiglia è perfetta; ma la famiglia rimane un importante punto di riferimento per tutti noi, e senza si soffre. La Chiesa, come ogni famiglia, si ama, accettandone anche gli aspetti più difficili o controversi e perdonandone le incoerenze e i difetti. Infatti, assieme al lato divino, «invisibile», che la guida e la sorregge nei secoli, la Chiesa è fatta anche di una realtà «visibile», umana, che può sbagliare e quindi ha sempre bisogno di conversione. Ma queste due realtà, divina e umana insieme, sono unite da sempre e non si possono separare. La Chiesa di domani non potrà essere dissimile da quella di oggi, cioè: una, santa, cattolica, apostolica, come si recita nel Credo, perché le sue fondamenta sono quelle di Cristo. Anche oggi la Chiesa testimonia nel mondo che:

- **Gesù è risorto:** «Dio, poi, che ha risuscitato il Signore – scrive san Paolo ai primi cristiani – risusciterà anche noi con la sua potenza» (1Cor 6,14). Per questo la disperazione e la morte non possono trovare spazio in chi crede in Cristo;
- **tutti gli uomini sono fratelli:** perché figli di uno stesso Padre;
- **il regno di Dio è già iniziato:** un mondo di maggior fratellanza, nella giustizia e nella pace, è possibile;
- **bisogna camminare insieme nella diversità:** la Chiesa, fatta di culture e di popoli diversi, testimonia che gli uomini possono e devono convivere nella diversità, rispettandosi e arricchendosi reciprocamente.

FORUM

> Dire che «la Chiesa è fatta anche di una realtà "visibile", umana, che può sbagliare e quindi ha sempre bisogno di conversione» vi scandalizza?

> **ATTIVITÀ:** Fare un breve censimento delle Chiese o comunità cristiane presenti sul proprio territorio, e poi far pervenire loro una serie di domande (ad esempio, tramite e-mail o lettera) su come intendono la Chiesa.

1.6 da chi è composta la Chiesa?

Alla Chiesa («assemblea» in greco) – secondo la dottrina cattolica – appartengono tutti coloro che per la fede e il battesimo diventano figli di Dio; ascoltano e vivono la parola di Dio (espressa soprattutto nella Bibbia) e i sacramenti; accettano la guida e l'insegnamento di coloro che hanno ricevuto il sacramento dell'ordine (gerarchia ecclesiastica). Come abbiamo visto, il capo indiscusso della Chiesa è il Cristo che, al termine della sua missione terrena, ha mandato gli apostoli, con a capo Pietro, come suoi successori nel mondo. Della Chiesa fanno parte:

- I **laici**: sono tutti quelli che sono stati battezzati in Cristo e partecipano all'unico sacerdozio di Cristo. Il termine «laico» significa «del popolo» in greco e comprende tutti coloro che appartengono al nuovo popolo di Dio che è la Chiesa. Ogni «laico» è chiamato a vivere la fede, a partecipare ai sacramenti, a testimoniare il Vangelo nel mondo con la vita e con la parola.
- I/le **religiosi/religiose**: le persone «consacrate», che praticano i «consigli evangelici» (povertà, castità, obbedienza); si dedicano totalmente a Dio e mettono la loro vita a servizio della Chiesa.
- I **diaconi**: con i sacerdoti e i vescovi fanno parte dei ministri sacri (coloro che hanno ricevuto il sacramento dell'ordine); aiutano i sacerdoti nel «servizio» (*diakonìa*, in greco) della Parola, della liturgia, della carità.
- I **presbiteri** (sacerdoti): sono i collaboratori del vescovo, i ministri chiamati al servizio del popolo di Dio con la predicazione della parola di Dio, dell'amministrazione dei sacramenti, della cura pastorale della comunità.
- I **vescovi**: il vescovo è il maestro, il sacerdote e il pastore responsabile della vita ecclesiale della propria diocesi, in piena comunione con il **papa**, vescovo di Roma e successore di Pietro, pastore di tutta la Chiesa.

Quale Chiesa?

La vignetta illustra in modo semplice quello che spesso non è altrettanto chiaro a molti. La Chiesa che si studia a scuola, come quella di cui parlano i giornali o la TV, è quella ufficiale (in alto, sul ponte, per capirci); ma c'è anche una Chiesa che non fa rumore, che è meno conosciuta, composta dalle persone che testimoniano il vangelo nell'umiltà e nel silenzio (in basso). Non si tratta di due Chiese: il cammino è sempre lo stesso, ma fatto in modo differente. Certamente quello del fraticello è un camminare più dimesso e meno appariscente, ma solido e sicuro, come il messaggio evangelico. Questa Chiesa un po' nascosta, che non fa accendere i riflettori della cronaca, è proprio quella che ha reso grande la Chiesa nei secoli.

FORUM

> E a voi quale commento ispira la vignetta?

> **ATTIVITÀ:** Quali sono nella vostra zona le iniziative più significative della Chiesa? Fate una breve ricerca e presentatela in classe.

1.7 testimoni del Vangelo/ieri

Focus

LA REGOLA BENEDETTINA

La Regola benedettina, scritta da san Benedetto per i suoi monaci, occupa un posto unico nella storia del monachesimo occidentale. Essa è composta da un prologo e da 73 capitoli e rappresenta la sintesi più completa del monachesimo occidentale. La Regola scandisce la vita del monastero ed è basata sulla preghiera comune, la preghiera personale, lo studio (non solo delle sacre Scritture ma anche della scienza e dell'arte) e il lavoro. Il vero motto della Regola è «ora, lege et labora», così da seguire la perfezione evangelica con amore e sapienza.

S. Benedetto, miniatura, 1420, Budapest, Szépmûvészeti, Múzeum.

La Chiesa è composta di uomini e donne che, nonostante le fragilità e le debolezze proprie dell'essere umano, hanno testimoniato lungo i secoli l'amore di Dio tra gli uomini. Alcune di queste persone, dalla vita particolarmente esemplare, sono portate ad esempio (i santi) a tutti i credenti. Ecco alcuni santi particolarmente significativi per la storia del nostro Paese e dell'Europa.

SAN BENEDETTO e il monachesimo

Benedetto nacque verso il 480 d.C. da una famiglia nobile della piccola città di Norcia, in un periodo storico non proprio facile. Quattro anni prima (476) era ufficialmente finito l'Impero Romano d'occidente; fu contemporaneo di Teodorico e vide fallire il tentativo di una pacifica convivenza tra i goti e i romani; assistette agli orrori della guerra per il predominio dell'Italia (535-553), tra i goti e i bizantini; conobbe le pesanti interferenze dell'imperatore bizantino in materia religiosa, con l'umiliazione dell'autorità papale. Studente a Roma, constatò di persona la grave decadenza in cui era ridotta l'antica capitale dell'Impero. Fuggito inorridito si ritirò nel silenzio e nella preghiera sui monti ai confini tra il Lazio e l'Abruzzo, dove una comunità di monaci lo chiamò a dirigere il proprio monastero. Ma non condividendo l'eccessiva austerità e disciplina imposta da Benedetto, tentarono persino di avvelenarlo. Dopo questa esperienza, egli intraprese una nuova forma di vita monastica: nella zona di Subiaco, sull'esempio di ciò che aveva fatto duecento anni prima in Egitto san Pacomio, organizzò un gruppo di monaci, suddiviso in dodici comunità di dodici monaci: ciascuna comunità aveva un proprio superiore, mentre Benedetto conservava la direzione generale. Ma l'invidia di un prete, che non gradiva l'accorrere della gente con ricchi doni per il santo, costrinse Benedetto ad abbandonare quei luoghi con il gruppo dei suoi discepoli più fidati. Fra di essi vi erano giovani dell'aristocrazia romana, come Mauro e Placido, figli di senatori, ma anche goti e figli di schiavi, gente umile e rozza: per tutti Benedetto era il maestro nella «scuola del divino servizio» (questa è la definizione che egli dà del monastero nella sua **Regola**). Così Benedetto gettava le basi di un'unità tra barbari e latini molto profonda, perché fondata sulla fratellanza universale insegnata dal Vangelo.

Allontanatosi da Subiaco, Benedetto si diresse a Cassino, sulla cui altura fondò, nel 529, il monastero di Montecassino, destinato a diventare il più celebre in Europa e dove Benedetto morì tra il 543 e il 555 d.C., in una data che l'antica tradizione ha fissato al 21 marzo (da qui il detto: «Per san Benedetto la rondine sul tetto»). Benedetto fu uno degli uomini più popolari del suo tempo, inviato da Dio per portare la pace là dove erano state seminate le distruzioni e la morte. (Liberamente tratto da http://www.ora-et-labora.net)

Focus

I SANTI PATRONI D'EUROPA

San Benedetto - *11 luglio*
Santi Cirillo e Metodio - *14 febbraio*
Santa Brigida di Svezia - *23 luglio*
Santa Caterina da Siena - *29 aprile*
Santa Teresa Benedetta della Croce - *9 agosto*

M.I. Rupnik, *Cirillo e Metodio* (part.) Olomoc (Repubblica Ceca), Cappella del Centro Aletti.

SANTI CIRILLO E METODIO

Cirillo e Metodio sono due fratelli, nati a Tessalonica (attuale Salonicco, Grecia) all'inizio del IX sec. d.C., che evangelizzarono i popoli della Moravia. Crearono un alfabeto (il cosiddetto «cirillico», di 38 lettere, che ancora oggi è alla base dell'alfabeto slavo) e tradussero in questa lingua la sacra Scrittura e la liturgia per convertire i popoli slavi al cristianesimo. Chiamati a Roma, Cirillo vi morì nell'869 d.C. e il fratello Metodio fu consacrato vescovo e inviato in Pannonia, dove evangelizzò il paese, pur subendo persecuzioni. Morì a Velehrad nell'885 d.C. Giovanni Paolo II li ha proclamati patroni d'Europa insieme a san Benedetto. Tre sono i meriti di questi fratelli: l'apporto dato alla cultura del mondo slavo, l'impegno per l'unità della Chiesa (ecumenismo) e il contributo all'Europa nascente.

M.I. Rupnik, *Francesco in preghiera*, S. Giovanni Rotondo, Chiesa di S. Pio.

SAN FRANCESCO

San Francesco è un santo molto conosciuto e amato, soprattutto dai giovani. Nacque ad Assisi nel 1182 ca. e morì nel 1226. Figlio di un ricco mercante di stoffe, con una buona cultura, condusse da giovane una vita spensierata e mondana. Dopo essere stato ferito e fatto prigioniero nella guerra tra Assisi e Perugia a cui aveva partecipato, la sua vita mutò radicalmente. Ritornato ad Assisi nel 1205, Francesco si dedicò a opere di carità tra i lebbrosi e cominciò a impegnarsi nel restauro di una vecchia chiesa in rovina. Il padre di Francesco, adirato per i cambiamenti del figlio e per le sue generose offerte ai poveri, lo diseredò. Allora Francesco si spogliò dei suoi ricchi abiti dinanzi al vescovo di Assisi, dedicandosi completamente alla cura dei poveri e alla predicazione del vangelo nella più completa povertà. Ben presto si unirono a lui altri fratelli (frati) decisi a vivere come lui in modo letterale il vangelo (Mt 10,5-14), privandosi di ogni bene per amore di Dio e di ogni essere umano. Accanto a Francesco troviamo anche una figura femminile, santa Chiara (anche lei di Assisi, ca. 1193 - 1253), che fondò l'ordine delle clarisse, con regole simili a quelle dei frati di Francesco.

ARCHIVIO

ALTISSIMU, ONNIPOTENTE, BON SIGNORE, TUE SO' LE LAUDE, LA GLORIA E L'HONORE ET ONNE BENEDICTIONE. AD TE SOLO, ALTISSIMO, SE KONFANO, ET NULLU HOMO ÈNE DIGNU TE MENTOVARE. LAUDATO SIE, MI' SIGNORE, CUM TUCTE LE TUE CREATURE, SPETIALMENTE MESSOR LO FRATE SOLE, LO QUAL'È IORNO, ET ALLUMINI NOI PER LUI. ET ELLU È BELLU E RADIANTE CUM GRANDE SPLENDORE: DE TE, ALTISSIMO, PORTA SIGNIFICATIONE.
(DAL «CANTICO DELLE CREATURE»)

FORUM

- **ATTIVITÀ:** Approfondire alcuni aspetti della regola di san Benedetto in http://www.ora-et-labora.net/RSB_italiano.html
- Per l'approfondimento si veda l'«Album della Chiesa», pp. 213-214 e i siti: http://www.ora-et-labora.net/index.html (san Benedetto); http://www.enrosadira.it/santi/c/cirillo-metodio.htm (santi Cirillo e Metodio); http://www.san-francesco.it/storia.asp (san Francesco)

1.8 testimoni dell'amore di Dio e dell'uomo/oggi

La Chiesa è testimone nel mondo dell'amore di Dio e degli uomini per mezzo di tutti i suoi membri, di cui alcuni sono figure eccellenti.

Frère Roger Schutz (1915-2005)

Fondatore della comunità ecumenica di Taizé (Francia) e uomo del dialogo, inventò i raduni mondiali per i giovani, vissuti ogni anno in una grande metropoli diversa, anticipando così le Giornate Mondiali della Gioventù volute da Giovanni Paolo II. Fr. Roger è stato ucciso il 16 agosto 2005 in chiesa a Taizé, durante la preghiera dei Vespri. «Quando la Chiesa ascolta, guarisce, riconcilia, essa diviene ciò che di più luminoso è in se stessa, limpido riflesso di una comunione. Quando la Chiesa non è distante, può diffondere l'umile fiducia della fede fin nella fragilità dei nostri cuori umani».

Giovanni Paolo II (1920-2005)

«Non abbiate paura, aprite le porte a Cristo» (1978, inizio del pontificato). «Le tenebre non si dissipano con le armi; le tenebre si allontanano accendendo fari di luce» (Assisi, 2001).

Abbé Pierre (1912-2007)

Nato in Francia, è un prete che ha dato tutta la vita per i diseredati. «Non c'è fede senza amore ai fratelli. Due fronti dividono l'umanità: da un lato gli egoisti "isolati", che pensano solo a se stessi; e dall'altro i generosi che sanno amare e "condividere" la vita degli altri».

Oscar Romero (1917-1980)

Arcivescovo cattolico di San Salvador, fu assassinato durante la celebrazione eucaristica per essersi opposto al regime militare, scegliendo la difesa dei più poveri in nome del Vangelo. «Possa il sacrificio di Cristo darci il coraggio di offrire il nostro corpo e il nostro sangue per la giustizia e la pace del nostro popolo».

Madre Teresa di Calcutta (1912-1997)

«Tutti sono figli di Dio e sono fratelli e sorelle. Quello che noi facciamo è solo una goccia nell'oceano, ma se non lo facessimo l'oceano avrebbe una goccia in meno».

Don Bosco (1815-1888)

«Fa poco chi fa tanto ma non fa quello che deve fare, fa molto chi fa poco ma fa quello che deve fare».

Dietrich Bonhoeffer (1906-1945)

Teologo luterano, fatto impiccare per essersi opposto al nazismo. I suoi scritti hanno segnato profondamente il cristianesimo contemporaneo. «Noi cristiani non potremo mai pronunciare le parole ultime della fede se prima non avremo pronunciate le parole penultime della giustizia, del progresso e della civiltà».

Martin Luther King (1929-1968)

Pastore della Chiesa Battista, ucciso negli Stati Uniti per il suo impegno non violento a favore dei diritti civili dei negri. Celebre il suo «sogno» di una società più giusta. «Io ho un sogno, che i miei figli vivranno un giorno in una nazione nella quale non saranno giudicati per il colore della loro pelle, ma per le qualità del loro carattere».

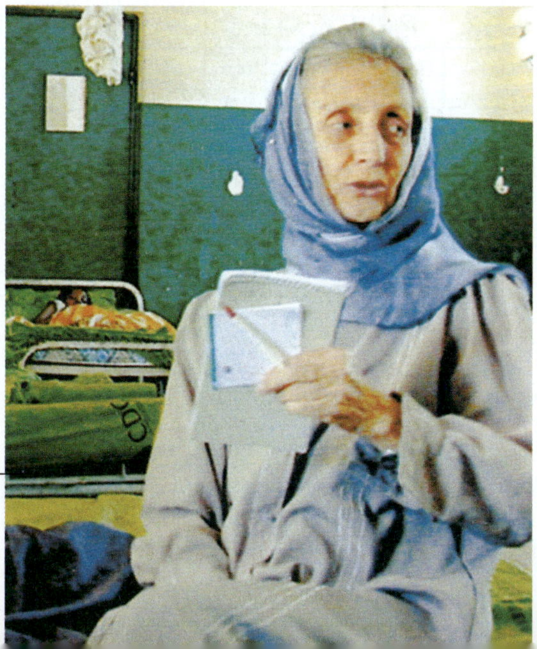

Annalena Tonelli (1943-2003)

Missionaria laica in Somalia (Africa), dove ha fondato un ospedale per curare gli ammalati di tubercolosi e AIDS. È stata uccisa, con un colpo alla nuca, sparato da chi voleva mettere fine al suo impegno a favore dei più poveri del mondo. «Curo in ginocchio i malati e i diseredati, questi brandelli di umanità ferita, perché riconosco in loro il volto del Cristo sofferente».

1.9 che ne pensi?

Concludi, con molta libertà, questa frase: «Per me la Chiesa è...».

....

....

....

....

....

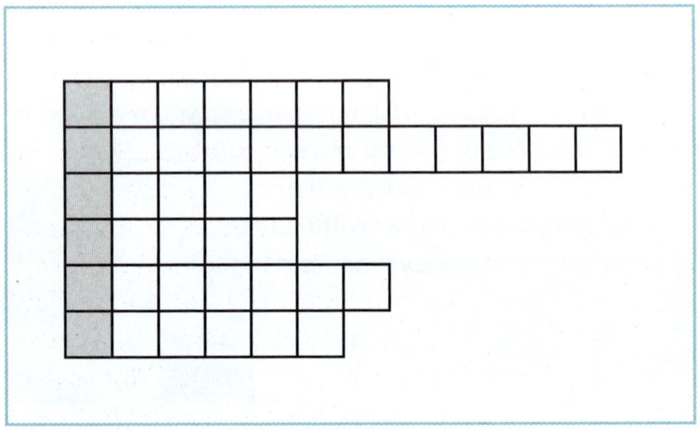

1. Si chiama anche «confermazione».
2. Senza di essa non esisterebbe il cristianesimo.
3. «Immagine» orientale.
4. Uno degli attributi della Chiesa.
5. Dogma fondamentale della fede cristiana.
6. Lo ricevono i ministri di Dio.

Risolvendo questo cruciverba troverai nella prima colonna una parola molto importante per la Chiesa.
(Per la soluzione vedi a p. 301).

Se avrai la pazienza di decifrare, scoprirai una frase importante sulla Chiesa.

(Per la soluzione vedi a p. 301)

2.1 «annunciamo la tua morte e risurrezione»

Le varie comunità cristiane sparse per il mondo testimoniano l'attualità del messaggio d'amore e di fratellanza del Cristo. Ieri come oggi, là dove c'è una comunità che si raduna per celebrare la memoria del Risorto, risuona questo impegno: «Annunciamo la tua morte, Signore, proclamiamo la tua risurrezione, nell'attesa della tua venuta». Parole piene di speranza, che stanno a dimostrare la volontà dei credenti di condividere il pane spirituale, ma anche quello materiale («spezzare il pane»), come ha insegnato Gesù. È questa memoria viva, garantita da una lunghissima fila di testimoni che hanno dato la loro vita per la fede, la prova che il messaggio di Gesù è ancora vivo e attuale. Nessuna menzogna può durare così a lungo. La storia ci dimostra che ideologie e imperi, destinati nella mente dei loro ideatori a rivoluzionare il mondo e a durare nel tempo, sono crollati nel giro di pochi anni o decenni. Non è successo così per il messaggio (vangelo) di Cristo, nonostante i momenti bui, le pagine difficili e i tradimenti che non sono mai mancati nella storia della cristianità. La forza del messaggio è maggiore della debolezza e delle contraddizioni dei messaggeri, perché essi sono sorretti dalla forza dello Spirito di Dio.

Perché scandalizzarsi della zizzania?

«Si può criticare molto la Chiesa. Noi lo sappiamo, e il Signore stesso ce l'ha detto: essa è una rete con dei pesci buoni e dei pesci cattivi, un campo con il grano e la zizzania. (...) In fondo, è consolante il fatto che esista la zizzania nella Chiesa. Così, con tutti i nostri difetti, possiamo tuttavia sperare di trovarci ancora nella sequela di Gesù, che ha chiamato proprio i peccatori. La Chiesa è come una famiglia umana, ma è anche allo stesso tempo la grande famiglia di Dio, mediante la quale egli forma uno spazio di comunione e di unità attraverso tutti i continenti, le culture e le nazioni».

(Benedetto XVI, veglia di preghiera per la Giornata Mondiale della Gioventù, Colonia, 20 agosto 2005).

FORUM

- Il papa dice ai giovani: «È consolante il fatto che esista la zizzania nella Chiesa». Cosa vuol dire?
- Quali sono – secondo voi – le speranze o le ideologie che, come si accenna nel testo, sono crollate miseramente?

2.2 il linguaggio della preghiera

Nella Chiesa il linguaggio dei simboli è molto ricco, così come quello dei gesti, delle espressioni verbali, scenografiche e altro ancora. Soffermiamoci su quello della preghiera cristiano-cattolica, nei suoi vari momenti e forme, sia comunitari che individuali.

La preghiera eucaristica. La preghiera cristiana per eccellenza è la celebrazione eucaristica domenicale. La comunità dei credenti si riunisce attorno alla parola di Dio (Bibbia) e all'altare per partecipare alla celebrazione della morte e della risurrezione di Cristo.

Il canto. «Chi canta prega due volte», afferma sant'Agostino, perché si loda Dio con la voce e con il cuore.

Stare seduti in silenzio e in ascolto. È l'atteggiamento di chi è pronto a far entrare la parola di Dio dentro di sé e a lasciarsi trasformare da essa.

Mani giunte. Esprimono raccoglimento e sono il simbolo dell'incontro tra Dio e l'uomo.

Stare in piedi. È l'atteggiamento di chi vuol essere attivo e presente di fronte al mistero, individualmente e insieme ai fratelli.

Mani aperte verso l'alto. È il segno della disponibilità e dell'apertura verso il Padre comune, a cui il credente si affida.

Mani che si stringono. Di fronte a Dio siamo tutti fratelli; le mani che si incontrano e si stringono sono il segno della fratellanza e della comunione.

In ginocchio. È uno degli atteggiamenti più comuni della preghiera cristiana: si riconosce la grandezza di Dio e il proprio essere creatura; ci si abbandona alla volontà di Dio.

FORUM

- Qual è la forma di preghiera che privilegi tra quelle raffigurate nei disegni?
- Prova a dare una breve definizione della preghiera. Pregare è ....

2.3 i simboli della Pasqua

La Pasqua è la principale e più importante festa del cristianesimo, celebrata da tutte le Chiese cristiane, anche se in date diverse. Deriva dalla Pasqua ebraica, in cui anche l'ebreo Gesù fa memoria del «passaggio» del mar Morto, cioè della libertà riconquistata dopo la schiavitù in Egitto. Ma la Pasqua cristiana, commemorando gli ultimi avvenimenti della vita di Gesù, celebra una libertà ancora più grande: quella della risurrezione di Gesù. La Pasqua è per il cristiano il «passaggio» dalla morte alla vita, il trionfo su ogni forma di morte. Per questo la solennità pasquale è il centro del cristianesimo e la liturgia cattolica è ricca di simboli e di significati.

Focus

UN'UNICA DATA PER LA PASQUA?

La Pasqua è celebrata in date diverse nel mondo cristiano. Il motivo è dovuto al sistema dei calendari dottati. Il calendario giuliano, messo a punto dagli astronomi di Giulio Cesare (100 ca.-44 a.C.) non era così preciso come sembrava e nel corso dei secoli aveva accumulato dieci giorni di differenza con l'anno solare. È per questo che nel 1582 Gregorio XIII accettò la proposta di un nuovo calendario, che fu adottato gradualmente da tutti. Ma per le Chiese ortodosse quello giuliano è ancora il calendario ufficiale. Tutti i cristiani (cattolici, ortodossi e protestanti) fissano la Pasqua nella prima domenica dopo la luna piena dell'equinozio di primavera; ma, a seconda del calendario adottato, cambia la data dell'equinozio. La Pasqua è coincisa per tutti nel 2001, nel 2004, e nel 2007, nel 2010, e lo sarà ancora nel 2014 e nel 2017. In genere, la distanza fra la Pasqua ortodossa e le Pasque occidentali è di tredici giorni. Un comitato interreligioso sta studiando la possibilità di celebrare un'unica Pasqua per tutto il mondo cristiano.

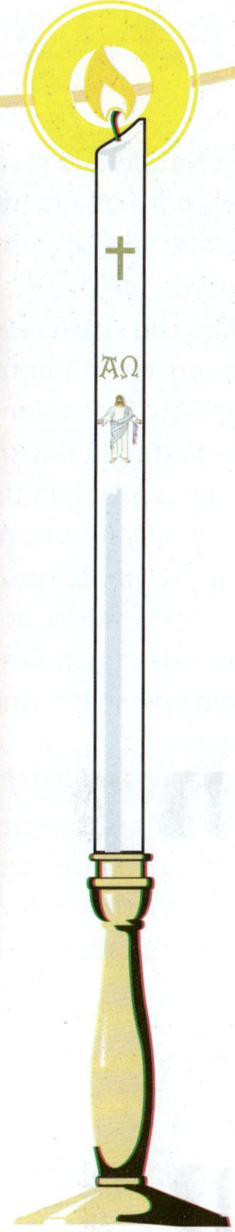

Il cero e la grande veglia pasquale

Il cero, tra i simboli pasquali, è quello più significativo. La lunga veglia pasquale, celebrata nella notte del Sabato Santo, inizia con la benedizione del fuoco. Sul sagrato delle chiese si accende e si benedice il fuoco, con cui si accenderà poi il grande cero. Sul cero, simbolo del Cristo, è incisa (o raffigurata) una croce, con la prima e ultima lettera dell'alfabeto greco e con le cifre dell'anno in corso. Significa che il Cristo è l'inizio e la fine di tutto, la luce che illumina la notte e dà senso all'esistenza dell'uomo. Accendendo il cero il sacerdote dice: «La luce del Cristo che risorge glorioso disperda le tenebre del cuore e dello spirito». Poi s'incammina processionalmente verso la chiesa (che è al buio), cantando per tre volte: «Cristo, luce del mondo», a cui i fedeli presenti rispondono: «Rendiamo grazie a Dio». Gradualmente dal cero pasquale tutti accendono la propria candela, illuminando così il buio della notte. Viene poi cantato (o letto) l'*Exultet*, un antichissimo inno cristiano che risale probabilmente ai primi secoli del cristianesimo e che esprime la gioia nella risurrezione. Questo è il momento più solenne della celebrazione, a cui segue la lettura di alcuni brani dell'Antico e del Nuovo Testamento, con la proclamazione del Vangelo della risurrezione. Un altro momento caratteristico della veglia pasquale è la benedizione dell'acqua battesimale e – dov'è possibile – l'amministrazione del sacramento del battesimo. La grande veglia prosegue, poi, con la celebrazione eucaristica.

L'uovo e altri simboli

L'uovo, come simbolo dell'inizio della vita, non ha origini cristiane. È già presente in molte culture fin dall'antichità ed è associato alla primavera e alla rinascita. L'uovo è presente, insieme ad altri alimenti, nel *seder*, il rito della cena pasquale ebraica, e nella tradizione cristiana è il simbolo della risurrezione di Cristo. Con il tempo l'uovo ha acquisito decorazioni diverse, con colori sempre più vari, fino ad arrivare a quelli di cioccolata, con la «sorpresa». Nella tradizione ortodossa, per Pasqua i fedeli si scambiano delle uova colorate di rosso (che ricordano il sangue di Cristo e sono simbolo della vita), spesso finemente decorate, augurandosi l'un l'altro: «Cristo è risorto!», a cui si risponde: «Sì, è veramente risorto!».

FORUM

- Avete mai partecipato alla veglia pasquale? Se sì, raccontate quello che avete visto e le sensazioni che avete provato.
- **ATTIVITÀ:** Fate una ricerca sul significato dei simboli della Pasqua cristiana.
- Leggete Lc 23,50-56; 24,1-12.

2.4 tradizioni natalizie

Il Natale è la festa cristiana più sentita a livello familiare, e anche quella più sfruttata da un punto di vista commerciale. Spesso viene ridotta solo a una festa consumistica, perdendo di vista il suo significato originario: il mistero di Dio che si affida all'uomo, che si fa piccola e fragile creatura perché gli uomini non abbiano paura di lui. Nel Natale, infatti, Dio si dona all'uomo per dare valore a tutto ciò che riguarda la natura umana e ogni persona. Se dietro ai numerosi simboli del Natale riusciamo a cogliere il valore di Dio che si fa uomo, e cosa questo mistero ha comportato anche per la nostra cultura cristiana, allora il presepe, l'albero, la stessa bontà che aleggia a Natale... possono assumere un significato diverso dalla favola un po' sdolcinata a cui spesso lo riduciamo.

L'origine del presepe

Non è esatto affermare che il presepe è stato «inventato» da san Francesco perché le prime immagini dedicate al tema del Natale risalgono già al IV secolo d.C.; in esse viene rappresentata solo la figura di un bambino avvolto in fasce

Focus

CHE VALORE DARE AI SIMBOLI CRISTIANI?

Ogni tanto si ripresenta la domanda: «Ma perché insistere ancora così tanto con i simboli cristiani, il presepe e i crocifissi nelle scuole, anche quando la nostra società è sempre più pluralista e i bambini e i ragazzi islamici, come di altre religioni, sono sempre più presenti nelle nostre aule?». La risposta che ci sembra corretta è che questi elementi fanno parte del nostro patrimonio storico e culturale, sono segni di una fede che ha inciso profondamente – lo si voglia o no – nella nostra storia, ispirando e favorendo nei secoli la creatività artistica e la sensibilità poetica. Quindi fanno parte di noi, e rinunciare a essi vuol dire dimenticare una parte importante di noi. Rispettare gli altri non significa rinunciare alla proprio identità, ai propri valori. Una società che dimentica le proprie radici non è capace di dialogare con nessuno perché non ha basi né ideali. È importante invece confrontarsi sui segni e i principi degli altri, cominciando da ciò che abbiamo in comune. Per esempio, per quanto riguarda il presepio, chi di voi sa che il Corano parla della nascita di Gesù e il mondo islamico lo venera? (vedi il box qui a fianco).

LA NASCITA DI GESÙ NEL CORANO

«E quando gli angeli dissero a Maria: "O Maria, Dio t'annunzia la buona novella d'una Parola che viene da lui, e il cui nome sarà il Messia, Gesù figlio di Maria, eminente in questo mondo e nell'altro e uno dei più vicini a Dio. Ed egli parlerà agli uomini dalla culla come un adulto, e sarà dei Buoni"».

(Sura 3,45-46; cf. anche 19)

e posto tra la testa di un asino e quella di un bue. Solo nel V secolo troviamo tutti i personaggi del presepe: il bambino, l'asino e il bue, la Madonna, Giuseppe. San Francesco ha il merito, invece, di aver reso molto popolare la nascita di Gesù. Infatti nel 1223, ispirandosi alle sacre rappresentazioni medievali, decise di celebrare, in una grotta vicino a Greccio, il ricordo della natività per ravvivare la tradizione. Ecco come racconta l'avvenimento san Bonaventura da Bagnoregio (1218-1274), nella *Leggenda maggiore*: «Fece preparare una stalla, portare del fieno e condurre un bue e un asino. Si radunano i frati, accorre la popolazione. Il santo sacrificio è celebrato sopra la mangiatoia e Francesco, levita del Cristo, canta il santo Vangelo. Predica al popolo e parla della nascita del re povero, e nel nominarlo lo chiama per tenerezza d'amore "il Bimbo di Betlemme". Un cavaliere virtuoso e sincero, Giovanni di Greccio, affermò di aver veduto dentro la mangiatoia un bellissimo fanciullino addormentato».

L'albero di Natale

Gli antichi popoli germanici, durante la stagione invernale, usavano ornare le loro case con piante sempreverdi, abbellendole con torce illuminate e oggetti colorati. Prendendo spunto da queste usanze, nell'VIII secolo un missionario inglese di nome Bonifacio introdusse quest'uso anche nel mondo cristiano. L'albero di Natale sta quindi a simboleggiare il valore della vita, perché, nella stagione invernale, il sempreverde diviene segno della vita che non muore. Con i doni posti ai suoi piedi richiama alla mente l'«albero della vita» (cf. Gen 2,9), che rappresenta Cristo, il dono di Dio all'umanità. «Il messaggio dell'albero di Natale – come aveva già spiegato Giovanni Paolo II – è pertanto che la vita resta "sempre verde" se si fa dono; non tanto di cose materiali, ma di se stessi: nell'amicizia e nell'affetto sincero, nell'aiuto fraterno e nel perdono, nel tempo condiviso e nell'ascolto reciproco».

FORUM

- «Rispettare gli altri» non vuol dire rinunciare ai propri simboli. Perché?
- **ATTIVITÀ:** Per scoprire perché nel IV secolo veniva rappresentato solo Gesù bambino, con l'asino e il bue (tradizione derivata dai vangeli apocrifi), si veda il profeta Isaia («il bue conosce il proprietario e l'asino la greppia del padrone», 1,3).

2.5 che ne pensi?

Qual è l'immagine che, secondo te, simboleggia meglio la preghiera? Prova a disegnarla o anche solo ad abbozzarla (se preferisci, prova a descrivere il disegno in poche righe).

Il presepe può unire cristiani e musulmani

«[Quelli che vogliono abolire il presepe, se conoscessero il Corano] capirebbero che proprio la festa del Natale potrebbe rappresentare uno straordinario momento di condivisione spirituale, di partecipazione religiosa e di intesa umana tra cristiani e musulmani. E che proprio la scuola, la sede istituzionale dove si formano la mente e l'animo delle future generazioni, dovrebbe esaltare la festa del Natale rendendolo un passo saliente verso il traguardo della comune civiltà dell'uomo».

(Magdi Allam, intellettuale di origine islamica, convertitosi al cristianesimo-cattolicesimo)

Immagina di essere la/il responsabile di una scuola primaria dove alcune maestre si sono rifiutate di fare il presepe (o altri riferimenti espliciti al Natale cristiano) in classe. Alcuni genitori trovano questo fatto assurdo mentre altri danno ragione alle maestre. Quale potrebbe essere la tua posizione di fronte ai genitori? ....

....
....
....
....
....
....
....

Nel Modulo abbiamo parlato anche di «grano e zizzania». Ti ricordi perché abbiamo utilizzato questa espressione?

....
....
....
....

Quali riflessioni ti suggerisce la foto? ....

....
....
....
....
....
....

3.1 l'album della Chiesa

Abbiamo pensato di presentare la storia della Chiesa attraverso delle immagini, accompagnandole con brevi commenti, per mettere in risalto alcuni dei momenti più significativi di una vicenda lunga venti secoli. Come tutti gli album di famiglia, anche questa storia non sarà completa; di certi momenti, soprattutto quelli più dolorosi e difficili, mancano sempre le foto perché nessuno pensa a immortalarli. Noi accenneremo però anche a questi periodi, ricorrendo a disegni o simboli, perché i fatti non si possono cancellare né si può far finta che non siano accaduti.

Sfogliamo quindi l'album della Chiesa, in particolare quello della nostra tradizione cristiano-cattolica, invitandovi a leggere gli eventi più rilevanti con curiosità e «simpatia», cioè cercando di entrare dentro l'anima delle cose. Il cattolicesimo fa parte del nostro patrimonio culturale e delle nostre radici storiche, indipendentemente dal fatto che ci consideriamo credenti o meno. E conoscere e coltivare le proprie radici è sempre importante. Ve li immaginate degli alberi alti e imponenti, ma senza radici? Così è anche per noi: per crescere bisogna essere ben radicati e conoscere tutto ciò che fa parte del nostro territorio o della nostra cultura. Ecco dunque il perché di questo album e delle immagini che vi invitiamo a osservare insieme: fanno parte della nostra storia e del cammino di fede di tantissime persone che ci hanno preceduto.

A. Mantegna, *Gesù risorge*, Tours, Museo comunale.

Tutto ha inizio con la tomba vuota e la risurrezione del Cristo, qui rappresentato vittorioso da Andrea Mantegna. Con l'aiuto dello Spirito, i discepoli di Gesù – ancora un po' timorosi per la tragica morte del maestro – trovano la forza di uscire sulle strade per annunciare a tutti che «Cristo è risorto e noi ne siano testimoni». Da questo annuncio festoso e pieno di speranza nasce la comunità dei credenti in Cristo, cioè la Chiesa. Ieri come oggi, la fede nel Risorto anima tutte le comunità dei credenti in Cristo e collega, con un ideale filo rosso, tutte le immagini che presentiamo.

Le prime comunità

I discepoli di Emmaus, che vediamo raffigurati qui a fianco in un famoso dipinto del Caravaggio, può essere presa come un momento caratterizzante delle prime comunità cristiane. I discepoli di Emmaus, secondo il racconto dell'evangelista Luca (al c. 24), non riconobbero nel pellegrino che camminava e parlava con loro il Maestro risorto; i «loro occhi si aprirono» solo quando «spezzò il pane» insieme a loro, ricollegando immediatamente questo gesto all'ultima cena, quando Gesù istituì l'eucaristia. Ancora oggi le comunità cristiane si ritrovano nel «giorno del Signore» (domenica) e si riconoscono proprio nel gesto dello «spezzare il pane», annunciando così la morte e la risurrezione del Cristo e impegnandosi a vivere coerentemente al suo messaggio.

Le prime comunità cristiane erano unite nella preghiera, ⇒

Caravaggio, *Cena di Emmaus*, 1601, Londra, National Gallery.

L. Lotto, *Il martirio di santo Stefano*, 1513-1516, Bergamo, Accademia Carrara.

nello «spezzare il pane» e nell'unione fraterna («Tutti i credenti stavano insieme e avevano ogni cosa in comune», At 2,44), ma soprattutto perseveranti nell'ascoltare l'insegnamento degli apostoli, cioè di coloro che erano stati con Gesù e lo avevano visto risorto. In fondo alla pagina vediamo un'iscrizione delle Catacombe di Roma con la raffigurazione degli apostoli Pietro e Paolo. A Pietro, secondo quanto riferisce il Vangelo, fu affidata da Gesù la responsabilità della Chiesa. In quanto capo degli apostoli e vescovo di Roma, la Chiesa cattolica riconosce a Pietro e ai suoi successori sulla cattedra di Roma l'autorità su tutta la Chiesa.

Focus

LE PRINCIPALI ERESIE CRISTIANE

Marcionismo: *cacciato dalla sua comunità nel 144 d.C., Marcione fondò una propria Chiesa. Egli crede che la salvezza dell'uomo si realizzi solo per la misericordia di Dio in Gesù Cristo, indipendentemente dall'azione (buona o cattiva) dell'uomo. I marcioniti distinguono anche il Dio Padre «buono» del Nuovo Testamento dal Dio «giusto» dell'Antico.*

Arianesimo: *il sacerdote Ario (nel 312) nega la divinità di Cristo, considerando inconciliabile con il* **monoteismo** *l'uguaglianza del Padre con il Figlio. Egli sostiene che Dio Padre ha creato il Figlio, ma viene confutato dal* **concilio** *di Nicea (325), e poi da quello di Costantinopoli (381), che affermano che il Padre e il Figlio sono della stessa sostanza («consustanziali») e il Figlio è stato «generato, non creato». L'eresia comunque resiste a lungo.*

Monofisismo: *eresia che riconosce in Cristo la sola natura divina, sostenuta da Eutiche nel V sec. d.C. Ancora oggi ci sono Chiese orientali (copta, siriaca, armena) monofisite.*

I primi secoli

Nei primi secoli del cristianesimo, professarsi seguaci di Gesù comportava grande coraggio, spesso anche quello di affrontare il martirio. La prima persecuzione fu quella di Nerone nel 64 d.C.; anche se fu limitata alla sola città di Roma, fu particolarmente violenta. In questa persecuzione fu probabilmente ucciso anche l'apostolo Pietro, che secondo la tradizione fu crocifisso a testa in giù.

Il periodo delle persecuzioni, pur con fasi alterne, abbraccia circa tre secoli e i racconti sui martiri e i supplizi inflitti (martirologio) hanno avuto un'importanza particolare nella tradizione religiosa popolare.

Dopo le ultime, terribili persecuzioni di Decio, Valeriano e Diocleziano (III-IV secolo d.C.), l'impero romano, con Costantino, cambiò completamente strategia e venne a patti con la nuova religione dei seguaci di Gesù di Nazaret. Nel 313 Licinio e Costantino emanarono l'«editto di tolleranza». Ne seguì un periodo di grande vitalità e fervore per il cristianesimo, durante il quale crebbe fortemente anche la sua influenza sulla vita pubblica e sociale.

Ma, insieme alla libertà acquisita dopo i lunghi periodi di persecuzione, per la Chiesa iniziò anche un momento di stretto legame con il potere imperiale che la condizionò: il primo concilio ecumenico, cioè universale, tenuto a Nicea nel 325, fu presieduto dall'imperatore Costantino che probabilmente si convertì al cristianesimo solo in punto di morte.

Magister Consolus, *San Benedetto dona il pane ai corvi*, affresco, XIII sec., Subiaco, Sacro Speco.

Eresie e concili

Dal IV secolo, la storia della Chiesa rassomiglia un po' a un labirinto, con vari concili e definizioni solenni che condannano altrettante eresie che circolavano in quel tempo: oltre al concilio ecumenico di Nicea, già citato (325), che definisce che «Gesù è generato, non creato, della stessa sostanza del Padre», c'è quello di Costantinopoli (381) che stabilisce che lo «Spirito Santo è Signore e dà la vita», poi quello di Efeso (431) che chiarisce definitivamente che in Gesù vi sono due nature: quella umana e quella divina, in un'«unica persona», e anche che «Maria è madre di Dio»; e poi quello di Calcedonia (451), che ribadisce che «Cristo è unico in due nature». Per avere un'informazione più precisa sulle varie eresie cristiane si può approfondire il *Focus* a pagina precedente.

San Benedetto e il monachesimo

Dopo la caduta dell'Impero d'Occidente e le invasioni barbariche, la Chiesa, per mezzo del monachesimo, diventa il punto di riferimento per la nascita di una nuova società dalla mescolanza di culture e religioni diverse. San Benedetto da Norcia (480 ca.-547 ca.), con la sua regola scritta, è considerato il fondatore del monachesimo occidentale.

Senza ignorare la tradizione monastica orientale, san Benedetto ne rifiuta gli eccessi spirituali e ripartisce il tempo monastico in un armonioso equilibrio tra il lavoro manuale, quello intellettuale e artistico e il tempo dedicato allo spirito. Il motto «Ora et labora», «Prega e lavora», ben sintetizza la sua intuizione. Questo delicato equilibrio tra l'attività lavorativa e quella spirituale garantirà al monachesimo un immenso successo in Occidente dal VI all'XI secolo e, più tardi, sarà spunto per altre famiglie monastiche. I monasteri diventeranno centri di produzione, luoghi di redazione e di miniatura dei manoscritti della classicità, punti di riferimento religiosi. La Regola di san Benedetto concilia l'autorità del superiore con la dolcezza e la fratellanza che facilitano l'obbedienza. Ordina la semplicità, ma senza esagerazioni, nemmeno per quanto riguarda la povertà; raccomanda soprattutto «la discrezione, la madre delle virtù».

Contro infedeli ed eretici

Dopo le parole di fratellanza e dolcezza testimoniate da san Benedetto e dai suoi monaci nel VI secolo, si fa fatica a credere a tutta la violenza che si scatenerà nel Medioevo. «Si è portati a pensare – scrive lo storico Le Goff – che la lezione di san Benedetto non sia stata per niente capita, ma bisogna chiedersi a quali estremi si sarebbe lasciata andare la gente del Medioevo se questa grande voce soave non avesse echeggiato alla soglia di quei secoli» (cf. *La civiltà dell'occidente medievale*, 1964).

È questo il taglio giusto per leggere (senza volerlo giustificare) un lungo periodo di violenza in cui anche il Vangelo viene travisato. Osservate questa miniatura di Cristo alla testa dei crociati. Gesù cavalca davanti, con in bocca la spada e in mano il libro del Vangelo aperto. Sembra impossibile che si sia arrivati a tanto, perché proprio nel Vangelo, cioè in quel libro aperto, è scritto: «Rimetti la tua spada al suo posto, perché tutti quelli che prendono la spada, di spada moriranno» (Mt 26,52). Lo stesso vale per i roghi contro gli eretici, per le persecuzioni nei confronti degli ebrei e per tanti altri atteggiamenti sbagliati.
Queste, ovviamente, sono le foto meno «simpatiche», quelle che si tende a non mettere nell'album di famiglia; ma noi le presentiamo perché sappiamo che tutto ciò che è umano è soggetto a errore e sappiamo anche – come ci ha insegnato Gesù – che il grano e la zizzania il più delle volte crescono insieme. Non dobbiamo scandalizzarci più di tanto del lato umano della Chiesa.

San Francesco e i suoi frati

Come capita sempre, proprio nei momenti più bui e difficili, ecco apparire una figura formidabile: Francesco d'Assisi (1182-1226). Figlio di un ricco mercante, più interessato a divertirsi con i suoi amici che a un vero discorso religioso, intorno al 1206 si convertì in modo radicale al vangelo, decidendo di dedicare tutta la sua vita al servizio dei più poveri e umili. Rinunciò ai suoi vestiti lussuosi e indossò una specie di sacco, con una corda ai fianchi come cintura. La sua scelta evangelica, così radicale, non lasciò indifferenti i suoi amici e molti giovani di Assisi, che iniziarono a seguirlo in una vita fatta di estrema povertà e rinuncia a ogni forma di agio. Intorno a lui si formò una comunità di fratelli (frati), a cui diede una regola che prevedeva la predicazione itinerante («in cammino», cioè senza fissa dimora) dei valori evangelici; la vita in assoluta povertà; il servizio ai sacerdoti e ai fedeli (lo stato di «minorità»). La Regola francescana, con questo forte richiamo alla povertà evangelica, non è molto diversa dai numerosi movimenti medievali che predicano sì un ritorno al vangelo, ma in contrasto con la Chiesa ufficiale e la dottrina cristiana (cioè le eresie). La differenza sostanziale è che Francesco e i suoi frati non erano in contrasto con la Chiesa; anzi, papa Onorio III (1223) approvò definitivamente la Regola di Francesco e il movimento francescano diede un grande impulso al rinnovamento della Chiesa, come fa tuttora.

Le divisioni e la ricerca dell'unità

Come san Francesco, anche altri santi, per esempio san Domenico, fondatore dei frati domenicani, portarono un contributo significativo alla Chiesa; quest'ultimo soprattutto da un punto di vista culturale. Ma la storia della Chiesa, andando avanti nei secoli, si fa molto complessa e difficile da sintetizzare in poche righe. La comunità cristiana è sempre più estesa e il papa, anche a causa della corruzione e delle incoerenze dello stesso papato e di tanti uomini di Chiesa, fa sempre più fatica ad avere il controllo della variegata realtà ecclesiale. Anche i mezzi usati per questa sorveglianza (crociate contro gli eretici, Inquisizione, roghi e torture...), pur essendo degli strumenti a cui allora si ricorreva con estrema facilità da parte di chi aveva il potere, erano comunque molto distanti dal messaggio di Gesù e dalla predicazione dei santi come Benedetto e Francesco.
Divisione ed eresie, come abbiamo visto, fanno parte della storia della cristianità e sono presenti già nei primi secoli, ma dal 1000 d.C. la scissione – che risale ai tempi dell'Impero romano – tra la Chiesa d'Occidente e quella d'Oriente si accentua sempre più, fino a dar vita alla divisione definitiva (1054), tra scomuniche reciproche. A questa divisione si aggiungerà, nel 1500-1600, quella con il mondo della Riforma protestante, promossa da Martin Lutero, un frate che, almeno all'inizio, era certamente animato da un profondo desiderio di rinnovare (più che dividere) la Chiesa. Ma alla fine, per una serie di circostanze che si rivelarono più politiche che religiose, la riforma luterana fu per la Chiesa un'ulteriore profonda divisione, determinando a sua volta molte altre suddivisioni al suo interno.

CHIESE CRISTIANE

- CHIESE ORTODOSSE
- CHIESA CATTOLICA
- CHIESE RIFORMATE
- VALDESI
- CHIESA ANGLICANA

Ecco il quadro delle principali ramificazioni del cristianesimo, tralasciando le numerosissime suddivisioni interne. Ma, nonostante questa complessa e frastagliata realtà della storia cristiana, che abbiamo raccontato in modo molto sommario, la Chiesa, come comunità di tutti coloro che credono in Cristo, conserva una propria identità, al di là delle varie divisioni. A quest'anima unitaria della Chiesa fa appello, per esempio, il movimento ecumenico, nato all'inizio del XX secolo per cercare di ritrovare ciò che tutte le Chiese cristiane hanno in comune, piuttosto che porre l'accento su ciò che le divide.

La riforma cattolica

Dopo la riforma luterana, che provocò un vero terremoto nelle comunità cristiane, all'interno della Chiesa cattolica romana (quella che, in contrapposizione con Lutero, si considera da sempre depositaria dell'autorità affidata da Gesù a Pietro, capo degli apostoli e tradizionalmente vescovo di Roma) si sentì il bisogno di porre l'accento su alcuni aspetti dottrinali posti in dubbio o sottovalutati dalla riforma protestante, in particolare:

- il valore della tradizione, del magistero e dei sacramenti;
- alcuni aspetti disciplinari e strutturali della Chiesa stessa (in particolare l'obbligo dei vescovi di risiedere nella propria diocesi per la cura pastorale e spirituale);
- maggior attenzione alla formazione del clero e a quella dei laici;
- l'elaborazione di un nuovo catechismo;
- l'importanza data ai sette sacramenti (e non solo due, come sosteneva il mondo protestante), e molti altri punti.

Tutto questo fu stabilito nel **concilio di Trento** (che iniziò nel 1545, ma terminò solo nel 1563, a causa di alcune interruzioni). Questa assemblea di tutti i vescovi di allora rappresenta per la Chiesa cattolica un momento particolarmente significativo, perché da Trento iniziò una vera riforma spirituale della Chiesa, anche se dal punto di vista dottrinale furono riconfermate la maggior parte delle dottrine medievali, senza tener conto di alcuni aspetti fondamentali (come l'importanza della Bibbia) che invece erano stati ribaditi con forza dal mondo protestante. Il concilio ecumenico di Trento rimarrà comunque nella storia della Chiesa come uno dei suoi momenti più significativi, paragonabile al concilio di Nicea (325 d.C.) e poi al concilio Vaticano II.

La Chiesa oggi

Con un salto di parecchi secoli, eccoci dunque ai nostri giorni, e al concilio Vaticano II (1962-1965). Dopo Trento, la Chiesa cattolica era rimasta

Predicazione di Martin Lutero, Nationalmuseet, Copenhagen.

Papa Francesco incontra i giovani in occasione della Giornata mondiale della gioventù del 2013.

condizionata da una struttura un po' troppo rigida che, se l'aveva preservata dalla corruzione e da varie forme di immoralità, aveva però bloccato ogni forma di rinnovamento. Il concilio Vaticano II, voluto da Giovanni XXIII, un grande pontefice del nostro tempo che la gente aveva soprannominato «papa buono», portò nella Chiesa cattolica una grande ventata di rinnovamento che la trasformò profondamente. Il papa stesso volle che la Bibbia fosse letta e conosciuta di più in tutte le famiglie cattoliche, riavvicinando così la Chiesa al mondo protestante e alle altre Chiese cristiane. Con il concilio Vaticano II il movimento ecumenico fece grandi passi, così come migliorarono i rapporti tra la Chiesa e il mondo contemporaneo.
Lo spirito del Vaticano II è stato portato avanti, pur tra fatiche e ripensamenti, dai grandi pontefici della storia contemporanea: Paolo VI (1963-1978), a cui è toccato il difficile compito di calare le grandi intuizioni profetiche del concilio nella vita ordinaria della Chiesa; e poi Giovanni Paolo II (1978-2005), che ha rafforzato la Chiesa al suo interno e l'ha aperta senza paura al dialogo con le grandi religioni e con il mondo. Il lungo pontificato di papa Wojtyla è ancora vivo nel ricordo di molta gente, soprattutto tra i giovani. La sua beatificazione è avvenuta a Roma il 1° maggio 2011.
A Benedetto XVI, il papa teologo e stretto collaboratore di Giovanni Paolo II, il compito di aiutare la comunità cattolica, insieme alle altre Chiese cristiane, a portare avanti lo spirito ecumenico del concilio Vaticano II, testimoniando al mondo che il vangelo è una «buona notizia» anche per l'uomo contemporaneo.
Come abbiamo cercato di fare in questo «album», ci piace pensare alla Chiesa come un lungo sentiero che si snoda nei secoli, con momenti molto significativi e incontri poco simpatici, se non negativi; ma il sentiero continua ininterrotto fino ai nostri giorni. Non si tratta di un selciato composto di tante pietre, ma di un'esperienza viva fatta di donne e uomini, uniti insieme dalla comune fede in Cristo. Sul sentiero, ognuno ha compiti (carismi) diversi, come quello di guidare e animare, o di testimoniare nel silenzio e nell'umiltà la propria fede; ma è un solo popolo in cammino, pietre vive guidate dallo Spirito di Dio.

3.2 che ne pensi?

Abbiamo detto che la Chiesa, assieme al lato divino, «invisibile», che la guida e la sorregge nei secoli, è fatta anche di una realtà «visibile» umana, che può sbagliare e quindi ha sempre bisogno di conversione (cf. p.198). Cosa ti suggerisce questa immagine?

«Essere cattolici significa accogliere il Vangelo nel cuore, tradurlo per la nostra vita e per quella di coloro che incontriamo. Non è un qualcosa che ci renda la vita comoda e tranquilla. La sfida è di vivere il Vangelo ed entrare in dialogo con tutti, nessuno escluso. Per questo il cattolico non impone, ma propone. Non combatte, ma ama, persino i propri nemici». (mons. Paglia, vescovo)
Secondo te, chi è il cristiano-cattolico?

Cosa si intende per «riforma protestante»?

Cos'è il concilio Vaticano II?

Perché la Chiesa?

• **Nascita della Chiesa** = Come raccontano gli Atti degli apostoli, la Chiesa nasce nel giorno di Pentecoste, quando gli Apostoli ricevono lo Spirito Santo che dà loro la forza di cominciare la predicazione con l'annuncio della risurrezione di Gesù. Pietro infatti, nel discorso che fa alla folla presente in quell'occasione, annuncia che «Gesù è **risorto** e noi tutti ne siamo **testimoni**» (At 2,32). L'annuncio degli apostoli genera perplessità e rifiuti ma anche conversioni e una fede sincera, tanto che in quello stesso giorno più di tremila persone si fanno battezzare.

Il libro degli Atti degli apostoli, contenuto nel Nuovo Testamento, narra la storia della prime comunità cristiane.

• **Uniti nello spezzare il pane** = Gli Atti degli apostoli presentano gli elementi principali della vita della prima comunità cristiana:

- l'ascolto della parola («Erano assidui nell'ascoltare l'insegnamento degli Apostoli ...» – At 2,42)
- l'unione fraterna («La moltitudine di coloro che erano venuti alla fede aveva un cuor solo e un'anima sola» – At 4,32)
- la frazione del pane («Erano assidui ... nella frazione del pane ...» – At 2,42: indica l'eucaristia)
- la preghiera («... e nella preghiera» – At 2,42)

• **Insieme a tutti... ma differenti** = I cristiani sono cittadini del mondo a tutti gli effetti ma la loro «vera patria» non è il mondo: la loro vera patria è il «**cielo**» (= vivere sempre con Dio).

Nei loro comportamenti i primi cristiani si dimostravano spesso molto diversi dai cittadini qualunque: ad esempio molti, in forza della loro fede cristiana, si rifiutavano di fare il servizio militare, anche se ciò comportava la morte (come ad esempio nella vicenda del martire Massimiliano).

• Da chi è composta la Chiesa = La parola «**chiesa**» deriva da una parola greca che significa «**assemblea**». Alla Chiesa appartengono tutti coloro che credono in Cristo e ricevono il Battesimo: quindi la Chiesa è la **comunità** dei **credenti in Cristo**.

Fanno parte della Chiesa:

- I **laici**: tutti i battezzati appartenenti al popolo di Dio
- I **religiosi** e le **religiose**: le persone consacrate a Dio
- I **diaconi**: rappresentano il primo livello del Sacramento dell'**Ordine** ed hanno il compito di **servizio** nella Chiesa
- I **presbiteri**: sono i ministri ordinati che hanno la cura del popolo e guidano le parrocchie
- I **vescovi**: sono i pastori responsabili delle diocesi, in comunione con il **papa**, vescovo di Roma e successore di Pietro.

La parola Chiesa deriva dal greco e significa «assemblea». Raccoglie tutti coloro che credono in Cristo e ricevono il Battesimo.

• Testimoni del vangelo = Le persone che hanno condotto una vita esemplare seguendo totalmente gli insegnamenti di Cristo sono i **santi**.

Tre esempi di grandi santi:

San Benedetto da Norcia, città dell'Umbria: fu il padre del **monachesimo** in Occidente e fondò il grande monastero di Montecassino.

Santi Cirillo e Metodio: furono evangelizzatori del mondo slavo e crearono un alfabeto (detto «cirillico») che ancora oggi è alla base dell'alfabeto slavo.

San Francesco: uno dei santi più famosi e amati, visse dedicandosi totalmente alla cura dei poveri e alla predicazione del vangelo, nella più completa povertà.

San Benedetto, san Francesco e Cirillo e Metodio sono alcuni dei grandi santi che hanno segnato la vita della Chiesa.

• Simboli e feste

PASQUA = è la festa principale del cristianesimo; in essa si celebra la risurrezione di Gesù.

Simboli pasquali

- Il **cero pasquale**: viene acceso la notte di Pasqua, durante la veglia pasquale, nel rito iniziale della BENEDIZIONE DEL FUOCO. Indica la luce di Cristo.

- La **benedizione dell'acqua**: durante la veglia pasquale si svolge il rito della benedizione dell'acqua del Battesimo, che spesso viene amministrato nella notte di Pasqua.
- L'**uovo**: simbolo di VITA fin dall'antichità, è divenuto per i cristiani un simbolo della vita che rinasce, quindi della risurrezione di Cristo (nelle chiese il Sabato Santo viene fatta la benedizione delle uova).

NATALE = altra grande festa cristiana, nella quale viene celebrata la nascita di Cristo, ossia il momento in cui Dio si è fatto uomo (= incarnazione).

Simboli natalizi

- Il **presepe**: è la rappresentazione con statuine o con persone reali (presepe vivente) della nascita di Gesù. Le prime rappresentazioni risalgono già al 4° secolo d.C., ma colui che diede grande impulso al presepe fu san Francesco d'Assisi, che nel Natale del 1223 realizzò a Greccio un presepe vivente.
- L'**albero di Natale**: antica usanza dei popoli germanici, che San Bonifacio introdusse anche nell'uso cristiano. Per i cristiani l'abete utilizzato per l'albero di Natale rappresenta l'«albero della vita», perché essendo un sempreverde è simbolo della vita che non muore.

• Alcune tappe della storia della Chiesa

Ecco alcuni momenti significativi della vicenda della Chiesa lungo i venti secoli della sua storia:

- **Risurrezione di Cristo** (27-30 d.C.)
- **Prime comunità cristiane** (1° sec. d.C.) → Fino all'inizio del 4° sec. d.C. 313 = editto di tolleranza di Costantino e Licinio
- **I primi secoli = l'eta' dei martiri – le persecuzioni**
- **Eresie e concili** (4° e 5° secolo d.C.)
- **San Benedetto e il Monachesimo** (5° e 6° secolo d.C.)
- **Le crociate contro infedeli ed eretici** (11° e 12° sec. d.C.)
- **San Francesco d'Assisi (1182-1226) e il movimento francescano**
- **Le divisioni nel cristianesimo** → 1054 = Scisma d'Oriente; 1521 = Riforma di Martin Lutero; 1534 = Scisma inglese (Enrico VIII)
- **La riforma cattolica – Concilio di Trento (1545-1563)**
- **La Chiesa oggi – Concilio Vaticano II (1962-1965)**

Esercizi

1 Collega le attività della prima comunità cristiana con il corrispondente versetto degli Atti degli Apostoli:

attività della comunità	Versetto degli Atti
Celebrazione dell'Eucaristia	Erano un cuor solo e un'anima sola... nessuno era bisognoso
Preghiera	Erano assidui nell'ascoltare l'insegnamento degli apostoli
Carità e aiuto fraterno	(Erano assidui) nella preghiera
Insegnamento della parola di Dio	(Erano assidui) nello spezzare il pane

2 Indica con una crocetta se le seguenti affermazioni sulla Chiesa sono vere oppure false:

Affermazioni	Vero	Falso
La Chiesa è l'insieme dei preti e delle suore		
L'origine della Chiesa è raccontata negli Atti degli apostoli		
La parola Chiesa deriva da una parola greca che significa «assemblea»		
Il Diacono è colui che guida la Diocesi		
Nel giorno di Pentecoste gli apostoli annunciano che Gesù è risorto		

3 Metti nel giusto ordine cronologico i seguenti avvenimenti della storia della Chiesa:

A. Concilio di Trento – B. Le crociate – C. Concilio Vaticano II – D. Le persecuzioni nell'Impero Romano – E. Riforma di Martin Lutero – F. Opera di san Francesco – G. La prima comunità cristiana

L'ordine giusto è (scrivi le lettere): ....

mappa

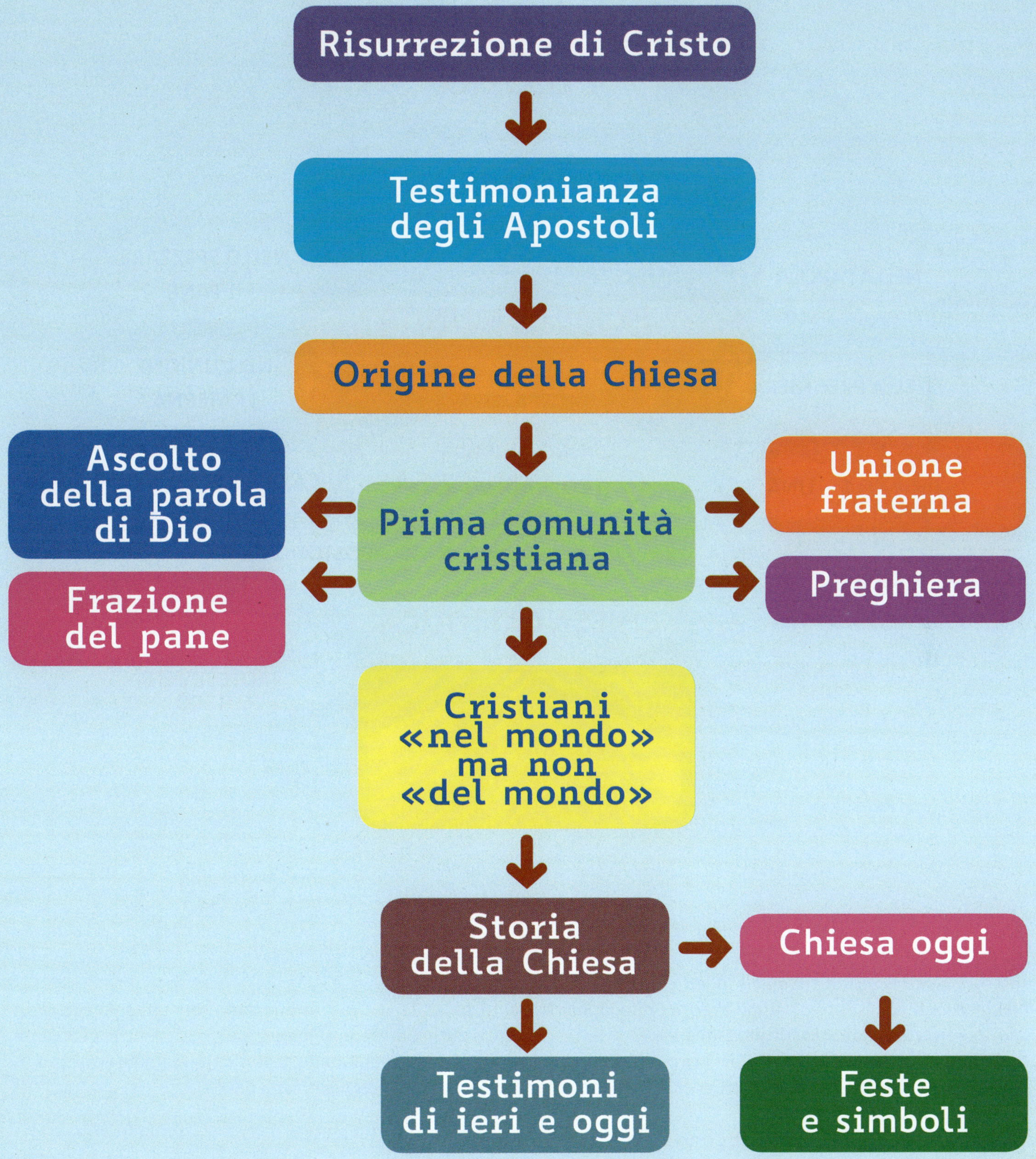
Risurrezione di Cristo
Testimonianza degli Apostoli
Origine della Chiesa
Ascolto della parola di Dio
Frazione del pane
Prima comunità cristiana
Unione fraterna
Preghiera
Cristiani «nel mondo» ma non «del mondo»
Storia della Chiesa
Chiesa oggi
Testimoni di ieri e oggi
Feste e simboli

perché la Chiesa?

sintesi.it

Inserisci la parola giusta, tra quelle indicate sotto:

Nel giorno di____________, dopo aver ricevuto lo Spirito Santo, gli ____________annunciano con coraggio che Gesù morto e risorto è stato «costituito Signore e ____________» (Atti 2,36). Chi crede al loro____________entra a far parte delle prime comunità cristiane. Inizia così il cammino della____________nel mondo, testimoniando nei secoli, pur in mezzo alle difficoltà e incoerenze proprie dell'aspetto umano della Chiesa, la buona notizia del____________.

■ annuncio ■ Chiesa ■ apostoli ■ Cristo ■ Pentecoste ■ vangelo

MediaLab

WEB 2.0

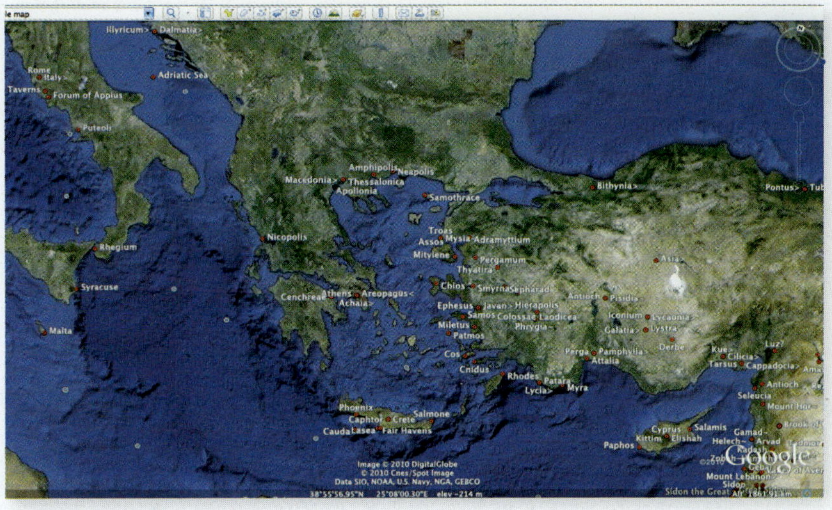

1. LA VITA DEI SANTI A FUMETTI
Realizzate alcuni fumetti prendendo spunto dalla vita di alcuni santi famosi.

2. TIMELINE DELLA STORIA DELLA CHIESA
Realizzate una linea del tempo della storia della Chiesa con gli eventi principali.

3. LA MAPPA DEI VIAGGI DI SAN PAOLO
Realizzate una mappa interattiva dei quattro viaggi di san Paolo.

4. LA MAPPA DEI MARTIRI CRISTIANI
Realizzate una mappa interattiva dei luoghi dove è avvenuto il martirio dei testimoni della fede.

LIM (MATERIALI DISPONIBILI SUL SITO WWW.EDBSCUOLADIGITALE.IT)

1. MONASTERO DA COLORARE
colora
Colora le diverse zone del monastero, seguendo la legenda a fianco della mappa.

2. LINGUAGGI E GESTI SIMBOLICI DELLA CHIESA CRISTIANA PLUS
drag & drop
Collegate il gesto liturgico alla descrizione esatta.

3. SIMBOLOGIA DEI SANTI PLUS
drag & drop
Collocate i riferimenti simbolici accanto al santo a cui appartengono.

4. SLIDE MILIONARIO
gioca
Rispondete alle domande del famoso gioco «Il Milionario».

attività interattive multimediali

ATTIVITÀ PRATICHE

1. MONASTERO DA COLORARE
Colorate la piantina del monastero evidenziandone le varie parti.

2. ABITI DEI MONACI DA COLORARE
Colorate gli abiti dei monaci.

3. IL MEMORY DEI SANTI
Imparate a conoscere i santi col gioco del memory.

4. GIORNATA DEI MONACI DA COLORARE
Colorate le diverse parti della giornata tipica di un monaco.

5. MODELLI DI CARTA
Costruite il modello di carta di un monastero.

FILM

Per i film preceduti da asterisco (*) si consiglia la visione di una selezione delle scene

* Mission
(GB, 1986) di Roland Joffé.
Leggi la trama usando il QRcode.

* Francesco
(Italia, 1989) di Liliana Cavani

* Il nome della rosa
(Italia/Francia/Germania, 1986) di Jean-Jacques Annaud

* Il grande silenzio
(Germania, 2005) di Philip Gröning

Don Bosco
(Italia, 2004) di Lodovico Gaspari

State buoni se potete
(Italia, 1983) di Luigi Magni

San Paolo
(Italia/Repubblica Ceca/Germania, 2000) di Roger Young

Millions
(GB/USA, 2005) di Danny Boyle

PLUS disponibile su eBook plus · collegati · scarica · stampa · assembla

una o tante Chiese?

twitter

Le Chiese devono impegnarsi ad amare sul serio l'uomo, non a litigare tra loro.

Meglio guardare a ciò che unisce, piuttosto che a quel che divide.

La Chiesa è un popolo che vive e cammina verso la festa di Dio.

bacheca

«I muri della divisione non raggiungono i cieli. Gli uomini li hanno costruiti, gli uomini dovranno abbatterli». (UN MONACO)

«Noi siamo una piccola comunità, fragile, appesa a una speranza folle: la riconciliazione dei cristiani e di tutti gli uomini». (FRÈRE ROGER, COMUNITÀ DI TAIZÉ)

«L'ecumenismo è un cammino verso il centro del cerchio. Se ogni punto cerca di avanzare verso il centro del cerchio, automaticamente ci ritroveremo più vicini gli uni gli altri». (MONS. LORENZO CHIARINELLI, VESCOVO)

nuvola di tag

piano di lavoro

TRAGUARDI PER LO SVILUPPO DELLE COMPETENZE *(in prospettiva)*

Saper individuare le caratteristiche principali delle varie Chiese cristiane, cogliendo la specificità propria di ogni confessione, in particolare del cattolicesimo.

OBIETTIVI DI APPRENDIMENTO

- Conoscere l'evoluzione storica e il cammino ecumenico della Chiesa nelle varie fasi.
- Individuare le caratteristiche specifiche della Chiesa cattolica, gli elementi dottrinali e del culto che la contraddistinguono rispetto alle altre confessioni cristiane.

COSA IMPARARE PER LA VITA

- Riconoscere l'originalità e la ricchezza della proposta cristiana, nel rispetto delle differenze e delle divisioni storiche tra le Chiese. Le diversità, in un clima di ascolto reciproco, possono diventare (anche in classe) momento di arricchimento.

LE VARIE TAPPE

Dopo una panoramica sul variegato mondo cristiano e un'introduzione al movimento ecumenico, che ha come scopo di favorire l'unità dei cristiani (UA 1), presenteremo le principali Chiese cristiane (UA 2), sottolineando le motivazioni storiche e teologiche che hanno portato alle varie divisioni. Nella parte finale ci soffermeremo sulle caratteristiche del cattolicesimo.

QUALCHE SUGGERIMENTO

L'argomento affrontato è piuttosto vasto, con molte implicazioni storiche e dottrinali, a volte non semplici da spiegare ai ragazzi. Si consiglia di fermarsi sulla cartina geografica posta all'inizio delle Unità (v. 1.1) e di dare una visione d'insieme sul variegato mondo cristiano, chiarendo subito quali sono i punti essenziali per definirsi cristiani (v. 1.2). Si consiglia poi di integrare con ciò che caratterizza e distingue le varie Chiese (v. 1.3), approfondendo nella UA 2 alcuni aspetti specifici, che hanno attirato maggiormente l'attenzione degli alunni, senza tralasciare di illustrare gli aspetti caratterizzanti la Chiesa cattolica.

RISERVATO ALL'INSEGNANTE

Per eventuali suggerimenti e approfondimenti sul tema, per spunti e idee, proposte di lavori sul Web ed esercitazioni con gli alunni si veda *MediaLab - Attività interattive multimediali* nella parte finale del modulo e anche la *Guida per l'insegnante*. Per le verifiche, si veda il *Quaderno operativo digitale* sul CD-rom allegato al testo.

COLPO D'OCCHIO

1.1 il colorato mondo cristiano

Il mondo cristiano è così variegato e complesso che è difficile da sintetizzare con dei numeri o da illustrare graficamente. Nella cartina sono raffigurate le principali confessioni cristiane, dislocate geograficamente nelle zone in cui sono più diffuse, ma ovviamente sempre a grandi linee.

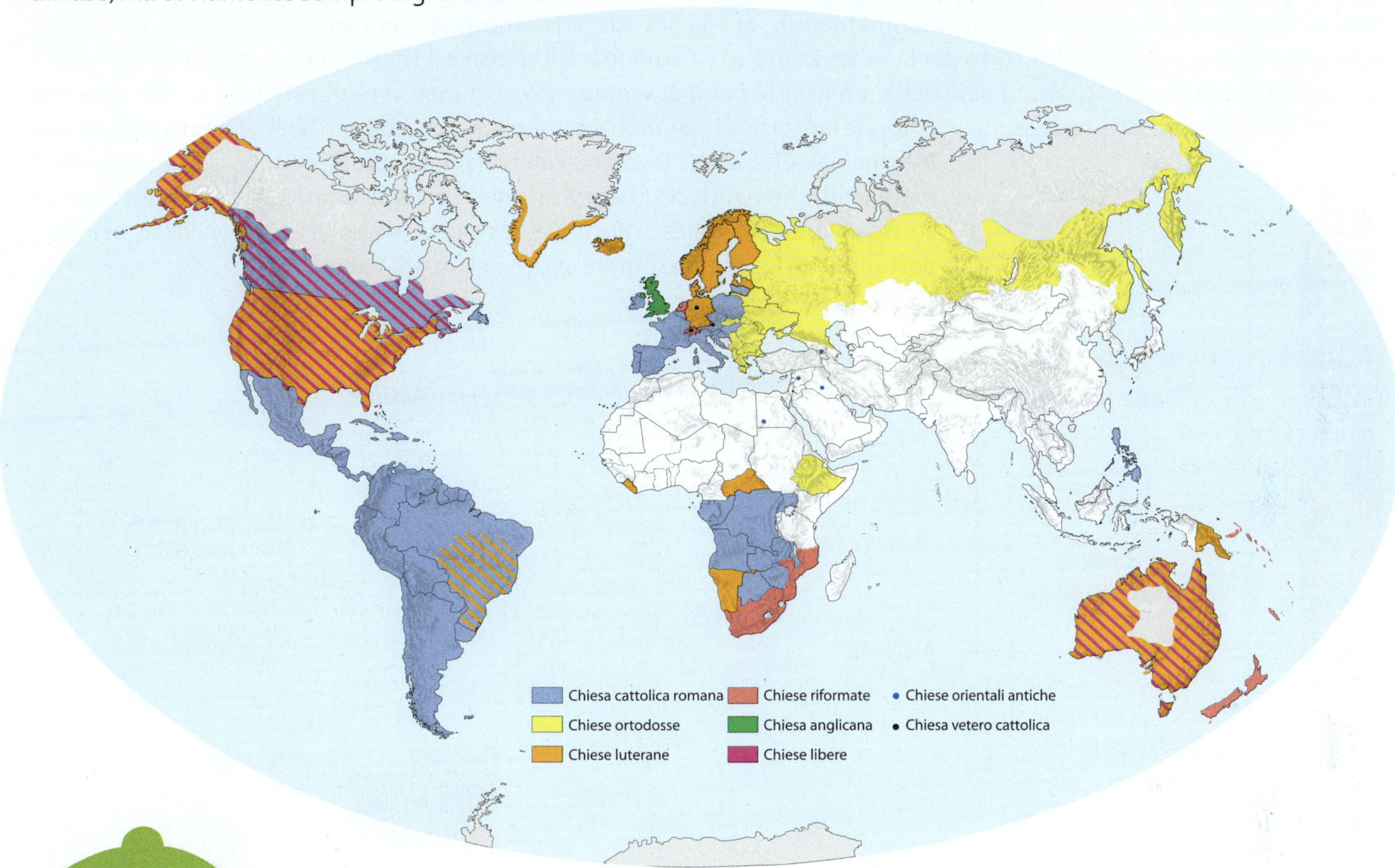

Parole Chiave

CHIESA

Dal greco *ekklesia* («convocazione, assemblea»), sta a indicare sia la comunità di coloro che credono in Cristo, come anche l'edificio consacrato al culto cristiano. Le Chiese cristiane sono molte, differenziatesi nei secoli per motivi dottrinali e storici. Con il termine «chiesa» si intende anche la struttura o l'organizzazione interna di ogni singola Chiesa.

CONFESSIONI

Termine usato per indicare le varie Chiese o le varie suddivisioni nate all'interno del cristianesimo.

COMUNITÀ CRISTIANE

Le varie comunità di fede che credono in Cristo morto e risorto.

FORUM

- Osservando la cartina, quali sono le considerazioni che vi vengono in mente?
- Sapreste identificare, a grandi linee, le principali differenze tra un cattolico e un protestante?

1.2 Chiesa, una o tante?

Tutti quelli che si dicono cristiani si riconoscono in questi due punti fondamentali: 1. Gesù è il Cristo (il Messia atteso dal popolo d'Israele e annunciato dai profeti) ed è Signore (Dio); 2. Dio è Trinità, cioè unico ma in tre persone uguali e distinte: Padre, Figlio e Spirito Santo. Questi due punti costituiscono l'essenza del cristianesimo che, insieme alla «sequela» («mettersi al seguito» di Gesù vivendo i suoi insegnamenti), sono la base del cristianesimo. Per tutto il mondo cristiano Gesù, vero Dio e vero uomo, morto e risorto per la salvezza di tutta l'umanità, è il centro e il riferimento costante del cammino del credente e delle varie comunità cristiane (Chiese). Si parla di «comunità cristiane» al plurale perché il cristianesimo, lungo i secoli, ha conosciuto divisioni e profonde lacerazioni, per motivi sia teologici che storici. Nello schema si riportano le principali Chiese che formano l'arcipelago cristiano: cattolica, ortodossa, riformata (comunemente detta «protestante») e anglicana. Nello specchietto, con lo stesso colore delle Chiese riformate, si riporta anche la Chiesa valdese, per l'importanza storica che ha sempre avuto nel nostro Paese.

CHIESE E MOVIMENTI CRISTIANI

- CHIESE ORTODOSSE
- CHIESA CATTOLICA
- CHIESE RIFORMATE
  - ZWINGLIANI — CALVINISTI (RIFORMATI) — PRESBITERIANI PROTESTANTI INGLESI — PURITANI
    - QUACCHERI — SHAKERS
    - BATTISTI — AVVENTISTI — TESTIMONI DI GEOVA
    - CONGREGAZIONISTI INDIPENDENTI
  - ANABATTISTI
    - MENNONITI
    - AMISH
  - LUTERANI
- VALDESI
- CHIESA ANGLICANA — METODISTI

Artista anonimo, *Trinità*, Colonia, Wallraf-Richartz Musem.

ARCHIVIO

ANTICA FORMULAZIONE DI FEDE

«Credere in Dio, Padre onnipotente, creatore di tutto ciò che esiste; in Gesù Cristo, il Figlio che si incarnò per la salvezza degli uomini; nello Spirito Santo che, tramite i profeti, parlò della nascita, passione, risurrezione, ascensione e della manifestazione futura di Cristo che verrà nella gloria come giudice giusto di tutto l'universo».

(Ireneo, II secolo, *Adversus haereses*)

FORUM

- Quali riflessioni vi vengono in mente dopo aver osservato con attenzione lo schema delle Chiese cristiane?
- **ATTIVITÀ:** Approndire il discorso ecumenico; si veda il sito www.internetica.it/ecumenismo.asp

1.3 Chiese ed ecumenismo

Come abbiamo visto nella pagina precedente, non è facile orientarsi nella pluralità delle Chiese e dei movimenti cristiani. Vediamo di riconoscere le principali caratteristiche delle più importanti confessioni cristiane:

- **CHIESA CATTOLICA:** si riconosce in continuità storica e dottrinale con la tradizione apostolica. Viene chiamata anche «cattolica romana» perché trova la sua unità nell'autorità suprema del papa, in quanto successore dell'apostolo Pietro e vescovo di Roma. Presente storicamente soprattutto in Italia, Francia, Spagna, si è molto diffusa in Africa e in America Latina.
- **CHIESE ORIENTALI antiche:** sono quelle che si separarono nel V secolo d.C., riconoscendo l'autorità e le decisioni dottrinali solo dei primi tre concili della storia della Chiesa (Nicea [325], Costantinopoli [381], Efeso [431]).
- **CHIESE ORTODOSSE:** sono le Chiese che si staccarono da Roma con lo scisma del 1054 e sono radicate nell'Europa orien-

ARCHIVIO

LA CHIESA È UNICA
«La Chiesa è unica perché ha come origine e modello l'unità di un solo Dio nella Trinità delle Persone; come fondatore e capo Gesù Cristo; come anima lo Spirito Santo».
(dal *Compendio del Catechismo della Chiesa cattolica*, 161).

tale, in Russia e nel Mediterraneo orientale. Alla separazione si arrivò per le dispute sull'autorità suprema del papa e su alcuni aspetti relativi alla Trinità. La venerazione delle icone è una delle caratteristiche dell'ortodossia.

- **CHIESE RIFORMATE (o PROTESTANTI):** si sono separate da Roma nel XVI secolo con la contestazione di Martin Lutero sul potere del papa, l'interpretazione personale della Scrittura e il significato dell'eucaristia. Luteranesimo, calvinismo e anglicanesimo (separazione della Chiesa d'Inghilterra, nel 1534) furono tra le prime denominazioni protestanti, a cui seguirono altre, tra cui battisti, quaccheri, metodisti (vedi schema a p. 224). Dalle Chiese protestanti si differenziano in parte quelle valdesi che, pur avendo aderito alla Riforma, sono di origine medievale. Tutte le Chiese riformate si caratterizzano per l'assoluta importanza data alla grazia di Dio e alla fede, alla lettura personale della Bibbia, al sacerdozio universale (che appartiene a ogni credente). Non riconoscono il papato e, in genere, la gerarchia.

Focus

COS'È L'ECUMENISMO?

Il movimento ecumenico (dal greco oikoumene, *«terra abitata») nasce agli inizi del XX secolo, in ambito protestante. I missionari cristiani si erano resi conto che il messaggio che annunciavano non era credibile a causa delle numerose divisioni in seno alla cristianità. L'inizio dell'ecumenismo viene così identificato con la convocazione della Conferenza missionaria mondiale di Edimburgo nel 1910, i cui partecipanti sottolinearono lo stretto legame esistente tra l'unità dei cristiani e l'impegno di evangelizzazione. Nel 1937 viene costituito il Consiglio ecumenico delle Chiese, a cui partecipano quasi tutte le Chiese e confessioni protestanti e ortodosse. La Chiesa cattolica, all'inizio, non guardò al movimento ecumenico con favore, ma cominciò a cambiare con papa Pio XII e poi decisamente con Giovanni XXIII che, nel 1959, indisse il concilio Vaticano II e nel 1960 avviò il Segretariato per l'unità dei cristiani: due fatti che cambiarono radicalmente l'atteggiamento della Chiesa cattolica nei confronti dell'ecumenismo, ma non solo.*

FORUM

- **ATTIVITÀ:** Fate una ricerca sulle Chiese cristiane e sulle iniziative ecumeniche presenti nella vostra zona.
- Cercate il significato del simbolo del movimento ecumenico.

1.4 che ne pensi?

Questo è il simbolo dell'ecumenismo (vedi *Focus* a pagina precedente). Quale potrebbe essere – a tuo parere – il significato del simbolo?

....

....

....

....

....

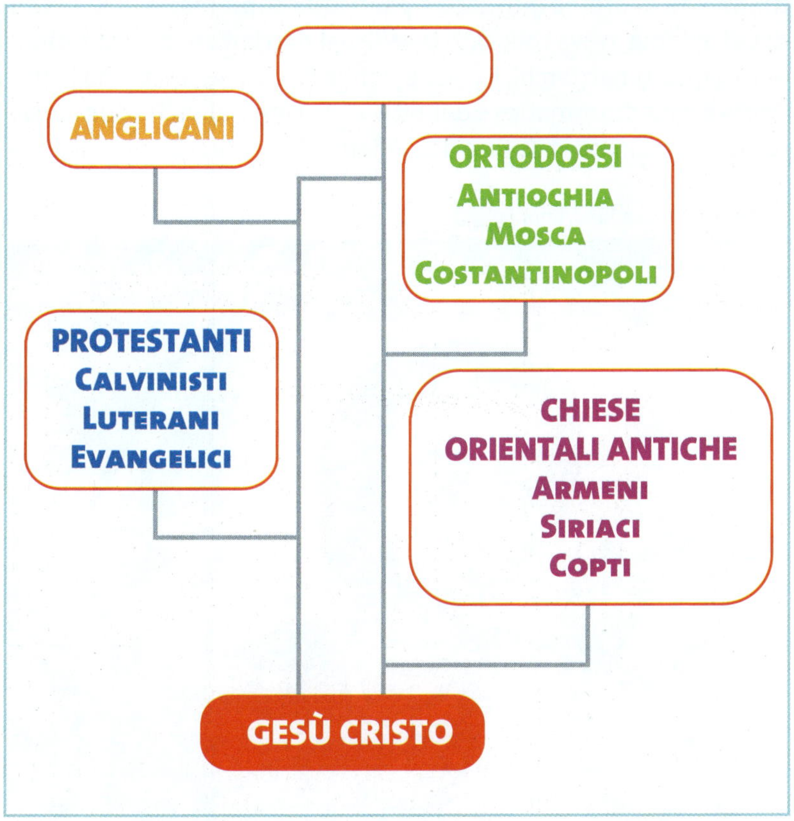

Inserisci nello spazio bianco il nome mancante.

2.1 le Chiese ortodosse

Focus

ORTODOSSI E CATTOLICI: PRINCIPALI DIVERSITÀ

Il primato del papa: *gli ortodossi non riconoscono al vescovo di Roma il potere e l'autorità assoluta che ha assunto nella storia.*
Il sinodo: *nelle Chiese ortodosse è il sinodo, organo collegiale, la suprema autorità in materia di dottrina. Nella Chiesa cattolica invece l'autorità suprema è rappresentata dal pontefice.*
Lo Spirito Santo: *per i cattolici, lo Spirito Santo «procede dal Padre e dal Figlio», mentre per gli ortodossi «procede» solo dal Padre.*
I dogmi: *gli ortodossi non riconoscono quelli proclamati dopo lo scisma del 1054.*
Il matrimonio: *per la Chiesa cattolica è indissolubile (ci si può risposare solamente in caso di dichiarazione di nullità del primo matrimonio). Per gli ortodossi, in alcuni casi (come l'abbandono da parte di uno dei coniugi) è ammesso un secondo matrimonio.*
Culto della Madonna: *gli ortodossi hanno in grande considerazione la Madre di Dio (Theotókos), ma non ne accettano (anche nell'iconografia) un culto separato dalla figura di Gesù.*
Il celibato del preti: *le Chiese ortodosse ammettono al sacerdozio anche uomini sposati, mentre i vescovi sono scelti fra i monaci, che sono celibi.*

Sintetizzare in poche righe la cristianità d'Oriente, suddivisa in tante Chiese autonome o autocefale, è estremamente complicato, proprio per la varietà e la diversità delle comunità che la compongono. Le varie Chiese hanno però una radice comune tra loro (e con la stessa Chiesa cattolica). Si tratta dei primi secoli del cristianesimo e del riconoscimento dei concili ecumenici: quattro celebrati a Costantinopoli e altri due negli attuali sobborghi asiatici di Istanbul, a Nicea (325) e a Calcedonia (451). Il motivo principale della scissione definitiva fu di ordine giuridico e politico: la supremazia di Roma su tutte le altre Chiese. Il canone 28 degli Atti del concilio di Calcedonia aveva collocato la sede del patriarcato di Costantinopoli subito dopo quella di Roma. Fu proprio attorno a uno di questi patriarchi, il colto e nobile Fozio, che si scatenò la prima causa di tensione e di lacerazione col papato (869). Ma la svolta drammatica e definitiva è del 1054, allorché due nuove scomuniche reciproche – che solo nel 1965 verranno revocate – sancirono lo scisma dell'Oriente dalla Chiesa romana d'Oc-

Gesù e la Vergine Maria, dipinto conservato nel monastero ortodosso-etiopico di Laka Tana, Etiopia.

La liturgia ortodossa

«Le chiese ortodosse sono piene di luce, di calore, di intimità, perché ogni punto delle pareti è animato e rappresenta il cielo, mettendo l'uomo in comunione con i suoi veri avi: gli angeli, i profeti, gli apostoli, i martiri, i santi; l'uomo è veramente in visita presso Dio, nel cielo. Attraverso l'icona, il culto liturgico, i riti che partecipano in modo del tutto naturale alla vita quotidiana nei suoi particolari, la Bibbia diviene meravigliosamente vivente e il cielo vicino, intimo, quasi palpabile. È una visione della natura in Dio che rende trasparente ogni cosa e permette di afferrare la presenza invisibile».

(P. Evdokimov, *L'ortodossia*, EDB, Bologna 1981, p. 346)

cidente, dando origine alla denominazione «Chiese ortodosse» per indicare la separazione dalla Chiesa cattolica. A pronunciare quei verdetti furono, per il papa Leone IX, il cardinale Umberto da Silva Candida e, per Costantinopoli, Michele Cerulario. Come spesso è accaduto – e si ripete ancor oggi – alle ragioni religiose s'intrecciavano importanti questioni politiche. È il caso del sacco crociato di Costantinopoli, avvenuto nel 1204, che peggiorò radicalmente le relazioni tra ortodossia e cattolicesimo; allora si volle insediare in quella città non solo un imperatore latino, ma anche un patriarca voluto dall'Occidente. Ritessere le fila del dialogo tra le due cristianità – che tra l'altro hanno in comune gli articoli fondamentali del Credo niceno-costantinopolitano – è stato un desiderio sempre perseguito, anche se finora senza grandi risultati: ne fanno fede i concili di Lione (1274), di Firenze (1439-1443), il Vaticano II (1962-1965) e soprattutto l'impegno costante degli ultimi pontefici. Il dialogo è oggi molto più vivace e sereno, ma sempre in equilibrio instabile: una minima controversia rischia di farlo scivolare indietro di anni.

FORUM

- **ATTIVITÀ:** Con la recente migrazione dai Paesi dell'Est europeo, stanno sorgendo anche in Italia diverse comunità ortodosse. Verificate se nella vostra zona ci sono delle comunità cristiane ortodosse ed eventualmente contattatele.
- Per gli indirizzi delle varie comunità ortodosse presenti in Italia si veda il sito: http://digilander.libero.it/ortodossia/Indirizzi.htm

2.2 L'icona nella Chiesa ortodossa

L'iconostasi è una parete ricoperta di icone che, nelle chiese ortodosse, divide la navata dal luogo in cui si celebrano i misteri (santuario), cioè l'abside in cui si consacrano il pane e il vino.

La rappresentazione della *Deesis* è presente spesso nella parte centrale delle iconostasi; il suo significato è «preghiera». Essa è formata da una serie di icone e raffigura Cristo benedicente tra la Madonna e san Giovanni Battista, in atto di preghiera e supplica per i peccatori. In genere è integrata anche dalle rappresentazioni degli arcangeli e di altri santi di importanza locale.

A. Rüblev e aiuti, *Deesis*, 1405-1408, Galleria Tret'jakov di Mosca (Maria e san Giovanni) e Museo Russo di San Pietroburgo (santi Pietro e Paolo).

Un esempio di iconostasi.

FORUM

- Che cosa ti colpisce di più dell'iconostasi?
- Approfondite con l'aiuto dell'insegnante com'è fatta un'icona e quale ruolo ha nella vita spirituale ortodossa.

2.3 la Riforma di Martin Lutero

Il clima culturale in cui si attua la Riforma protestante è quello dell'Umanesimo e del Rinascimento. È un momento di grande inquietudine, dominato dalla ricerca del nuovo, e di insofferenza verso le istituzioni ereditate dal Medioevo. Papato e Impero non sono più rappresentativi; c'è molta ostilità verso il potere papale, il suo patrimonio, le imposizioni dottrinali e politiche, la continua richiesta di denaro da parte di Roma. In campo politico emerge la figura del «principe» e nasce una nuova classe sociale: la borghesia. Dal punto di vista economico si sviluppano il credito e il prestito a interesse, mentre la banca tedesca Fugger è il tramite attraverso cui arrivano alla curia romana le raccolte di denaro delle indulgenze, delle grandi rendite terriere dei monasteri e dei vari benefici. Molti dei principi e signori feudali non attendono che l'occasione per liberarsi dagli obblighi nei con-

DATE SIGNIFICATIVE

1483: Martin Lutero nasce a Eisleben (Germania).
1505: entra nel monastero degli agostiniani di Erfurt.
1508: insegna etica a Wittenberg.
1510: si reca a Roma.
1517: affigge le 95 tesi per una disputa pubblica (secondo l'uso) sul tema delle indulgenze e altri abusi per riformare la Chiesa. È la scintilla della Riforma.
1520: Lutero brucia pubblicamente la bolla di Leone X che indice il processo contro di lui. Intanto il movimento di Lutero suscita forti simpatie in Germania e anche in Svizzera, dove predica Ulrich Zwingli.
1521: il papa scomunica Lutero.
1530: Melantone redige il documento fondamentale della Riforma: la «Confessione augustana».
1536: Ginevra, dove è presente l'intransigente riformatore francese Giovanni Calvino, aderisce alla Riforma dichiarando di voler «abbandonare tutte le messe e abusi papali, immagini e idoli». Tra Lutero e Calvino ci sono divergenze teologiche.
1546: Lutero muore a 63 anni. Dopo la sua morte si acuiscono gli scontri religiosi in Germania tra principi cattolici e luterani.
1555: la Pace di Augusta sancisce la parità dei luterani con i cattolici e proibisce agli Stati di cambiare religione, lasciando al principe il diritto di riforma sul suo territorio, con il principio: «*Cuius regio eius religio*»: il principe di una regione ha diritto di imporre la sua religione, garantendo però ai sudditi il diritto di esodo.

Litografia con l'incontro fra il principe Filippo I d'Assia e Martin Lutero, a Worm, nel 1521. Il principe fu uno dei primi ad abbracciare la fede protestante.

fronti di Roma e prendere possesso dei beni territoriali della Chiesa. In questo contesto storico, economico e culturale bisogna collocare il sincero tentativo di riforma della Chiesa che spinge, almeno inizialmente, il monaco agostiniano Lutero.

I punti chiave della Riforma

Lo spirito che anima la Riforma è la maestà e la gloria di Dio: è lui che decide del destino di ogni persona e l'uomo di fronte a lui è nulla. Da questa verità basilare derivano:

- **L'autorevolezza della Bibbia**: la Bibbia è posta al centro di tutto, è considerata più importante della «tradizione» ecclesiale, non ha bisogno di nessuna interpretazione umana, perché lo Spirito Santo guida ogni credente. Il fedele può leggerla direttamente nella propria lingua, grazie alla traduzione che ne fa Lutero.
- **La giustificazione per sola fede**: l'uomo, radicalmente corrotto dopo il peccato originale, viene «giustificato» per libera e gratuita decisione di Dio che lo salva per la fede e non per le opere. L'uomo è «eletto», cioè predestinato, senza alcun merito da parte sua.

La cattedrale di Wittenberg, sulle cui porte Lutero affisse nel 1517 le sue 95 tesi.

- **La Chiesa**: per la teologia protestante la Chiesa è costituita dalla comunione di tutti i credenti, ha come unico capo Cristo che la governa con la Parola della Bibbia e lo Spirito Santo. È una Chiesa invisibile e spirituale, dove non c'è posto per una gerarchia, come nella Chiesa cattolica. Bastano la predicazione della parola di Dio e i sacramenti, quelli istituiti da Cristo. L'autorità religiosa non ha un ruolo di «custode della verità» né di mediazione tra Dio e gli uomini; non ci sono «sacerdoti» (ma solo pastori) perché ogni battezzato partecipa del sacerdozio di Cristo. Il governo delle singole comunità è affidato a consigli di «anziani» e per gli affari più generali ad assemblee (sinodi), a cui partecipano laici e pastori.

FORUM

> Sottolineate a matita le parole e i concetti più difficili, poi chiedete al professore.

> **ATTIVITÀ:** ricerca sulla presenza protestante in Italia e nel proprio territorio. Per approfondimenti sulle chiese protestanti in Italia si veda http://www.romaevangelica.it/

2.4 le varie Chiese evangeliche

Le principali Chiese nate dalla Riforma (o protestanti) sono: la **Chiesa luterana**, basata sulla testimonianza di Lutero; le **Chiese che si ispirano a Zwingli** (1484-1531) e **Calvino** (1509-1564), e le **Chiese anabattiste**. Tutte quante assumono la denominazione di Chiese evangeliche e la loro organizzazione, pur molto varia e differenziata, si caratterizza per:

- una **struttura ecclesiale** di tipo fraterno e **non gerarchizzata**;
- un **sacerdozio universale** (affidato a ogni fedele);
- il **ruolo centrale della Bibbia**;
- la **fede in Dio e la centralità della grazia**, che è un dono di Dio e non si acquisisce attraverso le opere: essa deve essere vissuta con un forte senso di **responsabilità individuale**, che si riflette anche sull'agire sociale;
- specie nelle Chiese calviniste, ogni fedele si santifica nell'**onestà del lavoro e nella disciplina della comunità**, sotto la guida degli organismi a carattere collegiale.

Con il passare degli anni, tra le varie Chiese originate dalla Riforma si sono sviluppate molte differenze, sia a carattere dottrinale che organizzativo. Per i **seguaci di Lutero** rimangono centrali i sacramenti e la parola di Dio (Bibbia), mentre per le **confessioni di derivazione calvinista**, diffuse in Svizzera, Germania, Paesi Bassi e poi nei Paesi ex-coloniali, l'accento è sulla santificazione personale e sulla comunità. Dai **presbiteriani**, la dottrina calvinista diffusasi in Scozia fino a sostituirsi al cattolicesimo (1560), derivarono movimenti radicali quali il **puritanesimo** (1559), improntato sulla purezza degli ideali evangelici. Nel 1609 una comunità puritana si trasferì in Olanda e da lì, nel 1620, alcuni di loro, i cosiddetti **padri pellegrini**, si imbarcarono sulla nave *Mayflower* alla volta dell'America. Sbarcati nell'odierno Massachusetts, fondarono una delle prime comunità americane e le università di Harvard (1636) e Yale (1701). Una derivazione del puritanesimo sono i **battisti**, un «movimento libero», e i **quaccheri**, di ispirazione mistica.

Focus

LA CHIESA ANGLICANA

La Chiesa anglicana non fa parte ufficialmente delle Chiese nate dalla Riforma. È nata nel 1534 con la disputa tra Enrico VIII e il papa Clemente VII, ma i contrasti tra la monarchia inglese e la Chiesa di Roma sono più antichi. Nel 1170 Thomas Becket fu assassinato per essersi opposto al re in favore dell'autorità papale, e la stessa sorte toccò anche a Thomas More con Enrico VIII. Quello che seguì alla separazione da Roma fu la creazione di una Chiesa nazionale con a capo il monarca, ma non c'erano alla base grandi divergenze dottrinali. Pur accogliendo, infatti, aspetti della riforma protestante, l'anglicanesimo mantiene la liturgia e la struttura gerarchica cattolica; così come accanto alla concezione calvinista della santa cena conserva la dottrina cattolica della presenza reale del corpo e del sangue di Cristo nell'eucaristia. La Chiesa anglicana è attualmente composta da 44 diverse Chiese, che formano la comunione anglicana. Negli ultimi anni, in questa complessa realtà di Chiese autonome, più volte si sono manifestate tensioni e anche rischi di scismi, in particolare da quando la maggioranza (nel 1992) ha deciso di ammettere le donne al sacerdozio, poi di consacrare vescovi dei gay dichiarati e nel 2008 di far accedere all'episcopato anche le donne. Un numero non indifferente di vescovi e fedeli in varie occasioni si è espresso a favore di un ritorno nella Chiesa cattolica.

I VALDESI

La Chiesa valdese sorse nel 1173 come movimento di riforma della Chiesa per opera di Valdo, mercante di Lione, il quale, dopo una crisi spirituale, distribuì tutti i suoi beni ai poveri e si dedicò alla predicazione dell'evangelo. I valdesi si diffusero nel Sud della Francia, in Italia e in Europa del Nord fin dagli inizi del XIII secolo ma, perseguitati perché accusati di eresia, furono quasi totalmente distrutti. I superstiti, che vivevano nascosti nelle valli delle Alpi Cozie, riunitisi in sinodo a Chanforan nel 1532, decisero di aderire alla Riforma e si costituirono in Chiesa valdese. Il 17 febbraio 1848 il re Carlo Alberto concesse per la prima volta i diritti civili ai valdesi ed essi poterono diffondersi in Italia.

FORUM

- **ATTIVITÀ:** Approfondire il discorso del puritanesimo e dei padri pellegrini sbarcati in America. Per iniziare vedi: http://it.wikipedia.org/wiki/Padri_Pellegrini
- Per maggiori informazioni sulla Chiesa valdese si veda: www.chiesavaldese.org

2.5 la Chiesa cattolica

Nel «Credo» o Simbolo cristiano, detto niceno-costantinopolitano (che risale al concilio di Nicea del 325 e che viene recitato ancora oggi), si afferma, come nota Mauro: «Credo la Chiesa una, santa, cattolica, apostolica». Anche nel Credo più antico, detto Simbolo degli apostoli, si proclama «credo la santa Chiesa cattolica». Ma non si intende la «Chiesa cattolica romana», quella che si riconosce nel papa come successore di Pietro in quanto vescovo di Roma. Il termine «cattolica», usato nel Credo, in greco significa «universale»: indica una Chiesa indivisa che predica la «buona notizia» di Gesù a tutto il mondo abitato. Infatti nel periodo storico in cui sono stati elaborati i vari «Credo» o «Simboli» la Chiesa era ancora unita, e lo sarebbe rimasta per tutto il primo millennio. La prima «grande scissione» (perché di piccole ce n'erano già state molte) è del 1054: le Chiese d'Oriente si distaccano dall'Occidente, definendosi come «ortodosse» (che significa «retta dottrina») per differenziarsi dalla Chiesa di Roma, a cui comunque era stata sempre riconosciuta una supremazia su tutte le Chiese cristiane. Con Lutero ci sarà la seconda scissione da Roma, dando vita a quel fenomeno complesso di Chiese e movimenti che – come abbiamo esaminato in precedenza – caratterizza il cristianesimo fino ai nostri giorni. Allora, sintetizzando, quando nel Credo si parla di «cattolica» si fa riferimento al mistero della Chiesa universale, così come Cristo l'ha voluta, e che rimane unica nonostante le divisioni che nei secoli l'hanno lacerata. In questo senso tutti i battezzati, al di là delle separazioni storiche, fanno parte dell'unico corpo di Cristo che è la Chiesa. Ma questo nel linguaggio teologico; invece in quello abituale, che fa riferimento alla storia e alla nostra cultura, quando si parla di Chiesa cattolica, o di cattolici, s'intende la Chiesa che ha il suo principale punto di riferimento terreno nel vescovo di

domande frequenti

«PERCHÉ NEL CREDO CHE SI RECITA DURANTE LA MESSA A UN CERTO PUNTO SI DICE: "CREDO LA CHIESA UNA, SANTA, CATTOLICA, APOSTOLICA"? SI INTENDE LA CHIESA CATTOLICA CHE FA CAPO AL PAPA?».

(MAURO, 13 ANNI)

Lorenzo Veneziano, *Cristo consegna le chiavi a san Pietro*, Venezia, Museo Correr.

Focus

FIGURA E RUOLO DEL PAPA

«Cristo istituì i Dodici "sotto forma di un collegio o di un gruppo stabile, del quale mise a capo Pietro, scelto in mezzo a loro". (...) Il papa, vescovo di Roma e successore di san Pietro, "è il perpetuo e visibile principio e fondamento dell'unità sia dei vescovi sia della moltitudine dei fedeli". Infatti il romano Pontefice, in virtù del suo ufficio di vicario di Cristo e di pastore di tutta la Chiesa, ha sulla Chiesa potestà piena, suprema e universale, che può sempre esercitare liberamente» (Catechismo della Chiesa cattolica, nn. 880-882). Il concilio Vaticano I (iniziato nel 1869 e sospeso nel 1870) ha riconosciuto al romano pontefice, capo del collegio dei vescovi, l'infallibilità quando proclama con un atto definitivo una dottrina riguardante la fede o la morale. Solo in questo senso il papa è «infallibile».

Roma, detta anche Chiesa cattolica romana. Questa differenza non sempre è chiara a tutti ed è facile fare confusione sul termine «cattolica». Ora vediamo di approfondire le caratteristiche della Chiesa cattolica, che è poi la Chiesa in cui si riconosce la maggior parte degli abitanti del nostro Paese e che fa parte del patrimonio storico e culturale della nostra nazione. La Chiesa cattolica romana si riconosce come l'erede diretta della comunità voluta da Cristo, ed è fondata su tre pilastri: la **parola di Dio**, la **tradizione apostolica** e il **Magistero** (il papa e i vescovi uniti con lui). Queste tre «fonti primarie» o fondanti – che in parte sono comuni anche alle altre Chiese cristiane – nel loro insieme caratterizzano la Chiesa di Roma. I punti di contrasto con le altre confessioni cristiane riguardano l'interpretazione che viene data a queste «fonti». Infatti, mentre la fedeltà alle sacre Scritture e, in parte, alla Tradizione sono punti condivisi, la successione apostolica e il primato di Pietro, così come vengono intesi dai cattolici, non sono accettati dalle altre Chiese cristiane. La Chiesa cattolica crede che Gesù in persona abbia affidato la responsabilità della sua Chiesa al capo degli apostoli («Tu sei Pietro e su questa pietra edificherò la mia Chiesa», Mt 16,18), e spetta al successore di Pietro, vescovo di Roma, garantire l'unità, attraverso la catena ininterrotta di vescovi che risale direttamente alle origini della Chiesa (successione apostolica).

FORUM

- Cosa significa in greco «cattolica»?
- Quali sono i tre aspetti caratterizzanti la Chiesa cattolica romana?

2.6 ciò che caratterizza il cattolicesimo

Come abbiamo accennato nella pagina precedente, le «fonti» o le caratteristiche basilari del cattolicesimo – in parte comuni anche alle altre Chiese cristiane – sono: 1. **la parola di Dio**, 2. **la Tradizione** 3. **il Magistero**. Vediamole in dettaglio:

1. **La parola di Dio**: secondo la dottrina cattolica, la parola di Dio è Gesù di Nazaret, il «Verbo» (dal latino, «parola») divino che si è fatto uomo; dunque la parola di Dio non è anzitutto un libro ma Qualcuno che è entrato in dialogo con noi. La Bibbia è il grande libro, anzi «i libri» (perché *biblìa* in greco è plurale), che raccoglie la parola di Dio: 73 libri, scritti in diversi tempi, da diversi autori e in diversi generi, che conservano e raccontano il mistero della storia della salvezza.
2. **La Tradizione**: la manifestazione (o rivelazione) di Dio in Gesù è potuta arrivare fino ai nostri giorni grazie alla Tradizione, cioè la trasmissione fedele e integra del messaggio di Gesù, dagli apostoli ai vescovi, con l'aiuto dello Spirito Santo. I vescovi, con l'imposizione delle mani nel giorno della loro consacrazione, diventano i successori degli apostoli e quindi autentici trasmettitori della fede cristiana. Per la Chiesa cattolica la Tradizione è quindi la catena ininterrotta che collega la Chiesa di oggi a Gesù.
3. **Il Magistero**: se la Tradizione ha il compito di conservare e trasmettere in modo autentico il messaggio evangelico, il Magistero (dal latino *magister*, «maestro») ha il compito di vigilare e interpretare ciò che viene trasmesso. Spetta al Magistero (al papa e ai vescovi) – come ha già fatto molte volte in passato, specie nei primi secoli – studiare e decidere se una dottrina o un'affermazione siano conformi alla fede in Gesù. Il Magistero quindi interpreta correttamente la parola di Dio scritta nella Bibbia e trasmessa ed esposta nella Tradizione.[1] Quando un concilio (la riunione di tutti i vescovi cattolici con il papa) o un papa parla *ex cathedra*, cioè in modo solenne e definitivo, si chiede ai cattolici un assenso assoluto (è il caso dei dogmi: verità di fede che vengono accettate dai fedeli); altrimenti il Magistero del papa e dei vescovi è detto ordinario, non definisce alcuna dottrina solenne, ma propone insegnamenti su temi specifici, che i fedeli sono invitati ad accogliere.

[1] *Dei Verbum*, nn. 9-10.

Focus

STRUTTURA ORGANIZZATIVA DELLA CHIESA CATTOLICA

- **Papa:** *dal greco* papas, *«padre»; capo della Chiesa cattolica, vescovo di Roma, successore dell'apostolo Pietro.*
- **Cardinali:** *dal latino* cardinis, *«perno, cardine»; vescovi delle diocesi importanti (arcidiocesi) o a capo dei dicasteri romani; il collegio dei cardinali, riunito in conclave, elegge il papa.*
- **Vescovi:** *dal greco* episkopos, *«sorvegliante»; capi delle diocesi, la circoscrizione amministrativa della Chiesa cattolica.*
- **Presbiteri:** *dal greco* presbyteros, *«anziano», coloro che secondo gli Atti degli apostoli reggevano e amministravano le comunità cristiane primitive. Sono i collaboratori del vescovo, chiamati anche preti, sacerdoti o parroci (se responsabili di una parrocchia).*
- **Diaconi:** *dal greco* diakonos, *«servitori»; aiutano i sacerdoti nel culto e nell'amministrazione dei sacramenti; si occupano anche degli aspetti sociali e caritativi.*
- **Laici o comunità dei fedeli:** *assemblea ecclesiale; i fedeli che fanno parte della comunità.*

FORUM

> Visto che le cose descritte in questa pagina non sono proprio facilissime, provate a sottolineare a matita tutte le parole o i concetti che non vi sono chiari e poi chiedete all'insegnante.

2.7 che ne pensi?

Per ogni affermazione, indica se la ritieni vera (V) o falsa (F).

- Gli ortodossi non accettano l'autorità assoluta del vescovo di Roma. V F
- I preti ortodossi sono sposati. V F
- Lutero non voleva che i fedeli leggessero la Bibbia. V F
- Il papa è eletto dai vescovi. V F
- Per la Chiesa cattolica è importante la Tradizione. V F

Inserisci queste parole nella colonna giusta della tabella:
valdesi, Magistero, icona, giustificazione per sola fede, cardinali, padri pellegrini, papa, scisma del 1054, Calvino, diaconi, autocefale, Oriente.

Cristiani cattolici	Cristiani evangelici	Cristiani ortodossi
....	....	....
....	....	....
....	....	....
....	....	....

Quali sono le principali Chiese o confessioni cristiane?

....
....
....
....
....
....
....
....

Una o tante Chiese?

• Le divisioni nel cristianesimo = Tutti i cristiani si riconoscono in due verità fondamentali:

1) **Gesù Cristo è il Messia Figlio di Dio fatto uomo**, che è morto e risorto per la salvezza degli uomini;
2) **Dio è Trinità, cioè è unico ma in tre persone** (Padre – Figlio – Spirito Santo)

Queste sono le verità che uniscono tutti i cristiani. Purtroppo nella storia sono avvenuti dei fatti che hanno causato alcune divisioni nell'ambito del cristianesimo. Queste divisioni hanno portato alla formazione di diverse Chiese cristiane (vengono definite **confessioni cristiane**).

Le principali confessioni cristiane sono:

- Chiesa **cattolica**
- Chiese **orientali** antiche
- Chiesa **ortodossa**
- Chiese **riformate** (o **protestanti**)
- Chiesa **anglicana**

Tutti i cristiani condividono la fede in Gesù Cristo Figlio di Dio fatto uomo e in Dio Trinità. Purtroppo nella storia alcuni fatti hanno portato alla divisione dei cristiani in diverse confessioni o Chiese.

• Ecumenismo = È il tentativo di fare in modo che i cristiani siano di nuovo uniti. Il movimento ecumenico è nato in ambiente protestante all'inizio del 20° secolo. Successivamente, anche la Chiesa cattolica si è interessata al movimento, specie a partire dagli anni '60, con il concilio Vaticano II, che ha prodotto il documento sull'ecumenismo *Unitatis redintegratio* (*Il ristabilimento dell'unità*).

Il movimento ecumenico lavora per superare le divisioni fra le Chiese puntando su ciò che le unisce.

• Chiesa cattolica = Riconosce l'autorità del papa come successore di Pietro, ossia come colui al quale Gesù stesso ha affidato la guida della comunità cristiana. Tre sono i pilastri della Chiesa cattolica : la parola di Dio – la Tradizione (ossia la trasmissione fedele ed integrale del messaggio di Cristo) – il Magistero (ossia l'azione del papa e dei vescovi di vigilare e di interpretare correttamente il messaggio). I cattolici sono presenti soprattutto nell'Europa centro-meridionale, in America Latina, in alcune zone dell'Africa e, in Asia, nelle Filippine.

- **Chiese orientali antiche** = Si sono separate nel 5° secolo, non avendo riconosciuto le decisioni prese dal concilio di Calcedonia del 451 d.C. Alcune di queste Chiese sono: la Chiesa **armena** – la Chiesa **siriaca** – la Chiesa **copta**.

- **Chiesa ortodossa** = È diffusa nell'Europa orientale, dove si possono trovare diverse Chiese nazionali autonome guidate da un patriarca. La divisione fra la Chiesa di Roma e la Chiesa di Costantinopoli, che ha dato origine alla Chiesa ortodossa, è avvenuta nel 1054, con lo **scisma d'Oriente**. Nel 1965, con l'annullamento delle scomuniche reciproche scambiate all'epoca, il dialogo tra le due Chiese è stato ripreso.

- **Chiese protestanti** = Sono diffuse soprattutto nell'Europa centro-settentrionale e nel nord America. Punto di partenza delle Chiese protestanti è la Riforma di **Martin Lutero**, che cominciò nel 1517 con la pubblicazione delle 95 tesi, con le quali egli intendeva contribuire alla riforma della Chiesa. Questa intenzione iniziale si trasformò purtroppo in aperto contrasto con la Chiesa di Roma, che portò nel 1521 alla scomunica di Lutero, il quale successivamente elaborò una dottrina in molti punti divergenti da quelli della Chiesa di Roma.

  Altri riformatori di quel periodo furono Giovanni Calvino e Ulrico Zwingli.

- **Chiesa anglicana** = È la Chiesa nazionale inglese, il cui capo è il re (o la regina) d'Inghilterra. È nata nel 1534 con lo Scisma di Enrico VIII, che volle staccarsi dalla Chiesa di Roma e creare una Chiesa autonoma di cui egli stesso, con l'Atto di supremazia, si proclamò capo. Pur avendo accolto alcuni aspetti della Riforma protestante, la Chiesa anglicana conserva la liturgia e la struttura della Chiesa cattolica.

Esercizi

1 Metti nel giusto ordine cronologico i seguenti avvenimenti:

A. Scisma d'Oriente; B. Scisma inglese; C. La Chiesa unita delle origini; D. Riforma di Lutero; E. Nascita del movimento ecumenico; F. Separazione delle Chiese orientali.

L'ordine giusto è (inserisci le lettere in ordine): ....

2 Indica con una crocetta se le seguenti affermazioni sono vere oppure false:

Affermazioni	Vero	Falso
La frattura fra la Chiesa di Roma e Costantinopoli si è verificata con lo scisma del 1054		
Le reciproche scomuniche fra cattolici e ortodossi sono tuttora valide		
Le singole Chiese nazionali ortodosse sono autonome		
Martin Lutero fu l'unico riformatore che diede il via alla Chiesa protestante		
L'idea iniziale di Lutero era quella di una riforma contro la Chiesa		
La chiesa anglicana nacque su iniziativa del re Enrico VIII		
L'ecumenismo cerca di ristabilire l'unità dei cristiani		

3 Indica con una crocetta in quali zone geografiche sono maggiormente diffusi i cristiani appartenenti alle varie confessioni:

	Cattolici	Ortodossi	Protestanti	Anglicani
Centro e sud America				
Stati Uniti				
Europa centro-meridionale				
Inghilterra				
Europa orientale				
Europa centro-settentrionale				
Filippine				

mappa

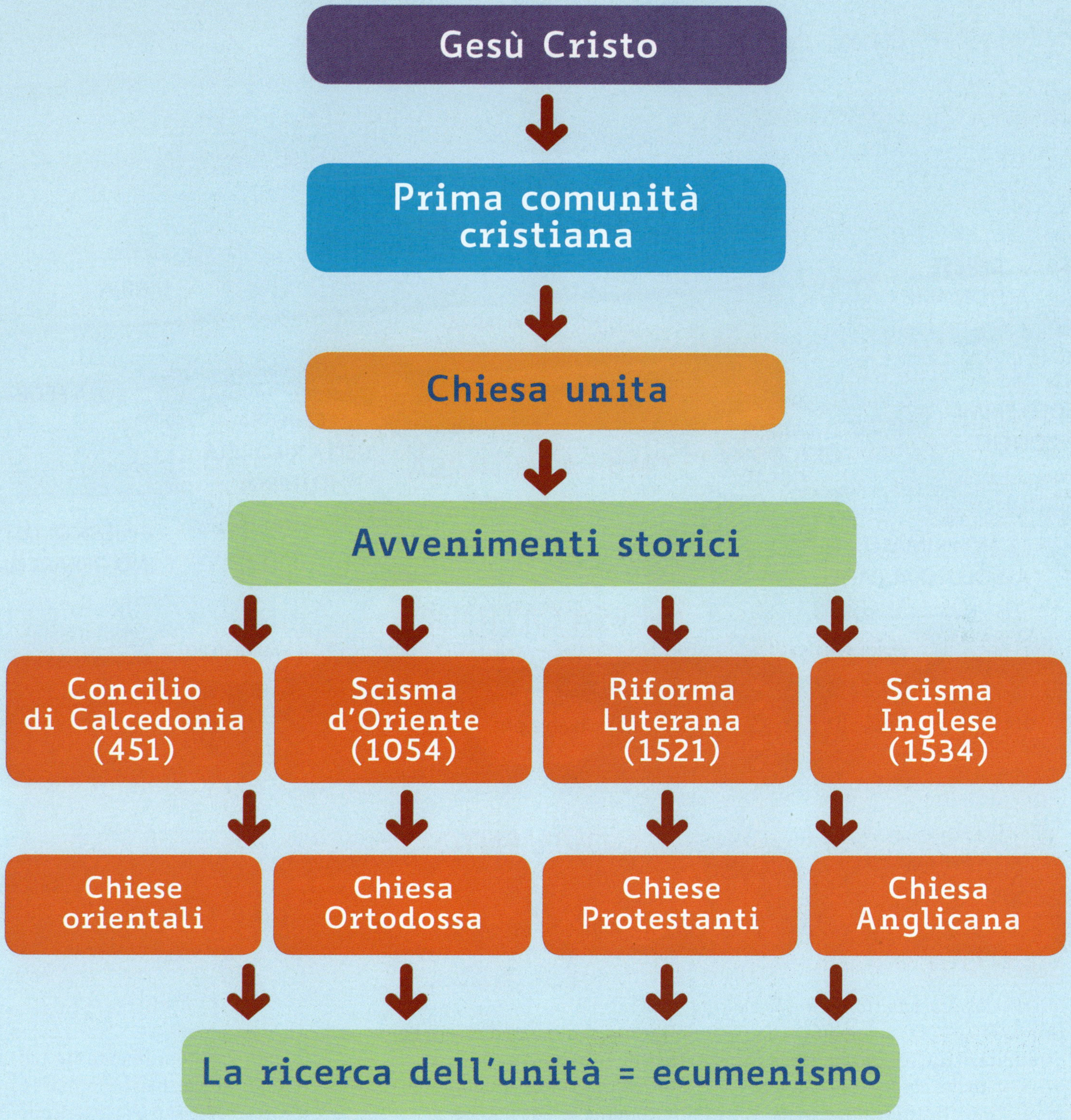
Gesù Cristo
Prima comunità cristiana
Chiesa unita
Avvenimenti storici
Concilio di Calcedonia (451)
Scisma d'Oriente (1054)
Riforma Luterana (1521)
Scisma Inglese (1534)
Chiese orientali
Chiesa Ortodossa
Chiese Protestanti
Chiesa Anglicana
La ricerca dell'unità = ecumenismo

una o tante Chiese?

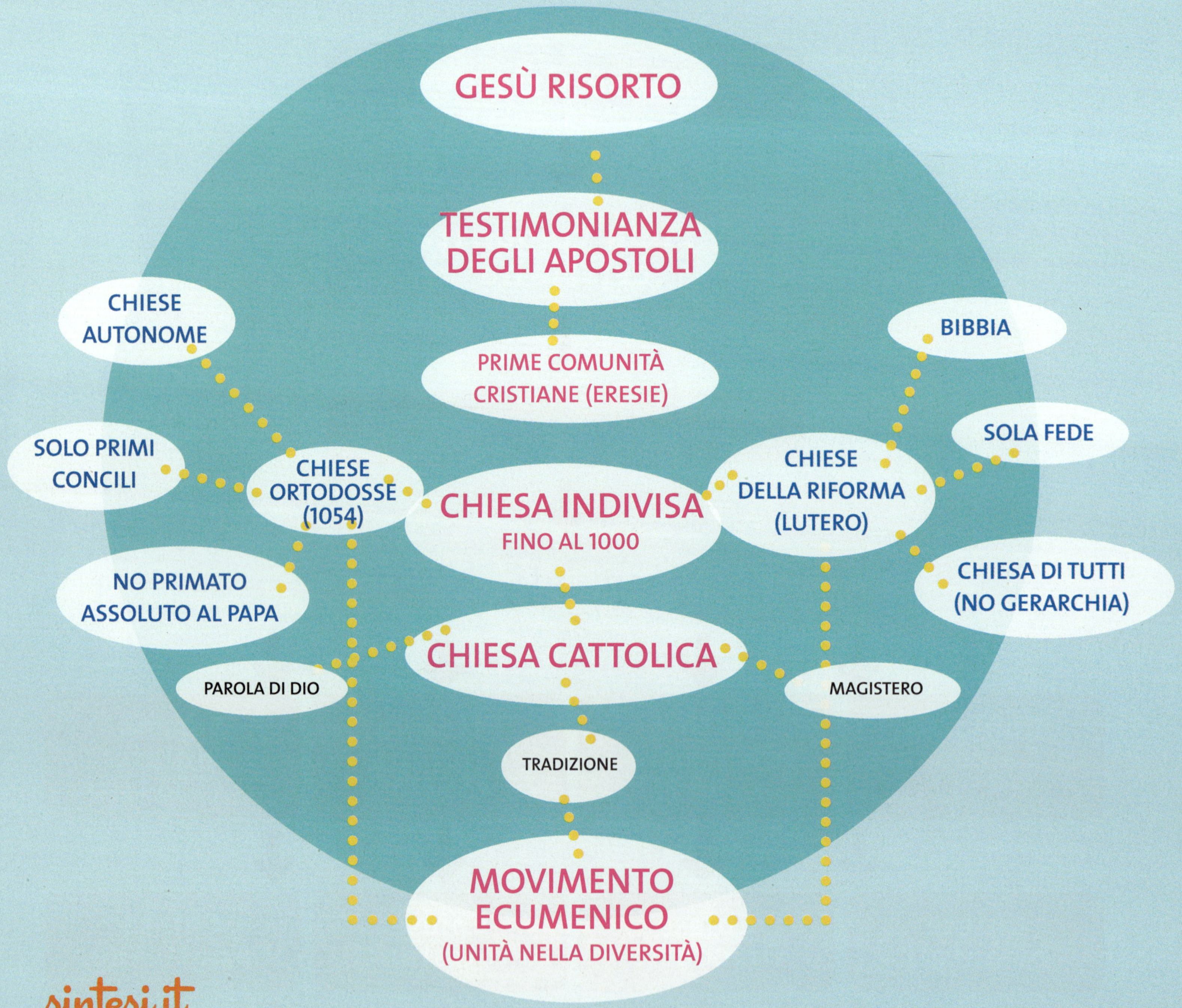

sintesi.it

Inserisci la parola giusta, tra quelle indicate sotto:

La buona __________ portata da Gesù di Nazaret continua ad essere annunciata per mezzo della __________, la comunità di tutti coloro che credono in Cristo. In questo senso la Chiesa è __________, anche se storicamente si è suddivisa in molte confessioni o Chiese. Tre le principali: la Chiesa cattolica romana, le __________, le Chiese riformate (o protestanti). Tutte le Chiese cristiane hanno in comune la fede nel Dio __________ e in Gesù come Figlio di Dio, riconosciuto come __________ e Signore.

■ Chiesa ■ notizia ■ unica ■ Chiese ortodosse ■ trinitario ■ Cristo

MediaLab

WEB 2.0

1. LA MAPPA CONCETTUALE DELLE CHIESE CRISTIANE
Realizzate una mappa concettuale delle Chiese cristiane.

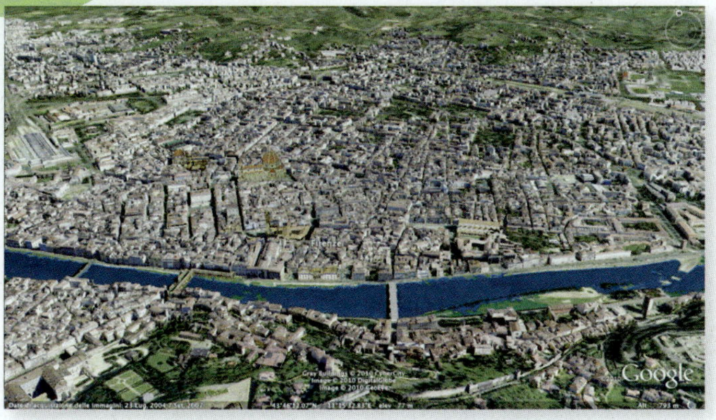

2. TIMELINE DELLA RIFORMA LUTERANA
Realizzate una linea del tempo con i principali avvenimenti della Riforma protestante.

3. LA MAPPA DELLE CHIESE
Realizzate una mappa interattiva delle chiese e dei luoghi cristiani della vostra città.

4. LA MAPPA DI GOOGLE CON IL MONTE ATHOS
Realizzate una mappa interattiva dei monasteri presenti sul monte Athos.

LIM (MATERIALI DISPONIBILI SUL SITO WWW.EDBSCUOLADIGITALE.IT)

1. ICONOSTASI DA COLORARE
colora
Colora le diverse aree dell'iconostasi.

2. SINTESI DEL MODULO
drag & drop
Collocate le parole che ritenete corrette negli spazi vuoti della frase.

3. TABELLA
drag & drop
Collocate le parole all'interno della cella giusta.

4. ARCHITETTURA SACRA CRISTIANA PLUS
impara
Slides interattive alla scoperta della struttura delle chiese cristiane più famose.

attività interattive multimediali

ATTIVITÀ PRATICHE

1. ICONOSTASI DA COLORARE PLUS
Colorate l'iconostasi con i colori che ritenete più opportuni.

2. ALBERO DELLE CHIESE DA COSTRUIRE PLUS
Realizzate un albero delle chiese colorato e appendetelo su una parete della classe.

3. LA MAPPA DELLE CHIESE CRISTIANE DA COLORARE PLUS
Colorate la Mappa delle Chiese cristiane.

4. COLORA E COSTRUISCI UN'ICONA
Colorate l'icona e applicatela su un supporto di legno.

FILM

Per i film preceduti da asterisco (*) si consiglia la visione di una selezione delle scene

*** Giovanna d'Arco**
(Francia, 1999) di Luc Besson.
Leggi la trama usando il QRcode.

*** Luther**
(Germania, 2003) di Eric Till

Elisabeth
(GB, 1998) di Shekhar Kapur

vivere non è sopravvivere

twitter

VIVERE SIGNIFICA VIVERE PER GLI ALTRI.

UN UOMO PIENO DI SÉ È SEMPRE VUOTO.

VIVACCHIARE È DIVERSO DA VIVERE.

bacheca

«Amare non significa affatto guardarsi l'un l'altro, ma guardare insieme nella stessa direzione». (ANTOINE DE SAINT-EXUPÉRY, SCRITTORE)

«Colui che ha la carità nel cuore, ha sempre qualcosa da donare agli altri». (SANT'AGOSTINO)

«Nella mia vita non c'è rinuncia né sacrificio. La mia è pura felicità. Chi altro al mondo ha una vita così bella?». (ANNALENA TONELLI, MISSIONARIA)

nuvola di tag

piano di lavoro

TRAGUARDI PER LO SVILUPPO DELLE COMPETENZE *(in prospettiva)*

Cogliere nelle domande, nelle paure e nelle speranze il bisogno di interrogarsi sul senso e il significato della propria vita, aprendosi a un confronto senza pregiudizi sulla proposta etica cristiana, basata sull'attenzione e l'impegno nei confronti di Dio e dell'uomo.

OBIETTIVI DI APPRENDIMENTO

- Riconoscere gli aspetti che caratterizzano e rendono originale la proposta etica cristiana.
- Confrontarsi con una impostazione di vita che chiede prima di tutto il cambiamento personale, basato sulla realizzazione di un progetto libero e responsabile.

COSA IMPARARE PER LA VITA

- Scoprire l'importanza di fare scelte alternative a quelle ispirate al puro consumismo e a un individualismo cieco e irresponsabile.

LE VARIE TAPPE

La UA 1 vuole mettere gli alunni di fronte a una serie di scelte alternative e controcorrente che possono dar senso e significato alla propria vita. La UA 2 approfondisce le scelte di vita nell'ottica della risposta religiosa cristiano-cattolica, soprattutto come corresponsabilità nei confronti del creato e nel lavorare per costruire un mondo più vivibile per tutti.

QUALCHE SUGGERIMENTO

Le pagine di questo Modulo sono ricche di spunti e di provocazioni, che possono favorire un dialogo fruttuoso in classe. Si consiglia di non preoccuparsi di fare tutti gli argomenti, ma di scegliere quelli che possono più coinvolgere la classe, non tralasciando comunque alcuni temi della UA 1 che sono considerati di base (v. 1.2; 1.4) nella formazione etica di ogni persona.

RISERVATO ALL'INSEGNANTE

Per eventuali suggerimenti e approfondimenti sul tema, per spunti e idee, proposte di lavori sul Web ed esercitazioni con gli alunni si veda *MediaLab - Attività interattive multimediali* nella parte finale del modulo e anche la *Guida per l'insegnante*. Per le verifiche, si veda il *Quaderno operativo digitale* sul CD-rom allegato al testo.

COLPO D'OCCHIO

Pagina introduttiva, piano di lavoro

1. UA: COME VIVERE?

1.1 «Alternativi», sul serio
1.2 Sgrana gli occhi!
1.3 Anche i no servono
1.4 Imparare dall'insuccesso
1.5 Saper comunicare
1.6 Che ne pensi?

2. UA: VIVERE IN MODO RESPONSABILE

2.1 Corresponsabili del creato
2.2 Un mondo più vivibile per tutti
2.3 Le parole della pace
2.4 Rispetto per ogni vita
2.5 No alla pena di morte
2.6 Contro ogni razzismo
2.7 Che ne pensi?

Completano il Modulo

- *La mappa*
- *Sintesi.it*
- *MediaLab*

1.1 «alternativi», sul serio

La vostra tinozza non è la vita

«Credete che il vostro occhio abbracci un ampio orizzonte; forse, in verità non fate che guardare l'interno della vostra tinozza. Non vi potete sollevare fino all'orlo e vedere il mondo esterno delle cose, e allo stesso tempo veder voi stessi. Siete sommersi nella tinozza di voi stessi: tabù, regole, apparenze sono le doghe della vostra tinozza. Pensate che il vostro sguardo spazi per un vasto orizzonte, forse, ma in realtà state solo guardando nell'interno della vostra tinozza. Rompete e spezzate l'incantesimo di credere che la tinozza sia la vita! E che voi conosciate questa vita!».

(Edgar Lee Masters, *Griffy il bottaio*, in *Antologia di Spoon River*)

bacheca

PER ME VIVERE È...

Fare in modo che tutti nel mondo vivano con dignità. Non posso essere felice da sola. Mi sentirei una persona che toglie del cibo agli altri! (Laura, 13 anni)

Lo scopo della vita è vivere, conoscere gente, provare felicità, dolore, piacere... crescere. (Arianna, 12 anni)

Per me è troppo presto per dire cosa significa vivere. (Gabriele, 12 anni)

Lo scopo per cui viviamo lo decidiamo noi: siamo noi che decidiamo se aiutare gli altri o aiutare solo noi stessi. (Claudia, 13 anni)

Preferirei non essere nulla ma felice, che essere importante ma triste. (Filippo, 14 anni)

Aumentare le proprie conoscenze per superare i momenti più difficili. (Marco, 12 anni)

Non so darmi una risposta. (Daniela, 14 anni)

Noi dedichiamo la nostra vita alla ricerca continua della felicità, ma senza raggiungerla mai completamente. (Michela, 13 anni)

FORUM

- «Per me vivere è...» (*Bacheca*): con quali affermazioni vi sentite più in sintonia?
- **ATTIVITÀ:** Su un cartellone disegnate una grande tinozza (è il recipiente dove si mette l'uva a fermentare), poi mettetevi tutti intorno al cartellone. Riempite la tinozza scrivendovi dentro ciò che vi impedisce di essere liberi e fuori ciò che invece vi rende liberi.

1.2 sgrana gli occhi!

A volte, anche tra i più giovani, si trovano persone che sembrano annoiate della vita: conoscono già tutto e non hanno niente da imparare. Quasi sempre è solo una maschera, un atteggiamento; però è un vero peccato, perché il gusto della vita sta proprio nel mettersi in cammino, nel cercare e nello scoprire ogni giorno cose nuove. Bisognerebbe far leggere loro la bella poesia di Medeiros riportata in questa pagina, su chi vive e su chi invece «lentamente muore». La noia, infatti, non uccide, ma avvelena lentamente. Ma niente paura. Esiste un antidoto (controveleno) sicuro alla noia: lo stupore, che è la capacità di guardarsi attorno con occhi sgranati, attenti a cogliere la novità di tutto ciò che ci circonda. Chi è curioso, chi ha voglia di apprendere, chi non ha paura di farsi domande (anche inquietanti e difficili) non si annoia. La noia è il bagaglio, spesso pesante e insopportabile, che si trascina dietro chi si accontenta di vivere in modo superficiale. Chi non vuole morire avvelenato inizi a dare la giusta importanza alle cose: non si può vivere solo di cellulari, sport, vestiti, motorini, voti... e così via. Ognuno di noi è destinato anche ad alzare lo sguardo e a volare alto... Non accontentiamoci di razzolare per terra.

LENTAMENTE MUORE...

«Lentamente muore chi diventa schiavo dell'abitudine, ripetendo ogni giorno gli stessi percorsi, chi non cambia la marca, il colore dei vestiti, chi non parla a chi non conosce.
Muore lentamente chi evita una passione,
chi preferisce il nero su bianco e i puntini sulle "i" piuttosto che un insieme di emozioni, proprio quelle che fanno brillare gli occhi, quelle che fanno di uno sbadiglio un sorriso, quelle che fanno battere il cuore davanti all'errore e ai sentimenti.
Lentamente muore chi non viaggia, chi non legge, chi non ascolta musica, chi non trova grazia in se stesso.
Muore lentamente chi distrugge l'amor proprio, chi non si lascia aiutare; chi passa i giorni a lamentarsi della propria sfortuna o della pioggia incessante.
Lentamente muore chi abbandona un progetto prima di iniziarlo, chi non fa domande sugli argomenti che non conosce, chi non risponde quando gli chiedono qualcosa che conosce.
Evitiamo la morte a piccole dosi, ricordando sempre che essere vivo richiede uno sforzo di gran lunga maggiore del semplice fatto di respirare.
Soltanto l'ardente pazienza porterà al raggiungimento di una splendida felicità».

(Martha Medeiros)

FORUM

- Che ne dite, ci si può annoiare alla vostra età?
- Quali immagini, pensieri, riflessioni vi suggerisce la poesia? Scrivete su un foglio le vostre considerazioni e discutetene insieme.

1.3 anche i no servono

Beh, in fondo Gianluca (vedi sotto alla foto) non ha tutti i torti a lamentarsi. Spesso noi adulti esageriamo quando parliamo dei giovani; ma il motivo vero è probabilmente uno solo: vorremmo che le nuove generazioni fossero migliori della nostra, e allora abbondiamo in consigli, e soprattutto dimentichiamo la storia. Già su alcune tavolette del tempo di Hammurabi (1700 a.C.) si è trovato il lamento di un dignitario che deplorava la gioventù perditempo e manesca; lo stesso se si va a cercare cosa dicevano gli antichi romani sulle nuove generazioni o cosa faceva dire Shakespeare nel 1500 ai suoi personaggi. Insomma, è quasi una moda; ogni generazione ha rimproverato a quelle che seguivano le cose che non andavano. In realtà è sempre sbagliato generalizzare: tra i ragazzi oggi ci sono delle persone splendide, piene di sogni e di carica positiva; come d'altronde ci sono persone smorte, che si limitano a sopravvivere. «Però – osservava Fulvio Scaparro, psicologo, già qualche anno fa – chi lavora coi ragazzi si accorge spesso di uno smarrimento, di una passività che inquieta. Perché questi adolescenti vivono dentro un imbroglio culturale. Spesso non hanno davanti esempi positivi e chiari, e neanche dei limiti netti; perciò per loro è anche difficile "trasgredire", che è una cosa fisiologica e necessaria al giovane. Non lo possono fare perché non hanno padri veri, maestri veri a cui opporsi. Da un lato questo porta a trasgressioni sempre più clamorose, attuate per far sì che qualcuno si accorga di loro; dall'altro la nostra cultura attuale ha elaborato anche la "non punizione" del trasgressore. Quando un minorenne fa qualcosa che non deve, si fa di tutto per limitarne in ogni modo le conseguenze, ci si affretta a perdonare e a cancellare l'accaduto. Questo non è un aiuto: anzi, in fondo è negare ⇨

domande frequenti

«PERCHÉ MOLTI ADULTI QUANDO PARLANO DEI GIOVANI DICONO SEMPRE "CHE SIAMO TUTTI UGUALI", CHE PENSIAMO SOLO ALLE GRIFFE E ALL'ULTIMO MODELLO DI CELLULARE, INSOMMA CHE "RAZZOLIAMO" COME TANTE GALLINE? ALLA FIN FINE È SEMPRE LA SOLITA LAGNA CHE CI DEPRIME SOLTANTO. ANCHE A SCUOLA NON È DIVERSO... MA PERCHÉ TUTTI SI PREOCCUPANO COSÌ TANTO DI NOI?».

(GIANLUCA)

bacheca

«Un ottimo metodo per conoscere un buon maestro è quello di vedere se è esigente». (ANONIMO)

responsabilità e quindi dignità. Ed è qualcosa – questo sì – che, per quanto io ne abbia conoscenza, non è mai accaduto in passato». Le osservazioni di Scaparro rimangono tuttora valide: è inutile prendersela con i giovani quando buona parte del mondo degli adulti vive solo nel presente, preoccupato più di apparire che di essere, di possedere e di consumare più che di avere idee e valori da proporre ai ragazzi. Ogni nuova generazione per crescere ha bisogno di dialogo, di punti di riferimento, di sentirsi dire dei NO e dei SÌ. Allora perché lamentarsi se, almeno a scuola, durante un'ora che vuol essere di riflessione e di crescita, vi si offre l'opportunità di riflettere su queste cose? Chi vuol crescere non deve aver paura dei NO (anzi, preoccupatevi se ne ricevete troppo pochi o se non c'è nessuno che vi fa le «prediche»). Chi non vuol avere problemi o preferisce avere solo dei consumatori, che non si interessano a nulla e vivono passivamente, senza un occhio critico sulle cose, si guarda bene dal farvi «crescere» sul serio!

Parole Chiave — EDUCARE

Dal latino *educere*, parola formata dalla particella *e* («da, di, fuori») e *ducere* («condurre, trarre»). Vuol dire aiutare una persona a crescere, a «tirare fuori» il meglio di sé, per poi accompagnare altri a fare altrettanto. «Educare» significa uscire dall'infantilismo (l'io è al centro di tutto), per raggiungere la maturità (la scoperta del tu e del noi).

FORUM

- Come valutate le osservazioni di Gianluca, sono scuse o, almeno in parte, sono cose vere?
- E per voi quali sono le qualità del vero «educatore» (genitore, insegnante, allenatore...)?

1.4 imparare dall'insuccesso

Uno degli insegnamenti cristiani più forti è il messaggio della croce: ci insegna che la gloria della risurrezione passa necessariamente attraverso il Venerdì Santo, cioè il momento della sofferenza e della morte. Alle volte sembra che facciamo di tutto per dimenticarci quanto sia importante questo messaggio, che comunque è presente anche in altre tradizioni. In Africa, per esempio, c'è un proverbio che insegna: **«Dalla ferita esce sangue, ma entra saggezza»**. La sofferenza – non solo fisica, ma anche psicologica – ci fa spesso «sanguinare» ma, se non ci lasciamo distruggere da essa e sappiamo reagire, si trasforma in «saggezza». Scrive Chiara M., autrice dell'intenso libro-diario *Crudele dolcissimo amore* (San Paolo, Milano 2005): «**Una lacrima, giorno dopo giorno, può trasformare il dolore in una perla**». Chiara faceva l'infermiera professionale a Trento, aveva sogni e progetti, finché una malattia spietata l'ha aggredita, ma senza distruggere la sua voglia di vivere e gioire. Il suo diario è un inno alla vita, senza negare la realtà e il «sangue». Scrive con lucidità di fronte al suo corpo sempre più sofferente e distrutto: «In questa società che vuole la "bella presenza" come primo punto di un decalogo non scritto, per te non c'è posto». Non c'è un dolore più grande e uno più piccolo: «Ognuno ha la sua soglia – annota sempre nel libro – cioè la sua capacità di portarlo: un ditale o una damigiana, pari sono». «Vorrei dire a tutti: svegliatevi. Quanto tempo si perde in cose inutili e superflue. Impariamo a vivere al massimo il momento presente, come se fosse l'ultimo». E ancora: «La malattia ha delle variabili così fantasiose che riesce ancora a sorprenderti nonostante gli anni che ci stai insieme. C'è un senso di libertà e di pienezza particolare nel godere di piccoli, insignificanti momenti. Ci sono, sono reali, e possono diventare speciali». Per questo, come dice il titolo, l'amore è «crudele» ma anche «dolcissimo».

Focus

ANCHE I MOMENTI CRITICI SERVONO

«La vita è sempre un "valore", anche quando s'incontrano delle difficoltà, ci si sente insicuri, o non si risponde più a certi standard diffusi di successo. Anzi è ancora più valida proprio perché sa mettere in conto l'insuccesso (scolastico, affettivo, professionale...), la delusione e lo smacco... Nella vita non c'è mai un momento di sconfitta senza appello: è sempre di crescita».
(un alunno con un handicap fisico)

MAI DIRE MAI

Un assistente sociale invitava tutti quelli che si lamentavano dei propri fallimenti a leggere un poster che teneva appeso nel suo ufficio:

- Fallito in commercio nel 1832 e nel 1833.
- Sconfitto per la Camera dei deputati nel 1832.
- Eletto all'Assemblea nel 1834.
- Morta la fidanzata nel 1835.
- Esaurimento nervoso nel 1836.
- Sconfitto come presidente della Camera dei deputati nel 1838.
- Sconfitto come membro dell'assemblea elettorale nel 1840.
- Sconfitto per il Congresso nel 1843, nel 1846 e poi ancora nel 1848.
- Sconfitto per il Senato nel 1855.
- Sconfitto come vicepresidente nel 1856.
- Sconfitto per il Senato nel 1858.
- Eletto presidente degli Stati Uniti nel 1860.

Abramo Lincoln

bacheca

«L'arte della vita sta nell'imparare a soffrire e nell'imparare a vivere ogni giorno».
(H. Hesse, scrittore)

FORUM

- Insegna il citato proverbio africano: «Dalla ferita esce sangue, ma entra saggezza». Siete d'accordo? Perché?
- Perché «la vita è sempre un momento di crescita», come sostiene il ragazzo diversamente abile?

1.5 saper comunicare

Comunicare non è facile; ed è un'arte che dobbiamo apprendere giorno per giorno. Scrive Rosanna Schiralli, psicoterapeuta: «Un giorno un bambino e suo padre arrivarono davanti al mare. Per il bambino era la prima volta. Ne restò impressionato e rimase per un po' quasi muto dallo stupore. Ma, poi, disse al padre: "Aiutami a guardare!". Ecco, forse sta tutto qui il bisogno di condivisione e comprensione dell'esperienza che della realtà fa un bambino e poi un ragazzo. Perché qualsiasi emozione, una volta capita, diventa parte di sé ed è gestita in modo da essere aiutati a diventare più grandi». Educare un ragazzo a «guardare», a padroneggiare cioè le sensazioni e le emozioni, lo aiuterà a crescere in modo autonomo e responsabile, facendo tesoro delle sue emozioni, dei suoi sentimenti e delle sue esperienze. Se invece, al contrario, gli adulti che lo circondano (famiglia, amici, scuola, gruppo...) – per egoismo, fragilità, mancanza di tempo o incapacità – non rispondono alle richieste del ragazzo e addirittura si arrabbiano quando questi si avvicina a loro, allora – sostiene sempre la psicoterapeuta – il ragazzo «gradualmente imparerà a inibire i propri bisogni, a non chiedere e a evitare qualsiasi richiesta di aiuto (nonché a rifiutarlo, quando venisse prestato). Succederà anche che egli crescerà insicuro di sé, cioè mettendo continuamente in dubbio se stesso perché non è stato sufficientemente accolto e apprezzato».[1] Tutto vero, però c'è un particolare da non trascurare perché risulta formativo: all'inizio c'è una richiesta esplicita del bambino al papà, «Aiutami a guardare!», che non ha più dimenticato. Comunicare vuol dire chiedere aiuto, avere il coraggio di farsi aiutare, ascoltare e osservare se stessi e tutto ciò che ci circonda. Cresce bene chi ha il coraggio e l'umiltà di ammettere che tutti abbiamo bisogno degli altri. Nessuno di noi, infatti, è un'isola!

[1] Cf. R. Schiralli, *Cercasi genitori disperatamente*, Franco Angeli, Milano 2004.

FORUM

> **ATTIVITÀ:** Per voi è un problema (scegliere una o più di queste voci):

A scuola
- Non riuscire a prendere bei voti
- Non andare d'accordo con qualche insegnante
- Non andare d'accordo con i compagni
- Non essere ascoltati abbastanza
- Essere presi in giro

In famiglia
- Non essere considerati abbastanza
- Faticare a dialogare
- Avere dei genitori poco attenti
- Avere dei genitori che pretendono troppo
- Essere spesso causa di discussioni

Se nell'elenco si è individuato qualche problema, è bene parlarne a casa, a scuola, con gli amici: è un modo per «comunicare» e, soprattutto, per superare i problemi.

TELEFONINO O «CELLULARE»?

La ragazza seduta davanti a me sul treno sta parlando ad alta voce al cellulare con un suo amico. Più aumenta il rumore e più alza i toni, incurante – da vero ombelico del mondo – di tutti quelli che le stanno attorno. Va avanti per decine di minuti e c'è poco da sperare che finisca almeno la ricarica. Inutile fare occhiacci e smorfie; lei è talmente abituata a pensare a se stessa che non ti vede nemmeno. Mi chiedo: ma è proprio sicuro che con il cellulare abbiamo vinto la solitudine, riuscendo a comunicare meglio? Forse non è un caso che questo strumento di comunicazione abbia poi lo stesso nome del furgone che trasporta i detenuti...

1.6 che ne pensi?

«La vita è come una partita in cui ciascun giocatore sfrutta come meglio può le carte che gli sono toccate. Chi insiste a giocare non con le carte che ha ricevuto ma con quelle a cui sostiene di aver diritto, è destinato a fallire nella vita.
Non ci viene chiesto se vogliamo giocare. Su questo non c'è scelta, tutti devono partecipare. Sta a noi decidere come». (Anthony de Mello, scrittore di origine indiana)

Pensi che sia così? Commenta brevemente:

....

....

....

....

....

«Quel che talvolta ci rende un po' apatici è proprio la troppa libertà di cui godiamo». (*Zainet*, rivista per le scuole)

Sei d'accordo con questa affermazione?

....

....

....

....

....

Dopo averla letta, rifletti e dai un titolo a questa storia:

«Un giorno il maestro raccontò ai suoi alunni questa storia. Vedendo una farfalla che lottava con fatica per uscire dal bozzolo, un uomo soffiò sull'animaletto per aiutarlo. La farfalla nacque più in fretta, ma le sue ali rimasero atrofizzate. E il maestro concluse: "Nella crescita non si può accelerare il processo: sarebbe fatale!"».

Titolo ....

Ho scelto questo titolo perché ....

....

....

....

....

....

....

LA MAPPA DELLE INGIUSTIZIE

IL MONDO È STATO CREATO PER TUTTI

2.1 corresponsabili del creato

Nel primo libro della Bibbia è scritto che Dio, dopo aver creato l'uomo «a sua immagine», gli affidò la terra perché la coltivasse e la custodisse. L'uomo, immagine di Dio, è corresponsabile del Creatore, chiamato a garantire sulla terra un posto e una dignità per tutti, come nel progetto iniziale di Dio. Ma conosciamo, sempre dalla sacra Scrittura, come è andata a finire. Fin dall'inizio l'uomo non è stato ai patti, pretendendo di «essere come Dio» (peccato originale), e il sangue innocente di Abele versato da Caino ha fatto scoprire quanto è difficile creare una vera fratellanza tra gli uomini. Anche se Gesù ha riconciliato l'uomo con Dio, il peccato è sempre pronto a prendere il sopravvento sulla coscienza individuale e anche sulla storia. Rimane il fatto che l'uomo è chiamato da Dio a salvaguardare il creato, a fare in modo che nel mondo ci sia pane e dignità per tutti e non solo per pochi; insomma, che non vincano l'egoismo e Caino, sempre in agguato dentro il nostro cuore.

bacheca

«Le persone viaggiano per stupirsi delle montagne, dei mari, dei fiumi, delle stelle; e passano accanto a se stessi senza meravigliarsi».
(sant. Agostino, IV secolo)

Il mondo è stato creato per tutti

«Il mondo è stato creato per tutti: per i ricchi e per i poveri. La natura non fa distinzioni perché ci genera tutti poveri... O ricco, davanti alla porta della tua casa grida chi non ha le vesti per ricoprirsi e tu lo disprezzi, implora l'ignudo e tu invece ti chiedi con quali marmi preziosi puoi ricoprire i tuoi pavimenti. Il povero ti chiede un po' di denaro e non l'ottiene; ti domanda un pezzo di pane, e il tuo cavallo è trattato meglio di lui... Non sai quanto sei povero, o ricco, quanto misero ti mostri tu che ti dici ricco. Quanto più hai, tanto più desideri. Benché tu abbia accumulato immense ricchezze, ti manca sempre qualcosa...».

(sant'Ambrogio, IV secolo)

ARCHIVIO

SE VUOI COLTIVARE LA PACE, COLTIVA IL CREATO

«Tutto ciò che esiste appartiene a Dio, che lo ha affidato agli uomini, ma non perché ne dispongano arbitrariamente. E quando l'uomo, invece di svolgere il suo ruolo di collaboratore di Dio, a Dio si sostituisce, finisce col provocare la ribellione della natura, "piuttosto tiranneggiata che governata da lui". L'uomo, quindi, ha il dovere di esercitare un governo responsabile della creazione, custodendola e coltivandola».
(Benedetto XVI, Giornata della Pace 2010)

FORUM

- Oggi è importante essere più attenti e rispettosi della natura e dell'ambiente che ci circonda. Che cosa si potrebbe fare per aumentare questa coscienza da parte di tutti?
- **ATTIVITÀ:** Fate una breve ricerca sulla situazione di tanti popoli che soffrono la fame e si trovano nella povertà (cf. «Che ne pensi?» a p. 257).

2.2 un mondo più vivibile per tutti

L'aiuto più grande che possono dare le religioni all'uomo contemporaneo è fargli capire che la fraternità è un valore indispensabile per realizzare un mondo più vivibile per tutti. Tra gli ideali fatti propri dalla Rivoluzione francese e che sono alla base dei diritti dell'uomo, forse la fraternità è stato quello più disatteso. La sfida del terzo millennio si basa proprio sul ruolo che avranno le religioni nel contribuire a creare una maggiore fraternità tra persone e culture diverse.

Religioni e fraternità

Ebraismo
«Ecco, com'è bello e com'è dolce
che i fratelli vivano insieme! (...)
Il Signore manda la benedizione,
la vita per sempre».
(Sal 133)
«Il Signore odia chi provoca litigi tra fratelli».
(Pr 6,19)

Cristianesimo
«Voi siete tutti fratelli».
(Mt 23,8)
«Se uno dice: "Io amo Dio", e odia
suo fratello, è un bugiardo.
Chi infatti non ama il proprio fratello che vede,
non può amare Dio che non vede».
(1Gv 4,20)

Islam
«I credenti sono tutti fratelli».
(Sura 49,10)

Buddhismo
«Così dovete educarvi: "Abbracceremo ogni persona in un flusso inesauribile di pensieri amorevoli, e irraggeremo il mondo intero con pensieri di benevolenza"».
(dalle scritture buddhiste)

Induismo
«Esiste una sola razza: l'umanità».
(Gandhi)

bacheca

«Tutti gli esseri umani nascono liberi
e uguali in dignità e diritti.
Essi sono dotati di ragione e di coscienza
e devono agire gli uni verso gli altri
in spirito di fratellanza».
(Dichiarazione universale dei diritti dell'uomo, articolo 1)

Focus

«Un solo abitante degli Stati Uniti consuma energia come:
2 europei
6 cinesi
22 indiani
70 kenyoti.
Se tutti consumassero come gli statunitensi la terra potrebbe sostenere al massimo 1,4 miliardi di abitanti, perché non ci sarebbero sufficienti energia, cibo e risorse per tutti. E visto che al mondo gli abitanti sono ad oggi 6,8 miliardi è chiaro, anche a chi in matematica non è molto forte, che, non solo lo stile americano, ma anche quello europeo, risultano decisamente insostenibili. Si tratta di modelli che oggi reggono perché fondati su diseguaglianze enormi e inaccettabili tra paesi ricchi e poveri. Ma è urgente pensare a una profonda trasformazione dei modelli culturali dominanti».
(State of the World *2010*)

FORUM

- Perché, nonostante le parole di fraternità pronunciate da tutte le religioni, esistono purtroppo forme di violenza e di odio anche all'interno delle stesse religioni? Quale spiegazione si può dare?
- Tra le frasi riportate quali vi sembrano le più disattese o tradite?

2.3 le parole della pace

Dice un vecchio proverbio: «Fa più rumore un albero che cade di una foresta che cresce». È vero, in genere i fatti che riportano i giornali sono quelli negativi, che provocano tanto scalpore. La pace è soprattutto fatta di tanti piccoli gesti concreti, in cui il perdono e la solidarietà prendono il posto dell'odio e del razzismo. Sono tante le parole che formano la parola **pace**, come esprime bene il poster qui sopra. Ci sono parole importanti, scritte in caratteri più grandi (verità, amore, libertà ecc.), parole che hanno a che fare con la fede (preghiera, profezia, buona novella ecc.) e altre che sono comuni a tutte le persone di buona volontà. Il messaggio è che la pace è molto più di una bandiera multicolore che sventola in corteo o «contro qualcuno»: la pace è uno stile di vita, un modo di pensare e di agire, soprattutto la pace è un NO a ogni forma di ingiustizia, violenza e sopraffazione.

bacheca

«La pace non è un sogno, può diventare realtà. Ma per costruirla bisogna essere capaci di sognare».

(NELSON MANDELA, PRIMO PRESIDENTE NERO DEL SUDAFRICA DOPO ESSERE STATO A LUNGO IN PRIGIONE – PREMIO NOBEL PER LA PACE 1993)

FORUM

- La parola «PACE» del poster è formata da tante parole. Quali vi sembrano fondamentali?
- Ne manca qualcuna?
- Quali sono invece le parole che nella storia hanno offeso di più la pace? Provate a farne un elenco.

2.4 rispetto per ogni vita

Secondo la visione cristiana, la vita è un dono di Dio e quindi non appartiene solo all'uomo. È lui, infatti, il «Signore» di tutto, e anche la vita dev'essere vissuta in armonia con il Creatore e con tutti gli uomini e le donne del mondo, che sono fratelli e sorelle. Da questa visione religiosa deriva l'etica, cioè il comportamento del cristiano nella vita di tutti i giorni. Il credente sa che le cose non avvengono per caso, ma che su ogni persona c'è un «progetto» divino, anche se la possibilità di realizzarlo o meno è lasciato alla libertà dell'individuo e all'ambiente che lo circonda (cf. il testo di R. Russel, in basso). Ognuno di noi è infatti libero di accettare il piano di Dio che ha come punti cardinali l'amore di Dio e dei fratelli. Nessuno può pretendere di essere cristiano trascurando questi due punti. Come sottolinea l'evangelista Giovanni: «Se Dio ci ha amati così, anche noi dobbiamo amarci gli uni gli altri (...). Se uno dice: "Io amo Dio" e odia suo fratello, è un bugiardo. Chi infatti non ama il proprio fratello che vede, non può amare Dio che non vede» (1Gv 4,11.20). Questa è ovviamente la visione cristiana della vita in cui l'amore per Dio e per l'uomo sono un'unica grande realtà. Ma ci sono anche altri modi di concepire la vita, che non presuppongono necessariamente la fede in Dio. Per esempio, l'idea della «sacralità» della vita (ogni vita è da rispettare, dall'inizio fino alla sua fine naturale) è sì una riflessione che il cristianesimo ha portato avanti fin dalle origini, ma non occorre essere credenti per farla propria. Di fronte alle nuove scoperte e alla possibilità dell'uomo di intervenire direttamente sulla vita, fino a manipolarla, rispettare la vita vuol dire avere a cuore il presente e il futuro dell'uomo.

ARCHIVIO

«PERCHÉ LA VITA UMANA VA RISPETTATA?
PERCHÉ È SACRA. FIN DAL SUO INIZIO ESSA COMPORTA L'AZIONE CREATRICE DI DIO E RIMANE PER SEMPRE IN UNA RELAZIONE SPECIALE CON IL CREATORE, SUO UNICO FINE. A NESSUNO È LECITO DISTRUGGERE DIRETTAMENTE UN ESSERE UMANO INNOCENTE, ESSENDO CIÒ GRAVEMENTE CONTRARIO ALLA DIGNITÀ DELLA PERSONA E ALLA SANTITÀ DEL CREATORE. "NON FAR MORIRE L'INNOCENTE E IL GIUSTO" (ESODO 23,7)».
(*CATECHISMO DELLA CHIESA CATTOLICA*, *COMPENDIO*, N. 466)

L'UOMO DI OGGI E IL BIMBO DI IERI

«Il vigliacco di oggi
è il bimbo che schernivano ieri.
L'aguzzino di oggi
è il bimbo che frustavano ieri.
L'impostore di oggi
è il bimbo a cui non credevano ieri.
L'innamorato di oggi
è il bimbo che carezzavano ieri.
Il giusto di oggi
è il bimbo che non calunniavano ieri.
Il saggio di oggi
è il bimbo che ammaestravano ieri.
L'indulgente di oggi
è il bimbo che perdonavano ieri.
L'uomo che respira amore e bellezza
è il bimbo che viveva nella gioia
anche ieri».

(Ronald Russel)

FORUM

- Per voi cosa significa credere nella «sacralità della vita»?
- Quand'è che la vita è calpestata? Provate a fare degli esempi: ....
....
....
....

2.5 no alla pena di morte

La Comunità di Sant'Egidio[1] all'inizio del terzo millennio ha promosso una serie di iniziative per arrivare gradualmente all'abolizione della pena di morte. Tra le varie ragioni che l'hanno spinta a sostenere questa battaglia ci sono motivazioni religiose, ma anche semplicemente umane, condivise dagli stessi non credenti; non vengono escluse nemmeno le ragioni più pratiche ed economiche (l'esecuzione di una pena capitale costa più di un ergastolo). La pena di morte non riduce la criminalità: nessuno studio al momento è riuscito a dimostrarlo. In nessuno Stato dov'è applicata la pena di morte il numero di omicidi è in diminuzione, mentre non si registra un aumento di omicidi nei Paesi dove non è in vigore. Il vero problema di questa pratica, che continua a essere ammessa in 58 Paesi è che la pena di morte dà una soluzione di tipo militare a un problema sociale. È l'illusione di risolvere con la violenza situazioni di degrado estremamente complesse e radicate. Fabio Guy, rappresentante della Comunità di Sant'Egidio, su questo problema afferma: «La pena di morte è contro il diritto alla vita, è brutale, è inefficace, non restituisce la vita a coloro cui è stata tolta. Serve solo a versare altro sangue. I condannati a morte vengono presentati spesso come dei mostri, ma a contatto diretto, venendo a conoscenza delle loro storie, ci si rende conto dei drammi personali, delle violenze subite. Spesso, infatti, hanno alle spalle storie di povertà estrema. Anche la loro condanna a morte è arrivata dopo un processo in cui non hanno avuto i mezzi per difendersi adeguatamente». La lotta intrapresa da questa comunità e dalle altre associazioni che da anni si battono per l'abolizione della pena di morte è lunga e tutta in salita. Ci sono importanti Paesi della scena politica internazionale che, pur differenti nelle loro scelte politiche ed economiche, si trovano allineati quando si discute di pena di morte. È il caso della Cina e degli Stati Uniti. In questi Paesi dal 1980 l'aumento delle esecuzioni è stato costante. Purtroppo dietro la pratica della pena di morte si nascondono sistematiche violazioni dei più elementari diritti umani; essa è spesso utilizza-

LA PENA DI MORTE NEL MONDO

Sono 95 i Paesi che hanno abolito definitivamente la pena di morte, mentre in 58 ancora permane. Nel 2009 sono state eseguite almeno 714 condanne in 18 paesi, mentre sono state condannate 2001 persone in 56 paesi. I dati non risultano però completi, visto che la Cina, paese in cui è in vigore la pena di morte, non fornisce dati reali. Oltre alla Cina, i Paesi con il più alto numero di esecuzioni sono ancora l'Iran (almeno 338), l'Iraq (almeno 120), l'Arabia Saudita (almeno 69) e gli Stati Uniti (52, in aumento rispetto al 2008 quando erano state 37). Ma le campagne internazionali per l'abolizione della pena di morte nel mondo continuano con successo e ogni anno qualche nuovo Stato si aggiunge alla lista di quelli che l'hanno già abolita.

(fonte: Amnesty International 2010)

ta per l'eliminazione degli oppositori politici e delle frange di dissidenti, come avviene in Cina, dove sono ben 68 i reati puniti con la morte, tra cui il gioco d'azzardo, l'evasione fiscale, il furto con scasso, l'uccisione di una tigre, il furto di mucche e di cavalli. Spesso agli imputati viene negato anche il diritto di essere assistiti da un legale ed è ancora in uso la tortura per estorcere le confessioni. «Ma non dobbiamo perdere la speranza – continua Guy – in quanto sono in aumento i Paesi del mondo che si stanno di fatto allontanando dal metodo della sentenza capitale per combattere la criminalità. Questo ci convince di essere sulla strada giusta».

[1] È una comunità cristiana, fondata nel 1973 da Andrea Riccardi e don Vincenzo Paglia, ora vescovo. Un gruppo di giovani romani si ritrovavano nel convento di Sant'Egidio, nella zona di Trastevere, per un cammino di riflessione e di testimonianza evangelica, attenti soprattutto ai più poveri ed emarginati. Dalla comunità sono nate molte iniziative sociali, anche a livello internazionale, a favore della pace. Quest'ultima iniziativa contro la pena di morte è stata fatta insieme ad Amnesty International e all'associazione «Nessuno tocchi Caino».

FORUM

- «La pena capitale è il più premeditato degli assassini, con cui nessuna impresa criminale, per quanto efferata, può essere paragonata. La legge, per definizione, non può obbedire alle stesse regole della natura. Se l'assassinio è nella natura umana, la legge non è fatta per imitare o riprodurre questa natura. È fatta per correggerla». (Albert Camus, *Riflessioni sulla pena di morte*). Condividi questo pensiero?
- **ATTIVITÀ:** Si consiglia *Dead man walking* (di Tim Robbins, Usa 1995, 122') un valido film per riflettere sulla crudeltà della pena di morte.

2.6 contro ogni razzismo

Ecco una pagina che ci sembra interessante e utile leggere insieme: «Il cittadino americano medio si sveglia in un letto costruito secondo un modello che ebbe origine nel Vicino Oriente ma che venne poi modificato nel nord Europa prima di essere importato in America. Egli scosta le lenzuola e le coperte che possono essere di cotone, pianta originaria del Vicino Oriente; o di lana di pecora, animale originariamente addomesticato nel Vicino Oriente; o di seta, il cui uso fu scoperto in Cina. Tutti questi materiali sono stati filati e tessuti secondo procedimenti inventati nel Vicino Oriente. Si infila i mocassini, inventati dagli indiani delle contrade boscose dell'est degli Stati Uniti, e va nel bagno, i cui accessori sono un misto di invenzioni europee e americane, di data recente. Si leva il pigiama, indumento inventato in India, e si lava con il sapone, inventato dalle antiche popolazioni galliche.
Poi si fa la barba, rito masochistico che sembra sia derivato dai sumeri o dagli antichi egiziani (...). Andando a fare colazione si ferma a comprare un giornale, pagando con delle monete che sono un'antica invenzione della Lidia. Al ristorante viene a contatto con tutta una nuova serie di elementi presi da altre culture: il suo piatto è fatto di un tipo di terraglia inventato in Cina; il suo coltello è d'acciaio, lega usata per la prima volta nell'India del sud; la sua forchetta ha origini medioevali italiane; il cucchiaio è un derivato dell'originale romano (...). Quando il nostro amico ha finito di mangiare si appoggia alla spalliera della sedia e fuma, secondo un'abitudine degli indiani d'America (...). Mentre fuma legge le notizie del giorno, stampate in un carattere inventato dagli antichi semiti, su di un materiale inventato in Cina e secondo un procedimento inventato in Germania. Mentre legge i resoconti dei problemi che si agitano all'estero, se è un buon cittadino conservatore, con un linguaggio indoeuropeo, ringrazierà una divinità ebraica di averlo fatto al cento per cento americano» (R. Linton, *Lo studio dell'uomo*, Il Mulino, Bologna 1973, pp. 359-360).

ARCHIVIO

«La Chiesa condanna, come contraria alla volontà di Cristo, ogni discriminazione tra gli uomini e ogni persecuzione perpetrata per motivi di razza o di colore, di condizione sociale o di religione».
(*Nostra aetate*, Dichiarazione sulle religioni non cristiane, n. 5)

Ogni colore è bello!

«Sono venuto al mondo con la pelle color bronzo. Molti miei amici sono nati con la pelle gialla, nera o bianca. Ci sono fiori dai colori diversi ed ognuno di essi è bello. Io spero che i miei figli vivano in un mondo in cui tutti gli uomini, di ogni colore, vadano d'accordo e lavorino insieme, senza che la maggioranza cerchi di uniformare gli altri al proprio volere»
(Tatanga Mani, indiani d'America)

FORUM

> Che riflessioni suscita in voi la pagina sul «cittadino americano medio», tratta da R. Linton, *Lo studio dell'uomo*?

2.7 che ne pensi?

In certi settori dello sport, per esempio nel calcio, si manifesta una violenza sempre più grave e diffusa, spesso anche a sfondo razzista. Secondo voi quali sono le cause?

Solo differenti

Una volta un dromedario, incontrando un cammello, gli disse: – Ti compiango, carissimo fratello; saresti un dromedario magnifico anche tu se solo non avessi quella brutta gobba in più –. Il cammello gli rispose: – Mi hai rubato la parola. È una sfortuna per te avere una gobba sola. Ti manca poco ad essere un cammello perfetto: con te la natura ha sbagliato per difetto –. La bizzarra querela durò tutta una mattina. In un canto ad ascoltare stava un vecchio beduino, e tra sé, intanto, pensava: – Poveretti tutti e due, ognuno trova belle soltanto le gobbe sue –. Così spesso ragiona al mondo tanta gente che trova sbagliato ciò che è solo differente!

(Gianni Rodari)

Hai già sperimentato la validità di questa morale? In quale contesto?

Cifre che parlano da sole

Nel mondo:

- **1 miliardo** circa di persone soffrono la fame e ben **2 miliardi** sono quelle mal nutrite;
- ogni anno **11 milioni** di bambini muoiono per cause che si potrebbero facilmente prevenire (per esempio l'accesso all'acqua potabile). Altri perché finiti nel giro dei bambini soldato, della prostituzione, del traffico illegale degli organi;
- oltre **600 milioni** di loro, sotto i 5 anni di età, sopravvivono con meno di 1 dollaro al giorno, **200 milioni** sono affetti da rachitismo per malnutrizione e oltre **110 milioni** non vanno a scuola.

Dall'altra parte...

- **1 miliardo e 142 milioni** di persone sono sovrappeso;
- **29,2 milioni** di persone ogni anno muoiono per eccesso di cibo (**17,5 milioni** per patologie cardiovascolari, **9 milioni** per patologie tumorali, **3,8 milioni** per diabete...).

(dati ricavati da vari siti web, tra cui quelli della Caritas, di associazioni di volontariato, della FAO – 2010)

Prova a commentare brevemente le cifre riportate.

Vivere non è sopravvivere

Vivere bene la propria vita non è la stessa cosa che cercare di «sopravvivere». Non bisogna farsi condizionare dalle mode e pensare solo che sia importante avere l'ultimo modello di cellulare.

Vivere positivamente la propria vita richiede un lungo allenamento, fatto anche di rinunce e di sacrifici. Significa sentirsi **responsabili** verso se stessi, gli altri e il mondo, contribuendo a renderlo più **vivibile per tutti**.

Vivere bene la propria vita significa sentirsi responsabili verso se stessi, gli altri e il mondo, contribuendo a renderlo più vivibile per tutti.

- **Corresponsabili del creato** = Nella Genesi, il primo libro della Bibbia, è scritto che Dio, dopo aver creato il primo uomo, gli affidò la terra perché la coltivasse e la custodisse. L'uomo è quindi corresponsabile del creato, ed è chiamato a salvaguardarlo e ad aver cura che sulla terra vi sia **pane e dignità** per tutti gli uomini, secondo il progetto iniziale di Dio.

- **Un mondo più vivibile per tutti** = L'aiuto più grande che possono dare le religioni all'uomo contemporaneo è far comprendere che la **fraternità** è un valore indispensabile per realizzare un mondo più vivibile per tutti. Purtroppo, nonostante le parole di solidarietà pronunciate un po' da tutte le religioni, nel mondo esistono ancora oggi tante forme di odio e di violenza, a volte anche in nome della religione stessa. Quindi la sfida del Terzo Millennio si basa proprio sul ruolo che avranno le religioni nel contribuire a creare una maggiore fraternità fra persone e culture diverse.

- **Le parole della pace** = Partendo dal principio che tutti gli uomini sono **fratelli**, si può giungere alla costruzione di un mondo di **pace**. Non soltanto i capi delle nazioni, ma ciascun uomo può contribuire alla costruzione della pace, giorno per

giorno, attraverso piccoli gesti concreti nei quali la solidarietà e la tolleranza prendono il posto dell'odio e del razzismo. La pace deve diventare per l'uomo uno stile di vita, un modo di pensare e di agire, che si deve esprimere nel NO a ogni forma di ingiustizia, violenza e sopraffazione.

Ciascun uomo può contribuire alla costruzione della pace, che deve diventare un vero e proprio stile di vita.

• **Rispetto per la vita** = secondo i cristiani la vita è un **dono di Dio** e quindi va vissuta in piena armonia con il Creatore e con tutti gli uomini del mondo che sono fratelli e sorelle. Ma l'idea della «sacralità» della vita, portata avanti per secoli dal Cristianesimo, può essere fatta propria anche da persone non cristiane, e anzi è presente in diverse religioni. Il **rispetto della vita** è un principio universale, che nel mondo moderno, in cui le nuove scoperte hanno fatto sì che l'uomo riesca a intervenire fino a manipolare la vita stessa, deve stare a cuore di tutti coloro che vogliono tutelare il presente e il futuro dell'umanità.

In questo discorso entra anche il tema della **pena di morte**, che purtroppo è ancora praticata in molti Stati del mondo.

Il rispetto della vita è un principio universale, che nel mondo moderno deve stare a cuore di tutti.

• **Contro ogni razzismo** = «Esiste una sola razza: quella umana»: questa frase di Gandhi fa ben comprendere come non abbiano alcun senso le discriminazioni razziali che nella storia anche recente dell'uomo hanno sempre portato a conflitti, ingiustizie e violenze. Il principio che tutti gli uomini sono fratelli deve far sì che ciascun uomo comprenda di far parte di un unico mondo in cui tutti hanno pari dignità e uguali diritti, così come afferma l'articolo 1 della Dichiarazione universale dei diritti dell'uomo.

«Esite una sola razza, quella umana.» (Gandhi)

Anche nello sport, purtroppo, non mancano talvolta episodi di razzismo: invece lo sport, se vissuto nel modo corretto, essendo occasione di incontro fra gli uomini spesso di culture diverse, può contribuire a diffondere la cultura della pace e della fraternità.

Esercizi

1 Indica con una crocetta se le seguenti affermazioni sono vere oppure false:

Affermazioni	Vero	Falso
Dio ha affidato all'uomo la cura del creato		
Non ci deve interessare quello che succede lontano da noi		
Le religioni possono aiutare a costruire un mondo di pace		
Le religioni affermano che la fraternità è un valore importante		
L'uomo può utilizzare le risorse naturali a suo piacimento		

2 Inserisci al posto dei puntini la parola giusta scegliendola fra le seguenti:

■ **responsabili** ■ **mondo** ■ **mode** ■ **vita** ■ **sopravvivere**

Vivere bene la propria .... non è la stessa cosa che cercare di .... Non bisogna farsi condizionare dalle .... e pensare che sia importante possedere l'ultimo modello di cellulare.
Vivere positivamente la propria vita significa sentirsi ....
Innanzitutto verso se stessi, poi verso gli altri e verso tutto il ....

3 Le parole della pace: indica con una crocetta se le parole seguenti possono essere considerate positive o negative nella costruzione di un mondo di pace.

Parole	Sì	No	Parole	Sì	No	Parole	Sì	No
verità			egoismo			menzogna		
rispetto			non violenza			legalità		
violenza			giustizia			razzismo		
dialogo			odio			fraternità		
ingiustizia			solidarietà			guerra		

mappa

Vivere non è sopravvivere
Essere responsabili
Verso se stessi
Verso gli altri
Verso il mondo
Un mondo più vivibile per tutti
Corresponsabili del creato
Pace
Rispetto per la vita
Rispetto e accettazione
Ogni uomo è mio fratello
No alla discriminazione ed al razzismo

vivere non è sopravvivere

sintesi.it

Inserisci la parola giusta, tra quelle indicate sotto:

Vivere bene la propria ______________ non è la stessa cosa che cercare di ______________. Troppa gente si fa condizionare dalle______________ e confonde l'essere______________ con avere l'ultimo modello di cellulare. Vivere______________ la propria vita non s'improvvisa e richiede un lungo allenamento, fatto anche di rinunce e di______________. Chi vuol «riuscire» sul serio nella vita deve saper essere responsabile: di se stesso, degli ______________, del creato, contribuendo a rendere il mondo più vivibile per tutti.

■ altri ■ sacrifici ■ «alternativi» ■ mode ■ sopravvivere ■ vita ■ responsabilmente

MediaLab

WEB 2.0

1. FOOD FORCE
Divertitevi giocando a Food Force.

2. CLICCA E DONA
Offrite il vostro contributo gratuito per dare da mangiare e da bere ai bambini dei Paesi in via di sviluppo.

3. LA MAPPA DELLE INGIUSTIZIE
Realizzate una mappa interattiva dei luoghi teatro di violenze e violazione di diritti umani (guerre, torture, pena di morte, schiavitù, razzismo).

4. REALIZZA UN VIDEO VIRALE SULL'ECOLOGIA
Realizzate un cortometraggio con video e immagini sull'ambiente.

5. IMPARA A COMUNICARE CON UN AVATAR
Realizzate un Avatar parlante che esprima le vostre emozioni del momento.

6. UNA FINESTRA SUL MONDO
Svolgete le diverse attività proposte riguardo al diritto all'alimentazione.

LIM (MATERIALI DISPONIBILI SUL SITO WWW.EDBSCUOLADIGITALE.IT)

1. MAPPA DEI PAESI POVERI
colora
Colorate la mappa con le diverse zone povere del mondo.

2. IL GIOCO DEI PREGIUDIZI PLUS
drag & drop
Collocate la categoria di persone accanto al pregiudizio corrispondente.

3. GUARDAROBA SOLIDALE
drag & drop
Dai un valore al tuo guardaroba e confronta il prezzo nel Paese di produzione.

attività interattive multimediali

ATTIVITÀ PRATICHE

1. IL VILLAGGIO DEL MONDO
Completate la scheda sul villaggio nel mondo.

2. GIOCO DELL'OCA SOLIDALE
Realizzate un gioco dell'oca solidale.

3. MAPPA DELLA FAME
Colorate la mappa della fame nel mondo.

4. MAPPA DELLE INGIUSTIZIE PLUS
Colorate la mappa delle violenze del mondo.

5. POSTER DI TWITTER
Realizzate un poster con i vostri messaggi di 140 caratteri al massimo nei quali esprimete le vostre emozioni su un fatto per voi significativo accaduto nell'ultimo mese.

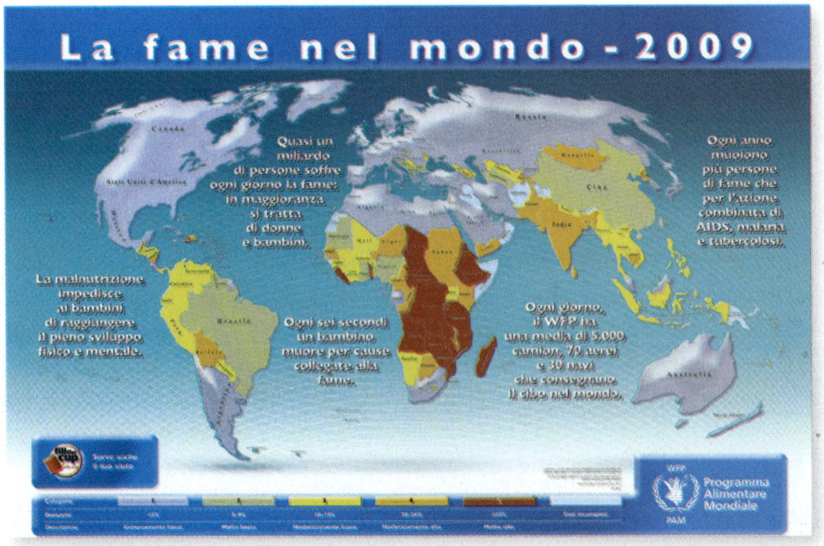

FILM

Per i film preceduti da asterisco (*) si consiglia la visione di una selezione delle scene

Avatar
(GB/USA 2009) di James Cameron.
Leggi la trama usando il QRcode.

*** Dead man walking**
(USA, 1995) di Tim Robbins

Les Choristes
(Francia/Germania, 2004) di Christophe Barratier

XMen 2
(USA, 2003) di Bryan Singer

Welcome
(Francia, 2009) di Philippe Lioret

All the invisible children
(Italia/Francia 2005) di Mehdi Charef, Emir Kusturica, Spike Lee, Kátia Lund, Jordan Scott, Ridley Scott, Stefano Veneruso, John Woo

*** Hotel Rwanda**
(Canada/GB/talia/Sudafrica, 2005) di Terry George

*** Forse Dio è malato**
(Italia, 2008) di Franco Brogi Taviani

PLUS disponibile su eBook plus · collegati · scarica · stampa · assembla

su quali valori puntare?

twitter

UNA CITTÀ IN CUI UN SOLO UOMO SOFFRE DI MENO È UNA CITTÀ MIGLIORE.

FAI DELLA TUA VITA UN SOGNO, E DI UN SOGNO UNA REALTÀ.

«TOLLERANZA» È UNA PAROLACCIA, VUOL DIRE «TAPPARSI IL NASO». MEGLIO «FRATELLANZA».

bacheca

«Se vuoi cambiare il mondo, comincia da te stesso».
(MARTIN BUBER, FILOSOFO)

«Il mondo è salvato dagli immigrati. Le idee non camminano da sole, ma con le gambe degli uomini».
(LUIGI LUCA CAVALLI-SFORZA, SCIENZIATO)

«Le frontiere? Esistono eccome, nei miei viaggi ne ho incontrate molte e stanno tutte nella mente degli uomini». (THAR HEYERDAHL, ESPLORATORE)

nuvola di tag

piano di lavoro

TRAGUARDI PER LO SVILUPPO DELLE COMPETENZE *(in prospettiva)*

Scoprire la vita come dono, un valore da condividere con tutte le donne e gli uomini del mondo, iniziando da quelli a noi più vicini (prossimi), in spirito di giustizia e di corresponsabilità.

OBIETTIVI DI APPRENDIMENTO

- Riconoscere l'originalità della proposta cristiana, in risposta al bisogno di salvezza e di speranza presenti anche nel mondo giovanile.
- Saper esporre i principali valori e motivazioni che sostengono le scelte di vita dei cristiani-cattolici, che hanno nel Decalogo e nel comandamento evangelico dell'amore i punti di riferimento.

COSA IMPARARE PER LA VITA

- Scoprire l'importanza di far riferimento a valori forti non solo per la vita individuale ma anche per una sana convivenza civile, in armonia con tutto il creato.
- Avere il coraggio di confrontarsi e di lavorare in modo costruttivo con tutte le persone di buona volontà (in classe come fuori).

LE VARIE TAPPE

Per il credente, il Decalogo e il Vangelo sono valori di riferimento costanti, che egli deve cercare di mettere in pratica nella vita di tutti i giorni; ma avere dei valori forti e vivere in modo «responsabile» non riguarda solo il credente, ma ogni cittadino che ha a cuore l'umanità e crede nella pace e nella giustizia tra i popoli.

QUALCHE SUGGERIMENTO

Oggi, anche tra i giovani, si sente l'esigenza di una riscoperta dei valori etici tradizionali che la cultura cristiano-cattolica – nonostante incoerenze e fragilità – ha sempre garantito nella nostra società (il rispetto di ogni persona, la centralità data alla famiglia, il valore del sacrificio e del saper aspettare..., solo per ricordarne alcuni). Riflettere e scegliere le cose che contano davvero (valori) è importante per crescere come cittadini.

RISERVATO ALL'INSEGNANTE

Per eventuali suggerimenti e approfondimenti sul tema, per spunti e idee, proposte di lavori sul Web ed esercitazioni con gli alunni si veda *MediaLab - Attività interattive multimediali* nella parte finale del modulo e anche la *Guida per l'insegnante*. Per le verifiche, si veda il *Quaderno operativo digitale* sul CD-rom allegato al testo.

COLPO D'OCCHIO

1.1 i valori non sono tutti uguali

Il mezzadro scozzese

«Mentre era al lavoro nei campi, un povero mezzadro scozzese sentì un grido d'aiuto provenire dalla palude vicina. Vide un bambino che affogava nelle sabbie mobili e a rischio della propria vita lo salvò. Il padre di questo bambino era un nobile: la sera stessa bussò alla casa del mezzadro e per sdebitarsi si offerse di pagare le scuole a suo figlio. Così il figlio del mezzadro poté frequentare i migliori istituti del Regno Unito e laurearsi in medicina, fino a diventare famoso. Il suo nome infatti era Alexander Fleming, lo scopritore della penicillina. Qualche tempo dopo, il figlio del nobile che il mezzadro aveva salvato si ammalò gravemente di polmonite: e la penicillina lo guarì. Si chiamava Winston Churchill, il premier britannico che avrebbe fermato Hitler. Senza saperlo, con un solo gesto il mezzadro scozzese aveva cambiato due volte la storia dell'umanità. Per chi si ritrova bombardato di notizie e sballottato fra eventi che non capisce più, questa storia vera, recuperata su internet, rilassa come un massaggio alla cervicale. Combatte quel senso di inutilità che ci pervade fino a immobilizzarci, come se ogni cosa fosse sfuggita al nostro controllo e il cinismo rappresentasse l'unico antidoto allo smarrimento. Ma le azioni di ogni individuo producono sempre un risultato da qualche parte. E hanno un senso preciso, anche quando chi le compie gliene dà un altro oppure nessuno, dal momento che non gli è concesso di conoscere tutto il copione».

(Massimo Gramellini)

Parole Chiave — VALORI

Dal latino *valòrem*, *valère*, «essere forte», «di pregio» (v. anche «valuta», «costo»). Sono tutte quelle realtà umane che si considerano importanti o che valgono; quelle virtù dell'animo che fanno l'uomo eccellente in ogni cosa che intraprende.

Non è vero che tutti i valori sono uguali. Certamente la ricchezza e il denaro sono cose che «valgono», ma non così tanto come la salute, l'amicizia, il sentirsi a posto con se stessi, la serenità in famiglia... Se pensate che non sia vero, provate a parlare con qualche ragazzo/a della vostra età che ha avuto un serio problema di salute; con chi sta vivendo il dramma di gravi problemi in famiglia; con chi, pur avendo alle spalle una famiglia ricca (ma esclusivamente di soldi), si sente molto solo e senza amici... C'è un valore che ricchi o poveri, belli o brutti, dobbiamo mettere alla base della nostra vita. Si chiama **responsabilità**. Significa cercare di rispondere, prima di tutto a noi stessi e poi agli altri, di ogni nostra azione; di migliorare la qualità della vita, non solo nostra ma anche degli altri, come insegna la tradizione di molti popoli (*v. Bacheca*) e la piccola grande storia riportata accanto.

bacheca

«Chi vuol essere un uomo giusto deve rispettare tutte le forme di vita su questa terra, il cielo, la luna, il sole, le stelle e quello che la natura ci dà. Se a casa tua arriva qualcuno ed è povero, gli devi dare alloggio, da mangiare e da vestire. Così si dovrebbe comportare un uomo giusto».
(Filosofia di vita degli indiani d'America)

FORUM

- «Le azioni di ogni individuo producono sempre un risultato da qualche parte», è detto nella conclusione del racconto *Il mezzadro scozzese*. E voi che ne pensate? La vita vi ha già insegnato la validità di questa frase?
- Avete qualche esempio da portare in classe?

1.2 m'importa

Don Lorenzo Milani (1923-1967) è un prete passato alla storia per aver dedicato quasi tutta la sua vita a fare scuola ai figli dei contadini poveri di Barbiana, un piccolo paesino della Toscana. Sosteneva che «chi non conosce le parole starà sempre timido e con il cappello in mano di fronte a chi ne sa più di lui». Il motto della sua scuola era l'espressione in inglese I CARE, «m'importa», «mi sta a cuore». «A noi "I care" tutto», dicevano i suoi ragazzi. E scrivevano: «A Barbiana ho imparato che il problema degli altri è uguale al mio. Sortirne tutti insieme è la politica. Sortirne da soli è l'avarizia. (...) A voi vi parrà poco. Ma coi vostri ragazzi fate meno. Non chiedete loro nulla. Li invitate soltanto a farsi strada» (da *Lettera a una professoressa*). Molte volte si ha l'impressione che in molte aule scolastiche ci sia scritto (anche se in realtà non si vede): «Me ne frego», che è esattamente il contrario del motto di Barbiana e che non ha mai portato niente di buono all'umanità.

In evidenza

«SONO QUATTRO LE COSE CHE MI STANNO A CUORE:
1. LA FAMIGLIA, PRIMA DI TUTTO.
2. GLI AMICI VERI, INDISPENSABILI, MA NON FACILI DA TROVARE.
3. LA MUSICA, CHE MI TIENE COMPAGNIA.
4. IL CELLULARE, CHE MI TIENI IN CONTATTO CON L'ESTERNO».

(ALICE, 13 ANNI)

È LA SCUOLA CHE FA LA DIFFERENZA

**«La scuola è l'unica differenza che c'è tra gli uomini e gli animali. Il maestro dà al ragazzo tutto quello che crede, ama e spera. Il ragazzo crescendo ci aggiunge qualcosa di suo e così l'umanità va avanti. Gli animali non vanno a scuola. Le rondini fanno il nido uguale da millenni».
(don Lorenzo Milani)**

Nella foto, don Lorenzo Milani.

FORUM

- Che ne pensate dei «valori» di Alice?
- E a voi cosa sta a cuore? Provate a fare la vostra scala di valori:

1. ....
2. ....
3. ....
4. ....

bacheca

«Se ciascuno pulisce davanti alla porta della sua casa, alla fine tutta la città sarà pulita».
(PROVERBIO SCANDINAVO)

1.3 valori per immagini

Nella speranza che messi così sia più facile ricordarli, ma soprattutto metterli in pratica, eccovi alcuni «valori illustrati». Non sono ovviamente tutti, ce ne sono molti altri di importanti. Sta a voi cercarne ancora.

rispetto

capacità di stupirsi

condivisione

ascolto

collaborazione

Avere pazienza

Saper attendere è una grande virtù. Spesso le cose sono ben diverse da come uno le ha sognate; ma la pazienza non ci fa scoraggiare e ci aiuta a raggiungere dei buoni risultati finali, come insegna questa favoletta: «Tre rane erano cadute inavvertitamente in una tinozza per metà colma di latte. I primi tentativi per venirne fuori si rivelarono disperati. Una di loro, l'ottimista, disse: "Ne usciremo comunque! Ci basta aspettare che arrivi qualcuno", e cominciò a nuotare tutt'intorno, finché il latte non le ostruì le vie respiratorie costringendola ad affogare. L'altra rana, la pessimista, disse: "Non ce la faremo mai!", e decise di lasciarsi inghiottire senza opporre la minima resistenza. La terza rana era realista: "Non si sa mai: io mi dimeno, muoverò avanti e indietro le mie zampe finché avrò forza". Fece così per ore, fino a quando non cominciò a sentire qualcosa di consistente sotto le sue zampe. A forza di sbattere aveva trasformato il latte in burro. Non le restò che fare forza su quel grumo indurito e spiccare un salto verso la libertà. La pazienza è un'arte, una virtù da apprendere e praticare».

(Reinhard Abeln, *La pazienza fa sbocciare le rose*)

Osservare in profondità

Ci sono delle cose che non si possono vedere «a colpo d'occhio», bisogna osservare bene, andando in profondità per «vedere». Infatti le cose più importanti della vita non si vedono subito; prima bisogna allenare i nostri occhi ad «andare al di là» di ciò che si vede in apparenza. Per esempio tu cosa vedi nella foto: un vecchio telefono o due cani?

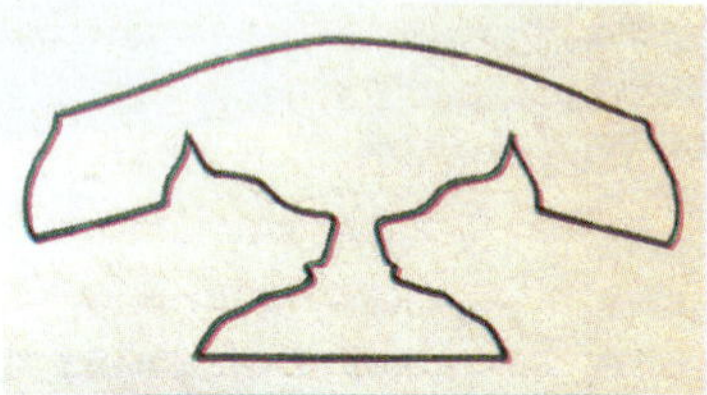

FORUM

> Abbiamo accennato ad alcuni valori importanti, ma certamente ce ne sono molti altri. Quali? Provate ad elencarne alcuni, suggerendo anche un disegno o un'immagine per illustrarli.

1. ....
....
Immagine: ....
2. ....
....
Immagine: ....
3. ....
....
Immagine: ....

1.4 essere solidali

bacheca

«Il contrario dell'amore non è l'odio ma l'indifferenza».

Tra i valori importanti, da curare in modo speciale, vogliamo inserire quelli della «solidarietà» e dell'«empatia» (v. *Parole Chiave*). Questi due valori sono spiegati molti bene da un ragazzo che frequenta la scuola media, da poco in Italia e che quindi fa ancora fatica a scrivere correttamente nella nostra lingua: «Mi chiamo Kodagoda, in mio paese ho fatti fino seconda media, ma quando sono venuto in Italica non conoscendo l'italiano ho dovuto rifare la prima media. Le materie che studiavo era più o meno uguali. Ho cominciato andare scuola non conoscendo neanche una parola. E poi dopo tre mesi ho cominciato ad andare da un ragazzo rumeno che mi aiutava ad imparare l'italiano essendo in Italia circa per quindici anni e sapeva bene l'italiano e sapeva anche inglese e altre quattro lingue.
Grazie a questo ragazzo ho imparato bene l'italiano. Imparare l'italiano non era unica problema che avevo ma anche conoscere nuovi amici, una nuova cultura.
A scuola all'inizio non avevo un buon rapporto con i compagni di scuola. Perché a scuola tutti i miei compagni mi guardava come se fosse un animale. Tutti mi prendevano in giro per la mia pelle.
Io stavo solo in un banco. Non interessavo a nessuno. Poi ho conosciuto Jacopo, un ragazzo di 12 anni, che mi ha tirato fuori da quello mondo desolato. Quando tutti gli altri mi prendevano in giro per la mia pelle, Jacopo mi stava vicino aiutandomi ad imparare italiano; e io lo aiutavo in inglese.(...) Essere emigrato fa molto soffrire, ma ci sono persone come Jacopo che ci fanno sentire che siamo a propria casa» (Sasanka Kodagoda, Oleggio [Novara] – Classe III E).

Parole Chiave

SOLIDARIETÀ

Dal latino *sòlidus*, «robusto». Nel linguaggio corrente la solidarietà è essere attenti agli altri, «un tutt'uno con gli altri».

EMPATIA

Dal greco *en-pathos*, «affetto», soffrire e gioire con l'altro. Capacità di comprendere lo stato d'animo e la situazione emotiva di un'altra persona.

In evidenza

«CREDO NELLA MAGIA DI UN NUOVO GIORNO, CREDO NELLE PERSONE E NELLA BELLEZZA DEI CUORI, CREDO NEI GRANDI SOGNI CHE DIVENTERANNO REALTÀ».

(CLAUDIO, 13 ANNI)

Un sacco di virtù, un sacco di difetti

«In Gilberto de Nucci c'è un'eccellente immagine riguardo al nostro comportamento. Secondo lui, gli uomini camminano sulla superficie della Terra in fila indiana, ciascuno trasportando un sacco davanti e un altro dietro.
Nel sacco davanti, noi mettiamo le nostre qualità. Nel sacco di dietro, serbiamo tutti i nostri difetti.
Perciò, durante il viaggio della vita, teniamo gli occhi fissi sulle virtù che possediamo, legate al nostro petto. Nello stesso tempo, notiamo impietosamente, sulle spalle del compagno che ci sta davanti, tutti i difetti che egli possiede.
E ci riteniamo migliori di lui, senza capire che chi ci segue sta pensando la stessa cosa di noi».

(Paulo Coelho)

FORUM

- Quali valori ha messo in pratica Jacopo?
- **ATTIVITÀ:** Conoscete storie come quella raccontata da Kodagoda?

1.5 che ne pensi?

«Non essere amati è una semplice sfortuna; la vera disgrazia è non amare».
(Albert Camus, 1913-1960)

Quali riflessioni ti suggerisce la frase di questo scrittore francese non cristiano?

....
....
....
....
....
....
....
....

«Questi i "valori su cui puntare":
Tre NO: alla morte, all'egoismo, alla guerra.
Tre SÌ: alla vita, alla solidarietà, alla pace».
(mons. Fernardo Charrier, vescovo, ai giovani)

Sei d'accordo?

....
....

Prova a proporre altri tre NO:

1 ....
2 ....
3 ....

«Una società multiculturale è potenzialmente più ricca, più bella, più interessante. La cucina, la musica, il cinema, i luoghi del divertimento e del lavoro, la scuola e la strada, tutto cambia faccia e si riveste di nuove opportunità.
Ma gli stranieri, con la loro presenza, possono anche enfatizzare le contraddizioni della società che li accoglie: crisi economica, disoccupazione, conflittualità fra generazioni. Un bivio inevitabile, forse, dagli esiti sempre mutevoli e imprevedibili. Ma anche una sfida appassionante, alla quale nessuno può considerarsi estraneo» (dal sito interculturale di Torino http://www.comune.torino.it/intercultura).

Rispetto a questo brano ti senti:
❑ molto d'accordo ❑ abbastanza d'accordo ❑ poco d'accordo
❑ per niente d'accordo

Motiva la tua scelta: ....
....
....
....
....

2.1 dieci parole di riferimento

Parole Chiave

DECALOGO

Letteralmente le «dieci Parole», i comandamenti dati da Dio a Mosè sul monte Sinai. Secondo la tradizione ebraica il testo del Decalogo, riportato nei libri biblici dell'Esodo (20,1-17) e del Deuteronomio (5,6-22), fu scritto su due tavole di pietra e conservato nell'Arca dell'alleanza.

ETICA O MORALE

Sono termini usati come sinonimi e si riferiscono al comportamento «giusto», cioè l'insieme delle norme che regolano il comportamento di una persona. L'etica si basa sulla coscienza individuale, e si parla di «etica religiosa» quando si fa riferimento ai princìpi di una religione. La legge, invece, è l'insieme delle norme sociali che stabilisce uno Stato o una comunità civile, che si serve anche della polizia e dei giudici per farle rispettare.

ETICA NATURALE

Sono le regole scritte non sui libri o sulla pietra, ma nel cuore di ogni essere umano.

I **dieci comandamenti**, insieme al Vangelo, sono i punti di riferimento fondamentali per il cristiano, ma non appartengono solo ai credenti: fanno parte del patrimonio culturale e religioso dell'umanità. Le dieci parole, o **Decalogo**, affidate da Dio al popolo ebraico, rappresentano una legge che prima di essere incisa su tavole di pietra è già nel cuore degli uomini (legge naturale). Anche se la formulazione risente chiaramente dello stile e della mentalità dell'epoca storica in cui i comandamenti sono stati scritti, i loro contenuti rimangono validi nel tempo, non perdono di significato. Sono punti di riferimento, segnali chiari della strada da intraprendere, validi non solo per i credenti. Alla nostra mentalità moderna può dare fastidio la loro formulazione al negativo, «non fare..., non dire...», ma essi non vogliono tanto esprimere un divieto, quanto tracciare una linea di confine da non superare per non mettere a rischio la nostra umanità.
Per cogliere fino in fondo il loro significato attuale, proviamo a riesprimerli in un linguaggio più vicino a noi, pur lasciando la loro formulazione tradizionale:

1. «**Non avrai altro Dio fuori di me**»: solo Dio è il Signore, non permettere ad altri di prendere il suo posto. Il denaro, il cellulare, il motorino, persino i voti... sono solo delle cose. Non farti possedere da esse...
2. «**Non nominare il nome di Dio invano**»: ci sono già molti grandi che abusano del nome di Dio per i loro sporchi interessi (guerra, terrorismo, magia...). Perché bestemmiarlo se ci credi? E, se non ci credi, perché offendere chi ci crede?
3. «**Ricordati di santificare le feste**»: le persone a cui vuoi bene, le ricordi spesso. Dio non è forse così importante da ricordarlo ogni tanto, soprattutto la domenica, e da celebrarlo con tutti quelli che credono in lui?
4. «**Onora il padre e la madre**»: onora e rispetta coloro che ti hanno dato la vita, ma anche tutti quelli che ti aiutano a crescere. Riconosci in ogni uomo e donna tuo fratello e tua sorella; vivi in armonia con tutti.
5. «**Non uccidere**»: rispetta ogni essere vivente. Si può «uccidere» in tanti modi, non solo con le armi ma anche con le malelingue, il disprezzo, la violenza verbale e psicologica.
6. «**Non commettere atti impuri**»: vivi responsabilmente il dono della sessualità, rispettando te stesso e gli altri. Amare è donare, e non ama chi non sa uscire dal proprio egoismo.
7. «**Non rubare**»: il Creatore ci ha affidato tutte le cose, ma esse non ti appartengono, perché non sei tu il padrone. Non prendere ciò che è stato dato ad altri, e impara a condividere ciò che hai.
8. «**Non dire falsa testimonianza**»: chi inganna gli altri, inganna anche se stesso. Vivi in modo che guardandoti allo specchio tu non abbia da vergognarti di te stesso.
9. «**Non desiderare la donna d'altri**»: non si tratta solo della donna, ma anche dell'uomo. È l'invito a rispettare i sentimenti degli altri, non trascurando i desideri del cuore. Abbi il coraggio di conservare un cuore puro (cioè una intelligenza e volontà sempre in sintonia con Dio).
10. «**Non desiderare la roba d'altri**»: sappi distinguere ciò che è essenziale da ciò che non lo è, l'essere dall'avere. Non provare invidia, sii te stesso, senza renderti schiavo delle cose o delle mode del momento.

FORUM

- Come vi sembra questa rilettura dei dieci comandamenti? Sono così superati?
- Qual è – secondo voi – il comandamento più trascurato dai vostri coetanei?

2.2 un blocco unico

bacheca

«Sono molti coloro che parlano di Dio; nel nome di Dio si predicano anche l'odio e la violenza. Perciò è importante scoprire il suo vero volto». (BENEDETTO XVI).

Ogni tanto si sente qualcuno che propone di laicizzare i comandamenti, togliendo cioè i primi tre, quelli che fanno esplicito riferimento a Dio. «Così almeno – si giustifica – credenti e non credenti possono avere una base etica comune». La proposta può sembrare furba, ma non lo è affatto. Per capirci, è un po' come quando da piccoli si costruivano le torri con i mattoncini del Lego: se si toglievano quelli che stavano alla base, tutta la torre crollava. La stessa cosa succede con i comandamenti. Non è un caso che i primi tre riguardino direttamente Dio e che gli altri sette abbiano a che fare con il prossimo. Per la tradizione ebraico-cristiana, infatti, Dio e l'uomo sono legati da un unico grande comandamento: quello dell'amore; anche se l'amore per il Creatore precede quello per la creatura. Certo, si può essere buoni cittadini e persone responsabili pur non credendo in Dio, ma non è facile dare un fondamento stabile all'etica se si toglie Dio. Già lo scrittore russo Dostoevskij (1821-1881) si era chiesto: «Se Dio non esiste tutto è permesso?», intendendo dire che è difficile dare delle regole valide per tutti gli uomini e, soprattutto, che rimangano nel tempo, se si elimina ogni riferimento a Dio, come principio e fine di tutto.

I PRIMI TRE COMANDAMENTI

1. **«Non avrai altro Dio fuori di me»:** solo Dio è il Signore; non permettere che idee (totalitarismi), uomini e cose prendano il posto dell'assoluto e del mistero nella tua vita.
2. **«Non nominare il nome di Dio invano»:** è già tanto abusato il nome di Dio, non è il caso di bestemmiarlo, se non altro per educazione e rispetto verso chi ci crede.
3. **«Ricordati di santificare le feste»:** perché dire di credere in Dio se poi non ci ricordiamo mai di lui, nemmeno la domenica?

un blocco unico

FORUM

- «Se Dio non esiste tutto è permesso». Che ne pensate?
- Perché il primo è il più importante comandamento?

2.3 l'abuso del nome di Dio

Le frasi ad effetto, come quella sulle religioni che «dovrebbero essere tutte abolite», sono in realtà dei luoghi comuni e delle generalizzazioni che producono solo odio e violenza, questa volta nei confronti delle religioni. Come si può sostenere che il fondatore del cristianesimo, Gesù di Nazaret, abbia fomentato l'odio e la violenza? Non ha forse detto a Pietro di rimettere nel fodero la spada perché «tutti quelli che prendono la spada, di spada moriranno»? (Matteo 26,52). E anche nella storia delle religioni e della Chiesa ci sono uomini saggi e santi che non solo non hanno mai scatenato nessuna forma di violenza, ma hanno aiutato tantissime persone, fino a sacrificare la loro vita pur di non offendere e ferire gli altri. Certo ci sono stati anche quelli che «in nome di Dio» hanno commesso disastri ed eccidi. Basti pensare che i soldati nazisti avevano scritto sul loro cinturone «Gott mit uns» (Dio è con noi), e che anche oggi molti terroristi, islamici e non, pensano di avere Dio dalla loro parte. Ma l'odio, il fanatismo e il terrorismo profanano il nome di Dio e sfigurano l'autentica immagine dell'uomo. Non si può costruire niente di duraturo con la forza delle armi e del terrore. Le religioni devono ritrovare la loro unità nel gridare forte un NO netto e chiaro a ogni forma di violenza.

domande frequenti

«MA PROF, PERCHÉ LE RELIGIONI, IERI COME OGGI, SCATENANO TANTA VIOLENZA? GUARDI IL FONDAMENTALISMO ISLAMICO QUANTI MORTI SEMINA OGNI GIORNO! ... FORSE HA RAGIONE CHI SOSTIENE CHE LE RELIGIONI DOVREBBERO ESSERE TUTTE ABOLITE PERCHÉ FAVORISCONO SOLO L'ODIO, IL FANATISMO E LA VIOLENZA».

(ERIKA, 13 ANNI)

bacheca

«L'odio e la violenza non c'entrano niente con Dio». (STRISCIONE ALLA MARCIA DELLA PACE PERUGIA-ASSISI 2010)

Focus

CI SONO TANTI FONDAMENTALISMI

«Oggi ci sono molte forme di ***fondamentalismo****: c'è quello* ***politico****, che nega le libertà civili e religiose. C'è quello* ***economico****, che domina e sfrutta paesi arretrati. C'è quello* ***pseudo-religioso****, che profana il nome di Dio e sfocia nel terrorismo. Ma c'è anche un fondamentalismo che io chiamo* ***nichilista****, secondo cui non c'è nulla in cui vale la pena credere e quindi si può essere creduloni di tutto. È il fondamentalismo che si nasconde in gran parte della nostra società, l'imposizione occulta e pericolosa dell'idea che la verità non esiste e che per andare d'accordo bisogna rinunciare alla propria fede. Lo ripeto: lo spirito d'Assisi è il contrario di questo atteggiamento».*

(mons. Sergio Goretti, vescovo, ha partecipato a tutti gli incontri interreligiosi che si sono svolti negli ultimi anni nella città di san Francesco)

FORUM

> **ATTIVITÀ:** Approfondire la differenza tra fondamentalismo, terrorismo e integralismo, anche con l'aiuto del *Dizionario* alla fine del libro.

2.4 come «onorare il padre e la madre»?

Il quarto comandamento chiede di **«onorare» il padre e la madre**, cioè coloro che ci hanno messo al mondo. Per questo, dopo i tre comandamenti che riguardano Dio, autore e fine ultimo della vita, viene subito quello che chiede di rispettare coloro che sono stati strumenti di vita e testimoni dell'amore di Dio.

Si chiede per i genitori lo stesso rispetto che si deve a Dio e al suo nome; un rispetto fatto di amore e fedeltà, non di semplice obbedienza. È importante notare che in ebraico (la lingua dei comandamenti) il verbo che in italiano traduciamo con «onorare» è *kabed*, che vuol dire «dare peso», «non trattare con leggerezza», indica molto di più della semplice «obbedienza»: vuol dire riconoscere l'importanza del loro ruolo quasi divino, del loro essere punto di riferimento costante per i figli e richiamo alla realtà di Dio. Certo, pur essendo strumenti della vita, la vita di un figlio non appartiene ai genitori: non possono costruire un figlio a loro «immagine e somiglianza», né imporgli le strade da seguire. Anche un genitore deve «onorare» i propri figli, rispettandoli nella propria individualità e diversità. Solo così li aiuta a crescere.

ARCHIVIO

«ONORA TUO PADRE CON TUTTO IL CUORE
E NON DIMENTICARE LE DOGLIE DI TUA MADRE.
RICORDA CHE ESSI TI HANNO GENERATO:
CHE DARAI LORO IN CAMBIO DI QUANTO TI HANNO DATO?».
(SIRACIDE 7, 29-30)

FORUM

> Sulla pubblicità di una compagnia aerea è scritto: «***Famiglia di ieri***: 2 adulti con 1, 2, 3 bambini gratis. ***Famiglie di oggi***: 1 adulto con 1 bambino gratis». Questa pubblicità spiega il cambiamento in atto nelle famiglie. Voi che ne pensate?

2.5 amare e rispettare la vita

Il quinto Comandamento, **«non uccidere»**, chiede ad ogni essere umano il rispetto totale della vita, soprattutto umana, ma anche della creazione stessa. L'uomo deve vivere in armonia con ciò che è stato creato da Dio, rispettando la vita, che è sacra dal suo inizio fino alla fine. A Caino, uccisore del fratello Abele, Dio chiede conto del sangue innocente versato: «Che hai fatto? La voce del sangue di tuo fratello grida a me dal suolo! Ora sii maledetto lontano da quel suolo che ha aperto la bocca per ricevere il sangue di tuo fratello dalla tua mano». (...) Però, «chiunque ucciderà Caino subirà la vendetta sette volte!» (Genesi 4,10-16).
Nessuno potrà dunque toccare Caino perché anche Caino è un figlio di Dio e la vita appartiene solo al Creatore. Una chiara condanna per ogni forma di vendetta, anche legale (pena di morte), nei confronti di chi uccide. Chiunque sparge il sangue, anche di un uomo colpevole, si arroga un diritto che spetta solo a Dio.
Il comandamento biblico proibisce ogni azione, diretta o indiretta, contro la vita: non solo l'omicidio, ma anche il suicidio, la guerra, le torture, la schiavitù, l'aborto, l'eutanasia, l'inquinamento ambientale, la fame di cui soffrono milioni di essere umani nel mondo... così come tanti altri problemi che affliggono l'umanità. ⇨

«Si sono chiesti i nostri Maestri: "Perché all'inizio il Signore ha creato un solo uomo?". Hanno risposto: "Perché i suoi discendenti comprendano che da un uomo nasce un'intera umanità: perciò chi uccide un uomo è come se uccidesse il mondo intero, e chi salva un uomo è come se salvasse il mondo intero"».

(dal Midrash ebraico)

Vivere questo comandamento significa credere e rispettare la vita, amarla e donarla agli altri, così come è scritto nella coscienza di ogni essere umano.

Tanti modi di uccidere

«Non uccide solo la violenza dei terroristi...
Uccide chi "strozzina" il povero...
Chi pretende milioni per guarire un malato
o per risolvere una causa giudiziaria...
Uccide chi procura aborto
e non difende la vita del più debole...
Uccide chi consuma troppo,
impedendo ad altri
di avere il necessario per vivere
o investendo le proprie ricchezze
in opere di morte,
anziché a favore della vita.
Uccide chi giudica la ragazza madre,
uccide chi inquina
impedendo la vita al domani».
(Arsenale della Pace di Torino)

ARCHIVIO

«A nessuno è lecito distruggere direttamente un essere umano innocente, essendo ciò gravemente contrario alla dignità della persona e alla santità del Creatore».
(Catechismo della Chiesa cattolica, Compendio, n. 466)

Focus

IL PRECETTO «NON UCCIDERE» NELLE ALTRE RELIGIONI

Il comandamento «non uccidere» lo troviamo anche in molte altre culture e religioni. In alcune religioni si sottolinea un rispetto assoluto per ogni forma vivente, come nel jainismo, una religione per certi aspetti simile al buddhismo, che si sviluppò in India nel V secolo a.C. e tuttora esiste.
*Nell'*Ayaramgasutta, *un testo del IV-III secolo a.C., troviamo scritto:*
Tutti i santi e venerabili del passato, del presente e del futuro, tutti dicono, annunciano, proclamano e dichiarano: non bisogna uccidere,
né maltrattare,
né ingiuriare,
né tormentare,
né dar la caccia ad alcuna specie di essere, ad alcuna specie di creatura, ad alcuna specie di animale,
né ad alcun essere di qualsiasi specie. Ecco il puro, eterno e costante precetto della religione, proclamato dai saggi che comprendono il mondo.

FORUM

- Non abbiamo terminato l'elenco di ciò che proibisce il quinto comandamento: continuatelo voi ....
....
....

- **ATTIVITÀ:** Rileggete il brano *Tanti modi di uccidere,* sottolineate la frase che sentite più vostra, poi commentatela in classe.

2.6 una sessualità vissuta come dono

Secondo la visione ebraico-cristiana, Dio ha creato l'uomo maschio e femmina, con uguali dignità e diritti, e ha messo nel cuore umano «la vocazione dell'amore e della comunione». Sta a ogni persona accettare la propria identità sessuale, riconoscendone l'importanza per la nostra vita. A volte si dice che la Chiesa cattolica ha paura della sessualità, che proibisce tutto o che vede tutto al negativo. Non è così: la Chiesa non può avere paura della sessualità perché è Dio stesso che ha creato l'essere umano come maschio e come femmina, e quindi essere tali è un grande dono di Dio. Ma come tutti i doni belli e importanti dev'essere vissuto con responsabilità verso se stessi e verso gli altri; l'altro non è mai una cosa o un oggetto, ma una persona con cui entrare in relazione. La sessualità (in tutte le sue forme, non soltanto fisica) è un modo per entrare in relazione con l'altro/a, da persona a persona. La formula originaria del comandamento era «non commettere adulterio» (Esodo 20,14), che nella tradizione cattolica è stato però tradotto con «non commettere atti impuri», proibendo ogni «adulterazione», cioè ogni «falsificazione» nei confronti dell'uomo e della donna, ogni gesto che può offendere l'amore e la bellezza (purezza) del cuore di ogni essere umano.

Di che cosa si alimenta la vita?

«La parola, tutte le parole possono essere ridotte a una frase luce: ti amo,
o a quest'altra frase ombra: non ti amo.
Più che fra i poveri e ricchi, gli uomini si dividono in amati e non amati.
Per l'amore viviamo, moriamo e risuscitiamo.
Guarda i girasoli vicini, lontani, prossimi, assenti.
Il destino dei girasoli è di rotare intorno al sole.
Guai al girasole o all'uomo impazziti
che si ostinano a girare contro il loro sole!
Poveri girasoli ciechi
che girano e rigirano attorno al nulla.
Il destino degli uomini è di girare intorno all'amore».

(Manuel Scorsa, *La danza immobile*)

Saper amare con il corpo

Ecco uno spunto per approfondire l'importante e delicato (come tutte le cose preziose) tema della «purezza» del cuore: «*La persona* – scrive lo psicologo Gigi Avanti – *nasce sessuata per volere di Dio e non può prescindere da tale connotazione genetica fondamentale. La parte più manifesta di essa è il corpo maschile o femminile.*

Si potrebbe dire, per quanto riguarda la riflessione sull'amore, che il corpo è una sorta di inviato speciale di quanto gli sta dentro, e cioè la mente, il cuore, l'anima. Avrai sentito parlare di gesti senz'anima, di abbracci formali, di amore platonico e così via. Avrai anche sentito espressioni della serie "fare sesso", "fare l'amore"... Ti senti di pensare che siano sempre amore, dopo quanto abbiamo detto sull'amore?

Saper amare col corpo comporta saper amare al di là di esso. Gestire questo equilibrio tra le pretese del corpo (istinti e ormoni) e le esigenze della mente, del cuore e dell'anima (scelte di volontà ragionevoli e finalizzate) è sovente impresa ardua... Ma non si può fare con il corpo ciò che non si è in grado di fare col cuore. Non si accarezza un viso soltanto con la mano...».

Quale amore?

«Il femminile, l'altra metà del cielo. La nostra ricchezza è fatta della nostra diversità; l'altro ci è prezioso nella misura in cui ci è diverso». (Albert Jacquard)

«Desideri che gli altri ti amino?
Amali tu per primo». (Rabbi di Berrshid)

«Cristo non è forse venuto sulla terra perché ogni essere umano si sappia amato? Così il cuore può svegliarsi allo stupore di un amore».
(frère Roger di Taizé, ucciso il 16 agosto 2005)

FORUM

- Dell'argomento trattato cosa ha colpito la vostra attenzione?
- E per voi cos'è un «cuore puro»?

2.7 si ruba in tanti modi

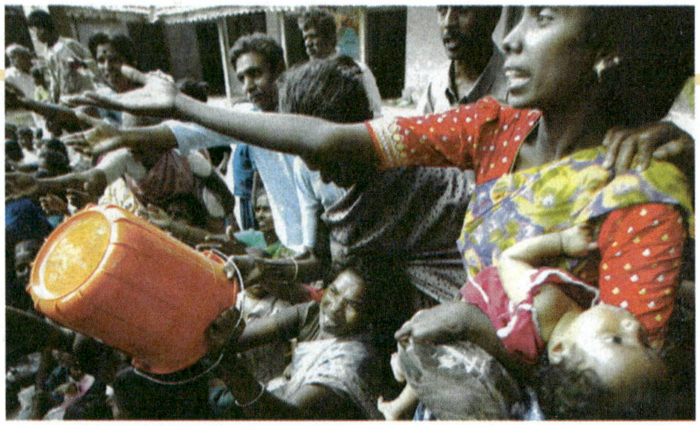

Il settimo comandamento non proibisce soltanto di appropriarsi di ciò che non è nostro, ma anche di non privare gli altri di ciò che è essenziale per la loro sopravvivenza. Ci sono, infatti, tanti modi di «rubare»: sottrarre un tozzo di pane o un piatto di riso per calmare la fame non ha la stessa gravità di chi «ruba» il pane e la dignità a milioni di persone nel mondo con le sue scelte di morte e di cinica indifferenza. Già sant'Ambrogio nel IV sec. d.C. ammoniva: «Non è del tuo che tu fai dono al povero; tu non fai che rendergli ciò che gli appartiene. Poiché la terra è data a tutti, e non solamente ai ricchi». E un altro padre della Chiesa, san Basilio di Cesarea, vissuto tra il 339 e il 379 d.C., predicava: «È dell'affamato il pane che tu possiedi; è del nudo il panno che hai negli armadi, è dello scalzo la scarpa che s'ammuffisce in casa tua; è dell'indigente l'argento che tu tieni seppellito». È in quest'ottica che bisogna leggere il settimo comandamento: «Invece nella nostra società moderna – afferma Timothy Radcliffe, già maestro generale dei domenicani – ha avuto il sopravvento la "finzione della merce". In base a questa finzione ogni cosa può essere comprata e venduta: terra, lavoro, acqua, tutta la creazione di Dio. L'economia di mercato fornisce il filtro attraverso cui vedere il mondo. Possedere diventa il fondamento della dignità umana. I diritti di proprietà sono assoluti e qualunque cosa diventa proprietà». Con questa mentalità chi già possiede diventa sempre più ricco, chi non possiede diventa sempre più povero. E la forbice, cioè il dislivello tra i due gruppi, è destinata a diventare sempre più vistosa e difficile da sanare.

Ipocrisie e solidarietà

Tra le tante cause di questa situazione, che genera sempre più tensioni e conflitti nel mondo, c'è una mentalità sfacciatamente consumistica che è quella del nostro mondo ricco. Per esempio, nel 1970 gli esperti assicurarono che entro la fine del millennio le malattie infettive non avrebbero più minacciato l'umanità. I dati disponibili oggi – denuncia Medici Senza Frontiere – ci indicano invece dei numeri agghiaccianti. Ogni anno, infatti, nel mondo muoiono per malattie infettive oltre 15 milioni di persone. I Paesi industrializzati registrano l'1,2% dei decessi. Il 98,8% delle persone che muoiono per malattie infettive appartengono invece a quelle categorie che devono lottare contro la povertà, la fame, la sete, l'ignoranza. Ma vi sono anche altri numeri scandalosi. Le somme più cospicue delle multinazionali del farmaco sono impiegate per vincere obesità e impotenza, problemi del mondo ricco. Del resto le multinazionali del farmaco puntano su quel 25% della popolazione mondiale che, grazie alla disponibilità di denaro, assicura loro guadagni in abbondanza, dato che consuma l'85% della quantità totale dei farmaci prodotti mentre il 75% degli abitanti della terra, quelli che vivono nei Paesi poveri, usa soltanto il 15% dei medicinali immessi sul mercato mondiale. Intere popolazioni non possono curarsi perché i farmaci sono troppo cari, oppure perché essi non vengono più prodotti a causa dello scarso margine di guadagno. Non può essere una cinica legge di mercato a dire chi e come deve essere curato.

FORUM

- Perché il settimo comandamento s'interessa anche dei gravi problemi del mondo?
- **ATTIVITÀ:** Una breve ricerca su internet o con il materiale a disposizione (libro di geografia, biblioteca scolastica, riviste...) sui vari aspetti di giustizia e ingiustizia che il settimo comandamento mette in risalto.

Focus

LA FEDE NON PUÒ LASCIARE INDIFFERENTI

«In molti paesi poveri permane e rischia di accentuarsi l'estrema insicurezza di vita, che è conseguenza della carenza di alimentazione: la fame miete ancora moltissime vittime nel mondo. Dare da mangiare agli affamati è un imperativo etico per la Chiesa universale, che risponde agli insegnamenti di solidarietà e di condivisione del suo fondatore, il Signore Gesù. (n. 27)
L'amore di Dio ci dà il coraggio di operare e di proseguire nella ricerca del bene di tutti, anche se non si realizza immediatamente, anche se quello che riusciamo ad attuare è sempre meno di ciò che aneliamo». (n. 78) (da Caritas in veritate – enciclica di Benedetto XVI, 2009)

2.8 non mentire a se stessi, agli altri, a Dio

Ci sono tanti modi per mentire... Tra le menzogne più sottili – e spesso difficili da riconoscere – ci sono proprio quelle contro noi stessi: «Ah, IO so benissimo cosa fare o non fare della mia vita!»; «Nessuno deve insegnarmi niente!»; «IO posso smettere quando voglio!»... e via di questo passo. Tutte affermazioni sicure e che danno l'idea che siamo responsabili della nostra vita... ma solo in apparenza. Tra le più gravi menzogne c'è quella di poter fare di sé e del proprio cervello quello che si vuole: «Tanto IO...». No, non è vero che tu smetti di fumare quando vuoi e nemmeno che «tanto... non fa male»: è un modo stupido per ingannare noi stessi e per giocare con il nostro cervello.

Ma non mentiamo solo a noi stessi, spesso lo facciamo anche con gli altri (per esempio giocando con i sentimenti, tradendo la parola data, l'amicizia, la fiducia accordataci...). Capita anche che siano gli altri a mentire con noi, facendoci credere che quella marca di scarpe, quel paio di jeans, quel taglio di capelli... siano così importanti. Quante falsità occhieggiano dai cartelloni pubblicitari, dalle edicole e dai vari mezzi multimediali! Ma le menzogne non hanno mai fatto crescere nessuno e tanto meno reso felice nessuno.

bacheca

«Fai della tua vita un sogno, e di un sogno una realtà». (Antoine de Saint-Exupery)

FORUM

> Qual è, secondo voi, la più grande menzogna?..
....
....

> Perché la bugia, quando diventa un'abitudine di vita, è come una valanga?

Vi dicono... Ma io vi dico

«Vi dicono:
"Fate i furbi;
gli ingenui ci rimettono sempre!".
Ma io vi dico:
"Dite la verità; non vi dovrete vergognare
mai di nessuno".
Vi dicono: "Date sempre ragione al professore
e al più forte".
Ma io vi dico:
"Chi è più forte non ha bisogno
che gli si dia ragione".
Vi dicono:
"Con una bugia te la cavi,
quando c'è da difendere i propri interessi
non si guarda in faccia nessuno".
Ma io vi dico:
"La falsità non fa l'interesse di nessuno
e una bugia ne tira un'altra...
e si crea una catena che sarà
sempre più difficile rompere"».

(Campo scuola ragazzi - Diocesi di Aosta)

2.9 quando il desiderio diventa un'ossessione

bacheca

«Le persone non possono avere tutto». (Anonimo)

Gli ultimi due comandamenti parlano di desideri: il nono «Non desiderare la donna d'altri» e il decimo «Non desiderare la roba d'altri». Nella versione originale del Decalogo la proibizione delle cose e della donna altrui facevano parte di un unico comandamento, che poi nella versione cristiana è stato sdoppiato. Ovviamente il comandamento risente dell'ambiente storico e culturale proprio dell'epoca a cui appartiene il Decalogo (circa 1200 a.C.) e per l'uomo contemporaneo la proibizione riguarda sia la donna che l'uomo «degli altri/delle altre».

Ma perché proibire anche il desiderio? Mica è peccato desiderare persone e cose che appartengono ad altri; semmai è peccato passare dai desideri ai fatti... Ma finché si rimane a livello di desideri...
La legge degli uomini non proibisce il desiderio, ma quella di Dio è più sottile e scruta le profondità del cuore. Essa distingue tra pensiero, desiderio e il peccato del cuore. Ci sono pensieri che si trasformano in desideri (sentire emotivamente in modo forte la mancanza di qualcosa), ma che possono essere sia legittimi (cibo, affetto, cultura...) che proibiti, in cui l'emotività diventa cupidigia, bramosia, un sentimento incontenibile che vuole a tutti i costi quel che si desidera, come una «cosa» da possedere gelosamente per sé, insomma una vera e propria ossessione.
E così i desideri che ci fanno perdere di vista i valori, la ricerca dell'equilibrio e dell'armonia tra le varie dimensioni della vita, ci allontanano non solo da Dio (peccato), ma anche da noi stessi e dagli altri. Ecco perché il comandamento ci chiede di liberarci dal desiderio sfrenato, che falsifica tutta la visione della realtà che ci circonda, come se portassimo un paio di occhiali colorati. Già Gesù aveva detto che è dal cuore che partono i pensieri e le azioni che deturpano o «sporcano» la persona (cf. Mc 7,21). C'è modo e modo di guardare gli altri e le cose: lo sguardo malizioso di chi scambia gli uomini e le donne per degli oggetti da possedere o da «mostrare per far invidia» è ben diverso dallo sguardo puro di chi è abituato a vedere gli altri come persone, da rispettare fino in fondo. Le due scelte non sono equivalenti. L'invidia, la gelosia, l'ostinazione... rendono le persone cieche, incapaci di relazionarsi con gli altri e quindi anche incapaci di amare sul serio.

FORUM

- Gli ultimi due comandamenti proibiscono ogni desiderio? Come devono essere interpretati?
- Perché l'invidia, la gelosia... rendono ciechi?

2.10 che ne pensi?

Il vero volto di Dio
«Sono molti coloro che parlano di Dio; nel nome di Dio si predica anche l'odio e si esercita la violenza. Perciò è importante scoprire il vero volto di Dio».
(Benedetto XVI, Giornata Mondiale della Gioventù, Colonia 2005)

Secondo te questa frase a quale comandamento fa riferimento?

....

Qual è il vero volto di Dio?

....

....

Un pensionato trova per strada un portafoglio con circa 70 mila euro e lo riconsegna ai vigili con tutti i documenti e il denaro. Era di una signora che stava andando in una agenzia immobiliare per fare il compromesso di acquisto di un alloggio. Il pensionato ha anche rifiutato la ricompensa di 7 mila euro offertagli dalla signora. «Gli amici mi hanno detto che sono scemo, ma io credo di aver fatto solo il mio dovere e sono contento così». (da un giornale locale, 17 maggio 2010)

Se un tuo amico si fosse comportato come il pensionato, cosa gli avresti detto?

....

....

....

....

Come rovinare un figlio in dieci mosse
Cari genitori, ecco cosa dovete fare per far crescere male vostro figlio:
1. accontentatevi del 6 –;
2. dispensate carezze di seconda mano;
3. fatevi vedere depressi;
4. i padri devono latitare (non si fanno vedere);
5. svegliatevi solo quando è grande;
6. iper-proteggetelo;
7. scordatevi le buone maniere;
8. mettete la famiglia dopo il lavoro, sempre;
9. lavatevene le mani;
10. scusatelo sempre e dovunque...

(don Antonio Mazzi, *Come rovinare un figlio in dieci mosse*, San Paolo-Exodus 2005)

Sono queste le regole, secondo don Mazzi, per rovinare un/una figlio/a. Nelle sue comunità per il recupero di giovani in difficoltà, di «figli» e «figlie» rovinati ne ha visti parecchi. Che ne pensate di quanto scrive?

....

....

....

....

....

....

....

....

3.1 un navigatore più che affidabile

Focus

CARITÀ, L'AMORE CRISTIANO

*La parola «**carità**» deriva dal latino caritas, che traduce il termine greco – la lingua del Nuovo Testamento – agape. Il vocabolo «agape», (già conosciuto dai greci, ma poco usato) viene scelto dai cristiani per indicare lo speciale amore che deve legare i credenti tra loro e con Dio stesso. Non significa affatto – come intendiamo in italiano – «fare la carità», cioè una forma di beneficenza occasionale, spesso più per toglierci un fastidio che altro. Il vero significato cristiano di «carità» è «**amore disinteressato**», verso Dio e i fratelli, che vuole il bene dell'altro, coinvolge e crea legami; non si accontenta di un'elemosina o di un gesto.*

Le «dieci parole» o Decalogo, che abbiamo trattato nell'Unità precedente, appartengono sia alla tradizione ebraica (in cui nascono) che a quella cristiana. Gesù, infatti, le fa proprie, sintetizzandole nell'unico grande comandamento dell'amore: verso Dio e i fratelli. È questa l'ottica in cui leggere i comandamenti e soprattutto viverli. Essi ci indicano la strada da percorrere in modo chiaro, meglio del più sofisticato navigatore.

Un unico grande comandamento

È, infatti, l'amore la sintesi del messaggio cristiano e il suo fondamento. Gesù stesso ha infatti rivelato che Dio è Trinità: una comunità d'amore, composta dal Padre, dal Figlio e dallo Spirito Santo, che formano un'unica realtà. Il concetto trinitario e l'amore gratuito di Gesù Cristo sono l'essenza del cristianesimo, come scrive l'apostolo Giovanni: «Questo è il suo comandamento: che crediamo nel nome del Figlio suo Gesù Cristo e ci amiamo gli uni gli altri, secondo il precetto che ci ha dato» (1Gv 3,23). E continuando: «Carissimi, amiamoci gli uni gli altri, perché l'amore è da Dio: chiunque ama è stato generato da Dio e conosce Dio. Chi non ama non ha conosciuto Dio, perché Dio è amore. (...) Se uno dice: **"Io amo Dio" e odia suo fratello, è un bugiardo.** Chi infatti non ama il proprio fratello che vede, non può amare Dio che non vede. E questo è il comandamento che abbiamo da lui: chi ama Dio, ami anche il suo fratello» (1Gv 4,7-8.20-21). Parole molto belle, che indicano come «Dio» e «fratelli» formino un'unica grande realtà. Per questa forma d'amore i primi cristiani hanno usato una parola specifica che è «carità». «Le comunità cristiane – spiega un documento ufficiale della Chiesa cattolica – sono state attente alla "carità" fin dall'inizio e ancora oggi l'attenzione ai poveri e alle persone in difficoltà è una delle caratteristiche principali del cristianesimo (...). Come è scritto nello stesso Vangelo, il giudizio finale sarà proprio sulle azioni concrete che sono state fatte a favore dell'uomo: "Ho avuto fame e mi avete dato da mangiare" (Matteo 25,31-46). Da duemila anni l'amore per l'uomo, santificato dal fatto che Dio si è fatto uomo in Cristo, è riaffermato come l'impegno principale di ogni credente» (*Evangelizzazione e testimonianza della carità*).

FORUM

- Perché abbiamo parlato di «navigatore»? A cosa si riferisce?
- Qual è il vero significato del termine «carità»?
- Siete in grado di elencare esempi concreti di «carità cristiana» presenti nel vostro territorio?

3.2 cosa s'intende per «valori cristiani»?

domande frequenti

«QUANDO VADO A MESSA, MI CAPITA DI SENTIRE DURANTE LA PREDICA AFFERMAZIONI DI QUESTO TIPO: «SOLO CHI CREDE IN DIO PUÒ VIVERE UNA VITA PIENAMENTE UMANA», O ANCHE «I VALORI AUTENTICI SONO QUELLI CRISTIANI». FORSE NON SARÒ UN BUON CRISTIANO, MA MI SEMBRA STRANO CHE SOLO I CREDENTI POSSANO VIVERE UNA VITA «PIENAMENTE UMANA» E CHE SOLO I LORO VALORI SIANO QUELLI «AUTENTICI». CONOSCO UN MEDICO CHE DICE DI ESSERE ATEO, MA FA TANTISSIMO BENE IN GIRO PER IL MONDO. FORSE C'È QUALCOSA CHE NON VA...».

(GIULIO, 13 ANNI)

No, non si tratta di considerare i cristiani i più bravi degli altri, o di pensare che solo i loro valori siano quelli autentici. È vero, come dice Giulio, che ci sono degli atei molto validi e che lavorano sul serio a favore degli altri. Occorre solo capire bene il senso di certe affermazioni, come quelle ascoltate da Giulio in chiesa. Vediamo di chiarire.

Il cristiano, come già avevamo sottolineato in precedenza (Mod. 9/1.3), non si differenzia dagli altri per l'aspetto esteriore, per il vestito o la lingua... ma per come si comporta. Egli, infatti, come già affermava la *Lettera a Diogneto*, «vive nel mondo, ma non è del mondo». Il cristiano non pensa che la vita terrena sia tutto, né si comporta da padrone, nemmeno della propria vita. Sa che gli è stata donata per testimoniare a tutti l'amore di Dio e dei fratelli, proprio come ha fatto Gesù. Da questa fede derivano tanti valori che sono riassunti nei dieci comandamenti e messi in evidenza dai Vangeli. Certo molti dei comandamenti sono norme condivise da tanti; ma non bisogna dimenticare che sono collegati l'uno all'altro e tutti scaturiscono dal primo («Io sono il Signore, tuo Dio; non avrai altri dèi di fronte a me»). Non c'è bisogno di essere credenti per non uccidere o per non dire il falso; basta essere rispettosi e onesti. Ma perché rispettare ogni essere umano, anche chi mi offende? Non è più razionale rispondere: «Occhio per occhio, dente per dente»? Il discorso diventa ancora più «assurdo» se si prendono le «beatitudini». Gesù proclama «Beati i poveri e gli afflitti», e chiede addirittura di amare i nemici; pretende che i suoi seguaci si sacrifichino per gli altri, seguendo il suo esempio, fino a dire che è nella debolezza e nella sconfitta che si mostra la vera forza... Insomma, tutte cose che non sono molto logiche e razionali, dal punto di vista umano. Non si tratta di semplici norme morali o di comportamento... Per essere vissute hanno bisogno di un aiuto che non può essere solo umano, ma divino (grazia). Ecco perché alla base dei valori cristiani ci sono dei **concetti chiave** che occorre conoscere bene e vivere fino in fondo prima di potersi definire credenti:

1. **Dio è il fine ultimo** a cui tende l'essere umano. Ogni persona è chiamata a vivere in modo responsabile, cercando di essere in armonia con la creazione e il suo creatore.
2. **Giudicati sull'amore**: il cristiano sa che alla fine della vita sarà giudicato sull'amore concreto a favore degli altri, soprattutto verso i più poveri e gli umili, così come ha fatto Gesù (cf. Mt 25,31-46).
3. **Non aver paura della croce e della sofferenza**: «Se il chicco di grano, caduto in terra, non muore, rimane solo; se invece muore, produce molto frutto» (Gv 12,24), ha insegnato Gesù. Non è un caso che il Venerdì Santo, il momento della croce e della sofferenza, precede sempre la risurrezione.
4. **Saper ascoltare** sia Dio che i fratelli; Dio parla soprattutto attraverso la Bibbia e la Chiesa.
5. **Spezzare il pane**: celebrare con i fratelli l'eucaristia, condividendo anche il pane della solidarietà e della giustizia.

FORUM

> In che senso i «valori cristiani» sono diversi dagli altri?

> **ATTIVITÀ:** Conoscete delle persone che si ispirano a dei valori cristiani? Cosa fanno? Portate in classe qualche testimonianza su di loro.

3.3 un facile pro-memoria

La dottrina cristiano-cattolica ha saputo sintetizzare nel tempo i propri valori con alcune formule tradizionali che – nella loro estrema concisione – conservano ancora tutta la loro saggezza e praticità. Eccole riassunte nell'*Archivio* che trovate in fondo alla pagina.

Un messaggio di gesti concreti

È stato detto, giustamente, che il cristianesimo più che una religione o un'etica (norme di vita) è l'adesione al messaggio di Gesù, così come viene presentato dai Vangeli e nella tradizione della Chiesa. E il centro di questo messaggio, come abbiamo avuto modo di sottolineare più volte in questo testo, è l'amore, verso Dio e i fratelli, vissuto dal credente come un unico grande comandamento. Infatti, come ci insegna Gesù, il credente non è colui che si limita a invocare Dio (Mt 7,21) o si siede nei primi banchi della chiesa per farsi notare, ma è soprattutto colui che si ferma a soccorrere l'uomo ferito lungo la strada (parabola del buon samaritano, Lc 10,29-37).

Nel giudizio finale il servo pigro sarà considerato malvagio e Gesù allontanerà da sé, come «maledetti», non solo quelli che avranno ucciso, rubato, mentito... ma anche coloro che non lo avranno soccorso nel fratello che ha fame e sete, che è nudo, malato, straniero o carcerato (cf. Mt 25,31-46). Se la fede cristiana non è vissuta nell'amore, non vale niente. Ecco perché il cristianesimo ha dato sempre molta importanza ad alcune virtù (o valori), che per facilitare l'apprendimento sono state espresse e distinte in questo modo: le **tre virtù teologali**, che stanno a fondamento della fede cristiana; le **quattro virtù cardinali**, quelle basilari e che sostengono la vita del cristiano; le **sette opere di misericordia corporale**, le azioni caritatevoli nei confronti del prossimo; le **sette opere di misericordia spirituale**, che riguardano la parte spirituale dell'uomo, la sua dignità.

ARCHIVIO

LE TRE VIRTÙ TEOLOGALI
1. Fede
2. Speranza
3. Carità

LE QUATTRO VIRTÙ CARDINALI
1. Prudenza
2. Giustizia
3. Fortezza
4. Temperanza

LE SETTE OPERE DI MISERICORDIA SPIRITUALE
1. Consigliare i dubbiosi
2. Insegnare agli ignoranti
3. Ammonire i peccatori
4. Consolare gli afflitti
5. Perdonare le offese
6. Sopportare pazientemente le persone moleste
7. Pregare Dio per i vivi e per i morti

LE SETTE OPERE DI MISERICORDIA CORPORALE
1. Dar da mangiare agli affamati
2. Dar da bere agli assetati
3. Vestire gli ignudi
4. Alloggiare i pellegrini
5. Visitare gli infermi
6. Visitare i carcerati
7. Seppellire i morti

FORUM

ATTIVITÀ: Prova a commentare, con parole tue, le quattro virtù cardinali, scrivendo come si comporta, secondo te, la persona:
Prudente: ....
Giusta: ....
Forte: ....
Temperante (equilibrata): ....

3.4 sull'esempio di Gesù

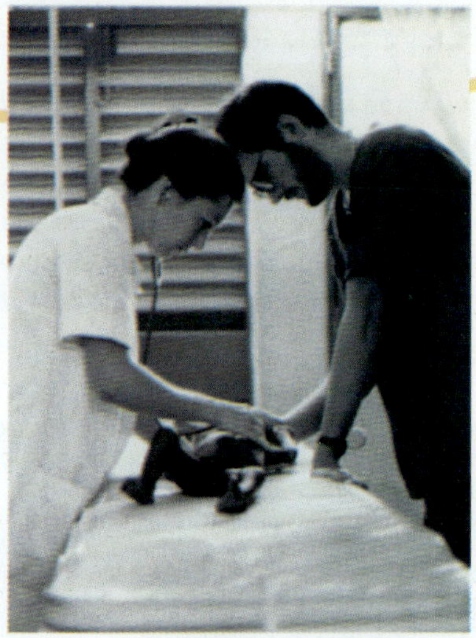
La dott.ssa Maria Bonino in Angola.

«Nessuno – ci ricorda Gesù nel Vangelo – ha un amore più grande di questo: dare la sua vita per i propri amici» (Gv 15,13). Sull'esempio di Gesù sono molti i cristiani che si adoperano per mettere in pratica questo invito evangelico. In ogni donna e uomo che incontrano per strada, soprattutto se poveri e in difficoltà, essi non vedono affatto uno sconosciuto, ma un «amico», con lo stesso volto di Cristo, così come è evidente nel brano di Madre Teresa (1910-1997) riportato a pagina seguente. Come ha fatto lei, tante le persone – senza essere conosciute dal grande pubblico – spendono la vita a favore degli altri, come Gesù ha insegnato.
Essendo impossibile ricordare tutte queste donne e uomini, che ieri come oggi si sono messi al servizio dei più poveri, ci limitiamo solo a qualche esempio tra i tanti.

Medico e missionaria tra i più poveri

La dott.ssa Maria Bonino, missionaria in Angola, è morta nel 2005 a causa di un virus contratto mentre prestava il suo servizio medico a favore dei più poveri. Aveva fatto sua la frase del Vangelo: «Tutto quello che avete fatto a uno solo di questi miei fratelli più piccoli l'avete fatto a me» (Mt 25,40). In un mondo che è sempre più un villaggio, dove ogni giorno entrano nelle nostre case le immagini in tempo reale di quello che succede negli angoli più remoti della terra, la dott.ssa Bonino, come tante altre persone sconosciute ai più, non ha potuto far finta di niente. Era partita per dare una mano, per rispondere positivamente alla miseria del mondo. Non si possono trovare scuse di fronte ai problemi più gravi che affliggono l'umanità. Ognuno di noi deve fare la propria parte. Certo non si può pretendere di risolvere i problemi della fame e della miseria del mondo da soli o con dei gesti, anche se grandi. Tutto ciò che facciamo – ci ricordava Madre Teresa – è solo una goccia; ma il mare non è forse formato da tante piccole gocce?

FORUM

- Sottolineate cosa vi ha colpito di più di queste pagine. Confrontatevi con i compagni.
- Chi è Gesù per Madre Teresa? (cf. pag. 284)
- **ATTIVITÀ:** Discutete in classe i principi fondatori delle comunità dell'Arca.

Chi è Gesù per me

«Il pane di vita che dobbiamo mangiare. L'affamato che dobbiamo sfamare. Il nudo che dobbiamo vestire. Il solitario al quale dobbiamo far compagnia. Il lebbroso le cui ferite dobbiamo lavare. Il mendicante che dobbiamo soccorrere. L'alcolizzato che dobbiamo ascoltare. Il disabile che dobbiamo aiutare. Il neonato che dobbiamo accogliere. Il cieco che dobbiamo guidare. La prostituta che dobbiamo allontanare dal pericolo e colmare della nostra amicizia. Il detenuto che dobbiamo visitare. L'anziano che dobbiamo servire. Gesù è il mio Dio. Gesù è il mio sposo. Gesù è la mia vita. Gesù è il mio unico amore. Gesù è tutto per me. Gesù, per me, è l'unico». (*Madre Teresa. Ricordo e messaggio*, San Paolo, Cinisello Balsamo [MI] 2003)

Jean Vanier in una comunità dell'Arca.

Le comunità dell'Arca: insieme per aiutarsi

Sono state fondate nel 1964 da Jean Vanier, ufficiale di marina e poi insegnante di filosofia, nei pressi di Compiègne in Francia, dove uomini e donne di ogni estrazione sociale condividono l'esistenza di un certo numero di persone con handicap. L'Arca – presente oggi in oltre 26 Paesi, Italia compresa – non è soltanto una casa ma un luogo dove si vivono legami di amicizia e dove ci si aiuta a guarire da profonde sofferenze dovute anche al rifiuto e all'emarginazione. Sono questi i **princìpi fondatori delle varie comunità**:

1. Ogni persona, quali che siano i suoi doni o i suoi limiti, condivide un'umanità comune. Ha un valore unico e sacro e possiede eguale **dignità** e gli stessi **diritti**. I diritti fondamentali della persona sono: diritto alla vita, alle cure, ad avere una casa, all'educazione, al lavoro, ma anche – poiché **il bisogno fondamentale dell'essere umano è di amare ed essere amato** – il diritto all'amicizia, alla comunione e alla vita spirituale.
2. Per sviluppare le sue capacità e i suoi doni e per realizzarsi, ogni persona ha bisogno di un **ambiente** nel quale possa sbocciare. Ha bisogno di tessere dei **legami** con altri in seno a una famiglia o a una comunità. Ha bisogno di vivere nella **fiducia, nella sicurezza, nell'affetto reciproco**. Ha bisogno di essere riconosciuta, accettata, sostenuta da relazioni calorose e vere.
3. Le persone che hanno un **handicap mentale** spesso hanno **grandi capacità d'accoglienza, di meraviglia, di spontaneità e di verità**. Nella loro sobrietà e nella loro fragilità hanno il dono di toccare i cuori e di chiamare all'unità. Per la società sono un richiamo vivo dei valori essenziali del cuore senza i quali il sapere, il potere e l'agire perdono il loro senso.
4. **La debolezza e la vulnerabilità** della persona, **lungi dall'essere un ostacolo alla sua unione con Dio, possono favorirla**. In effetti è spesso attraverso la debolezza riconosciuta e accettata che si rivela l'amore liberatore di Dio.

bacheca

«L'amore non è fare cose straordinarie o eroiche, ma fare cose ordinarie con tenerezza». (Jean Vanier)

3.5 che ne pensi?

«Alla sera della vita, saremo giudicati sull'amore».
(san Giovanni della Croce, 1542-1591)

Quando nel cristianesimo si parla di amore cosa si intende?

....

Ti ricordi il significato della parola «carità»?

....

....

Ogni tanto è importante fare il punto su ciò che si è appreso. Scrivi cosa hai imparato in questi anni riguardo a:

Libertà: ....

....

Denaro: ....

....

Famiglia: ....

....

Amicizia: ....

....

Fede: ....

....

Bilancio finale...

Rispondi con sincerità, senza paura di dire anche cose spiacevoli:	SÌ	ABBASTANZA	POCO	NO
• Sono contento di aver scelto di fare religione	❑	❑	❑	❑
• Quest'ora mi ha aiutato a crescere	❑	❑	❑	❑
• Ho capito meglio cosa sono la fede e la religiosità	❑	❑	❑	❑
• Ho imparato ad essere più responsabile e attento agli altri	❑	❑	❑	❑
• Ho imparato a dialogare e ad ascoltare	❑	❑	❑	❑

Su quali valori puntare?

- **Valore** = Ciò che viene considerato importante, ciò che «vale».

I valori non sono tutti uguali: certamente la ricchezza e il denaro sono cose che nel mondo moderno «valgono», ma non certo come la **salute**, l'**amicizia**, la **famiglia**. Un valore fondamentale è sicuramente la responsabilità, ossia il rispondere di ogni nostra azione prima di tutto verso noi stessi e poi verso gli altri.

- **Alcuni valori importanti** =

- Rispetto
- Condivisione
- Ascolto
- Collaborazione
- Capacità di stupirsi

Un «valore» è ciò che viene considerato importante. I valori però non sono tutti uguali.

- **«M'importa» (= «I care»)** = C'era scritto sulla porta della Scuola di Barbiana, fondata da don Lorenzo Milani in un paesino della Toscana, che accoglieva bambini provenienti da famiglie povere. I ragazzi di Don Milani sapevano che lo studio era importante, cercando di **aver cura** e interessarsi di «**tutto**», perché ogni cosa e ogni persona è importante. Da questa attenzione verso gli altri nasce la **solidarietà**, altro valore fondamentale, che esprime la partecipazione alla difficoltà e alla sofferenza dell'altro e il desiderio di intervenire in suo aiuto.

- **Il decalogo: dieci parole di riferimento** = I **dieci comandamenti** sono uno dei punti di riferimento dei cristiani, ma non appartengono solo ai credenti: fanno parte del patrimonio culturale e religioso dell'umanità. Il Decalogo è stato affidato da Dio al popolo ebraico, ma comprende anche leggi che sono già scritte nel cuore dell'uomo («**legge naturale**»).

Ecco l'elenco dei dieci comandamenti, secondo la versione cattolica:

1 Non avrai altro Dio fuori di me
2 Non nominare il nome di Dio invano
3 Ricordati di santificare le feste
4 Onora il padre e la madre
5 Non uccidere
6 Non commettere atti impuri
7 Non rubare
8 Non dire falsa testimonianza
9 Non desiderare la donna d'altri
10 Non desiderare la roba d'altri.

I primi tre comandamenti riguardano il rapporto dell'uomo con Dio, gli altri sette regolano i rapporti fra gli uomini.

I dieci comandamenti, affidati da Dio al popolo ebraico, appartengono a tutti: sono scritti nel cuore di ogni persona.

• Un unico grande comandamento

= I dieci comandamenti sono stati sintetizzati da Gesù in un unico grande comandamento: l'**amore** verso DIO e verso il **prossimo**. L'amore (o «carità», come lo chiamavano i primi cristiani) è la sintesi del messaggio di Gesù e il suo fondamento. Ancor oggi l'attenzione verso i più poveri e umili è una delle caratteristiche principali del cristianesimo.

Gesù riassume i dieci comandamenti in un unico grande comandamento: l'amore verso Dio e verso il prossimo.

• Cosa si intende per valori cristiani?

= Non si tratta di considerare i cristiani più bravi degli altri, oppure pensare che i loro valori siano quelli autentici. Anche i non cristiani possono praticare valori quali la solidarietà, la giustizia, l'onestà (a volte anche meglio di chi si dichiara «cristiano»). Ma ciò che distingue i valori cristiani è il fatto che sono basati su alcuni princìpi chiave tipici del cristianesimo, alcuni molto difficili da seguire come l'amore verso i nemici. Ma per chi ha fede e ama veramente Dio e le persone niente è impossibile.

Per mettere in pratica questi valori estremi è necessario un aiuto «speciale» di Dio (la «**grazia**»).

Esercizi

1 Indica con una crocetta se le seguenti affermazioni sui comandamenti sono vere oppure false:

Affermazioni	Vero	Falso
I comandamenti sono leggi date da Dio all'uomo		
I comandamenti sono dodici		
I primi tre comandamenti riguardano il rapporto dell'uomo con Dio		
L'uomo è obbligato da Dio a seguire le sue leggi		
Gesù ha riassunto i comandamenti nel comandamento dell'amore		

2 Inserisci al posto dei puntini la parola giusta scegliendola fra le seguenti:

■ **solidarietà** ■ **importante** ■ **«I care»(«M'importa»)** ■ **amicizia** ■ **responsabilità**

Un valore è ciò che è ...., che «vale». I valori non sono tutti uguali: certamente il denaro ha importanza, ma ci sono valori più importanti, come la salute, la famiglia, l'............................. Un altro valore fondamentale è la ...., che significa rispondere delle proprie azioni a se stesso e agli altri.
Anche l'attenzione e l'aiuto agli altri è un valore importante: la ....
Bisogna avere attenzione e cura di «tutto», così come affermava il motto della Scuola di Barbiana: ....

3 Collega i seguenti valori con la corrispondente definizione:

Valori	Definizione
Solidarietà	Lavorare insieme per un obiettivo
Responsabilità	Amore gratuito verso il prossimo
Collaborazione	Mettere in comune con gli altri ciò che si possiede
Carità	Attenzione e aiuto verso gli altri
Condivisione	Rispondere delle proprie azioni a se stessi e agli altri

mappa

Valori
Un valore non vale l'altro
Responsabilità nei confronti di...
Dio
Uomini
I dieci comandamenti (Decalogo)
«M'Importa» («I Care»)
Solidarietà
Comandamento dell'amore
Amore verso Dio e il prossimo
Valori cristiani

su quali valori puntare?

sintesi.it

Inserisci la parola giusta, tra quelle indicate sotto:

Non è vero che tutti i valori siano__________ Ci sono delle cose che «valgono» di più e altre di meno; sta ad ognuno di noi riflettere e__________ quei valori che ci fanno crescere come persone__________. I valori__________ hanno alla base i dieci comandamenti, o__________, che trovano la sintesi nel comandamento evangelico dell'__________ verso Dio e gli uomini. È sull'amore concreto verso ogni uomo che sarà__________ il credente alla fine della sua vita.

■ responsabili ■ scegliere ■ amore ■ religiosi ■ giudicato ■ Decalogo ■ uguali

MediaLab

WEB 2.0

1. FUMETTO SUI VALORI
Realizzate un fumetto a partire da uno dei valori di cui avete parlato in classe.

2. NUVOLA DI TAG SUI VALORI
Create, con le istruzioni che trovate sul sito, una nuvola di tag con i valori che avete individuato in classe.

3. REALIZZATE UN VIDEO SUI VALORI
Realizzate un corto su uno o più valori.

4. RICERCA LE IMMAGINI SUI VALORI
Fate una ricerca su come gli utenti di internet interpretano i valori con le immagini e avviate una discussione.

5. REALIZZATE UNO STRISCIONE SUI 10 COMANDAMENTI ATTUALIZZATI
Realizzate un poster interattivo con l'inserimento di video, testi, immagini che possono attualizzare il significato dei 10 comandamenti.

LIM (MATERIALI DISPONIBILI SUL SITO WWW.EDBSCUOLADIGITALE.IT)

1. LE VIRTÙ CRISTIANE
drag & drop
Collocate le virtù e le opere di misericordia nella giusta tabella di appartenenza.

2. I VALORI DEL VANGELO PLUS
drag & drop
Collocate il «valore» corrispondente al brano evangelico citato.

3. ILLUSIONI OTTICHE PLUS
osserva
Analizzate le immagini delle illusioni ottiche, per attivare una discussione.

4. UNA VITA PER I VALORI PLUS
impara
Slides di persone famose che hanno dedicato la loro vita alla realizzazione dei valori fondamentali.

attività interattive multimediali

ATTIVITÀ PRATICHE

1. IL CARTELLONE SUI VALORI

Scegliete un valore che vi appartiene e fate una foto che lo rappresenti. Con tutte le foto raccolte, realizzate un cartellone.

2. GIOCO DELL'OCA SUI VALORI

Realizzate un gioco dell'oca sui valori più importanti.

3. LA PIRAMIDE DEI VALORI PLUS

Riempite la piramide dei valori e poi coloratela.

4. ILLUSIONI OTTICHE

Osservate le illusioni ottiche per avviare una discussione in classe.

FILM

Per i film preceduti da asterisco (*) si consiglia la visione di una selezione delle scene

Spiderman 3
(USA, 2007) di Sam Raimi.
Leggi la trama usando il QRcode.

*** Juno**
(USA/Canada/Ungheria, 2007) di Jason Reitman

Ti va di ballare?
(USA, 2006) di Liz Friedlander

Stand By Me - Ricordo di un'estate
(USA, 1986) di Rob Reiner

Kung-fu Panda
(USA, 2008) di Mark Osborne

Oliver Twist
(GB/Repubblica Ceca/Francia/Italia, 2005) di Roman Polanski

La ragazza delle balene
(Nuova Zelanda/Germania, 2002) di Niki Caro

La marcia dei pinguini
(USA/Francia, 2005) di Luc Jacquet

PLUS disponibile su eBook plus · collegati · scarica · stampa · assembla

Elisa Springer

«Io, Elisa Springer, sono nata a Vienna il 12 febbraio 1918. Figlia unica di genitori ebrei, fui educata secondo le leggi di questa religione senza mai sentirne il peso; ma ho dovuto subire l'umiliazione e la sofferenza della deportazione a causa della mia origine.

Lo strazio più grande, in questi cinquant'anni, è stato quello di dover subire l'indifferenza e la vigliaccheria di coloro che, ancora adesso, negano l'evidenza dello sterminio. Come tanti altri sopravvissuti, mi ero imposta di non parlare, per essere io sola, testimone del mio silenzio.

Ho taciuto e soffocato il mio vero "io", le mie paure, per il timore di non essere capita o, peggio ancora, creduta. Ma non è giusto che io muoia, portando con me il mio silenzio.

Non è colpa né merito, nascere di religione ebraica, cattolica o protestante; nascere di razza bianca o nera. Siamo tutti figli di Dio, di un unico Dio, quel Dio che a me è stato negato e che, nonostante tutto, ho sempre, disperatamente, cercato!

A distanza di cinquant'anni, nel mondo, si è fatto ancora poco per far comprendere alla gente cosa sono stati il nazismo e la Shoah. C'è stato anche chi ha negato, e nega tuttora, a volte anche per nascondere le proprie colpe o la propria vergogna! Ma Auschwitz non si deve dimenticare!

Ho provato anch'io a dimenticare, ma qualcosa si è mosso dentro me. Ho finalmente capito che dovevo parlare, per ricordare, per non accettare con indifferenza e rassegnazione, le rinnovate stragi di innocenti. Bisogna sollevare quel manto di indifferenza che copre il dolore dei martiri! Il mio impegno in questo senso è un dovere verso i miei genitori, mio nonno e tutti i miei zii. È un dovere verso i milioni di ebrei "passati per il camino", gli zingari, figli di mille patrie e di nessuna, i Testimoni di Geova, gli omosessuali, e verso i mille e mille fiori violentati, calpestati e immolati al vento dell'assurdo; è un dovere verso tutte quelle stelle dell'universo che il male del mondo ha voluto spegnere. I giovani liberi devono sapere».

(Elisa Springer, *Il silenzio dei vivi*, Marsilio Editore, Venezia 1997)

Ho visto Dio

«Ho conosciuto il tormento della mente e dell'anima, la solitudine della miseria umana, la negazione del sentimento della pietà, il dolore della morte degli affetti più intimi e delle persone più care, la disperazione di essere sola in questo mondo. Io, Elisa Springer, ho visto Dio. Nel fumo di Auschwitz-Birkenau, che alzava al cielo il dolore del mondo, e spargeva sulla terra l'odore acre della sofferenza. Ho visto Dio.

Ho visto Dio, percosso e flagellato, sommerso dal fango, inginocchiato a scavare dei solchi profondi sulla terra, con le mani rivolte verso il cielo, che sorreggevano i pesanti mattoni dell'indifferenza.

Ho visto Dio dare all'uomo forza, per la sua disperazione, coraggio alle sue paure, pietà alle sue miserie, dignità al suo dolore.

Poi... lo avevo smarrito, avvolto dal buio dell'odio e dell'indifferenza, dalla morte del mondo, dalla solitudine dell'uomo e dagli incubi della notte che scendeva su Auschwitz...

Lo avevo smarrito... insieme al mio nome, diventato numero sulla carne bruciata, inciso nel cuore con l'inchiostro del male, e scolpito nella mente, dal peso delle mie lacrime.

Lo avevo smarrito... nella mia disperazione che cercava un pezzo di pane, coperta dagli insulti, dalle umiliazioni, dagli sputi, resa invisibile dall'indifferenza, mentre mi aggiravo fra schiene ricurve e vite di morti senza memoria.

HO RITROVATO DIO... mentre spingeva le mie paure al di là dei confini del male e mi restituiva alla vita, con una nuova speranza: io ero viva in quel mondo di morti.

Dio era lì, che raccoglieva le mie miserie e sollevava il velo della mia oscurità.

Era lì, immenso e sconfitto, davanti alle mie lacrime».

Dag Hammarskjold

TU, SIGNORE
«DACCI SENSI PURI
PER VEDERTI,
SENSI UMILI
PER UDIRTI,
SENSI D'AMORE
PER SERVIRTI,
SENSI DI FEDE
PER VIVERTI.
TU CHE IO NON CONOSCO
MA A CUI APPARTENGO.
TU CHE IO NON INTENDO
MA CHE HAI VOTATO ME
AL MIO DESTINO
TU....».

PREGHIERA DI PERDONO
«ONNIPOTENTE...
PERDONA
IL MIO DUBBIO,
LA MIA IRA,
IL MIO ORGOGLIO.
PIEGAMI
CON LA TUA GRAZIA.
ALZAMI
COL TUO RIGORE».

Dag Hammarskjold (1905-1961), diplomatico svedese, eletto segretario generale dell'ONU dal 1953 al 1961, fino alla sua tragica morte in un incidente aereo, durante una missione di pace nell'ex Congo Belga. Il suo corpo fu ritrovato con accanto una copia dell'*Imitazione di Cristo* che portava con sé. Solo alla sua morte, fu scoperto il suo diario, *Vag Marken* (*Tracce di cammino, Linee di vita*), documento umano di eccezionale valore e dalla profonda spiritualità. La sua fu una grande dedizione alla vita, soprattutto sociale e politica, sempre nell'ottica della fede («assumersi responsabilità per Dio»). Ha scritto sul suo diario: «Oggi la via della santità passa necessariamente per l'azione». La sua vicenda spirituale si può riassumere in questi due estremi, come scrive sempre sul suo diario: «Liberarsi dal sé ed essere nel mondo, a ogni passo essere più leggero alla terra».

PADRE NOSTRO

«La stanchezza stordisce il dolore e invoglia alla morte.
In questo modo potresti essere tentato di sconfiggere la solitudine
e invitato alla fuga ultima dalla vita.
NO! Questo no!
Sia la morte il tuo ultimo dono alla vita,
non un suo tradimento.
Mi desti forse questa solitudine senza scampo
affinché io più facilmente potessi darti tutto?
Chiedo l'assurdo: che la vita abbia un senso.
Mi batto per l'impossibile: che la mia vita attenga un senso.
Non oso credere, non saprei come poter credere di non essere solo.
Ancora qualche anno e poi la vita ha valore
solo per il suo contenuto per gli altri.
La mia vita senza valore per gli altri è peggio della morte.
Dunque in questa immensa solitudine, servi tutti.
Dunque, incommensurabile grandezza
di ciò che mi è stato dato;
la nullità di ciò che io sacrifico.
Sia santificato il tuo nome,
venga il tuo Regno sia fatta la tua volontà...».
(Dag Hammarskjold, *Linea della vita*, Milano 1966)

Madre Teresa di Calcutta

«IL BENE CHE FAI,
DOMANI VERRÀ DIMENTICATO.
NON IMPORTA, FA' IL BENE.
DA' AL MONDO IL MEGLIO DI TE.
NON IMPORTA
SE TI PRENDERANNO A CALCI,
DA' IL MEGLIO DI TE».

(MADRE TERESA)

Conosciuta da tutti come la «suora dei poveri», Madre Teresa, al secolo Agnese Gonxha di Bojaxhiu (1910-1997), di origine macedone, ha dedicato 50 anni della sua vita ai poveri dell'India e di tutto il mondo. Premio Nobel per la pace 1979, è stata beatificata nel 2003. In questo articolo, scritto da lei qualche mese prima di morire nel 1997, sintetizza la sua visione del mondo e traccia il suo testamento spirituale.

«Siamo figli di Dio. Siamo stati creati con uno scopo, il più grande che ci sia: amare e essere amati.
Non abbiate paura di amare. In mezzo alla sofferenza, all'umiliazione, al dolore, al successo, alla gioia. Ricordate, siete preziosi per Lui. Egli vi ama. (...)
C'è la fame dell'India, quella per cui a volte qualcuno muore di fame; ma c'è anche una fame molto più grande, la fame di amore, una terribile solitudine, un terribile rifiuto.
Nudità non è solo aver perso i vestiti, ma anche la dignità, la dignità umana: la perdita di quanto c'è di bello, di puro, di casto, di vergine. La perdita. Essere senza casa non vuol dire solo mancare di una casa di mattoni; è senza casa chi è dimenticato, rifiutato, lasciato solo, chi non è niente per nessuno.
Non posso dimenticare, un giorno camminavo lungo una via di Londra e vidi un uomo: dal modo come stava seduto, dal modo come guardava, appariva l'essere più rifiutato che avessi mai visto. Così gli andai vicino e gli presi la mano e gliela strinsi.
E lui disse: "Oh, dopo tanto tempo sento il calore di una mano umana". E la sua faccia era cambiata. C'era gioia, c'era un raggio di sole nei suoi occhi. (...)
Una sera un uomo venne alla nostra casa e disse: "C'è una famiglia con otto bambini che non mangiano da tempo. Faccia qualcosa per loro". E io portai del riso, e potei vedere dagli occhi di quei bambini che non mangiavano da chissà quanto tempo; i loro occhi luccicavano di fame e lunghe righe nere erano sotto i loro occhi.
E la loro madre andò fuori con una parte del riso e poi rientrò, e io le dissi: "Dov'è andata?" e "Che cosa ha fatto?". E lei rispose "anche loro hanno fame". Loro, i vicini della porta accanto. Sapeva che avevano fame. Io fui sorpresa che se ne preoccupasse perché in una desolazione come quella, in una sofferenza come quella, spesso non si ha il tempo di pensare agli altri. Eppure questa donna eccezionale aveva il coraggio di amare così, un amore così grande.
(...) Molte giovani arrivano a Calcutta per condividere il mio lavoro, molte. Da diverse università vengono e passano due settimane, un mese, a seconda di quanto possono. E ognuna di loro condivide la vita di preghiera della nostra congregazione e le nostre funzioni religiose. Vengono specialmente per lavorare nella nostra stanza dei moribondi, e poi ci dicono tutte più o meno così: "A casa, io guardavo ma non vedevo. Lei mi ha insegnato a guardare e a vedere. Quando tornerò a casa sono sicura che troverò altre persone che hanno bisogno della mia tenerezza e del mio amore". (...)
Preghiamo che non vada perduto il lavoro di Dio, perché questo resta il suo lavoro».

Don Andrea Santoro

Questa è l'ultima lettera scritta agli amici da don Andrea Santoro, ucciso a Trebisonda (Turchia). Il sacerdote italiano, che credeva molto nel dialogo interreligioso, è stato ucciso il 5 febbraio 2006 da un ragazzo musulmano mentre pregava nella chiesa di Santa Maria.

«Carissimi, voglio cominciare con delle cose buone, perché è giusto lodare Dio quando c'è il sereno, e non soltanto invocare il sole quando c'è la pioggia. Inoltre è giusto vedere il filo d'erba verde anche quando stiamo attraversando una steppa.
Ecco dunque alcuni fili d'erba verde. Qualche giorno prima di rientrare in Italia, nell'ora della visita in chiesa si è presentato un folto gruppo di ragazzi piuttosto vocianti e rumorosi. Ci sono abituato: per ottenere silenzio e rispetto basta avvicinarsi, ricordare loro che la chiesa è, come la moschea, un luogo di preghiera che Dio ama e in cui si compiace. Un gruppetto di 4-5 ragazzi, sui 14-15 anni mi si sono avvicinati e hanno cominciato a farmi domande: "Ma sei qui perché ti hanno obbligato?". "No, sono venuto volentieri, liberamente". "E perché?". "Perché mi piace la Turchia. Perché c'era qui una chiesa e un gruppo di cristiani senza prete e allora mi sono reso disponibile. Per favorire dei buoni rapporti tra cristiani e musulmani...". "Ma sei contento?" (hanno usato la parola *mutlu* che in turco vuol dire "felice"). "Certo che sono contento. Adesso poi ho conosciuto voi, sono ancora più contento. Vi voglio bene". A questo punto gli occhi di una ragazza si sono illuminati, mi ha guardato con profondità e mi ha detto con slancio: "Anche noi ti vogliamo bene". Dirsi: "ti vogliamo bene", dentro una chiesa, tra cristiani e musulmani mi è sembrato un raggio di luce. Basterebbe questo a giustificare la mia venuta. Il regno dei cieli non è forse simile a un granellino di senape, il più piccolo di tutti i semi? Lo getti e poi lo lasci fare...
Un'altra volta entrano due ragazze: "Padre mi riconosce?", mi fa una. "Sì, certo!". "Lei una volta mi ha detto che Gesù non ha mai usato la spada, è così?". "Sì, è così". "Maometto, mi dice, l'ha usata è vero, ma solo come ultima possibilità...". "Gesù, le rispondo, neanche come ultima possibilità. Vi mando come agnelli in mezzo ai lupi, disse, e lui stesso s'è fatto agnello per guadagnare i lupi. Se contro la violenza usi la violenza si fa doppia violenza. Male più male uguale doppio male. Ci vuole il doppio di bene per arginare il male. Se scoppia un incendio che fai? Butti legna?". "No, acqua". "Ecco, appunto. Ma non è facile. Questo però è il vangelo. Nelle mani di Gesù non c'è la spada, ma la croce...". Mi ha seguito attenta, ma frastornata. Perché mi meraviglio? Quanti cristiani sono non solo frastornati, ma neppure guardano più la croce?! Non colgono più la sapienza, la forza, la vittoria della croce. Si sono convertiti alla spada: nella vita pubblica e in quella privata. Se lo fa un musulmano in fondo non è strano: segue il suo fondatore. Ma se lo fa un cristiano non segue il proprio fondatore, anche se ha croci da ogni parte, al collo, in casa e su ogni campanile. (...)
Ora vi faccio intravedere qualcosa della steppa in cui mi è faticoso a volte camminare, ma in cui volentieri do tutto me stesso, cercando di essere io stesso un filo d'erba, anche se a volte mi sento una rosa piena di spine pungenti. Quando avverto che per difendermi dalle spine tiro fuori le mie, mi rimetto sotto la croce, la guardo e mi ripropongo di seguire il "mio" Fondatore, quello che non usa né spada né spine, ma ha subito e l'una e le altre per spezzare la spada e toglierci le spine del risentimento, dell'inimicizia, dell'ostilità. Gli chiedo di farmi grazia del "suo" Spirito per tenere a bada il mio. (...)».
(La lettera è del 22 gennaio 2006, pubblicata da *Avvenire* il 5 marzo 2006, pp. 6-7)

Etty Hillesum

Etty Hillesum (1914-1943) è un'ebrea olandese, morta nel campo di Auschwitz il 30 novembre 1943. Il suo *Diario 1941-1943*, fortunatamente salvato e passato poi di mano in mano, è stato pubblicato nel 1981, con un immenso successo, paragonabile a quello che accolse il *Diario* di Anna Frank, in Olanda e in molti altri Paesi. In esso ci sono pagine di alta spiritualità, piene di speranza e fiducia. Il Dio così spesso invocato, soprattutto negli ultimi anni, supera gli stretti steccati delle religioni e appartiene a tutti, come il Cristo.

Colpisce la sua forza d'animo, la sua fede forte e limpida come quella di un bimbo. Etty riesce a intravedere il bene anche nell'esperienze più tragiche della vita e nello stesso nazismo. Un giorno aveva annotato: "Temprato": distinguerlo da "indurito"». E proprio la sua vita sta a dimostrare quella differenza. «Si deve anche essere capaci di vivere senza libri e senza niente. Esisterà pur sempre un pezzetto di cielo da poter guardare e abbastanza spazio dentro di me per congiungere le mani in una preghiera», scrive sul suo *Diario*, aspettando l'ordine di partenza per i campi di raccolta degli ebrei; «della nostra distruzione», come aveva già intuito da tempo.

PREGHIERA DELLA DOMENICA MATTINA

«MIO DIO, SONO TEMPI ANGOSCIOSI. STANOTTE PER LA PRIMA VOLTA ERO SVEGLIA AL BUIO CON GLI OCCHI CHE MI BRUCIAVANO, DAVANTI A ME PASSAVANO IMMAGINI SU IMMAGINI DI DOLORE UMANO. TI PROMETTO UNA COSA, DIO, SOLTANTO UNA PICCOLA COSA: CERCHERÒ DI AIUTARTI AFFINCHÉ TU NON VENGA DISTRUTTO DENTRO DI ME, MA A PRIORI NON POSSO PROMETTERE NULLA. UNA COSA, PERÒ, DIVENTA SEMPRE PIÙ EVIDENTE PER ME, E CIOÈ CHE TU NON PUOI AIUTARE NOI, MA CHE SIAMO NOI A DOVER AIUTARE TE, E IN QUESTO MODO AIUTIAMO NOI STESSI. L'UNICA COSA CHE POSSIAMO SALVARE DI QUESTI TEMPI, E ANCHE L'UNICA CHE VERAMENTE CONTI, È UN PICCOLO PEZZO DI TE IN NOI STESSI, MIO DIO. (...)

IL GELSOMINO DIETRO CASA È COMPLETAMENTE SCIUPATO DALLA PIOGGIA E DALLE TEMPESTE DI QUESTI ULTIMI GIORNI, I SUOI FIORI BIANCHI GALLEGGIANO QUA E LÀ SULLE POZZANGHERE SCURE E MELMOSE CHE SI SONO FORMATE SUL TETTO BASSO DEL GARAGE. MA DA QUALCHE PARTE DENTRO DI ME ESSO CONTINUA A FIORIRE INDISTURBATO, ESUBERANTE E TENERO COME SEMPRE, E SPANDE IL SUO PROFUMO TUTT'INTORNO ALLA TUA CASA, MIO DIO».

(DIARIO 1941-1943, ADELPHI, MILANO 1985, PP. 169-170)

NON POSSONO TOGLIERMI IL CIELO

«Sabato sera, mezzanotte e mezzo. Ci sono cartelli dappertutto, "Vietato agli ebrei". Ci vietano persino l'accesso alle strade. Ma sopra quell'unico pezzo di strada che ci rimane c'è pur sempre il cielo, tutto quanto... Non possono umiliarci più di tanto. Per umiliare qualcuno si deve essere in due: colui che umilia, e colui che è umiliato e soprattutto: che si lascia umiliare. Se manca il secondo, e cioè se la parte passiva è immune da ogni umiliazione, questa evapora nell'aria. (...)

Trovo bella la vita, e mi sento libera. I cieli si stendono dentro di me come sopra di me. Credo in Dio e negli uomini e oso dirlo senza falso pudore. La vita è difficile, ma non è grave. Dobbiamo cominciare a prendere sul serio il nostro lato serio, il resto verrà allora da sé: e "lavorare a se stessi" non è proprio una forma di individualismo malaticcio. Una pace futura potrà essere veramente tale solo se prima sarà stata trovata da ognuno in se stesso – se ogni uomo si sarà liberato dall'odio contro il prossimo, di qualunque razza o popolo, se avrà superato quest'odio e l'avrà trasformato in qualcosa di diverso, forse alla lunga in amore se non è chiedere troppo. È l'unica soluzione possibile. E così potrei continuare per pagine e pagine. Quel pezzetto d'eternità che ci portiamo dentro può essere espresso in una parola come in dieci volumoni. Sono una persona felice e lodo questa vita, la lodo proprio nell'anno del Signore 1942, l'ennesimo anno di guerra». (*Diario 1941-1943*, pp. 126-127)

Giovanni Paolo II

«LA STORIA LO GIUDICHERÀ
IL PAPA PIÙ GRANDE DEI NOSTRI TEMPI.
POCHI HANNO INFLUITO PIÙ DI LUI
SOTTO UN PROFILO RELIGIOSO,
MA ANCHE MORALE E SOCIALE
SUL MONDO DI OGGI».

(BILLY GRAHAM, LEADER PROTESTANTE)

Non abbiate paura

«Non stancatevi mai
di ricercare le risposte alle domande
che vi stanno di fronte.
Cristo, la verità, vi farà liberi!
Non abbiate paura della vostra giovinezza
e di quei profondi desideri che provate
di felicità, di verità,
di bellezza e di durevole amore!
Non abbiate paura di proclamare,
in ogni circostanza il vangelo della croce.
Non abbiate paura
di andare controcorrente! (...)
Non abbiate paura di aprire le porte a Cristo!
Sì, spalancate le porte a lui!
Non abbiate paura!
Non abbiate paura di dire "sì" a Gesù
e di seguirlo come suoi discepoli.
Allora i vostri cuori si riempiranno di gioia
e voi diventerete una beatitudine per il mondo.
Ve lo auguro con tutto il mio cuore».

(Giovanni Paolo II, *Discorso ai giovani)*

Karol Józef Wojtyla, nato a Wadowice (Polonia) il 18 maggio 1920, fu eletto papa il 16 ottobre 1978, primo papa non italiano dopo 455 anni. Terminati gli studi superiori, si iscrisse all'Università di Cracovia (1938); ma quando le forze di occupazione naziste chiusero l'università il giovane Karol lavorò (1940-1944) in una cava e, in seguito, nella fabbrica chimica Solvay per potersi guadagnare da vivere ed evitare la deportazione in Germania.
A partire dal 1942, sentendosi chiamato al sacerdozio, frequentò i corsi di formazione del seminario maggiore clandestino di Cracovia e fu tra i promotori del «Teatro rapsodico», anch'esso clandestino. Dopo la guerra, continuò i suoi studi nel seminario maggiore di Cracovia e fu ordinato sacerdote nel 1946. Successivamente fu inviato a Roma, dove conseguì il dottorato in teologia. Ritornato in Polonia nel 1948, diventò cappellano degli universitari e in seguito fu nominato arcivescovo di Cracovia. Al concilio Vaticano II (1962-1965), il grande evento della Chiesa cattolica che la rinnovò profondamente in tutto il mondo, era tra i vescovi più giovani. Eletto papa, dopo la prematura morte di Giovanni Paolo I (papa per soli 33 giorni), portò avanti molte delle intuizioni del concilio, soprattutto nel dialogo tra le religioni e anche tra le varie Chiese cristiane (ecumenismo). Durante il suo lungo pontificato (ben 27 anni) molti sono stati gli eventi e i gesti altamente significativi: dal primo viaggio nella sua Polonia (1979) che, pur indirettamente, contribuì poi al crollo del regime comunista, all'attentato subito il 13 maggio 1981, da cui uscì miracolosamente illeso; alla visita nella sinagoga di Roma (1986), in cui riconosce gli ebrei «come nostri fratelli maggiori»; alla preghiera per la pace con tutti i leader religiosi del mondo (Assisi 1986); ai suoi numerosi viaggi nel mondo, tra cui, memorabili, a Cuba e a Gerusalemme. Agli inizi del terzo millennio chiedeva perdono per tutti i peccati commessi nella storia della Chiesa. Negli ultimi anni del suo pontificato, pur prostrato e quasi immobilizzato dal dolore fisico, testimoniò fino alla fine (2 aprile 2005) la sua grande fede in Dio e negli uomini, rivolgendo il suo ultimo pensiero proprio ai giovani, con i quali aveva sempre avuto (e ricambiato) un rapporto speciale, invitandoli a non aver paura.
Dopo soltanto sei anni dalla morte, quindi a tempo di record rispetto ai tempi normalmente richiesti dalla Chiesa, Giovanni Paolo II viene beatificato (1° maggio 2011).

il sogno di Yunus

Se glielo avessero detto trent'anni fa, Mohammed Yunus,[1] un bengalese di religione musulmana, non ci avrebbe mai creduto. Anche i sogni dei «visionari di buona fede», come lui si definisce, hanno confini: ma il fatto che le Nazioni Unite abbiamo dedicato un intero anno di studi e di iniziative alla sua invenzione e il Nobel per la pace ottenuto nel 2006, li valica tutti. Il suo sogno realizzato è stato quello di aiutare concretamente la sua gente a tirarsi fuori dalla miseria.

Terzo di quattordici figli, laureato in economia all'università americana di Vanderbilt, nel Tennessee, Mohammed Yunus è oggi a capo di un «impero» di credito alternativo basato sulla «Banca dei contadini» e sulle iniziative a essa collegate, che servono milioni di persone in una sessantina di Paesi. Una realtà globale che ha origine dalla sua esperienza diretta, in uno dei Paesi più poveri e sfortunati del pianeta.

Era il 1974 e vagabondando per i villaggi nei dintorni di Chittagong, sua città natale nel Bangladesh indipendente, nato tre anni prima nel sangue di un conflitto con il Pakistan e funestato dalla carestia, il giovane economista Mohammed imprestò a una donna bengalese, che intrecciava stuoie di bambù, l'equivalente di una decina di dollari. Con quei soldi, la donna estinse il debito con il fornitore di bambù, che fino ad allora «mangiava» tutti i suoi guadagni, e cominciò a tenere per sé i soldi della vendita delle stuoie, rendendosi indipendente e contribuendo allo sviluppo della sua famiglia.

Yunus studiò il suo caso, continuò a distribuire piccoli prestiti nei villaggi, e nel 1983 creò la prima «banca dei poveri» al mondo: oggi la sua Grameen bank ha 2 milioni di beneficiari in 37 mila villaggi del Bangladesh: il 94% sono donne, il 98% restituisce puntualmente i prestiti. E esporta i suoi metodi in 58 Paesi. Le cifre che nel 1997 – anno in cui per la prima volta si pensò di dedicare un anno al microcredito – hanno attirato l'attenzione degli esperti Onu sono state polverizzate: i tredici milioni e mezzo di beneficiari contati allora in tutto il mondo sono diventati nel 2007 più di 67 milioni, di cui quasi 42 appartenenti alla fascia di chi vive con meno di un dollaro al giorno. Il numero delle persone che usufruiscono dei prestiti cresce con una media annua del 38%, quello delle restituzioni resta fisso oltre la soglia del 92% e gli economisti parlano di questa come l'iniziativa di maggiore successo nel campo dello sviluppo degli ultimi vent'anni.

La formula che sta alla base di tutto è semplice, e facilmente adattabile: si tratta di concedere a un povero, uno di quelli che non rientra nei criteri di eleggibilità stabiliti dalle banche, un piccolo prestito, sufficiente per avviare un'attività – commerciale, agricola o artigianale – che gli consenta di spezzare la catena della povertà.

«UN GIORNO MISI MANO AL PORTAFOGLI E PRESTAI L'EQUIVALENTE DI POCHE DECINE DI DOLLARI AD ALCUNI CONTADINI CHE CONOSCEVO PERSONALMENTE. LA SOMMA MI VENNE RESTITUITA PUNTUALMENTE. PENSAI, ALLORA, DI APRIRE UNA BANCA DEI POVERI».

LA MOTIVAZIONE DEL NOBEL PER LA PACE

«Attraverso culture e civiltà, Yunus e la Grameen Bank hanno dimostrato che anche i più poveri possono lavorare per portare avanti il proprio sviluppo... La pace duratura non può essere ottenuta a meno che larghe fasce della popolazione non trovino modi per uscire dalla povertà».

[1] Le notizie riportate sono prese da *La Repubblica* del 23 novembre 2004 e da *Avvenire* del 14.10.2006

dizionario

ABRAMO: è il primo dei tre patriarchi, con Isacco e Giacobbe; è il capostipite del popolo ebraico, da cui il suo nome *Abraham*, «padre di una moltitudine» (Gen 17,5). La storia di Abramo e dell'alleanza che Dio stabilisce con lui è narrata nel libro della Genesi, dopo il racconto delle origini (Gen 12,1ss). Nella tradizione biblica, Abramo è il modello del giusto che obbedisce per fede (Sap 10,5; Eb 11,17).

ALLEANZA: una sorta di contratto stipulato fra Dio e il suo popolo eletto, Israele. Dio promette la vita e la terra al popolo, chiedendo l'osservanza dei comandamenti. L'alleanza viene stipulata in occasione della rivelazione al Sinai con il dono della Torah (Es 34,27). Il termine ebraico tradotto con «alleanza» è *berìt*, concetto che indica il legame personale di Dio con il suo popolo. Gesù, venendo nel mondo, inaugura una «nuova alleanza», già anticipata dal profeta Geremia (31,31-34).

AMEN: viene dalla radice *'mn* che significa «essere fermo» o «essere fedele»; suggerisce l'idea di solidità e viene usato per confermare un giuramento (Nm 5,22) o una preghiera (1Cr 16,36). Può essere usato anche come termine per approvare parole di lode o per la presentazione di una promessa divina. In italiano si può tradurre con «così sia», oppure con «ci credo».

ANTISEMITISMO: designa un atteggiamento negativo nei confronti degli ebrei, giustificato dall'assurda pretesa di considerare la «razza giudaica» come inferiore e pericolosa per l'umanità.

APOCRIFI: sono scritti «nascosti» che, nonostante la vicinanza cronologica al Nuovo Testamento, non sono stati inclusi nel canone e nemmeno negli scritti dei padri apostolici. Essi cercano di integrare la sobrietà dei Vangeli sulla storia dell'infanzia e della risurrezione di Gesù e sui tempi ultimi (escatologici).

ASCETA/ASCETISMO: chi pratica il dominio degli istinti e dei bisogni del proprio corpo per scopi religiosi o per raggiungere la perfezione morale. Si tratta di una disciplina rigorosa, presente in molte religioni, che privilegia lo spirito sul corpo, con la pratica del digiuno, la rinuncia ai beni materiali, la solitudine e altro. Il cristianesimo antico ha conosciuto forme di ascesi molto alta, come quella degli stiliti, i quali sceglievano di passare la loro vita su una piattaforma elevata, esposti a tutte le condizioni climatiche. È famoso il caso di Simeone lo Stilita che rimase per ventisei anni su una colonna. Vedi anche «Eremita».

CANONE: designa la lista ufficiale dei libri sacri, ritenuti ispirati da Dio. Il termine si usa per i libri sacri del buddhismo, dell'ebraismo e del cristianesimo.

CATTOLICA: dal greco *katholicòs*, «universale», sta a indicare – come si recita nel Credo o Simbolo niceno-costantinopolitano – una Chiesa aperta a tutti e riconosciuta da tutti i cristiani. Oggi il termine «cattolicesimo» si riferisce in particolare alle comunità cristiane che sono in comunione con il vescovo di Roma (papa): in questo senso si parla di Chiesa cattolica romana.

CONCILIO: «assemblea» dei vescovi sotto la guida del papa. Il concilio è tra le più importanti espressioni della vita della Chiesa, dove si discutono e si prendono decisioni su questioni dottrinali e disciplinari. La forma più alta di concilio è quello ecumenico. Fino a oggi, in tutta la storia della Chiesa sono stati convocati 21 concili ecumenici: il primo è stato il concilio Niceno I (325), l'ultimo il concilio Vaticano II (1962-1965). Gli ortodossi e i protestanti riconoscono soltanto i primi otto concili ecumenici.

CONCILIO VATICANO II: fu convocato da papa Giovanni XXIII nel 1962; si riunì dall'11 ottobre 1962 all'8 dicembre 1965 in quattro periodi. Dopo la morte di Giovanni XXIII, il concilio fu continuato da Paolo VI. Le affermazioni del concilio sono contenute in documenti (costituzioni, decreti e dichiarazioni), tra i quali la *Dei Verbum* (sulla Bibbia), la *Lumen gentium* (sulla Chiesa), la *Sacrosanctum concilium* (sulla liturgia), la *Gaudium et spes* (sulla Chiesa nel mondo contemporaneo), la *Unitatis redintegratio* (sull'ecumenismo) e la *Nostra aetate* (sulla Chiesa e le religioni non cristiane).

CREAZIONISMO: la dottrina che spiega l'origine dell'universo, della vita e dell'uomo come interamente frutto dell'opera creatrice di Dio (o di una forza soprannaturale), opponendosi alla teoria evoluzionista con una lettura letterale della Bibbia (o di altri testi religiosi). La Chiesa cattolica non accetta la dottrina creazionista perché, pur attribuendo a Dio l'atto della creazione, le modalità e i tempi della creazione stessa possono conciliarsi con quanto affermano le varie teorie evolutive. L'importante è che queste teorie non neghino l'esistenza di Dio e il suo progetto creativo.

CREDO (O SIMBOLO): professione di fede che contiene gli elementi essenziali della fede cristiana. Viene recitato dai fedeli nella celebrazione eucaristica (dopo l'omelia) o in altre celebrazioni come, ad esempio, nel rito del battesimo. Le formulazioni utilizzate nella Chiesa cattolica sono due: il Credo degli apostoli (o Simbolo apostolico) e il Credo niceno-costantinopolitano.

CRISTO: questo appellativo corrisponde alla traduzione greca *Christos* del termine ebraico *Mashiah*, che significa «unto» o «inviato» da Dio. Secondo la fede cristiana, Gesù è il Cristo, il Messia, il Figlio di Dio, che rivela la volontà e la salvezza di Dio. I discepoli di Gesù sono stati chiamati «cristiani» per la prima volta ad Antiochia (At 11,26). Le principali fonti di cui disponiamo su Gesù chiamato il Cristo sono gli scritti del Nuovo Testamento e, in particolare, i quattro Vangeli.

DEUTEROCANONICI: dal greco *deuteros*, «secondo», sono i libri della Bibbia che sono stati aggiunti all'elenco ufficiale (o canone) in un secondo tempo. Vi sono libri deuterocanonici sia dell'Antico che del Nuovo Testamento. Il libri dell'Antico Testamento sono: Tobia, Giuditta, Sapienza, Ecclesiaste o Siracide, Maccabei (Primo e Secondo), Lettera di Geremia, alcuni tratti dei libri di Daniele, Ester e Baruc. Quelli del Nuovo Testamento sono: Lettera agli Ebrei, Seconda lettera di Pietro, Seconda e Terza lettera di Giovanni, Lettera di Giacomo, Lettera di Giuda, Apocalisse.

DIO: il vocabolo deriva dalla radice indoeuropea *dyn*, ovvero «luce», che indica come l'esperienza del divino sia legata in qualche modo all'origine della vita stessa: ognuno di noi è «venuto alla luce» e con la separazione tra luce e tenebre inizia la creazione biblica. Appena «veniamo alla luce» entriamo quindi nel «mistero» che, secondo l'espressione del Nuovo Testamento, è il piano divino di salvezza per ciascuno di noi. Vivere nella luce per il cristiano significa vivere in Dio.

DOMENICA: dal latino *Dies Domini*, «giorno del Signore». Ogni domenica, i cristiani si riuniscono nel nome del Signore, per essere nutriti alla mensa della Parola e del pane, obbedendo in tal modo alla volontà che Cristo ha manifestato alla vigilia della sua passione. Non ci si può dire cristiani e disattendere il comando di Gesù: «Fate questo in memoria di me». Infatti, il cuore della domenica è la celebrazione eucaristica, perché essa è il centro di tutta la vita cristiana per la Chiesa universale, per quella locale e per i singoli fedeli; nell'eucaristia si ha il culmine dell'azione con cui Dio santifica il mondo in Cristo e del culto che gli uomini rendono al Padre, adorandolo per mezzo di Cristo, Figlio di Dio.

ECUMENISMO: il termine deriva dal greco *oikouméne ghé*, «terra abitata», cioè il «mondo intero». Per i padri della Chiesa è ecumenico ciò che riguarda l'insieme dei cristiani. Nel nostro secolo, l'ecumenismo è il movimento interconfessionale che mira a ritrovare l'unità della Chiesa universale, suddivisa in centinaia di Chiese e movimenti.

EREMITA/EREMITICO: dal termine greco *erémos*, «deserto», si dice di una persona che per motivi religiosi vive solitaria in un luogo appartato dagli altri esseri umani. È un fenomeno conosciuto in quasi tutte le religioni.

ERESIA/ERETICO: dal greco *hairesis*, che significa «scelta». L'eresia è la negazione o il rifiuto volontario di una o più affermazioni di fede. La storia del cristianesimo è piena di gruppi che hanno predicato dottrine diverse dall'insegnamento ufficiale della Chiesa. Esse hanno avuto una grande importanza nell'antichità e nel Medioevo, come espressioni di critica teologica, di protesta, di esigenza di riforma. Gli eretici sono stati scomunicati e, in certi casi, hanno causato degli scismi e dato origine a Chiese separate.

ESSENI: uno dei gruppi costitutivi dell'ebraismo del I secolo d.C. Sono ricordati dallo storico Giuseppe Flavio, nell'opera *Antichità giudaiche*, accanto ai farisei e ai sadducei. Giuseppe Flavio descrive gli esseni come ebrei che vivono in comunità chiuse, praticano la comunione dei beni, osservano rigorosamente i precetti e attribuiscono una grande importanza al rito delle abluzioni (purificazioni con l'acqua). Credono nell'onnipotenza di Dio e pensano che l'uomo sia un semplice strumento nelle sue mani. Alcuni studiosi si sono interrogati anche sui possibili collegamenti fra gli esseni e l'origine del cristianesimo.

ETICA: indica il comportamento morale. La morale rinvia alle regole che indicano all'uomo come deve comportarsi e ai principi che riflettono ciò che è bene per le persone. Essa può essere normativa, e voler dare delle regole, o descrittiva, e voler dare sistematicità all'insieme di doveri e valori riconosciuti da una società. L'etica cristiana è lo studio di ciò che costituisce la vita morale alla luce della fede in Dio e in Cristo.

FARISEI: uno dei vari gruppi (o partiti) religiosi ebraici presenti all'epoca di Gesù. I farisei erano piuttosto numerosi, influenti, considerati progressisti rispetto ad altri gruppi, come i sadducei. I farisei spesso interpretavano la Legge (Torah) in modo complicato e difficile; per questo Gesù li criticava aspramente. Alcuni di loro, come Nicodemo e Giuseppe (che mise a disposizione la sua tomba), erano simpatizzanti di Gesù.

FEDE: atteggiamento di adesione, fiducia e impegno verso un essere divino o verso le verità di un'istituzione religiosa. Nella religione cristiana la fede è un dono gratuito di Dio che richiede l'adesione personale e libera dell'uomo alla rivelazione. Nel cattolicesimo la fede non può prescindere dalla Chiesa che, come testimone della Tradizione, è chiamata a far conoscere e a interpretare la rivelazione divina.

FONDAMENTALISMO: il termine si applica a quei credenti (di tutte le religioni) che sono soliti fare una lettura integrale o letterale dei loro testi sacri, escludendo ogni forma di mediazione e di dialogo. Sono forme di «radicalismo della fede» che caratterizza gruppi minoritari non solo dell'islam, ma anche dell'induismo, dell'ebraismo e del cristianesimo. Purtroppo il fenomeno è in crescita.

INTEGRALISMO: il termine, anche se non riguarda esplicitamente la religione (v. «Fondamentalismo»), si applica a ogni forma di estremismo o di radicalismo, compresa quella religiosa. L'integralismo coltiva spesso una mentalità aggressiva e violenta.

KERIGMA: termine greco che significa «annuncio» e indica la proclamazione solenne di un evento. Nel cristianesimo delle origini, esso si riferisce all'annuncio del vangelo, alla predicazione della morte e risurrezione di Gesù fatta dagli apostoli e dai discepoli. L'annuncio, una volta ascoltato e accolto, deve portare al cambiamento radicale (conversione).

MAGISTERO: s'intende l'insegnamento della Chiesa cattolica che consiste nel trasmettere fedelmente il deposito della fede, cioè l'insegnamento rivelato agli apostoli da Gesù. Il Magistero può essere ordinario (attraverso encicliche, lettere pastorali, altri scritti, la predicazione...) o straordinario (l'indizione di un concilio e un pronunciamento ufficiale e solenne del papa riguardante la fede o la morale).

MASORETI: dal verbo ebraico *masar*, «trasmettere», indica ebrei eruditi di Palestina e di Babilonia, posteriori all'epoca del Talmud (VI-X secolo), che hanno elaborato il sistema di vocalizzazione scritta nei testi sacri. I masoreti babilonesi ponevano la notazione delle vocali al di sopra delle lettere, mentre quelli di Tiberiade la ponevano al di sotto. Alla fine ha prevalso quest'ultimo sistema. Il lavoro dei masoreti è stato preparato da quello degli scribi ed è continuato con i primi grammatici ebrei.

MESSIA: in ebraico *Mashiah* significa «colui che ha ricevuto l'unzione» di Dio. In origine, il Messia è colui che è stato unto con l'olio in occasione della consacrazione sacerdotale (Es 29,7) o regale (1Sam 10,1). A volte sono detti «messia» anche i re, i sommi sacerdoti e lo stesso popolo eletto. Ma nel corso del tempo si è imposto un diverso significato del termine. Messia è il salvatore che deve venire o il liberatore atteso, il re futuro che porta a compimento la storia. Nell'ebraismo, l'attesa del Messia coinvolge tutti gli aspetti della vita: l'*amìda* (una preghiera presente in tutte le devozioni e celebrazioni cultuali e che viene recitata tre volte al giorno) contiene ben cinque benedizioni che esprimono la speranza messianica.

MIRACOLISMO: atteggiamento ottimistico di chi ripone eccessiva fiducia in metodi e sistemi ritenuti in grado di risolvere questioni gravi e complesse, senza tenere conto delle difficoltà e dei problemi oggettivi.

MISTERO: il termine greco *mysterìon* rimanda in generale all'idea di segreto o di realtà tenuta nascosta, ma anche a ciò che non è comprensibile dall'intelligenza umana. Nell'ellenismo pagano i misteri indicavano le pratiche sacre e le cerimonie religiose che accompagnavano il culto pubblico e alle quali erano ammessi soltanto gli iniziati. Nel cristianesimo, il mistero rinvia alla vita di Dio e alla sua rivelazione attraverso Cristo. I «misteri di Cristo» sono le azioni, le parole e gli avvenimenti significativi della sua vita che hanno avuto un'influenza decisiva nella storia dell'umanità: incarnazione, eucaristia, passione, risurrezione, redenzione. Il credente può accedere a questi misteri attraverso la rivelazione e la fede.

MITO: dal termine greco *mythos*, si riferisce a una storia sacra che nasce e si diffonde all'interno di una comunità. Alcuni miti delle origini spiegano fenomeni fisici, istituzioni, tradizioni e usi della comunità, ma soprattutto rispondono ai grandi «perché», che altrimenti non avrebbero risposta (l'origine del mondo, la presenza del male, la morte, la vita). Il mito è diverso dalla favola e dalla leggenda.

MONOTEISMO/RELIGIONE MONOTEISTA: è la dottrina, così denominata nel XVII secolo, secondo la quale c'è un unico Dio come essere assoluto, infinito e personale, distinto dal mondo, ma che sostiene e compenetra tutta la realtà. Nel monoteismo si riconoscono giudaismo, cristianesimo e islam.

MOSÈ: è considerato il fondatore della religione ebraica. Secondo la Bibbia è stato il principale protagonista dell'uscita degli ebrei dall'Egitto, un avvenimento collocato storicamente intorno al 1250-1200 a.C.

NARCISISTA: deriva da Narciso, un giovane bellissimo che – secondo la mitologia greca – rifiutò l'amore di una ninfa. Punito dagli dèi, morì per vano amore della propria immagine riflessa in una fonte. Con questo termine s'intende l'amore eccessivo dell'individuo per la propria immagine.

NICHILISMO: dal latino *nihil*, «nulla». Il nichilismo (o volontà del nulla) è un orientamento filosofico che nega l'esistenza di valori e di realtà comunemente ammessi. Il termine indica anche la perdita dei valori tradizionali cristiani nel mondo moderno.

PARABOLA: dal greco *parabolé*, «paragone», «similitudine». Genere letterario che propone brevi racconti, generalmente presi dalla vita quotidiana, che servono ad attirare l'attenzione degli ascoltatori e ad aiutarli a capire messaggi religiosi e morali. Gesù, nella sua predicazione, fa un ampio uso di parabole, per parlare del regno di Dio che è giunto.

PECCATO ORIGINALE: designa, nella storia della teologia (è sant'Agostino il primo a utilizzare l'espressione «peccato originale»), la libera decisione da parte di Adamo ed Eva di disobbedire a un comando esplicito di Dio (Gen 3). Tale peccato, trasmesso ai discendenti di Adamo, viene tolto con il sacramento del battesimo.

POLIGLOTTA: chi parla correttamente più lingue.

POLITEISMO/RELIGIONE POLITEISTA: letteralmente, «più dèi»; forma di religione che ammette l'esistenza di più divinità. Si oppone al monoteismo e si distingue dall'enoteismo che, pur ammettendo più dèi, ne fa oggetto di culto soltanto uno.

PROFETI: traduce l'ebraico *nabi* e il greco *prophetes*. I profeti sono uomini e donne ispirati da Dio, la cui parola si presenta come un oracolo, come annuncio di ciò che Dio ha deciso di fare. Nella storia d'Israele i profeti hanno giocato un ruolo molto importante nella difesa della fede in Dio. Essi hanno combattuto soprattutto l'idolatria e le perversioni sociali, politiche, economiche e morali che colpivano il popolo. Come nell'Antico Testamento, anche i profeti cristiani sono uomini e donne ispirati, soggetti all'azione dello Spirito Santo, difensori della fede, portatori dell'annuncio di salvezza e delle promesse messianiche.

PULSIONI: è un concetto sviluppato da Freud per dare una spiegazione dei gesti inconsapevoli che condizionano inconsciamente i comportamenti umani.

QUMRAN: situato presso il mar Morto, è luogo di importanti scoperte archeologiche, avvenute in modo del tutto casuale nel 1947. Nelle grotte di Qumran (undici) sono stati scoperti non solo manoscritti di testi biblici e apocalittici già noti, ma anche opere originali, redatte molto probabilmente da una comunità ebraica che risiedeva in quel luogo. I manoscritti dei testi biblici di Qumran costituiscono la documentazione più antica a disposizione degli studiosi. Sulla sorte degli esseni (la comunità di Qumran) si sa ben poco: alcuni si rifugiarono a Masada, dove portarono parte dei loro rotoli e morirono con gli altri difensori della fortezza nel 74 d.C.

RABBINO: maestro/giudice, incaricato della diffusione della conoscenza della Torah e della soluzione delle questioni relative alla legislazione religiosa. Oggi il rabbino è una persona le cui competenze religiose e qualità umane gli permettono di rispondere alle necessità spirituali di una determinata comunità ebraica. In particolare, il rabbino compie i riti fondamentali dell'ebraismo, è collegato con una sinagoga e interviene nel rito del *bar mitzwah* (cerimonia con cui si introduce il giovane ebreo alla maggiore età), del matrimonio e della sepoltura.

RAMADAN: il termine, che in origine significa «grande caldo» (probabilmente quando venne adottato coincideva con la piena estate), corrisponde al nono mese del calendario musulmano; è il mese sacro per eccellenza perché, secondo il Corano (2,185), il libro sacro è stato rivelato al Profeta proprio durante questo mese. Le sure medinesi prescrivono il digiuno (Corano 2,187) dal sorgere del sole al tramonto, per tutto il mese di *Ramadan*. Lo scopo è quello di dominare se stessi e di purificarsi. Il digiuno è obbligatorio per tutte le persone sane.

RELATIVISMO: è una dottrina filosofica che risale ai sofisti, filosofi greci. Sostiene la «relatività» della conoscenza umana. Per i sofisti non esiste una verità assoluta valida per tutti. La conoscenza è sempre condizionata dal singolo individuo che percepisce e pensa; non esistono criteri universali e oggettivi. La misura del giusto e del bene non è l'individuo singolo, ma l'intera comunità a cui egli appartiene. Giusto sarà ciò che appare tale alla maggioranza, ciò che giova alla città e ottiene il consenso più ampio possibile dei cittadini.

RELIGIONE: il modo in cui gli uomini hanno strutturato i rapporti con il Trascendente, a seconda delle varie culture. Si distinguono le religioni di natura (o arcaiche), di cultura (taoismo, confucianesimo, ecc.) e quelle universali (non legate a una particolare cultura, come il cristianesimo, l'islam o il buddhismo).

RITO: cerimonia religiosa eseguita con parole, movimenti e azioni simboliche prestabiliti. I riti possono comportare la rappresentazione drammatica di antichi miti relativi a eroi e a divinità, allo scopo di garantire il benessere della comunità.

RIVELAZIONE: il manifestarsi di Dio agli uomini; la vera e propria rivelazione di Dio è un «rivolgere la parola» (Eb 1,1-2), che permette all'uomo di entrare, a sua volta, in rapporto con Dio. Per il cristiano, Dio si è manifestato in Cristo, Parola che si è fatta carne. È lui a rivelare all'uomo il vero volto di Dio Padre.

SACRAMENTO: traduce il greco *mysterìon* (mistero); la parola latina corrispondente contiene i due significati di «segreto» e di «sacro». I sacramenti cristiani sono riti attraverso i quali, quando sono amministrati nella forma approvata dalla Chiesa e ricevuti con fede, viene comunicata al credente la grazia divina. Nel Nuovo Testamento sono espressamente indicati due sacramenti: il battesimo e l'eucaristia; altri tre – il perdono dei peccati, l'unzione degli infermi e l'ordinazione – emergono in modo chiaro dai Vangeli e dalle lettere di Paolo. A questi vanno aggiunti i sacramenti della cresima o confermazione e del matrimonio.

SACRO: «ciò da cui si deve stare lontani» perché appartiene alla divinità. In ebraico, il termine «sacro» significa «separato». Lo spazio sacro è il luogo destinato alla pratica religiosa, dove si manifesta il sacro (ierofania). «Persone sacre» sono coloro che hanno un particolare rapporto con la divinità o vengono scelte per curare la relazione tra il popolo e il mondo divino.

SCISMA: atto di ribellione per cui un gruppo di credenti si separa dal proprio gruppo, o Chiesa, in quanto lo ritiene illegittimo, e si costituisce in una comunità autonoma.

SCRITTURA: termine analogo a «Bibbia»; sta ad indicare i libri dell'Antico e del Nuovo Testamento (sacra Scrittura).

SHOAH: parola ebraica che significa «catastrofe», «distruzione», e che a differenza di «olocausto» – termine biblico usato per indicare una forma di sacrificio rituale – non ha nessuna valenza religiosa. La «catastrofe» si riferisce ai sei milioni di ebrei morti nei campi di concentramento, tra cui un milione e mezzo di bambini. Normalmente è utilizzato per definire ciò che accadde agli ebrei d'Europa dalla metà degli anni Trenta al 1945, in particolare dal 1942 al 1945, in cui il nazismo progettò la sistematica uccisione dell'intera popolazione ebraica. Oltre agli ebrei, il nazismo perseguitò a morte anche gli oppositori del nazismo, le persone con handicap, gli omosessuali, gli zingari, i testimoni di Geova (perché rifiutavano il servizio militare) e altri credenti che si opponevano agli scopi del regime.

SINOTTICI: i Vangeli di Marco, Matteo e Luca. Il Vangelo di Marco è stato scritto per primo (forse verso il 65); Matteo e Luca usarono, oltre a elementi della loro tradizione, il racconto di Marco e un'altra fonte delle parole di Gesù, oggi perduta (fonte Q). Il loro lavoro risale agli anni 80-90. Avendo lo stesso schema, questi tre racconti sono chiamati «sinottici», poiché possono essere letti in parallelo. Il Vangelo di Giovanni si distingue rispetto agli altri tre e la sua forma finale risale all'anno 100.

TEOLOGIA/TEOLOGO: dal greco *theos* (Dio) e *logos* (studio, discorso, dottrina). Vi è la teologia «sacra» o «rivelata», concepita come un discorso su Dio conforme alle Scritture, e la teologia «speculativa», che è la conoscenza scientifica dei testi sacri, dei dogmi e della Tradizione, nonché la sistematizzazione razionale dei dati della Rivelazione. Il teologo, nella sua ricerca, si serve anche delle scienze umane contemporanee (filosofia, antropologia, psicologia ecc.), così da rispondere alle questioni sollevate dal mondo moderno in ordine alla fede in Dio.

TERRORISMO: atto o minaccia di violenza, qualunque sia la motivazione o lo scopo, che tenta di diffondere panico fra le persone o che pone in pericolo le loro vite, la libertà o la sicurezza. Atto terroristico è anche quello che causa danni all'ambiente o che tenta di mettere in pericolo le risorse di un popolo o di una nazione.

TESTAMENTO: il termine latino *testamentum* traduce l'ebraico *berìt*, che significa «alleanza». Si tratta del patto di alleanza con cui Dio si impegna nei riguardi del suo popolo. La Bibbia cristiana è divisa in «Antico Testamento» e «Nuovo Testamento». Il Nuovo Testamento non sostituisce l'Antico, ma lo porta a compimento (cf. Mt 5,17). Poiché l'aggettivo «antico» può essere interpretato come «superato», alcuni preferiscono parlare di «Primo Testamento».

TORAH: il termine deriva da una radice ebraica che significa «insegnare» e può essere tradotto con «insegnamento» o «istruzione». Nel Deuteronomio indica la legislazione mosaica nel suo complesso, da cui la sua traduzione più abituale con «Legge». Per estensione il nome Torah è stato dato all'intera Bibbia scritta, cioè al canone ebraico composto da 24 libri: la Torah propriamente detta, i Profeti e gli Scritti.

TRADIZIONE: in senso generale designa l'insieme dei processi attraverso i quali nella storia dell'umanità vengono trasmesse le conoscenze, le attitudini e le istituzioni. La funzione positiva della Tradizione sta nel fatto che essa garantisce la continuità di ciò che è stato sperimentato come valore. Il concetto di Tradizione è fondamentale sia per la religione ebraica che per quella cristiana. Per il cristianesimo-cattolicesimo la Tradizione è costituita dalla Scrittura, dai padri della Chiesa, dall'insegnamento del Magistero, ma anche dalla testimonianza di fede dei credenti.

TRINITÀ: dogma centrale del cristianesimo insieme a quello della doppia natura di Cristo (vero Dio e vero uomo); esso sintetizza e simboleggia la differenza fra il cristianesimo e gli altri monoteismi. Le tre persone divine – Padre, Figlio e Spirito Santo – vengono associate in un'unica formula in Mt 28,19, nell'invocazione battesimale «nel nome del Padre e del Figlio e dello Spirito Santo». Solo progressivamente e grazie alle categorie del pensiero greco si sviluppa pienamente la concezione trinitaria del Dio cristiano in risposta a varie incomprensioni ed eresie.

VANGELO: dal greco *euanghelion*, che significa «annuncio di un avvenimento gioioso». I primi cristiani ripresero il termine nel doppio significato di annuncio di un evento gioioso (la buona notizia) e dell'avvenimento stesso (inaugurazione del regno di Dio da parte di Gesù Cristo). Verso la metà del II secolo, la parola «vangelo» indicherà un genere letterario specifico: una testimonianza di fede a partire da un racconto scritto degli avvenimenti relativi alla vita di Gesù. Quattro di questi libri sono conservati nel canone delle Scritture (Vangeli di Marco, Matteo, Luca e Giovanni).

Fonti principali per la stesura del *Dizionario*: *Dizionario dei monoteismi*, EDB, Bologna 2005; H. Vorgrimler, *Nuovo dizionario teologico*, EDB, Bologna 2004; A. Grabner-Haider (a cura di), *Prontuario della Bibbia*, EDB, Bologna 2000.

soluzioni dei giochi

1) pagina 29

AMORE
AMICIZIA
ASCOLTARE
SPERANZA
CREDERE
AFFETTO
STIMA
CONFIDENZA

2) pagina 93

1) 73; 2) un fiume; 3) un profeta; 4) un libro; 5) quello dell'arca; 6) il fratello di Esaù; 7) una regina; 8) una località; 9) i dieci Comandamenti; 10) «Buona notizia».

3) pagina 147

SHEMAH
HANNUKAH
ABRAMO
BABELE
BIBBIA
ANTISEMITISMO
TORAH

4) pagina 155

LAPRENTE
ALLAH
MEDINA
EGIRA
CORANO
CALIFFI
ANGELI

5) pagina 172

«Amatevi gli uni gli altri come io vi ho amati».

6) pagina 238

CRESIMA
RISURREZIONE
ICONA
SANTA
TRINITÀ
ORDINE

«La Chiesa è come la vita, la si ama sempre».

regole e consigli per navigare in rete

Quando nel 1990 al CERN di Ginevra inventarono il Web così come oggi lo conosciamo, nessuno avrebbe mai immaginato una diffusione planetaria. **Oggi siamo tutti nella «Rete»**: ci si «entra» per giocare, ascoltare musica o vedere un film, per motivi di studio o di lavoro, per incontrare amici, per informarsi sul meteo o scoprire in anteprima la città che ci piacerebbe visitare. Se ci pensi bene, sono sempre più numerose le occasioni che nel corso della giornata ci spingono a «entrare» in Rete, e così facendo, **scambiamo dati e informazioni che possono riguardare la nostra privacy e quella altrui, entrando in contatto anche con realtà e persone che non sempre conosciamo da vicino**. Per questo motivo è molto importante prestare attenzione ad alcune regole che aiutano a migliorare la qualità della nostra presenza in Rete e proteggono noi e i nostri amici da «incontri» e inconvenienti spiacevoli, se non pericolosi.

Cinque regole d'oro

1_ESSERE SE STESSI. Il mondo «virtuale» non è finto come quello di una fiaba, ma esiste perché popolato da persone e situazioni reali, e come tale è un luogo dove puoi esprimere la tua personalità, le tue idee, i tuoi valori e i tuoi sentimenti. Quindi, come nella vita di ogni giorno, è importante essere sinceri.

2_PROTEGGI LA TUA PRIVACY E RISPETTA QUELLA ALTRUI. Proprio perché la tua sincerità è un valore importante, merita di essere protetta con attenzione. Esistono una serie di consigli preziosi (vedi in seguito) che possono aiutarti a esprimere il tuo profilo evitando situazioni a rischio. Non diffondere, ad esempio, numeri telefonici, indirizzi civici, password di accesso, documenti di identità.

3_PRIVILEGIA L'INCONTRO REALE A QUELLO VIRTUALE. Se utilizzi bene le risorse della Rete rispettando le regole, non farai fatica a stabilire relazioni di amicizia e di interesse. Ma ricorda: l'incontro «vero» tra persone è molto più bello e profondo! Soprattutto, l'incontro reale con gli amici e con chi ci vuole bene aiuta a crescere e a diventare adulti: solo se proviamo l'emozione del sorriso di un amico che abbiamo davanti, possiamo a nostra volta restituirla agli altri.

4_ASCOLTA L'ALTRO E NON INVADERE LA SUA VITA. Anche in Rete l'incontro con gli altri è fatto in primo luogo di «ascolto», di attenzione e di apertura alle opinioni, alle idee e agli stati d'animo che gli altri esprimono. Se vuoi, puoi dare il tuo contributo, ed esprimere i tuoi pareri accompagnandoli possibilmente da una motivazione. In ogni caso, evita atteggiamenti ripetitivi e assillanti, perché non favoriscono lo sviluppo delle relazioni sociali. Ricorda che si è «protagonisti» anche, e forse soprattutto, quando si ascolta.

5_PARLA O SCRIVI PER ESPRIMERE IL MEGLIO DI TE. Evita banalità, linguaggio volgare, offese. Usa la lingua italiana in modo corretto (dai, fai uno sforzo!) così tutti potranno comprendere il senso di ciò che dici. Evita le abbreviazioni stile SMS: non danno grande impressione di creatività e intelligenza! Non restare legato all'uso di un solo ambiente di comunicazione (ad esempio, Facebook o MSN), ma sperimenta le possibilità di altri sistemi (ad esempio, Skype) che integrano con la scrittura l'audio, il video e la condivisione delle risorse del tuo computer. In questo modo potrai scegliere di comunicare in base alle tue esigenze: parlare, scrivere, mostrare la soluzione di un videogioco... e fare i compiti a distanza!

Consigli utili: facetiquette

Suggeriamo una serie di consigli utili per mostrarsi (*face* = volto, faccia) in modo corretto ed educato (*etiquette* = educazione, galateo) in Rete. La pratica di questi consigli, sebbene non imposti da alcuna legge, favorisce la convivenza e promuove il rispetto reciproco.

- Non pubblicare o condividere foto o video che riprendano amici e coetanei minorenni, specialmente se realizzati a scuola; lo stesso vale per il personale e i prof.
- Su Facebook scegliere di condividere foto solo con gli amici.
- Non accettare l'amicizia di persone adulte sconosciute.
- Creare liste di amici per escludere dalla chat quelli che non si conoscono.
- Non chattare o scambiare SMS con persone che non si conoscono.
- Non condividere materiale non adatto ai propri interessi e alla propria età.
- Non ingannare gli altri con false identità.
- Non dare mai informazioni strettamente personali (vedi voce *Privacy*).
- Parlare con i genitori delle esperienze che accadono in Rete.
- Non accettare videoconferenze con gli sconosciuti.

PRIVACY

In italiano «Privacy» (termine inglese) indica il diritto alla «riservatezza» delle informazioni personali e della propria vita privata. Pertanto è sconsigliato, se non illecito, diffondere o pubblicare queste informazioni nella Rete.
Facciamo alcuni esempi: password di accesso, numeri di carte di credito, tessere sanitarie, date di nascita, indirizzi civici, indirizzi e-mail, numeri di telefono fissi o cellulari, foto/video con soggetti minorenni, foto/video con soggetti provocanti o volgari, nomi (e cognomi) di parenti e amici; in generale è illecito pubblicare e diffondere tutto ciò che direttamente o indirettamente può essere fatto risalire a una precisa identità personale.

I PAPÀ DEL WEB

Forse non tutti sanno che Web e posta elettronica (e-mail) sono nati in Europa, esattamente a Ginevra nella sede del CERN nel 1990. Due ingegneri informatici, Tim Berners-Lee e Robert Cailliau, svilupparono un sistema di comunicazione per accedere ai miliardi di documenti e di dati prodotti dalle macchine del CERN. È nato così il concetto moderno di «Rete» come oggi lo utilizziamo: «navigare» tra le pagine grazie ai «links», spedire documenti e chattare (comunicare) a distanza.

STUDIARE (BENE!) A DISTANZA

Si chiama «e-learning» e significa «imparare a distanza», cioè la possibilità di insegnare e di imparare pur non essendo nello stesso luogo fisico. Oggi quasi tutte le università hanno dei corsi di laurea che prevedono lo svolgimento delle lezioni, in tutto o in parte, a distanza. Gradualmente anche molte scuole si stanno organizzando per raggiungere gli alunni anche quando sono impossibilitati a venire a scuola, come nel caso di malattie o condizioni climatiche sfavorevoli, o più semplicemente per essere più vicine a loro e sostenerli nella formazione attraverso «ripetizioni» a distanza. Se vuoi provare anche tu quanto può essere utile e divertente studiare con un tuo compagno di classe che magari abita lontano da casa tua, puoi farlo in modo semplice utilizzando il software gratuito Skype.

All'inizio fu... la connessione!

Il primo segno che una mano umana ha tracciato con una pietra sulla parete di una caverna fu come l'invenzione della fotografia. In quel preciso istante quell'uomo **fissò per sempre l'immagine** che da giorni lo accompagnava e che custodiva con grande impegno nella memoria.

Certo, noi oggi lo possiamo dire perché, a differenza dei nostri antenati primitivi, sappiamo bene cos'è il ricordo; ma è un fatto che quell'uomo, senza saperlo, fece proprio come quando noi scattiamo una foto, permettendo all'immagine di toccare il sensore interiore.

Fu un momento davvero speciale per la storia dell'umanità, e in queste righe raccontiamo come avvenne.

Qualche giorno prima del grande evento, il nostro amico aveva deciso di recarsi a caccia raggiungendo un luogo isolato posto su un'altura assai distante dai fuochi delle grotte. Lungo il cammino egli pensava che forse era giunto il momento di andare a scoprire se altri uomini abitavano oltre quei territori. Forse, unendosi assieme, avrebbero potuto affrontare con più tranquillità la stagione fredda, cucendo le pelli, cacciando per fare le scorte e costruendo ripari per le grandi pioggie. Insieme avrebbero potuto realizzare un'unica, grande famiglia.

Giunse così abbastanza in alto da poter osservare tutta l'estensione e la varietà di quella zona: ma dove si trovavano gli altri uomini, dove tenevano acceso il loro fuoco?

All'improvviso ci fu un lampo, un bagliore speciale che rapì la sua attenzione. In alto le nuvole si fermarono assieme al vento, e il fragore delle cime degli alberi cessò, insomma tutto sulla terra restò come sospeso.

Voltandosi verso il mare vide chiaramente la linea della sua fine che si perdeva sullo sfondo, e laggiù il cielo chinato sembrava raccogliere l'acqua per trasformarla in una cascata di luce. Poi davanti a sè vide le cime più alte dei monti sprofondare nel manto soffice delle nuvole schiarite a giorno. Infine, girandosi verso est, lungo l'infinito tratto della foresta e dei laghi, si presentò lo spettacolo più emozionante: un altissimo ponte colorato saliva verso i cieli aperti dal sole.

E fu un momento, un istante senza tempo... poi si accorse che quell'immagine non era più lì davanti, ma si era spostata altrove. Ora quella visione l'aveva dentro di sé.

E avvenne che, rientrando nella grotta, volle mostrare a tutti quale meraviglioso paesaggio lo abitava. Così, presa una pietra appuntita, alla presenza dei familiari e di tutti gli amici tracciò un segno, una linea **dall'alto verso il basso**, e lo rimarcò più volte, dall'alto verso il basso.

Era questo lo "straordinario" che adesso conservava nel suo cuore, il primo segno di una nuova vita: un semplice tratto dall'alto verso il basso, a ricordare **quando il cielo tocca la terra**.

Poco meno di cinquanta anni fa, la nostra vita è stata sconvolta da una connessione molto speciale: ad un certo momento il **mondo digitale** è entrato nel nostro mondo analogico.

In modo graduale, prima con oggetti molto ingombranti come i primi computer, poi via via attraverso strumenti sempre più piccoli, leggeri e sofisticati, tutti connessi alla rete Internet.

Senza questa prima connessione, la nostra civiltà non sarebbe la stessa. Oggi essa consente a miliardi di persone di stare "dentro" la Rete, di tenersi in contatto, di scambiare informazioni, opinioni, file video, audio, testi, foto...

Molto più che la scoperta del fuoco o della ruota per gli uomini primitivi, **Internet ha modificato le nostre abitudini di vita**. Ad esempio, ha cambiato la percezione delle distanze geografiche e anche del tempo (in pochi secondi "sono" in Australia: parlo e vedo mia zia a tavola per la cena, mentre noi qui prepariamo per il pranzo), il modo di comunicare (addio carta e penna, benvenute webcam, tastiera ed e-mail!), di esprimersi (realizzare con il cellulare foto e video della gita, andare su un sito per montarli in un filmato da pubblicare su YouTube e condividerlo con gli amici), di essere informati (previsioni del tempo in diretta con la webcam che inquadra la spiaggia o la pista di neve).

È ormai talmente importante essere connessi che in molte occasioni non è più un optional ma una necessità fondamentale, come quella di avere acqua e cibo: negli ospedali, nei trasporti, nelle scuole, nelle istituzioni, nell'informazione, la Rete è parte della nostra vita. Per tale motivo dobbiamo aiutare i Paesi con meno tecnologia a migliorare le proprie strutture di comunicazione, per garantire a tutti l'accesso alle informazioni, indipendentemente da questioni politiche ed economiche.

Perciò, vediamo bene che "**essere connessi**" vuole dire anche "**essere responsabili**" verso se stessi e gli altri. Alle nostre relazioni di amicizia, di studio, di gioco, che sono nate e crescono nella rete Internet, dobbiamo dare la possibilità di renderci felici e aiutarci a crescere. Abbiamo la responsabilità di evitare che possano trasformarsi in situazioni di angoscia e di dolore. Perché quando il cielo tocca la terra, ogni connessione ha l'opportunità di divenire "buona e giusta".

Il disordine organizzato: l'arca di Noè

La Bibbia racconta un episodio incredibile: poco dopo aver creato l'universo, la terra, la natura e il genere umano, Dio, sconvolto da quanto gli uomini stavano compiendo ai danni di loro stessi e di tutto il creato, decise di distruggere ogni cosa, riportando tutto al silenzio originario.

Per capire il motivo di questa decisione, che fortunatamente non venne messa in atto, e comprendere la brillante e innovativa soluzione che invece venne adottata, bisogna però fare un passo indietro.

Come sappiamo dai primi due capitoli della Genesi, prima che tutto ciò che conosciamo esistesse, c'era il caos, cioè un'immane confusione, un disordine infinito dove il dentro e il fuori, il sopra e il sotto, il prima e il dopo erano in un perpetuo e indistinto movimento. **Nulla era organizzato**.

Dio decise così, usando per la prima volta uno strumento potentissimo dal nome *dabar* (che noi traduciamo con "Parola"), di ricavare da questa massa informe e confusa uno spazio di tempo (i famosi sei giorni) in cui progettare con calma le cose **mettendole in ordine** (il giorno, la notte, la terra, il cielo, le stelle, le piante, gli animali), affidando all'uomo il compito della loro custodia e promettendo la sua benedizione contro ogni sventura.

Ora, se nonostante il tradimento di Adamo ed Eva Dio non venne meno a questa promessa, cosa mai può aver scatenato la sua ira, tanto da fargli minacciare una distruzione totale del creato?

Il fatto è che gli uomini cominciarono a **creare disordine**. Dapprima nel loro cuore, confondendo il bene con il male, poi nelle relazioni, nei sentimenti, trascorrendo in modo disordinato la vita e il tempo: nulla aveva più uno spazio appropriato, erano confusi i momenti del lavoro con quelli del riposo, il giorno con la notte, e il rispetto divenne offesa, la pace guerra, l'amore violenza. Ogni cosa fu privata di spazio per crescere, e gli uomini persero perfino la memoria del loro passato di figli di Dio. Nulla era più organizzato.

Di fronte a questo scenario di black-out totale, Dio vide però una parte dello spazio ancora intatta: campi regolari e coltivati, animali ben custoditi, una famiglia impegnata e fedele nella memoria dei benefici ricevuti dal Signore. Era la famiglia di Noè, per la quale Dio decise di non distruggere il creato, ma di riorganizzarlo così come lui l'aveva concepito.

Diede anzitutto a Noè le istruzioni dettagliate (gli uomini avevano infatti perduto anche il senso dell'ordine, dei numeri e delle misure) per costruire uno spazio solido e affidabile, organizzato in spazi più piccoli nei quali avrebbe accolto un campione di tutti gli esseri viventi, in modo non casuale bensì organizzato per specie.

Poi Dio azzerò ogni dato, ad eccezione dello spazio che aveva riservato a Noè, perché in quello spazio erano conservate, in modo organizzato, tutte le diverse cose create in origine, "buone" e "giuste", per la vita pacifica e gioiosa sulla terra che avrebbe dovuto rinascere. Questa porzione era un po' come un **sistema operativo** "originale" e privo di virus, che andava installato su uno spazio di disco completamente nuovo.

Non è difficile immaginare cosa poteva accadere dentro l'arca, se pensiamo all'insieme caotico dei diversi file che abbiamo sparsi nello spazio del nostro hard-disk: testi, immagini, suoni, filmati, presentazioni e documenti vari.

Eppure siamo diventati esperti nel gestire questo caos apparente e in costante aumento (sempre più foto, video, brani musicali), grazie a due strumenti inseparabili: l'Hardware e il Software.

Il primo mette a disposizione "lo spazio" dei "Giga" e dei "Tera", come contenitori di memoria sterminati per le nostre **raccolte digitali**; il secondo è la "mente" che si mette a nostra disposizione e ci "consiglia" come **fare ordine**. Vediamoli brevemente da vicino:

1) Nella grande famiglia dell'hardware, quelli che ci interessano sono i "**supporti informatici**", cioè quegli "oggetti" più o meno grandi, che sono destinati a raccogliere i "file" nella loro memoria, come ad esempio hard-disk, chiavette USB, schedine per cellulari e macchine fotografiche digitali. Il compito di questi supporti informatici, se ci pensate bene, è particolarmente importante: memorizzare i dati digitali, che sono invisibili e senza "peso" materiale, su un oggetto visibile e concreto. È curioso pensare che un hard-disk del peso di 200 grammi, una volta riempito con decine di migliaia di canzoni e di foto, alla fine pesa sempre uguale! Ora si capisce come poteva l'arca trasportare una coppia di tutti gli animali esistenti!

2) Nel gruppo numeroso dei software, una serie è dedicata ad organizzare i dati presenti nella memoria hardware, per farne una base ordinata: per questo si chiamano **data-base**. Essi si occupano appunto dell'**organizzazione della conoscenza nel mondo digitale** e consentono con pochi click di organizzare liste secondo i nostri bisogni. Un esempio molto noto è "iTunes", il software della Apple che permette di gestire file musicali o video presenti sul nostro hard-disk o archiviati nella nostra "nuvola" in Rete. In un caos di titoli, autori, date, case di produzione, iTunes riesce ad organizzare tutto secondo le nostre necessità. Non solo, al pari di altri software, consente di comporre una **playlist** dei brani che più mi piacciono e di condividerla con altri utenti che hanno gusti musicali (li trova lui da solo!) simili ai miei. Ora si capisce come quel genio di Noè sia riuscito a far entrare e uscire tutti gli animali, ciascuno secondo la propria classe, l'ordine, la famiglia, il genere e la specie. Altro che playlist!

La prima App e il primo Tablet: i dieci Comandamenti e le Tavole della Legge

L'uomo è talmente importante per Dio che a un certo punto egli decise di donare a tutti, tramite Mosè e il suo popolo, alcune preziose parole che avrebbero condotto alla vera vita, nel presente e nel futuro.

Dio si pose però il problema del modo nel quale il messaggio di salvezza sarebbe giunto all'umanità. Se ad esempio avesse scelto una montagna o un fiume, o avesse comandato la costruzione di un monumento enorme, le sue parole sarebbero rimaste in quel luogo per sempre, come un faro nella notte. Egli desiderava, invece, che si trovassero fisicamente il più possibile vicino alla vita di ogni giorno, che fossero "mobili", cioè trasportabili facilmente da un ambiente all'altro, in casa e fuori, a scuola, sul lavoro e addirittura nel gioco.

Ecco allora che Dio scelse un supporto "piccolo", **maneggevole e trasportabile**: due tavolette di pietra, che si potevano sovrapporre e custodire in un contenitore quando non erano mostrate, proprio come un moderno Tablet, che ci accompagna ovunque andiamo, riposto nello zaino o nella tasca del giubbotto.

A quel punto emerse però un secondo problema: come scrivere queste parole in modo che, pur essendo diverse, al momento dell'uso risultassero come una sola e unica? Si trattava ancora una volta di trovare un segno nuovo che accompagnasse la vita quotidiana delle persone, qualcosa di **semplice** che fosse per sempre e da tutti **riconoscibile** e utilizzabile in modo **immediato** indipendentemente dal paese, dalla lingua o dalla cultura di appartenenza.

Dio pensò allora Dieci Parole, che incluse in un unico messaggio: il Comandamento.

Così facendo, egli consegno a Mosè sulle tavolette un pensiero unico, il Comandamento, che una volta "aperto" avrebbe mostrato le Dieci Parole utili alla salvezza.

Nasceva, in un certo senso, la prima "App" della storia.

Le **App** (abbreviazione della parola inglese *application*) sono programmi leggeri (per facilitare il download sui **dispositivi mobili**), che si scaricano velocemente e sono subito pronte all'uso. Esse svolgono compiti mirati ad attività specifiche (ad esempio, la consultazione delle previsioni del tempo, la visita virtuale a un museo, il collegamento a un motore di ricerca). La loro caratteristica principale è quella di raccogliere diverse funzionalità in un unico, piccolo (e spesso gratuito) programma.

I **Tablet** sono computer sottili e maneggevoli, "tascabili", dedicati alla comunicazione e al supporto alla vita quotidiana: servono infatti per navigare in Internet, guardare un film, scrivere una ricerca, leggere un libro, sfogliare un album di foto, giocare ecc.

Le App e i Tablet sono strettamente collegati, le une sono fatte per gli altri. Dentro i Tablet, le App consentono l'uso immediato di **programmi multimediali**, in modo semplice e intuitivo, senza complicazioni legate a particolari conoscenze informatiche.

presentazione

Il **Quaderno operativo** allegato al *Nuovo Religione 2.0. Volume unico* è costituito da una serie di **schede, esercitazione e verifiche** per riflettere, approfondire e verificare ciò che si è presentato e affrontato nel testo. Dopo alcune schede di autopresentazione, il **Quaderno operativo** propone diverse schede sulla conoscenza acquisita e la capacità dell'alunno di approfondire autonomamente i contenuti presentati nel testo. Il Quaderno testimonia e documenta la crescita dell'alunno, la sua capacità di riflessione, raccoglie dati, esperienze, conoscenze, fatti... così che niente vada perso di ciò che apprende e sperimenta durante l'ora di religione a scuola.

È suddiviso in tre parti:

1. Si forniscono degli spunti didattici per l'autovalutazione, l'esercitazione e l'approfondimento.

2. Si offre una scheda su «Come fare una ricerca di religione?» e una proposta di lavori interdisciplinari.

3. **Schede di verifica** (una per ogni modulo) per permettere al docente e agli allievi di valutare la qualità degli insegnamenti appresi.

SCHEDA 1 PRESENTAZIONE DELL'ALUNNO*

Io mi chiamo CHIRICO MAELA

Sono nato/a a BOLOGNA (OSPEDALE MAGGIORE) il 08/09/2017

Abito a BOLOGNA (CASALECCHIO DI RENO) in via MANZONI 17

Frequento la scuola MEDIA MORENA VIGANÒ

classe 2 SEZIONE B

Ho deciso di frequentare questa scuola perché ERO DI STRADARIO E POI PERCHÉ IN QUESTA SCUOLA CI SONO TUTTI I MIEI AMICI

Le mie prime impressioni sulla scuola ALL'INIZIO MI SEMBRAVA UN CARCERE MA POI MI SONO SENTITA MEGLIO.

Il mio insegnante di religione si chiama ILARIA CONTE

La mia classe è composta di 21 alunni, 11 maschi e 10 femmine

Cosa mi auguro di trovare nella mia classe TANTI NUOVI AMICI, SOLIDARIETÀ, PROFESSORI BUONI E BRAVI CHE SANNO ASCOLTARE E SPIEGARE BENE.

Spero di non trovare NIENTE BULLI, PROFESSORI CATTIVI E COMPAGNI CATTIVI E PROFESSORI CHE NON ASCOLTANO E CHE SPIEGANO MALE

SCHEDA 2 AUTOVALUTAZIONE

Valuta te stesso/a e il tuo atteggiamento nei confronti della scuola. Contrassegna la faccina che giudichi più adatta a descrivere i punti elencati.

La scuola per me è	X		
Ci metto impegno e volontà	X		
Intervengo e partecipo	X		
In classe mi sento	X		

* Si garantisce un uso strettamente personale e riservato delle informazioni raccolte in questa e nelle altre schede secondo le normative vigenti sulla privacy.

SCHEDA 3 AUTOPRESENTAZIONE

Il significato del mio nome
IL MIO NOME SIGNIFICA "PORTATORE DI PACE"

Il mio nome ideale
I MIEI NOMI IDEALI SONO LUNA, BIANCA, NOEMI E NAOMI

Una cosa che so fare bene
....

Una cosa in cui devo migliorare al più presto
....

Una cosa in cui credo fortemente
....

Perchè ....

Una cosa in cui non credo
....

Perchè ....

Se avessi la possibilità cambierei, di me stesso
....

Perchè ....

Vorrei che si dicesse di me
....

Perchè ....

SCHEDA 4

APPROFONDIRE LE INFORMAZIONI RICEVUTE: INSIEME PER CONOSCERCI

Qual è il messaggio legato a questa foto?

....

....

....

....

....

....

Cosa si intende nel testo (p. 17) quando si afferma che siamo «chiamati a volare in alto»?

....

....

....

....

....

....

Qual è – secondo te – il modo giusto di vivere la scuola?

....

....

«*L'opera del maestro non deve consistere nel riempire un sacco, ma nell'accendere una fiamma*». (Plutarco)

Cosa significa secondo te questa frase?

....

....

....

....

....

....

....

SCHEDA 5

APPROFONDIRE LE INFORMAZIONI RICEVUTE: COME VIVERE LA SCUOLA?

La ragazza della vignetta richiama un proprio compagno a tenere in classe un comportamento più corretto. Perché fa bene a richiamarlo?

....

....

....

....

....

....

Secondo te, cosa risponderà il ragazzo?

....

....

....

Nelle pagine iniziali del nostro testo abbiamo riportato il «Decalogo di classe». Te lo ricordi? Se lo hai dimenticato, rileggilo a p. 18 e poi rispondi. Secondo te quali sono i punti (al massimo tre) su cui bisognerebbe lavorare molto nella tua classe? Prova a elencarli e a commentarli brevemente.

1. ....

....

2. ....

....

3. ....

....

SCHEDA 6

APPROFONDIRE LE INFORMAZIONI RICEVUTE: L'EDUCAZIONE RELIGIOSA

«Precludere al ragazzo la possibilità di conoscere il messaggio della religione cristiana e delle religioni è dimostrare di avere paura della ricerca, della conoscenza, della storia... soprattutto del mistero».
(FRASE DEL PAPÀ DI UN ALUNNO)

Che ne pensi di questa frase? Sei d'accordo?

....

....

....

....

....

....

Diverse volte, introducendo il discorso sull'educazione religiosa, abbiamo detto che fare religione a scuola è diverso dal fare catechismo. Hai capito perché?

....

....

....

....

....

....

Se tu dovessi attaccare qui accanto la foto di una persona che giudichi particolarmente religiosa, chi sceglieresti e perché?

....

....

....

....

....

....

....

....

....

SCHEDA 7

APPROFONDIRE LE INFORMAZIONI RICEVUTE: LA RELIGIONE

Prova a disegnare in questo spazio una vignetta che esprima la tua idea di religione.
Se proprio non riesci a disegnarla, descrivi a parole, in modo dettagliato, quella che doveva essere la tua vignetta.

....
....
....
....
....
....
....
....
....
....

Hanno detto...

1. «Chi vede solo la realtà è miope». (Gabriella Caramore, giornalista e scrittrice)
2. «Nuocere alla terra è disprezzare il suo creatore». (detto degli indiani d'America)
3. «Compito della religione è stimolare il cuore delle persone ad aprirsi alla solidarietà». (Luigi Bettazzi, vescovo)
4. «Questo mondo non è la conclusione. C'è un seguito al di là. Invisibile come la musica, ma forte come il suono». (Emily Dickinson, scrittrice)

Qual è la frase in cui più ti identifichi? ....
....

Perché? ....
....
....
....

SCHEDA 8

APPROFONDIRE LE INFORMAZIONI RICEVUTE: LA MATURITÀ PERSONALE

Quale messaggio vuol trasmettere la vignetta?

....

....

....

....

....

....

....

Qualisono le scuse più usate dalle ragazze/dai ragazzi della tua età per «nascondersi»?

....

....

....

....

....

....

Nel Mod. 1, affrontando il tema «Liberi di crescere» (p. 23) avevamo messo in risalto alcuni punti indispensabili. Te ne ricordi qualcuno?

1. ....

....

2. ....

....

3. ....

....

....

SCHEDA 9

APPROFONDIRE LE INFORMAZIONI RICEVUTE: NON DA SOLI

Abbiamo definito l'amicizia «indispensabile» (p. 28 del testo). Sei d'accordo?

....

....

....

....

....

Per trovare degli amici occorre prima di tutto

....

....

....

....

Quali sono – secondo te – le regole d'oro dell'amicizia?

1. ....

....

2. ....

....

3. ....

....

Cosa hai imparato finora sull'amicizia?

....

....

....

....

....

....

SCHEDA 10

INTERAGIRE CON LE FONTI: IL DOCUMENTO TESTUALE

Un antico racconto olandese

«Si racconta che papa Gregorio Magno (590-604) aveva preso l'iniziativa d'inviare in Inghilterra alcuni monaci benedettini con il compito di recare a quelle genti il messaggio di Cristo, senza secondi fini di carattere politico. Uno di loro, di nome Paolino, si spinse fin nel lontano Northumberland. Il sovrano del luogo, re Edwino, si dimostrò piuttosto diffidente nei confronti del nuovo messaggio. Dopo qualche incertezza, decise di convocare un'assemblea di saggi. Durante la seduta, si alzò un tale che disse: "O re, immagina questa scena: tu siedi a mensa in compagnia dei tuoi conti e vassalli. È inverno. La sala è ben riscaldata, il camino acceso. Fuori mugghia la tempesta. Neve e pioggia sferzano. A un tratto, un uccellino entra volando nella sala. Si introduce da una porta e, poco dopo, esce fuori da un'altra. Nei pochi momenti durante i quali rimane nella sala, è al riparo dal gelo, ma non appena scompare dalla tua vista, ripiomba nel buio dell'inverno. Secondo me così avviene per la vita umana. Non sappiamo che cosa l'ha preceduta e nemmeno sappiamo che cosa la seguirà: se la nuova dottrina ci offre qualche certezza in proposito, val la pena che l'accogliamo"».

Qual è il messaggio del racconto?

....

....

Cos'ha fatto re Edwino?

....

....

A che cosa viene paragonata la vita umana?

....

....

Pensi che il ragionamento fatto da uno dei saggi del re sia stato convincente?

....

....

Immagina di essere stato/a tra i saggi convocati dal re: quale sarebbe stato il tuo intervento?

....

....

....

SCHEDA 11

INTERAGIRE CON LE FONTI: IL DOCUMENTO ICONOGRAFICO

Dov'è stata scattata questa foto? Che cosa ti suggerisce?

....

....

....

....

Nel Mod. 2 del testo, intitolato *L'essenziale non si vede*, molte volte abbiamo detto che religione «non è fermarsi a ciò che si vede, ma andare "oltre"». Pensi che ci sia un collegamento tra la foto e la frase? Quale?

....

....

....

....

Secondo te cosa vede «oltre» quest'uomo?

....

....

....

Con parole tue, prova a dare una definizione di queste parole:

MITO	SIMBOLO	RITO
....	....	....
....	....	....
....	....	....
....	....	....
....	....	....
....	....	....

SCHEDA 12

INTERAGIRE CON LE INFORMAZIONI APPRESE: L'ESPERIENZA RELIGIOSA

Cosa ti suggerisce la vignetta? ....

....

....

....

Secondo quanto afferma il testo, quando è nato nell'uomo il «senso religioso»? ....

....

....

....

....

Di fronte alla parola «DIO» quali sensazioni, pensieri, immagini... ti vengono in mente? ....

....

....

....

....

....

SCHEDA 13

INTERAGIRE CON LE INFORMAZIONI APPRESE: LA RELIGIONE NELL'ANTICHITÀ/1

Cosa rappresenta questa immagine?

....

....

....

....

Perché è stata riportata sul tuo testo di religione?

....

....

....

....

> «Voi potete trovare una città senza mura, senza legge, senza scuole, senza uso di monete; ma nessuno ha mai visto un popolo senza Dio, senza templi, senza riti religiosi».
> (PLUTARCO, STORICO GRECO DEL I SECOLO A.C.)

Cosa vuol dire Plutarco con questa frase?

....

....

....

....

....

Nel testo abbiamo definito la preghiera come un modo di mettersi in contatto con Dio o con «qualcuno» o «qualcosa» considerato superiore. E per te, cos'è la preghiera?

....

....

....

....

....

....

SCHEDA 14

INTERAGIRE CON LE INFORMAZIONI APPRESE: LA RELIGIONE NELL'ANTICHITÀ/2

Le prime grandi religioni politeiste dell'antichità si sono sviluppate in quella zona geografica conosciuta come mezzaluna fertile. Cosa significa «politeiste»?

....

....

Conosci il significato del termine «panteismo»?

....

....

A quale religione si riferisce questa foto?

....

....

....

....

....

....

Cosa rappresenta?

....

....

....

....

....

....

Che cos'è la ziggurat?

....

....

....

....

....

SCHEDA 15

INTERAGIRE CON LE INFORMAZIONI APPRESE: LA MAPPA DELLE RELIGIONI

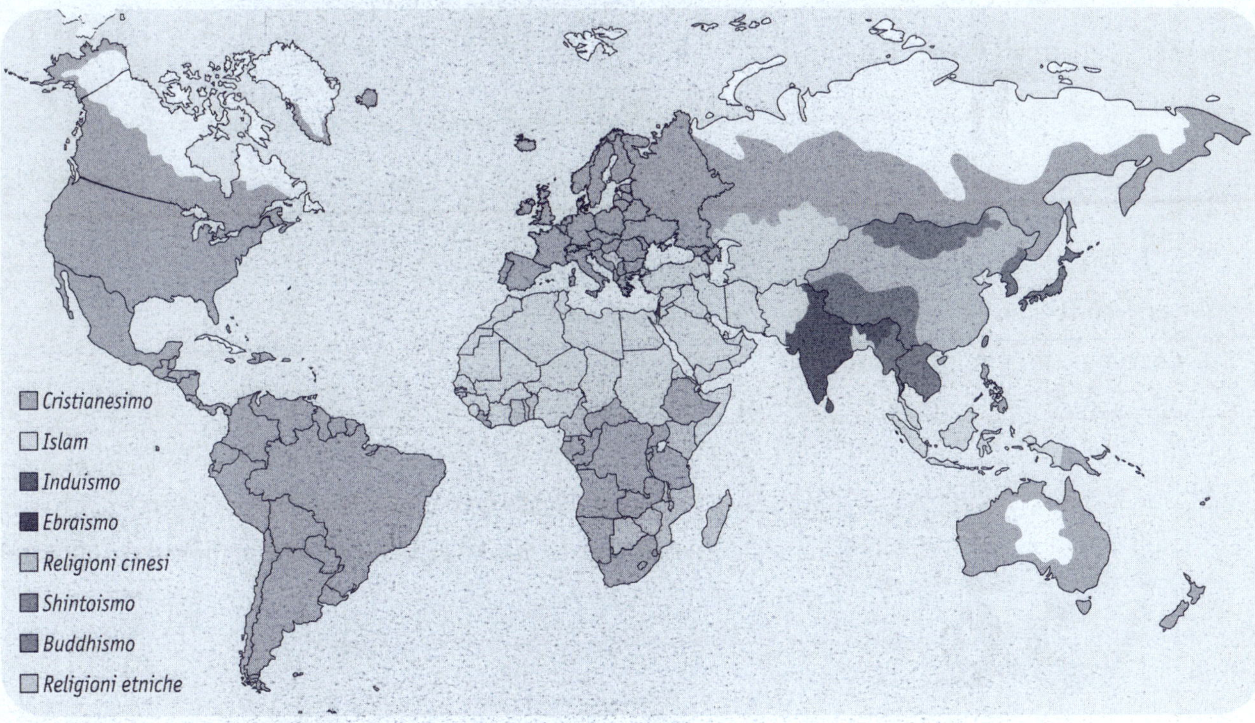

Le mie osservazioni guardando la mappa delle religioni:

....

....

....

....

....

....

....

....

....

....

SCHEDA 16

INTERAGIRE CON LE INFORMAZIONI APPRESE: I SIMBOLI DELLE RELIGIONI

Scrivi sotto ogni simbolo la religione a cui appartiene.

Cos'hanno in comune i tre simboli?

A quale religione appartengono questi altri simboli? Cerca sul tuo testo oppure su internet (per es. **it.wikipedia.org/wiki/Simbolismo_religioso**). Scopri anche cosa hanno in comune.

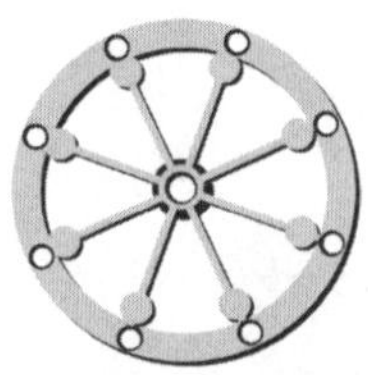

SCHEDA 17

INTERAGIRE CON LE INFORMAZIONI APPRESE: LA TESTIMONIANZA DELLE RELIGIONI/1

Queste foto si riferiscono a due importanti religioni orientali. Scrivi sotto ad ognuna il nome della religione di riferimento e poi compila le schede.

Fondatore:..

Area geografica:..

Periodo storico:...

Credenze principali:...

....

....

Libri sacri:..

Città sante:...

....

....

Fondatore:..

Area geografica:..

Periodo storico:...

Credenze principali:...

....

....

Libri sacri:..

Città sante:...

....

....

SCHEDA 18

INTERAGIRE CON LE INFORMAZIONI APPRESE: LA TESTIMONIANZA DELLE RELIGIONI/2

Queste foto si riferiscono alle tre religioni monoteiste del Mediterraneo. Scrivi sotto ad ognuna il nome della religione di riferimento e poi compila le schede.

Fondatore: ....

Area geografica: ....

Periodo storico: ....

Credenze principali: ....

Libri sacri: ....

Città sante: ....

....

Fondatore: ....

Area geografica: ....

Periodo storico: ....

Credenze principali: ....

Libri sacri: ....

Città sante: ....

....

Fondatore: ....

Area geografica: ....

Periodo storico: ....

Credenze principali: ....

Libri sacri: ....

Città sante: ....

....

SCHEDA 19

INTERAGIRE CON LE FONTI: IL DOCUMENTO TESTUALE

«Chiese Shevetaketu al padre: "Dov'è Dio?". "Getta questo sale nell'acqua e ritorna da me domani mattina".
Così Shevetaketu fece. Suo padre gli disse: "Quel sale che ieri sera hai gettato nell'acqua, portamelo".
Shevetaketu guardò ma non lo vide più: si era sciolto.
"Assaggia quest'acqua alla superficie... ebbene?".
"È salata", rispose il figlio.
"Assaggia quest'acqua presa a metà e in fondo... ebbene?".
"È sempre uguale. È salata".
"Allo stesso modo, amico mio, tu non scorgi l'Essere, eppure egli è là. Per mezzo di questa essenza sottile tutto è animato. È la sola realtà... e tu stesso, Shevetaketu, sei ciò"».
(INDUISMO, CHANDOGA UPANISHAD)

Qual è il significato di questo breve racconto?

....

....

....

....

....

....

....

....

Descrivi brevemente le tue riflessioni di fronte a questo testo:

....

....

....

....

....

....

....

....

Leggi il biglietto trovato addosso a un soldato americano, riportato qui sotto. Pensi che abbia qualcosa a che fare con il raccondo riportato sopra?

....

....

....

....

....

....

....

«Ho cercato la mia anima, ma non l'ho trovata. Ho cercato il mio Dio, ma mi è sfuggito. Ho cercato mio fratello e li ho trovati tutti e tre».

(BIGLIETTO TROVATO NELLO ZAINO DI UN SOLDATO AMERICANO MORTO IN VIETNAM)

SCHEDA 20

APPROFONDIRE AUTONOMAMENTE LE INFORMAZIONI APPRESE: LA BIBBIA

Cos'è la Bibbia? Prova a dare una tua breve definizione. ....

....

....

Cosa si intende per «Bibbia ebraica»? ....

....

....

E per «Bibbia cristiana»? ....

....

....

Si usa dire, in italiano, «È una babele»: sai dire perché e cosa significa? ....

....

....

Qui sotto trovi il nome di alcuni libri della Bibbia; prova a metterli al posto giusto:

ANTICO TESTAMENTO	NUOVO TESTAMENTO

Apocalisse, Numeri, Giobbe, Atti degli apostoli, Salmi, Lettera ai Romani.

Nel testo (p. 88) abbiamo detto che è importante conoscere la Bibbia e abbiamo elencato diversi punti. Te ne ricordi alcuni?

- ....
- ....
- ....

SCHEDA 21

APPROFONDIRE AUTONOMAMENTE LE INFORMAZIONI APPRESE: LA BIBBIA – NUOVO TESTAMENTO

Colloca i quattro Vangeli (Marco, Matteo, Luca, Giovanni) nello schema predisposto sotto, secondo la cronologia a cui si fa riferimento nel testo (p. 117).

60-85 d.C.	dal 90 d.C. in poi
....	....
....	....
....	....
....	....

Cerca nei Vangeli i seguenti brani (che si riferiscono tutti al mattino della risurrezione) e poi annota le principali diversità:

Mc 16,1-8	....
Mt 28,1-8	....
Lc 24,1-10	....
Gv 20,1-10	....

SCHEDA 22

INTERAGIRE CON LE INFORMAZIONI APPRESE: LE RELIGIONI RIVELATE-MONOTEISMI

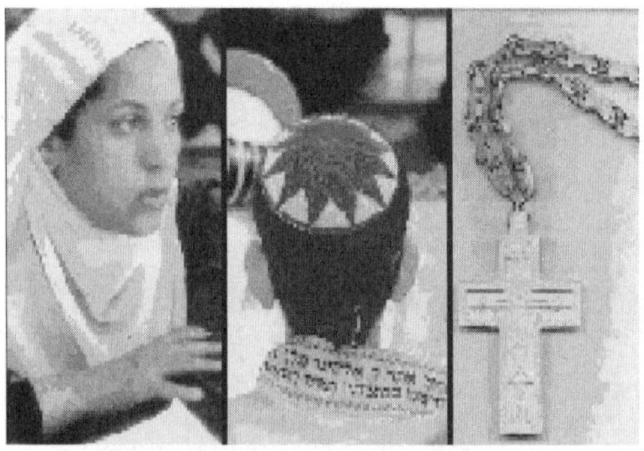

La foto si riferisce a tre religioni diverse: le sai riconoscere?

1.

2.

3.

Cosa si intende con l'espressione «i figli di Abramo»?

Cos'è la sinagoga?

Secondo te questa affermazione è corretta: «Le regole alimentari dei musulmani sono simili a quelle degli ebrei»?

SÌ ☐ NO ☐ NON SO ☐

Cosa significa la parola *halal*?

SCHEDA 23

APPROFONDIRE AUTONOMAMENTE LE INFORMAZIONI APPRESE: IL CRISTIANESIMO

«Il cristianesimo non è una filosofia, una morale e nemmeno una religione. Il cristianesimo è basato su una persona».

Cosa significa, secondo te, questa frase?

....

....

....

Metti sotto ogni foto la didascalia (spiegazione) giusta.

....

....

....

....

....

....

....

....

....

....

....

....

SCHEDA 24

APPROFONDIRE AUTONOMAMENTE LE INFORMAZIONI APPRESE: I SIMBOLI CRISTIANI

Qual è il significato della colomba nel cristianesimo?

Perché nel cristianesimo dei primi secoli il pesce era un simbolo molto usato?

Cosa significano questi simboli?

In questa immagine è riportato il volto del Cristo, con dietro il cosiddetto «monogramma». Sai cos'è?

SCHEDA 25

APPROFONDIRE AUTONOMAMENTE LE INFORMAZIONI APPRESE: LA CHIESA

Osserva bene questa miniatura. Perché è legata all'origine della Chiesa?

....

....

....

....

....

....

....

....

....

....

....

....

....

....

Quali sono i principali rami (o Chiese) in cui il cristianesimo si è suddiviso lungo i secoli?

....

....

....

....

Cosa significa questo simbolo?

OIKOUMENE

....

....

....

....

SCHEDA 26

APPROFONDIRE AUTONOMAMENTE LE INFORMAZIONI APPRESE: IL CATTOLICESIMO

Ricerca e riporta il significato delle seguenti parole:

- Simbolo degli apostoli: ....
- Amen: ....
- Ambone: ....
- Triduo pasquale: ....

Quali sono le principali feste cristiano-cattoliche (in ordine di importanza)? Che cosa si festeggia?

Feste	Significato
....	....
....	....
....	....
....	....
....	....
....	....
....	....

Un amico ti chiede: «Ma ci sono delle prove che Gesù sia veramente esistito?». Prova a rispondere dopo esserti documentato. (vedi p. 168 e il sito **www.wikipedia.org/wiki/Ges%C3%B9**, che presenta varie testimonianze storiche sulla vita di Gesù; sulle fonti non cristiane: **www.christianismus.it/modules.php?name=News&file=article&sid=2**). ....

....

....

Quanti sono i sacramenti riconosciuti dai cattolici? ☐ 2 ☐ 5 ☐ 7 ☐ 10

Quali sono?

....

....

....

SCHEDA 27

APPROFONDIRE AUTONOMAMENTE LE INFORMAZIONI APPRESE: LE CHIESE CRISTIANE

«Il mondo cristiano è così variegato e complesso che è difficile da sintetizzare con dei numeri e da illustrare graficamente».

Perchè?

....

....

....

....

Metti sotto ogni foto la didascalia (spiegazione) giusta.

....

Cos'è il movimento ecumenico?

....

....

....

....

....

....

....

....

....

SCHEDA 28

APPROFONDIRE AUTONOMAMENTE LE INFORMAZIONI APPRESE: LE DIFFERENZE TRA LE CHIESE CRISTIANE

Segna con una crocetta le Chiese che accettano l'affermazione posta in cima alla colonna.

Chiese cristiane	Gesù come il «Cristo»	L'autorità del papa	I sette sacramenti	La Bibbia
Cattolica				
Ortodossa				
Riformata				
Anglicana				

Cosa si intende per «scisma» d'Oriente? ....

....

Come si chiama l'immagine sacra rappresentata in questa foto?

....

....

A quale Chiesa appartiene?

....

....

Chi sono i valdesi?

....

....

....

Quali sono le principali caratteristiche del cattolicesimo?

- ....
- ....
- ....
- ....

SCHEDA 29

APPROFONDIRE LE INFORMAZIONI APPRESE: COME VIVERE?

«Sono come una pianta che cresce sulla nuda roccia: quanto più mi sferza il vento tanto più affondo le mie radici».
(PROVERBIO DELL'INDIA)

Cosa vuol dire questo proverbio?

Sei d'accordo?

«Si impara anche dall'insuccesso». Ecco ciò che ho imparato finora da questa frase:

Quale valore ti fa venire in mente questa foto?

Quali sono i valori importanti nella tua vita?

SCHEDA 30

APPROFONDIRE LE INFORMAZIONI APPRESE: QUALE LIBERTÀ?

«Essere libero significa innanzitutto saper rispettare gli altri».
(Abbé Pierre, religioso francese, 1912-2007)

Sei d'accordo?

....

....

....

Cosa ti suggerisce questa foto?

....

....

....

....

....

....

....

....

....

....

Nel testo si sostiene che «i NO servono». Sei d'accordo?

....

....

Se sei d'accordo, quali sono stati per te quelli più utili?

....

....

«Prima di cambiare il mondo, cambiamo noi stessi».

Che ne pensi?

....

....

....

....

....

....

SCHEDA 31

INTERAGIRE CON LE INFORMAZIONI APPRESE: VIVERE IN MODO RESPONSABILE

> «Sento tanto parlare di tolleranza, ma che cosa vuol dire essere tolleranti? La tolleranza tanto antirazzista non è, mi pare: tu tolleri qualcosa che non ti sta bene. Io non cerco la tolleranza, ma la fratellanza».
> (DA UN'INTERVISTA AL CANTANTE JOVANOTTI)

Che ne pensi?

«Le razze dal punto di vista scientifico non esistono» (dal Manifesto antirazzista degli scienziati del 2008). Come si spiega allora che molti scienziati nel 1938, durante il nazismo e il fascismo, affermavano esattamente il contrario? Anche la scienza può sbagliare?

Qual è il Comandamento più importante per un cristiano?

> «Il contrario dell'amore non è l'odio, ma l'indifferenza».

Commenta, con molta libertà, questa affermazione.

SCHEDA 32

INTERAGIRE CON LE INFORMAZIONI APPRESE: SU QUALI VALORI IMPOSTARE LA VITA

Cosa significa, per te, «riuscire» nella vita?

....

....

....

FOTO DI UNA PERSONA CHE CONSIDERI PIENAMENTE «RIUSCITA».

....

Chi vorresti «taggare» nello spazio bianco? Motiva brevemente il perché della scelta.

....

....

....

....

....

E quando, invece, pensi che una vita si possa considerare «fallita» ?

....

....

....

Commenta la vignetta.

....

....

....

....

....

....

....

....

....

....

....

SCHEDA 33

AUTOVALUTAZIONE FINALE

Giunto alla fine della scuola secondaria di I° grado valuta te stesso! Colora la faccina che giudichi più adatta.

Comportamento	😃	😐	☹️
Impegno e attenzione	😃	😐	☹️
Interventi pertinenti	😃	😐	☹️
Socializzazione e partecipazione	😃	😐	☹️
Apprendimento	😃	😐	☹️

Ho imparato	Mi ha incuriosito	Ho approfondito
....	....	....
....	....	....
....	....	....
....	....	....
....	....	....
....	....	....
....	....	....
....	....	....
....	....	....
....	....	....
....	....	....
....	....	....

Avrei voluto anche ....

....

....

COME FARE UNA RICERCA DI IRC?

In questa terza parte ti proponiamo dei brevi suggerimenti su come fare una ricerca di IRC in modo autonomo. Imparare a produrre un buon elaborato si rivelerà molto utile non solo per la scuola che stai facendo, ma anche per il proseguimento dei tuoi studi. Infatti, ti aiuterà a trovare un metodo di studio personale, ti consentirà di ampliare le tue conoscenze, di applicare le competenze acquisite e anche di maturare come persona capace di fare scelte autonome e responsabili.

Le fasi fondamentali della ricerca sono tre:

- ricercare il materiale;
- analizzare il materiale trovato;
- elaborare i contenuti e i concetti raccolti, confrontandoli tra di loro in modo critico e mettendoci anche del tuo.
  Il risultato finale è un testo espositivo-argomentativo, corredato da documenti iconografici, testi, grafici, bibliografia e note.

Criteri e metodo della ricerca

Una ricerca ben fatta (e non solo di IRC), ha lo scopo di approfondire un argomento trattato in classe, di elaborare informazioni nuove, ma soprattutto di favorire la tua capacità di riflessione e maturazione personale. Per questo ti sarà utile seguire alcune indicazioni generali:

1. **Verifica prima di tutto di aver capito bene il tema della ricerca e poi delimitane il campo.** Se, per esempio, si tratta di una ricerca sulla Bibbia il tema può essere molto vasto ed è bene decidere quali aspetti approfondire: se fermarsi sull'aspetto religioso (*Un libro importante per i credenti*) o culturale (*Perché l'Iliade e l'Odissea e non la Bibbia?*), oppure fermarsi sulla sua composizione (*I libri che formano la Bibbia, La Bibbia e gli altri libri sacri dell'umanità*, o altro ancora).
2. **Impara a trovare più fonti.** Spesso per inesperienza, ma soprattutto per pigrizia, ci si ferma a una sola fonte, copiandola direttamente e magari senza citarla. Ma questo non significa fare una ricerca; è solo un lavoro di copiatura. Le informazioni, invece, devi imparare a ricavarle da varie fonti, per esempio andando in **biblioteca** e cercando nei cataloghi (per autori, ma anche per argomenti), come anche nelle «opere di consultazione» (enciclopedie, dizionari ecc.), tutte rigorosamente in ordine alfabetico. Se a **casa** tua ci sono delle enciclopedie, dei libri, delle riviste... è importante consultare anche queste fonti, magari (visto che in genere non ci sono cataloghi) chiedendo ai tuoi di darti una mano. Anche il **libro di testo** di IRC o altri libri di scuola possono essere utili. Una fonte ormai preziosa è **internet** dove, andando su un buon motore di ricerca, puoi trovare qualsiasi cosa (anche se devi stare attento alla qualità); ugualmente enorme la quantità e la ricchezza di informazioni che si possono ricavare da altri **strumenti multimediali**, come i CD-ROM o i DVD che contengono enciclopedie complete, testi religiosi e letterari, opere d'arte.
3. **Scegli tra la documentazione a disposizione**. È importante saper distinguere tra le varie fonti: quelle **primarie** (per esempio il testo della Bibbia, un documento ufficiale della Chiesa e via dicendo) da quelle **secondarie**

(i vari commenti e interpretazioni), per saperle utilizzare in modo corretto. È chiaro che la fonte primaria è più importante di quella secondaria; ma non basta che tu riporti un brano della Bibbia se non spieghi perché lo hai scelto e il significato che assume nel contesto della ricerca. Altra cosa fondamentale è saper distinguere tra il materiale che hai a disposizione e scegliere quello che vuoi mettere nella ricerca.

4. **Impara a citare sempre e con correttezza le fonti**. Per es., se si tratta di un **brano del Vangelo** di Matteo, capitolo 5, versetti 1-12, si cita in questo modo: Mt 5,1-12; un **libro** si cita così: J. Potin – V. Zuber, *Dizionario dei monoteismi*, EDB, Bologna 2005, p. 19; un **riferimento iconografico**: foto tratta da *Enciclopedia Zanichelli*, Zanichelli, Bologna 2000, p. 321; un articolo: L. Accattoli, «Perché amare ancora questa Chiesa?», in *Il Regno-Attualità*, n. 20/2010, pp. 727-728; del materiale tratto da **internet: www.bibbiaedu.it**.
5. **Compila una scheda analitica**. Un buon metodo, che si rivelerà utile soprattutto in futuro (nella scuola superiore e all'università), è quello di compilare una scheda per ogni documento che utilizzi, così da avere sempre a portata di mano i dati essenziali del documento e gli elementi utili per la tua ricerca. La scheda, che può essere fatta a computer (con Word o con programmi specifici che si trovano gratuitamente su internet, per es. BiblioMx), oppure più tradizionalmente su cartoncino, può essere ampliata e personalizzata a piacere. Questo è un fac-simile:

ARGOMENTO	Religioni monoteiste
AUTORE	J. Potin – V. Zuber
TITOLO	*Dizionario dei monoteismi*
EDITORE e ANNO	EDB, Bologna 2005
TIPOLOGIA DI DOCUMENTO (scritto, iconografico, testimonianza, testo sacro...)	Dizionario
DESCRIZIONE SINTETICA DEL CONTENUTO	Presenta i principali termini usati nelle tre religioni monoteiste del mediterraneo (ebraismo, cristianesimo e islam). molto utile per la conoscenza dettagliata dei temi religiosi in uso nei tre monoteismi.

Presentazione dell'elaborato

L'esito finale della tua ricerca sarà un elaborato scritto (non importa se lungo o breve); può essere fatto a mano o con il computer (chiedi al tuo insegnante), ma dev'essere soprattutto curato: avrà una **copertina** (con il titolo della ricerca, il tuo nome e cognome, il nome della tua scuola, classe, sezione e anno); una **presentazione** (in cui spiegherai perché hai scelto questa ricerca e come l'hai svolta); il **contenuto o testo** della ricerca (ricordati di suddividerlo con titoli e paragrafi). Alla fine metti tutti gli eventuali **allegati** che hai introdotto a corredo della ricerca (carte geografiche, immagini ecc., specificando quali sono stati prodotti da te e quali presi da altri); la **conclusione** (in cui presenti gli eventuali problemi incontrati, come li hai superati e soprattutto cosa hai imparato dalla ricerca stessa); alla fine la **bibliografia** (cioè le varie fonti che hai consultato, citandole come al punto 4) e l'**indice generale**.
Ricordati di firmare l'elaborato, accompagnandolo con la *Scheda n. 2* che trovi in questo fascicolo.

PROPOSTE DI LAVORI INTERDISCIPLINARI

In questa scheda trovi delle proposte di ricerche interdisciplinari a cui potrai ispirarti per un eventuale lavoro personale (dossier o tesina) da presentare alla fine del triennio.

Su quali valori puntare? Al tema dei valori sono dedicati i moduli 11 e 12; si consiglia di scegliere alcuni valori che si considerano fondamentali per la propria vita e svilupparli. Per es., «Vita come ricerca»: un camminare insieme agli altri, alla continua scoperta di sé, degli altri, dell'ambiente e... di Dio. L'essere umano «tende» verso l'alto (anche la storia della scienza è una continua scoperta) e il vero scienziato sa che questa ricerca non termina mai e che la realtà è complessa. Come si può intuire, questo valore si presta bene anche per un lavoro interdisciplinare.

Il dizionario della mia vita. Un breve elenco delle parole che contano nella vita, illustrate con riflessioni, foto, poesie, pensieri...

Cosa vuol dire «riuscire»? Dopo aver chiarito cosa s'intende per «riuscire» nella vita si cercherà di rispondere alla domanda facendo una specie di identikit della persona «riuscita»: che tipo/a è? quali sono i suoi atteggiamenti? le sue qualità e valori? ecc.

Le religioni e la pace. In un tempo in cui guerre e terrorismo chiamano spesso in ballo la religione, è importante ribadire e chiarire che «odio, violenza e terrorismo non c'entrano niente con Dio». Bella e chiara l'affermazione di Giovanni Paolo II e ribadita anche dal suo successore: «L'odio, il fanatismo e la violenza profanano il nome di Dio e sfigurano l'autentica immagine dell'uomo».

Parole di pace. Ideare un grande poster con la scritta PACE; ogni lettera sarà composta da tutte le altre parole che hanno a che fare con la pace. Per esempio: giustizia, amore, utopia, solidarietà, verità...

Testimoni del nostro tempo. Alcuni dei testimoni più significativi dell'amore di Dio e dell'uomo, di ieri e di oggi, sul modello delle pagine 200-203 del testo. Una breve biografia, accanto alle foto dei testimoni scelti. Possono essere anche personaggi significativi della propria zona geografica.

Religioni e Chiese cristiane presenti nella mia zona. Informazioni e approfondimenti si possono recuperare in *Le religioni presentate ai miei alunni*, EDB, Bologna 2012 e in *Enciclopedia delle religioni in Italia*, Elledici, Leumann (TO) 2013; si vedano anche i siti: **www.cesnur.org; www.cadr.it**.

Le tradizioni religiose presenti nel mio territorio. Una ricerca sulle tradizioni religiose della propria zona che rischiano di essere dimenticate (processioni, riti, antiche preghiere, alcune usanze particolari per Pasqua e Natale...). La ricerca può essere fatta da vari gruppi di alunni: si possono intervistare (filmando) alcune persone anziane, anche il parroco o altre persone competenti sull'argomento e poi trascrivere tutto ciò che si è ricavato. re tra il materiale che hai a disposizione e scegliere quello che vuoi mettere nella ricerca.

MODULO 1

INSIEME

1. Nel modulo abbiamo parlato «sindrome di Peter Pan». Cosa volevamo dire?

....

2. «Niente si conquista senza sudore». Secondo te è una frase vera?

SÌ ☐ NO ☐ NON SO ☐ SOLO IN PARTE ☐

Commenta brevemente la scelta fatta:

....

....

3. Nell'UA 2.5, *Verso l'Altro*, si sostiene che «la strada per trovare noi stessi, gli altri, e anche l'Altro è solo una». Qual è questa strada?

....

4. Chi pensi che sia questo «Altro», scritto con la A maiuscola, a cui spesso si fa riferimento nel testo?

....

....

5. «Chi è capace di risolvere tutti i problemi da solo, senza mai chiedere aiuto, è certamente una persona matura». Consideri questa frase vera o falsa? V ☐ F ☐

Perché? ....

6. «La vita ha valore solo per gli altri». Sottoscrivi questa affermazione?

....

....

7. Qualcuno ha scritto su un foglietto che gira tra i banchi: «Non si vive solo di cellulari, di felpe firmate, di voti...». Cosa vorresti aggiungere su quel foglietto?

....

8. Abbiamo sintetizzato il cammino da fare per «diventare grandi» in tre punti (v. p. 26). Te li ricordi?

....

9. «Nessuno ha un amore più grande di questo: dare la vita per i propri amici». Di chi è questa frase?

....

10. L'amicizia è... (completa la frase)

....

MODULO 2

L'ESSENZIALE NON SI VEDE

1. In che contesto abbiamo usato questa immagine? Perché fa parte della storia religiosa dell'umanità?
....
....
....
....
....

2. Come risponderesti a chi ti chiede: «Ma a che serve la religione?». ....
....

3. Cosa significa la parola «religione»? ....
....

4. «L'essenziale non si vede». Cosa consideri «essenziale»? ....
....

5. «Non si vede bene che con il cuore», dice la volpe al piccolo principe (p. 39 del testo). Cosa vuol dire?
....
....

6. Nel lento cammino evolutivo dell'uomo, quali sono i segni della religiosità che troviamo? ....
....

7. Cosa si intende con il termine «monoteismo»? ....
....

8. Conosci alcune religioni che sono considerate «universali»? Quali?
....
....

9. Cos'è un rito? ....
....

10. La preghiera, sotto varie forme, è presente presso tutti i popoli. Prova a dare una tua definizione di preghiera:
....
....

MODULO 3

I TANTI COLORI DI DIO

1. Cosa testimoniano le religioni del mondo? ....

....

....

2. In quale zona geografica si è sviluppata la prima grande religione, tutt'ora esistente, dell'umanità?

....

3. Qual è la religione che ha il maggior numero di fedeli? ....

....

4. Cosa hanno in comune le religioni? ....

....

....

....

....

....

....

....

....

5. Completa la tabella con le informazioni di cui sei in possesso:

Religione	Simbolo	Zona geografica di origine	Fondatore	Libro sacro
Induismo				
Buddhismo				
Ebraismo				
Cristianesimo				
Islam				

MODULO 4

PERCHÉ CONOSCERE LA BIBBIA?

1. Perché è importante conoscere la Bibbia? (almeno tre motivazioni)

a. ....

b. ....

c. ....

2. Conosci questa espressione italiana derivata dalla Bibbia: «Aspettare la manna dal cielo»?
Che significa? ....

....

....

3. «TaNaK»: cosa ti ricorda questa parola? ....

....

4. Qual è il significato esatto della parola «Bibbia»? ....

....

5. Come si suddivide la Bibbia cristiana? ....

....

....

6. Di quanti libri è composta? ....

....

7. Cosa sono i «deuterocanonici»? ....

....

8. Come chiamano gli ebrei i primi cinque libri della Bibbia? ....

....

9. Cosa sono i «rotoli di Qumran»? ....

....

10. Quali sono i primi materiali usati per scrivere la Bibbia?

....

....

....

MODULO 5

GESÙ E IL SUO MESSAGGIO

1. In estrema sintesi, cos'ha fatto e detto Gesù di così importante da dividere in due (a.C. e d.C.) la storia?

....

....

2. Cos'è la Sindone? ....

....

....

3. Gesù è nato a Nazaret? SÌ ☐ NO ☐ NON SO ☐

4. Chi erano gli zeloti? ....

....

....

5. Cosa significa «vangelo»? ....

....

....

6. Ricordi i nomi dei quattro evangelisti? ....

....

7. Perché alcuni Vangeli sono detti sinottici? ....

....

....

8. Qual è il centro dell'annuncio cristiano (*kerigma*), ieri come oggi? ....

....

....

9. Che cosa significa la scritta INRI posta sopra la croce? ....

....

....

10. «Non si può arrivare all'alba della risurrezione senza passare prima per il Venerdì Santo». Che cosa significa questa frase? ....

....

....

MODULO 6

I FIGLI DI ABRAMO

1. Quali sono gli elementi caratteristici di una sinagoga? ....

....

....

2. E quelli di una moschea? ....

....

....

3. Ricordi il nome di due feste islamiche? ....

a. ....

b. ....

4. E di due feste ebraiche? ....

a. ....

b. ....

5. Inserisci questi termini nella casella giusta: Torah, *egira*, Shoah, sura, *karma*, grazia, *bar-mizwah*, conclave, *halal*, sacramenti, *umma*, Pesach, nirvana, *dharma*, vescovi, brahmani.

Ebraismo	Islam	Cristianesimo	Altre religioni
....	....	....	....
....	....	....	....
....	....	....	....
....	....	....	....

6. Cosa significa *kasher*?

....

....

7. Cos'è il *jihad*?

....

....

MODULO 7

COME AVVICINARCI ALLA BIBBIA?

1. Cosa s'intende per «storia della salvezza»? ....

....

2. La Bibbia è stata scritta da un unico autore? ....

....

3. Perché si parla di «Antico» e «Nuovo» Testamento? Cosa si intende? ....

....

4. Quanti sono i libri dell'Antico Testamento? ....

....

5. Quali sono i principali libri del Nuovo Testamento? ....

....

6. Cos'è l'Apocalisse? ....

....

7. Come sono nati i Vangeli? ....

....

8. Perché ci sono dei vangeli chiamati «apocrifi»? ....

....

9. Molte volte si discute su scienza e Bibbia; qualcuno sostiene che chi crede in un mondo creato da Dio non possa credere nella scienza. Tu che ne pensi? ....

....

10. Cosa si intende per «creazionismo»? ....

....

MODULO 8

COSA VUOL DIRE ESSERE CRISTIANI?

1. Qualcuno ti chiede a bruciapelo: «E per te chi è Gesù?». Cosa rispondi?

....

2. Tra i vari insegnamenti di Gesù quale ti sembra ancora molto attuale?

....

3. Perché abbiamo detto che «Il centro del cristianesimo è la Pasqua»?

....

....

4. Su cosa si basa la fede cristiana?

....

5. Quali sono le feste principali dei cristiani, dette «solennità»?

....

....

....

....

....

6. Cos'è il Simbolo o «Credo»?

....

....

7. Secondo la fede cristiana chi è lo Spirito Santo?

....

....

8. Cosa significa in origine il termine «cattolico»?

....

9. Quali sono i sacramenti riconosciuti dai cattolici?

....

....

10. L'8 dicembre è la festa dell'Immacolata: cosa si celebra in questa festa?

....

MODULO 9

PERCHÉ LA CHIESA?

1. Quando nasce la Chiesa? ....

2. I doni dello Spirito Santo sono sette. Te ne ricordi qualcuno?

....

3. Cosa si intende nel cristianesimo per «frazione del pane»?

....

4. Chi fa parte della Chiesa?

....

5. Diverse volte abbiamo detto che non bisogna scandalizzarsi della zizzania. Sai cosa significa questo termine e perché viene usato? ....

6. Chi sono i presbiteri? ....

7. Cos'è l'Exultet? ....

8. Cosa si intende per «veglia pasquale»? ....

9. È esatto affermare che il presepe è stato «inventato» da san Francesco? ....

10. La Pasqua è celebrata da tutti i cristiani nella stessa data? ....

MODULO 10

UNA O TANTE CHIESE?

1. Quante sono le principali Chiese cristiane?

....

....

2. Quali sono i punti in cui si riconoscono tutti i cristiani?

....

....

3. Anche se suddivisa storicamente in tante Chiese differenti, nel testo abbiamo però detto che la Chiesa è unica. In che senso? ....

....

4. Cos'è l'ecumenismo? ....

....

5. Cosa caratterizza la Chiesa ortodossa? ....

....

6. Ti ricordi le principali differenze tra la Chiesa cattolica e quella ortodossa?

....

....

....

7. Riconosci il personaggio ritratto nell'immagine? Perché lo ricordiamo?

....

....

8. Presentando le varie Chiese cristiane abbiamo parlato anche di quella valdese. Cosa ricordi? ....

....

....

9. Un amico ti chiede di spiegare brevemente quali sono le principali caratteristiche della Chiesa cattolica. Cosa diresti? ....

....

10. Cosa si intende per «magistero»?

....

MODULO 11

VIVERE NON È SOPRAVVIVERE

1. Qual è per te la differenza tra vivere e sopravvivere?

....

2. Abbiamo parlato di un antidoto (controveleno) alla noia. Qual è?

....

3. A p. 292 è scritto: «Ma è proprio sicuro che con il cellulare abbiamo vinto la solitudine, riuscendo a comunicare meglio?». Che ne pensi? ....

....

4. Secondo quel che abbiamo detto, che cosa significa «comunicare»?

....

....

5. «Dove tutti la pensano allo stesso modo, non c'è nessuno che pensi sul serio». Consideri questa frase vera o falsa? Perché? ....

....

6. Perché il credente è «corresponsabile del creato»?

....

....

7. È scritto nella Bibbia: «Io ti ho posto davanti la vita e la morte, la benedizione e la maledizione; scegli dunque la vita» (Deuteronomio 30,19). Cosa significa per un credente «scegliere la vita»?

....

....

8. Un detto africano recita: «Dalla ferita esce sangue, ma entra saggezza». È un insegnamento valido anche per noi? ....

....

9. Cosa significa «rispettare la vita dall'inizio alla fine»?

....

10. Recita un vecchio proverbio: «Fa più rumore un albero che cade di una foresta che cresce». Cosa vuol dire?

....

....

MODULO 12

SU QUALI VALORI PUNTARE?

1. In base a quanto affermato sul testo, si può dire che «un valore vale l'altro»?

....

....

2. «*I care*» («M'importa») era il motto della scuola di don Lorenzo Milani, un prete che ha dedicato la sua vita a far scuola ai figli dei poveri. A te cosa sta a cuore?

....

....

3. Alle pp. 313 e 314 abbiamo illustrato alcuni valori con foto e vignette. Te ne ricordi alcuni? Quali?

....

....

4. «Empatia»: cosa significa? ....

....

5. Molte volte usiamo la parola «etica»: cosa significa? ....

....

6. Cosa si intende nel testo per «dieci Parole di riferimento»? ....

....

7. Perché i primi tre Comandamenti non si possono togliere? ....

....

....

8. Commentando il quinto Comandamento, abbiamo detto che si «uccide» in tanti modi. Perché?

....

....

9. C'è un valore fondamentale alla base del cristianesimo? Qual è?

....

10. Le tre virtù fondamentali del cristianesimo, chiamate anche «virtù teologali», sono:
    1. ....
    2. ....
    3. ....